JN428140

하나님 나라를 꿈꾸는 아름다운 교회

성경이 말하는 하나님 나라

윤삼중 지음

하나님의 사람을 만들어 가는 엘맨 ELMAN

하나님 나라를 꿈꾸는 아름다운 교회

성경이 말하는 하나님 나라

초판 1쇄 | 2025년 9월 25일

지 은 이 | 윤삼중
펴 낸 이 | 이규종
펴 낸 곳 | 엘맨
서울시 마포구 토정로 222
한국출판콘텐츠센터 422-3
전　　화 | 02-6401-7004
팩　　스 | 02-323-6416
홈페이지 | www.elman.kr
메　　일 | elman1985@hanmail.net
등　　록 | 제13-1562호(1985.10.29.)

ISBN | 978-89-5515-814-4
정　　가 | 23,000원

하나님 나라를 꿈꾸는 아름다운 교회

성경이 말하는 하나님 나라

윤삼중 지음

하나님의 사람을 만들어 가는 엘맨 ELMAN

서 론

사람들을 꿈꾸게 만드는 하나님 나라

하나님 나라는 신구약 성경의 핵심 주제이다. 하나님 나라는 사람들로 하여금 꿈꾸게 만들며, 이 땅에 살아가는 이유와 목적을 되찾게 만든다. 요엘 선지자는 예언하기를 "그 후에 내가 내 영을 만민에게 부어 주리니 너희 자녀들이 장래 일을 말할 것이며, 너의 늙은이는 꿈을 꾸며, 너희 젊은이는 이상을 볼 것이니라" 여기서 이상을 볼 것이요, 꿈을 꾼다는 것은 이 세상의 것이 아니라 영원한 하나님 나라를 꿈꾼다는 것이다. 우리가 물과 성령으로 거듭나면 세상의 부귀영화나 성공과 출세를 꿈꾸는 자를 만드는 것이 아니라 하나님의 나라와 그의 의를 꿈꾸게 만든다. 역사하신 성령의 충만함을 받으면 이 땅의 것을 꿈꾸는 것이 아니라 배설물처럼 여기며, 영원한 하나님 나라를 꿈꾸게 한다. 천국은 꿈꾸는 자의 것이다. 하나님 나라를 꿈꾸는 자가 진정으로 행복한 자이며, 인생의 목적과 의미를 참으로 발견한 자이다. 예수님이 가지고 오신 하나님 나라를 제대로 알려

주어 모든 사람들로 하여금 하나님 나라를 꿈꾸는 자, 꿈쟁이를 만드는 것이 나의 목회의 비전이다.

에덴 동산이 하나님 나라의 시작이라면 요한계시록 21-22장은 하나님 나라의 완성을 보여주고 있다. 하나님 나라의 주인공은 이 땅에 메시야로 오실 예수님이시다. 예수님이 하늘의 영광과 능력과 보좌를 내려놓고 이 땅에 오신 목적은 첫 사람 아담이 선악과를 따먹음으로 잃어버린 하나님 나라를 십자가의 죽으심과 부활하심으로 죄 문제를 해결하시고, 하나님 나라를 되찾아 주기 위함이다. 그래서 예수님은 첫 메시지가 "회개하라 천국이 가까이 왔느니라."를 선포하시며, 각종 50여가지 비유는 하나님 나라를 잘 보여주고 있으며, 사도행전 1장에 보면 부활하신 후에 40일 동안 하나님 나라의 일을 말씀해 주셨다. 구약성경을 보면 율법서와 시가서, 역사서와 예언서의 중심 주제가 하나님 나라이며, 다윗의 왕국은 이 땅에 임할 하나님 나라의 실체를 가장 잘 보여주고 있다. 유대 랍비들과 바리새인들은 이 땅에 임할 하나님 나라를 즉 눈에 보이는 다윗 왕국을 기대하며, 가르쳐 왔다. 즉 하나님으로부터 오실 메시야는 그의 능력으로 이스라엘 나라를 짓밟고 있는 로마제국을 무너뜨리고 자유와 해방을 베풀어 주며, 다윗 왕국 같은 강하고 위대한 나라를 세워 세계 민족 가운데 뛰어나게 하며, 부귀영화를 누리며 잘 살게 될 것으로 생각하였다. 그래서 예수님의 사역에서 하나님 나라를 선포하는 것은 유대인들에게 엄청난 기대와 희망을 주었고, 하나님 나라를 보여주는 각종 표적과 기사, 그의 사역에 큰 감동을 받은 제자들은 자신들의 모든 것을 버리고 예수님이 만드실 하나님 나라를 만드는 사역에 동참한 것이다.

그런데 예수님은 유대인들이 희망하는 하나님 나라, 제자들이 꿈꾸며, 기대한 제국주의 메시야 나라가 아니라 십자가의 죽으심으로 이루어질 하나님 나라, 섬김으로 이루어질 하나님 나라, 의와 평강과 희락이 넘치는 영적인 하나님 나라를 만드시기를 원하셨다. 그리고 예수님은 의도적으로 이스라엘의 왕이 되시는 길을 거부하시고, 하나님의 뜻에 따라 자신이 한 알의 썩은 밀알이 되어 십자가의 죽으심으로 완성될 하나님 나라를 추구하셨다. 그 모습을 보고 제자들과 많은 무리들은 실망하거나 심지어 우리가 기대해 온 메시야가 아니다 라고 외치며, 떠나기도 하였다. 그때에 예수님은 12제자들에게 묻기를 "너희도 가려느냐?" 되물으셨다. 그때에 시몬 베드로가 대답하기를 "영생의 말씀이 주께 있사오매 우리가 누구에게로 가리이까?" 예수님을 죽을지언정 배반하지 않고 주님을 따를 것을 고백하였다. 그럼에도 불구하고 예수님이 십자가에 죽으실 때 12제자들은 심히 두려워하고 낙심하여 예수님을 부인하거나 다 버리고 도망하였다. 왜 제자들은 예수님을 버리고 도망하였을까? 그들이 기대해 온 메시야, 하나님 나라가 아니었기 때문이다. 제자들이 가지고 있는 잘못된 하나님 나라의 세계관을 바꾸어 주기 위하여 예수님은 부활하신 이후에 구약 성경을 가지고 40일 동안 하나님 나라에 관하여 가르쳐 주신 것이다. "그가 고난 받으신 후에 또한 그들에게 확실한 많은 증거로 친히 살아 계심을 보이사 사십일 동안 그들에게 보이시며, 하나님 나라의 일을 말씀하시니라"(행 1:3).

예수님이 제자들에게 하나님 나라를 가르쳐 주실 때에 무엇을 근거로 하셨는가? 예수님은 유대인들의 전통이나 유전을 근거로 삼지 아니하셨다. 그 당시에 헬라 철학이나 그리스 신화를 근거로 삼지도 아니하셨다. 오직 구약성경을 근거로 하여 하나님 나라를 설명하시고, 확신에 거하게 하셨다. 예를 들면 엠마오로 가는 두 제자들에게 예수님은 구약성경을 근거로 하여 십자가의 죽으심과 부활의 사실을 깨닫고 확신하게 하셨다. "그리스도가 이런 고난을 받고 자기의 영광에 들어가야 할 것이 아니냐 하시고 이에 모세와 모든 선지자들의 글로 시작하여 모든 성경에 쓴 바 자기에 관한 것을 자세히 설명하시니라"(눅 24:26-27). 그 때에 엠마오로 가는 두 제자의 불신과 의심이 사라지게 되었고, 마음이 뜨거워질 뿐만 아니라 눈이 열려서 부활하신 예수님을 볼 수 있게 되었다. 인간의 내면 속에 있는 의심, 마음의 병은 오직 하나님의 말씀으로 치유되며, 영적인 눈이 열려 하나님 나라를 볼 수 있게 한다.

그 모든 사실을 잘 알고 있는 예수님은 구약의 선지자들이나 예언자들이 외쳐 온 말씀을 가지고 제자들에게 하나님 나라의 비밀을 가르쳐 주셨다. "또 이르시되 내가 너희와 함께 있을 때에 너희에게 말한 바 곧 모세의 율법과 선지자의 글과 시편에 나를 가리켜 기록된 모든 것이 이루어져야 하리라 한 말이 이것이라 하시고 이에 그들의 마음을 열어 성경을 깨닫게 하시고 또 이르시되 이같이 그리스도가 고난을 받고 제 삼일에 죽은 자 가운데서 살아날 것과 또 그의 이름으로 죄사함을 받게 하는 회개가 예루살렘에서 시작하여 모든 족속에게 전파될 것이 기록되었으니 너희는 이 모든 일의 증인이니라"(눅 24:44-48). 누가는 의도적으로 예수님의 십자가의 죽으심과 부활, 즉 하나님 나라를 모세의 율법과 선지자의 글과 시편을 근거로 설명하며, 그의 나라의 비밀을 알게 되었다는 것을 강조하고 있다. 즉 누가는 사도행전에서 부활하신 예수님이 40일 동안 하나님 나라의 일에 관하여 말씀하셨는데 그것이 모세의 글과 선지자의 예언과 시편의 말씀을 근거로 삼고 있음을 부각시키고 있다.

오늘날 한국교회의 근본적인 문제가 무엇인가? 그 해결의 방안이 무엇인가? 그 해답은 마틴 루터가 말하였듯이 "성경으로 돌아가야 한다" 즉 성경에서 말하는 하나님 나라의 비전을 심어주고, 그의 나라와 의를 구하게 만들어야 한다. 오늘날 교회는 죽어서 가는 천국에 얽매어 있어 이 땅에 임한 하나님 나라를 잃어 버리고 있다. 예수님이 이 땅에 가지고 온 하나님 나라에는 큰 관심을 두지 않고 죽어서 가는 하나님 나라에 소망을 가지고 있기에 이 땅에 우리가 감당해야 할 사명과 역할을 잃어 버리게 만들었다. 교회 속에 하나님 나라가 명확하게 선포되지 않으면 무기력한 그리스도인이 되게 하거나 물질만능, 세속화의 물결이 들어와 결국에는 성공주의, 물질주의를 추구하는 변질된 교회가 될 수 밖에 없을 것이다. 교회다운 교회, 건강한 교회를 만들려고 하면 사람들로 하여금 꿈꾸게 만들게 하는 하나님 나라를 분명하고 선명하게 보여주는 교회가 되어야 한다. 세상 사람들이 하나님 나라를 보여 달라고 하면 우리 교회에 와 보라, 살아계신 하나님을 보고 싶다고 하면 나를 보고 하나님을 믿으라고 담대히 말할 수 있는 예수의 제자가 되어야 한다. 이런 하나님 나라를 꿈꾸며, 건강한 아름다운 교회를 만들고 싶다.

2025년 7월

윤삼중 목사

목차

제 1 장

성경은 하나님 나라를 말한다

A. 하나님 나라에 대한 정의

하나님 나라 개념은 성경 전체에 내포되어 있는 중심 메시지이며, 그 사상은 예수님의 메시지와 그의 사역에서 중심축이 된다. 그러므로 하나님 나라의 의미를 제대로 파악하는 것은 곧 복음의 핵심을 이해하는 것이다. 성경에 나타난 하나님 나라는 크게 예수 그리스도의 초림과 그의 재림의 사건으로 다루고 있다. 즉 이미 실현되고 있는 현재적인 하나님 나라와 그리고 장차 주님의 재림과 함께 임할 미래적인 하나님 나라를 동시에 말하고 있다. 예수님이 이 땅에 가지고 오신 하나님 나라는 눈으로 볼 수도 없고, 손으로 만들 수도 없고, 오감으로 체험할 수 없는 거룩하고 영원한 나라이다. 눈에 볼 수 있거나 손으로 만들 수 있는 나라는 쇠퇴하게 될 뿐만 아니라 타락할 수 있기에 영원한 나라가 될 수 없다. 하나님 나라는 오직 물과 성령으로 거듭난 자들이 볼 수 있고, 그 나라는 믿음으로만 들어갈 수 있는 곳이다. 현대 물리학의 기초 이론인 양자 역학으로는 도저히 설명할 수도 없고 증명할 수도 없지만 과학적으로 인정할 수밖에 없듯이 하나님 나라는 인간의 이성이나 철학으로 설명할 수도 없고, 증명할 수도 없지만 부인할 수 없는 거룩한 나라이다. 하나님 나라의 현재성을 가장 잘 보여주고, 맛볼 수 있는 곳이 예수님의 피로 세운 교회이다. 교회는 주의 복음이 담겨져 있는 것처럼 하나님의 나라를 담고 있을 뿐만 아니라 그의 나라를 가장 잘 보여주는 곳이다. 하나님 나라와 그의 의를 추구하는 곳이 교회이다. 교회를 보면 하나님의 나라가 보여질 뿐만 아니라 모든 사람들이 가슴으로 느껴질 수 있게 만들어가야 한다. 존 칼빈이나 많은 종교개혁자들은 말하기를 "교회는 천국의 지점과 같고, 어머니의 품과 같은 곳이다" 라고 증언하고 있다.

예수 그리스도께서 선포하신 하나님의 나라와 그가 세우신 교회가 어떤 관계를 가지고 있는가?를 바로 이해하는 것은 세상 속에서의 하나님의 나라를 위한 교회의 위치와 사명을 분명하게 확인하는데 매우 중요한 역할을 한다. 신학적 관점에서 보면 지상교회는 하나님 나라가 완전히 이루어진 것도 아니면서 하나님 나라로부터 분리될 수도 없는 관계로 이해되어진다. 교회는 지상에서 하나님의 통치의 현재적 실현(임재)으로서 이미 그 나라의 은혜와 능력에 참여하고, 그 축복과 특권들을 실제로 누리는 자들의 모임이다. 동시에 교회는 하나님 나라의 최종적 완성을 열망하면서 아직 그 나라를 향하여 달려가는 자들의 모임이기도 하다. 하나님의 나라는 지상에서 여러 양태로 나타난다. 교회는 가정, 학교, 기독교 문화, 선교단체 등과 같은 하나님 나라의 여러 양태들과 표현 형태들 중에 하나이다. 사실은 하나님 나라는 교회보다도 더 포괄적이며 교회는 다만 하나님 나라의 한 양태에 속하는 것이다. 온 만물과 우주의 왕이신 예수 그리스도께서 다스리시는 하나님의 나라는 우주적인 차원을 가지고 있다. 물론 교회가 하나님 나라의 중심축을 이루는 것은 사실이지만 지상의 제도적 교회는 그 우주적인 하나님 나라의 한 양태일 뿐이다. 또한 교회는 하나님 나라의 도구로서 그 행위와 봉사 그리고 설교에서 항상 하나님의 나라의 축복을 가르치고 알리고 선포해야 한다. 그리고 그 나라의 능력을 나타내 보이는 하나님의 나라의 관점에서 선교 사역을 충실하게 감당해야 한다.

우리가 하나님 나라를 깊이 이해하게 되면 돈보다 사람을 소중하게 여기며, 자신의 성공과 출세보다는 주님의 이름으로 다른 사람을 섬기고 도와주는 것이 행복이라는 사실을 발견하게 될 것이다. 하나님 나라는 사람에게 초점이 있다. 조금 더 구체적으로 표현하면 하나님 나라는 구원받은 성도들의 모임, 교회에 초점을 두고, 교회를 거룩하고 영광스럽고, 존귀하게 만들어 주는 것이다. 하나님이 왜 하늘과 땅과 바다를 만드셨는가? 당신의 형상대로 지음받은 사람을 위하여 만들었다(창 1:26-28). 예수님이 왜 하늘의 영광과 보좌와 권세를 버리고 이 땅에 인간의 모습으로 오셨는가? 인간을 죄에서 해방시켜 주시고, 하나님의 자녀로 구원해 주시기 위함이다. 예수님이 왜 하늘의 천사들과 나팔소리와 함께 이 땅에 재림하여 오시는가? 사단과 죄와 거짓 선지자들의 핍박과 고통 가운데 믿음을 지키는 성도들을 구원하기 위하여 오실 뿐만 아니라 거룩하고 영광스러운 교회를 만들어 주기 위함이다. 구원받은 성도들의 눈에서 눈물을 닦아 주시며, 사망과 애통과 고통에서 해방시켜 주어 영생 복락을 누리게 하기 위하여 예수님이 이 땅에 재림하신다. 그러므로 주님의 재림은 우리에게 두려움이나 공포감을 주는 것이 아니라 의와 평강과 희락을 주는 기쁜 소식인 것이다. 성경에서 말하는 하나님 나라가 어떤 나라인가? 또한 이 땅에 임한 하나님 나라를 어떻게 바라보며, 통치와 인도하심을 받아야 하는가?

1. 하나님 나라에 대한 개념

"하나님 나라" 혹은 "천국"은 둘다 동일한 개념을 나타내는 표현들로서 이 개념은 구약의 사상에 깊이 뿌리를 박고 있으며 예수님의 가르침과 교훈의 핵심을 이룬다. 성경에서 사용된 "나라" 혹은 "왕국"이라는 용어는 헬라어 "바실레이아" 와 히브리어 "말쿠트"가 사용되었는데 구약에서 사용된 "말쿠트"는 왕직, 왕적 통치, 주권을 의미한다. 그러므로 성경에서 "하나님 나라"라고 할 때에 그것이 기본적으로 뜻하는 것은 하나님의 통치가 미치는 영역이나 범위가 아니라 하나님의 왕적 통치, 즉 하나님의 주권이다. 성경에서 말하는 하나님 나라는 하나님의 직접적인 통치를 뜻하는 나라이며, 예수님이 이 땅 가운데 오셔서 선포하시고 가르치신 복음의 핵심이기도 하다.

하나님 나라는 인간들 사이의 하나님의 통치를 확립하기 위하여 지금 역동적으로 활동하며, 인간을 악의 세력에서 구출하고 그들을 하나님의 통치의 축복에로 인도하기 위하여 예수의 인격과 사역을 통하여 역사속으로 이미 임하였다. 하나님 나라는 저 하늘 너머에, 신비로운 품속에 있는 것처럼 이해되어서는 안 된다. 그 나라는 "지금 여기에" 라는 우리의 일상생활 속에 숨겨져 있다. 하나님 나라를 통치적 의미라는 관점에서 볼 때 미래에 들어갈 수 있는 영역일 뿐만 아니라 현재에도 들어갈 수 있는 영적 실체라고 보아야 한다. 즉 하나님 나라는 이미와 아직이라는 긴장관계 속에 있는 것이다. 예수님은 니고데모에게 너희가 물과 성령으로 거듭나면 그 나라를 볼 수 있고, 그 나라에 들어갈 수 있다고 말씀하셨다(요 3:3-5). 예수님이 선포하시고 가르치신 하나님의 나라와 당시 유대인들이 생각한 하나님의 나라 개념에서 서로 다른 점이 드러난다. 그 당시에 유대인들의 하나님 나라 개념은 미래적인 특성을 가지고 있는 점에 반하여 예수님의 말씀들과 비유들에서는 현재적인 특성도 강하게 내포되어 있다. 예수님은 자신이 선포하는 하나님 나라는 근본적으로 영적인 나라일 뿐만 아니라 이 나라는 자신의 메시아적 인격과 사역을 통하여 그들이 서 있는 현장에 영적인 실재로 이미 현존하고 있다는 점을 상기시키고 있다.

이와 같이 '하나님 나라'에 대한 다양성과 풍요로움은 하나님 나라를 선불리 규정하고, 해석하는 것이 결코 쉬운 일이 아님을 보여준다. 하지만 하나님 나라를 어원적으로 해석할 경우에는 그 의미는 보다 명확해진다. 구약성경에서 히브리어로 기록된 하나님 나라는 '말쿠트'(malkuth)다. 약 200회 정도 나타나는데, 그 의미는 매우 다양하다. 인간 왕에게 적용될 경우, 주로 '통치', '지배', '왕권' 등과 같은 추상적, 역동적 의미로 사용됐다. 하지만 지극히 부차적으로 왕이 통치하는 공간적 영역, 지역, 영토의 의미로도 쓰였다. 헬라어로 된 신약성경은 하나님 나라를 '바실레이아'(basileia)로 표현한다. 히브리어인 '말쿠트'와 동일하게 추상적, 역동적 의미로 사용되고 있다. 즉, 하나님 나라를 지칭하는 구약의 '말쿠트'와 신약의 '바실레이아'가 갖고 있는 의미는 하나님의 '통치' 또는 '주권'과 '왕권'을 지칭하고 있는 것으로 이해할 수 있다. 구약성경에서는 '하나님의 나라'라는 단어는 항상 통치, 다스림 또는 주권이라는 의미로 쓰였다. 이는 구약 전체를 아우르는 중심 사상이다. 하나님은 천지를 창조하셨고, 만물의 주인이시다. 눈에 보이는 세계뿐 아니라 눈에 보이지 않는 세계의 주인이시다. 이스라엘의 하나님이실 뿐만 아니라 이방 모든 민족도 복종해야 하는 만민의 주인이시다. 우리가 살고 있는 현재에만 주인이신 것이 아니라 앞으로 올 세대에도 주인이신 것이다.

구약은 끊임없이 하나님의 주권을 강조하고 있다. 물론 구약에서 하나님의 주권은 이스라엘을 통해서 직접적으로 나타났고, 하나님은 이스라엘이라는 신정국가를 통해 당신의 열망을 드러내려 하셨다. 하지만 하나님의 부르심을 이스라엘은 반복적으로 거역하고 하나님이 끊임없이 이들을 돌이키시려는 이야기로 가득 차 있다. 결국 하나님의 심판이 북 이스라엘, 남 유다에 이른다. 이러한 심판과 바벨론 포로상황에서 이스라엘은 '그 선지자', 또는 '다윗의 자손', '여호와의 종'을 간절히 기다린다. 바로 '주의 날'이다. 이스라엘의 남은 자를 부르시며 악인들과 악한 나라들을 심판하시고, 의인들과 그의 나라를 회복하실 것뿐만 아니라 죄로 인해서 깨어졌던 만물이 회복될 것을 약속하신다.

구약은 이렇게 메시아를 대망하며 마무리된다. 그리고 위에서도 잠시 언급했듯이 신약은 예수님이 바로 구약의 이러한 대망이 자신에게서 이루어졌음을 선언하셨다고 기록하고 있다. 예수님은 '하나님 나라'가 어떠한지 끊임없이 가르치셨다. 복음서는 단지 예수님에 대한 증언이 아니라 하나님 나라를 이 땅에 도래시킨 메시아가 어떻게, 그리고 왜 죽으시고, 부활하셨는지에 대한 증언임을 보여주고 있는 증거이다. 물론 예수님은 하나님 나라가 이미 임했다는 것을 보여줬을 뿐만 아니라 하나님 나라가 아직 완전히 임하지 않았다고 반복적으로 가르치기도 했다. 사복음서는 거의 '하나님 나라'로 표기하고 일부는 '천국'으로 표시하고 있다. 마가, 누가, 요한복음에서는 '하나님 나라'로 기록됐고, 마태복음에서는 네 곳(12:28, 19:24, 21:31, 43)을 제외하고 '천국'이라고 기록됐다. 결국 구약 시대의 사람들이 대망했던 하나님 나라는 예수 그리스도를 통해 이미 임했으며, 현재 하나님의 통치가 그의 백성들을 통해 이루어지심을 통해 자라가고 있고, 예수님이 다시 오실 때 비로소 완성된다는 것이다. 따라서 '하나님 나라'에 대한 성경적 또는 어원적 의미는 '왕 되신 하나님께서 다스리는 통치, 주권'으로 이해하는 것이 가장 바람직하다. 이는 하나님이 영원한 왕이시며 만물을 다스린다는 단순한 추상적 개념에 멈추는 것이 아니라 활동하시는 하나님의 역동적 개념이기도 하며, 단순히 영역으로 제한할 수도 없다. 결국 '하나님 나라'는 하나님께서 통치하시는 주권적인 나라, 곧 하나님의 뜻이 이루어지는 곳, 예수님을 믿고 구원을 얻은 자라면 누구나 지금 여기에서 복을 누리는 곳, 마지막 날 예수님의 재림 후에 들어가게 되는 하나님의 완전한 통치 영역으로 볼 수 있다. 그리고 이러한 하나님 나라는 현재성과 미래성을 동시에 내포하고 있다.

2. 유대인의 전통에서 본 하나님 나라

오랫동안 '하나님 나라'는 구원받은 사람들의 영혼이 사후에 가서 살게 되는, 하늘 어딘가에 있는 나라로 오해되어 왔다. 그러나 2000년 전 유대 땅에서 예수께서 선포하신 하나님 나라의 메시지에는 그런 의미가 전혀 들어 있지 않았다. 예수께서 "회개하라 하나님 나라가 가까웠느니라"라고 선포하셨을 때, 당시 수많은 사람들이 그 복음을 들었지만, 그 중에 어느 누구도 그 나라가 사람이 죽으면 가게 되는 천국이라고 여기는 사람이 없었다. 만약 하나님 나라가 죽어서 가는 저 세상의 나라라면, 하나님 나라가 가까이 왔다는 소식은 꺼림칙한 소식일지언정 결코 복된 소식일 수가 없었다. 그렇다고 하나님 나라에 대해 신기해하거나 하나님 나라가 무엇을 의미하는지를 물어보는 사람도 없었다. 예수님도 하나님 나라를 정의하기 위해 애쓰시지 않았다. 이는 당시 유대인에게 있어서 하나님 나라는 우리가 마치 「홍길동전」 이야기를 다 아는 것처럼, 누구나 알고 있는 친숙한 이스라엘의 이야기였기 때문이다. 1세기 유대인에게 있어서 하나님 나라는 무엇보다 "이스라엘의 하나님 여호와께서 왕이 되신다"는 이야기였다. 예수님의 하나님 나라 복음은 이처럼 철저한 유대적 배경 속에서 선포되었다. 따라서 오늘날 우리가 하나님 나라를 이해하기 위해서는 사후 천국이나, 무시간적인 하나님 나라가 아닌, 철저하게 1세기의 유대적 배경 하에서의 하나님 나라를 검토하는 것이 필수적이다.

1) 다윗 전승에 나타난 하나님 나라

1세기 유대인에게 있어서 하나님 나라는 하나님의 통치 영역이나 하나님 나라의 백성에만 국한된 것이 아니라, 하나님의 주권 전체를 의미하는 것이었다. 그것은 이 땅에서 하나님의 의지, 즉 하나님의 사랑, 긍휼, 의, 용서, 능력, 지혜, 구원 등이 실현되는 것을 말한다. 유대인의 이러한 하나님 나라 개념의 가장 중요한 뿌리는 지상의 '다윗의 나라'가 곧 하나님이 통치하시는 '하나님의 나라'라는 사상이었다. 이는 사무엘하 7장에 나오는 소위 '다윗 계약' 본문에 근거하고 있다. 사무엘하 7장 8-17절을 보면 "그러므로 이제 내 종 다윗에게 이처럼 말하라… 네가 어디를 가든지 내가 너와 함께 있어 네 모든 대적을 네 앞에서 멸하였은즉 세상에서 존귀한 자의 이름같이 네 이름을 존귀케 만들어 주리라… 여호와가 또 네게 이르노니 여호와가 너를 위하여 집을 이루고 네 수한이 차서 네 조상들과 함께 잘 때에 내가 네 몸에서 날 자식을 네 뒤에 세워 그 나라를 견고케 하리라 저는 내 이름을 위하여 집을 건축할 것이요 나는 그 나라 위를 영원히 견고케 하리라 나는 그 아비가 되고 그는 내 아들이 되리니 네 집과 네 나라가 네 앞에서 영원히 보전되고 네 위가 영원히 견고하리라 하셨다 하라 나단이 이 모든 말씀과 이 모든 묵시대로 다윗에게 고하니라."

사무엘하 7장과 시편 89편, 132편에 나타난 다윗 계약의 핵심을 정리하면 다음과 같다.

① 약속의 당사자 : 하나님과 다윗

② 약속의 내용 : 하나님께서 다윗의 자손을 영원히 견고케 하며, 그 왕위를 대대에 세우실 것이다.

③ 다윗의 자손 : 그가 하나님의 성전을 건축할 것이다. 그리고 그 성전이 세워질 곳은 시온(예루살렘)이다. 그런데 이스라엘의 선지자들의 예언에 의하면 하나님 나라는 장차 이스라엘의 포로 귀환과 함께 이루어지는 메시아(다윗의 자손)의 나라이다. 이사야 11장 1-11절을 보면 "이새의 줄기에서 한 싹이 나며 그 뿌리에서 한 가지가 나서 결실할 것이요… 그 때에 이리가 어린 양과 함께 거하며 표범이 어린 염소와 함께 누우며, 젖먹는 아이가 독사의 구멍에서 장난하며 젖 뗀 어린아이가 독사의 굴에 손을 넣을 것이라… 그 날에 주께서 다시 손을 펴사 그 남은 백성을 앗수르와 애굽과 바드로스와 구스와 엘람과 시날과 하맛과 바다 섬들에서 돌아오게 하실 것이라." 선지자들의 예언에 따르면 하나님 나라가 임할 때 이스라엘의 원수가 멸망하고, 각지에서 포로 되었던 이스라엘 백성들이 돌아올 것이다(11-16). 그 때에 이스라엘의 왕이신 여호와께서 다시 시온으로 돌아와서 장차 강한 자로 임하시며, 친히 그 팔로 열국을 다스리실 것이다. 이사야 40장 9-10절을 보면 "아름다운 소식을 시온에 전하는 자여 너는 높은 산에 오르라 아름다운 소식을 예루살렘에 전하는 자여 너는 힘써 소리를 높이라 두려워 말고 소리를 높여 유다의 성읍들에 이르기를 너희 하나님을 보라 하라 보라 주 여호와께서 장차 강한 자로 임하실 것이요 친히 그 팔로 다스리실 것이라 보라 상급이 그에게 있고 보응이 그 앞에 있으며". 이상의 구약 다윗 전승에 나타난 하나님 나라는 다음과 같은 네 가지의 핵심적인 상징을 기초로 하고 있다.

① 땅 : 하나님 나라가 이루어지는 곳으로서의 예루살렘(시온)

② 백성 : 하나님 나라의 백성으로서의 이스라엘

③ 성전 : 하나님의 거처, 왕궁으로서의 예루살렘 성전

④ 율법 : 하나님의 통치 헌법으로서의 토라

그렇다면 유대인들이 가지고 있던 이러한 현실의 다윗의 나라로서의 하나님 나라 사상은 예수님이 선포하신 하나님 나라와 어떤 관계가 있을까? 물론 예수님이 선포하신 하나님 나라는 현실적으로 다윗의 나라가 아니었다. 1세기의 거의 모든 유대인들이 메시아라는 칭호를 떠올릴 때, 마음 속으로 위엄과 힘을 갖춘 메시아를 생각하고 있었다. 그들은 메시아가 군대를 이끌고 와서 이스라엘의 적들을 물리치고 새 이스라엘을 세울 것이라고 생각했다. 그리고 하나님이 통치하시는 주권국가를 세워 줄 것이라고 믿었다. 그러나 예수님은 권세 있는 왕이나 군대의 우두머리도 아니었고 오히려 유대인들의 율법에 걸려든 한낱 하류 범죄자가 되어 십자가에 처형당한 인물에 불과했다. 그럼에도 불구하고 예수님은 하나님 나라의 도래를 선포하였고, 제자들은 예수님이 바로 성경에 예언된 메시아임을 증거하고 있다.

2) 다니엘의 묵시 전승에 나타난 하나님 나라

이스라엘의 역사 가운데에는 다윗 전승이 말하는 하나님 나라가 도래할 것으로 여겨진 결정적인 기회들이 있었다. 주전 538년, 고레스 칙령으로 바벨론 포로에서 풀려난 이스라엘은 다윗의 후손 스룹바벨의 인도로 예루살렘으로 귀환했다. 주전 516년에는 선지자 학개와 스가랴의 독려로 무너진 예루살렘 성전이 재건되었다. 그러나 대망하던 하나님 나라는 끝내 도래하지 않았다. 오히려 이스라엘은 과거 그 어느 때보다 더 혹독

한 헬라제국의 지배를 받게 되었다. 그러던 중, 주전 164년에 유다 매카비가 무장 폭동을 일으켜 셀류키드 헬라왕조를 몰아내고, 안티오쿠스 에피파네스 4세에 의해 더럽혀진 예루살렘 성전을 탈환하여 깨끗이 청소하고 제단을 회복했다(외경 마카베오 상 하). 그러나 매카비가 수립한 나라 역시 하나님 나라와는 전혀 거리가 먼, 하스모네안 왕조라고 하는 살인과 배신으로 점철된 추악한 인간의 나라에 불과했다. 성전은 궁극적으로 정화되거나 재건되지 않았다. 이는 이스라엘의 하나님 여호와께서 아직도 시온의 성전으로 다시 돌아오시지 않았음을 의미한다.

그 당시 하스모네안 왕조의 부정한 제사 행위에 반발하여, 일군의 무리들이 정결한 제사를 드리기 위해 광야로 나갔는데, 그들은 훗날 에세네파로 불리는 자들이 되었다. 하스모네안 왕조는 주전 63년 로마 장군 폼페이우스의 침략에 의해 멸망당하고 로마에 의해 헤롯 왕조가 세워졌다. 이러한 암울하고 어두운 시기를 지나면서 유대인들에게는 다니엘서와 같은 묵시적 하나님 나라에 대한 사상이 나타나게 되었다. 묵시란 탄식과 절망의 시기에 생겨난, 세계의 종말과 천상의 국가에 관한 신비적인 비밀을 밝히는 계시 사상을 말한다. 묵시 전승에 나타난 하나님 나라의 특징은 다음과 같다. 하나님의 나라는 인간 메시아가 아닌 오직 하나님에 의해 세워지는 나라이다. 다니엘 2장 44절을 보면 "이 열왕의 때에 하늘의 하나님이 한 나라를 세우시리니 이것은 영원히 망하지도 아니할 것이요 그 국권이 다른 백성에게로 돌아가지도 아니할 것이요 도리어 이 모든 나라를 쳐서 멸하고 영원히 설 것이라."

다니엘 전승이 말하는 묵시적 하나님 나라는 인간이 아닌, 오직 하나님에 의해 이루어지는 하나님의 나라를 말한다. 인간은 아무리 힘쓰고 노력해도 하나님 나라를 일 분이라도 더 빨리 오게 하거나 늦게 오게 할 수 없다. 인간은 그 어떤 경우에도 스스로의 힘으로 하나님 나라를 단 한 치라도 확장하거나 줄어들게 할 수 없다. 하나님 나라는 오직 하나님의 때에, 오직 하나님의 방법에 의해 건설된다. 인간은 단지 무익한 종으로 하나님 나라를 위해 쓰임 받을 뿐이다. 그런 점에서 하나님 나라는 철저하게 수동적이다. 따라서 성경에 기록된 하나님 나라에 관한 일들은 항상 신적 수동태 형태로 되어 있다.

다니엘은 인자 같은 이가 오셔서 이 땅에 영원한 나라를 세울 것을 예언하고 있다. 다니엘 7장 13-14절을 보면 "내가 또 밤 이상 중에 보았는데 인자 같은 이가 하늘 구름을 타고 와서 옛적부터 항상 계신 자에게 나아와 그 앞에 인도되매 그에게 권세와 영광과 나라를 주고 모든 백성과 나라들과 각 방언하는 자로 그를 섬기게 하였으니 그 권세는 영원한 권세라 옮기지 아니할 것이요 그 나라는 폐하지 아니할 것이니라." 이 말씀은 '인자 같은 이'가 실제로 구름을 타고 온다거나, 우주의 시공간적인 붕괴를 의미하는 것이 아니다. 묵시문학은 고도의 상징 기법을 사용하므로, 문자 그대로 해석하는 것에는 주의를 요한다. 이러한 묘사는 주요한 사회 정치적 상황을 나타낸 유대의 묵시적 표현이다. '인자 같은 이'는 하나님의 권세와 영광과 나라를 위임 받는 하나님의 아들, 즉 메시아로 하나님의 참된 백성의 상징이요 대표이다. 구름은 하나님의 임재를 나타낸다. 이 말씀은 그가 고난 후에 신원을 받고 '옛적부터 항상 계신 이', 곧 하나님께 나아가는 것을 말한다. 다니엘 전승이 말하는 하나님 나라는 하나님께서 바로 이 '인자 같은 이'에게 권세와 영광을 위임하신 나라를 말한다. 그런데 그 나라는 결코 다윗 전승이 말하는 유대인만의 나라가 아닌 모든 백성과 민족들의 나라이다. 신약성경은 그 나라를 가져오는 인자가 곧 예수 그리스도라고 증거한다.

3) 극심한 박해와 고난 뒤에 심판과 구원을 통해 오는 하나님 나라

다니엘 12장 1절을 보면 "그때에 네 민족을 호위하는 대군 미가엘이 일어날 것이요 또 환난이 있으리니 이는 개국 이래로 그때까지 없던 환난일 것이며 그때에 네 백성 중 무릇 책에 기록된 모든 자가 구원을 얻을 것이라." 묵시적 하나님 나라는 역사의 절정이 오기 전에 극심한 박해와 고난이 있고, 악의 무리가 세상을 지배하는 시대가 전개될 것임을 강조한다. 그리고 그 후에 하나님의 악인에 대한 최종적인 심판과 선인에 대한 구원을 통해 하나님의 나라가 나타난다. 이는 역설적으로 우리가 오늘의 고난 가운데 적극적으로 하나님 나라에 대한 소망을 간직해야 함을 말한다. 그리스도인은 어떠한 일이 있어도 절망해서는 안 되며, 신앙을 버려서도 안 된다. 또한 사단이 지배권을 가졌거나 그리스나 로마가 세상의 지배자라고 생각해서도 안 된다. 그들의 통치는 잠깐이기 때문이다. 묵시문학은 역사에 대한 희망의 상징이지 결코 역사에 대한 비관주의가 아니다. 모든 그리스도인들은 묵시문학의 상징을 통해 위로받고 용기를 얻고 희망을 가져야 한다.

3. 예수님이 선포한 하나님 나라

마태, 마가, 누가복음에는 '하나님의 나라'라는 용어가 모두 104번 사용되고 있는데, 거의 전폭적으로 예수님 자신의 말씀 가운데 나타난다. 그렇다면 예수님이 선포한 하나님의 나라는 무엇이었을까? 예수님 당시 유

대인들에게 하나님의 나라가 아직 도래하지 않은, 즉 아직 기다려야 하는 미래적인 나라인 것에 반해 예수님이 선포한 '하나님의 나라'는 이미 도래한 현재적인 하나님 나라라는 특성을 갖고 있다는 점이다. 예수님이 요단강에서 하나님의 아들과 하나님의 종이라는 소명을 받은 후 고향 땅에 돌아가 제일 먼저 한 것이 "그 때가 찼고, 하나님의 나라가 도래했다. 회개하고 이 복음을 믿으라"(막 1:14~15; 마 4:17)고 선포하였다. 결국 하나님의 나라가 도래했다는 예수님의 선언은 하나님의 나라의 임박한 도래에 대한 기대나 준비를 위한 선언이 아니라 선포하는 예수님 자신과 함께 하나님의 나라가 이미 이 땅에 도착했다는 선언이며, 지금 예수님 안에서 도착한 그 하나님의 나라를 받아들여야 한다는 것이다. 특히 예수님은 유대교의 대표적인 지도자들인 바리새인들이 하나님의 나라가 언제 임할 것인지 물었다(눅 17:20). 그때에 예수님은 "…하나님의 나라는 볼 수 있게 임하는 것이 아니요 또 여기 있다 저기 있다고도 못하리니 하나님의 나라는 너희 안에 있느니라"고 답변하시며 당대 유대인들이 생각한 하나님 나라와 차별화된 것을 말씀하고 있다. 즉 하나님의 나라는 현재가 아닌 미래에 속해 있고 눈으로 볼 수 있고 관찰할 수 있는 정치적, 경제적, 군사적 나라라는 사상에 전혀 동의하지 않음을 보여주고 있다.

물론 예수님이 선포한 하나님의 나라는 정치적, 경제적, 사회적 정의의 구현 및 윤리를 표방하는 등 유대인들이 생각하는 하나님의 나라를 포함할 수도 있다. 하지만 그 자체가 예수님이 선포한 하나님의 나라라고 정의하는 것은 무리가 있다. 예수님이 선포한 하나님의 나라는 우주적이며, 전 세계적이며 인간의 모든 삶의 영역을 포함하고 있기 때문이다. 무엇보다도 예수님 자신이 선포하는 하나님의 나라는 사람이 눈으로 볼 수 있는 세속적인 나라가 아니며 미래가 아니라 지금 여기에 이미 도래했음을 선언하고 있다. "그러나 내가 만일 하나님의 성령을 힘입어 귀신을 쫓아내는 것이면 하나님의 나라가 이미 너희에게 임하였느니라"(마 12:28). 하나님의 나라는 인간에 의해 주도되는 인간 중심의 나라가 아니라 하나님에 의해 이루어지는 하나님 중심의 나라이다. 또한 예수님은 하나님의 나라는 위로부터 은혜로 주어지는 것임을 강조하고 있다. 다시 말하면 하나님의 나라는 심령이 가난한 자의 것이며(마 5:2), 구하는 자의 것이며(마 6:33), 어린아이처럼 겸손히 받드는 자의 것이며(마 18:3, 19:14; 막 10:14; 눅 18:17), 거듭난 자의 것임을 강조하고 있다. 우리가 미래에 완성될 그 나라에 들어가기 위해서는 지금 여기서 의를 위하여 핍박을 받아야 하며(마 5:10), 서기관보다 더 나은 의를 가져야 하며(마 5:10), 아버지의 뜻대로 행해야 한다고 선언하고 있다(마 7:21). 결국 예수가 선포한 하나님의 나라는 인간 중심의 나라가 아니라 예수님 안에서 하나님이 왕이 되시고, 그분의 왕권이 이루어지는 하나님 중심의 나라라고 볼 수 있는 것이다.

예수님이 선포하신 하나님 나라는 결코 당시 유대의 역사적 배경과 상관없는 무시간적인 천국이거나, 구원받은 사람들의 영혼이 사후에 가서 살게 되는, 하늘 어딘가에 있는 나라가 아니었다. 우리는 1세기 유대적 배경 속에 나타난 하나님 나라에 대한 두 가지 사상을 본다. 하나는 다윗의 후손 메시아에 의해 세워지는 현실의 유대인들의 나라이고, 다른 하나는 극심한 박해와 고난이 있은 후, 신원 받은 하나님의 백성의 대표, 즉 메시아에게 하나님께서 위임하신 모든 백성들과 모든 민족들의 나라이다. 이러한 유대적 배경 속에서 예수님은 "이스라엘의 하나님이 왕이 되신다"는 하나님 나라를 선포하셨다. 그러므로 예수님의 메시지에 많은 청중들이 몰려와서 열심히 들었다는 것은 별로 놀라운 일이 아니다. 이것은 그들이 그토록 듣기를 고대하고 있었던 이야기였기 때문이다. 그러나 정작 놀라운 것은 바로 그 하나님 나라가 마침내 이 땅에 도래했다는 것을 선포하고 있다. 예수님이 선포하신 하나님 나라는 현재에 임할 하나님 나라인 동시에 미래에 임할 영원한 나라를 보여주고 있다.

4. 하나님 나라의 통치 이념

한 나라의 성격이나 체제는 바로 그 나라가 가진 통치이념에 의해 결정된다. 예를 들어 자유민주주의, 사회주의, 공산주의 등의 이념에 따라 그 국가의 체제는 달라진다. 하나님 나라의 통치이념은 무엇일까? 하나님 나라의 왕이신 그리스도께서는 무엇을 근본으로 삼고, 어떤 것들을 원리로 삼아 그의 나라를 다스리실까? 하나님 나라의 통치이념은 공의와 사랑이다. 의와 사랑으로 다스리는 나라가 하나님 나라요, 어디서든지 의와 사랑이 나타나고 의와 사랑이 온전케 될 때 그곳에 하나님 나라가 임하는 것이다. "공의와 정의가 주의 보좌의 기초라 인자함과 진실함이 주 앞에 있나이다"(시 89:14) "진실로 그의 구원이 그를 경외하는 자에게 가까우니 영광이 우리 땅에 머무르리이다 인애와 진리가 같이 만나고 의와 화평이 서로 입맞추었으며 진리는 땅에서 솟아나고 의는 하늘에서 굽어보도다"(시 85:9-11). 장차 만왕의 왕이신 그리스도가 이 땅에 오실 것이고, 그에게서 인자와 진리가 만나고 의와 화평이 입 맞출 것이란 말씀이다. 십자가는 하나님의 의와 사랑을 동시에 성취시킨 거룩하고 신비로운 그리스도의 사역이다. 그리스도는 십자가로 하나님 나라를 세우셨다. 의와 사랑은 성경이 가장 강조하고 있는 주제다. 그럴 수밖에 없는 것은 이것이 하나님의 대표적인 속성이기 때문이다. 하나님은 의의 하나님이시고 사랑의 하나님이시다. 하나님께서는 사람을 만드실 때도 당신의 형상대로 창조하셨는데, 그 형상의 중요한 내용이 바로 의와 사랑이다. "사람아 주께서 선한 것이 무엇임을 네게 보이셨나니 여호와께서 네게 구하시는 것은 오직 정의를 행하며 인자를 사랑하며 겸손하게 네 하나님과 함께 행하는 것이 아니냐"(미 6:8). 그래서 의와 사랑은 우리 양심의 저울이 되었다. 사람은 의롭게 살아야 떳떳하고, 사랑으로 살아야 행복하다. 그런데 사람들이 이것들을 잃어버렸다. 부패하여 순수함을 잃어버렸고 왜곡되었다. 고장 난 저울처럼 된 것이다. 그래서 사람들은 혼란 속에 빠졌고 온갖 비참함과 고통이 인간에 들어오게 되었다.

성경에는 '의' 혹은 '공의'란 말이 수없이 나온다. 의에는 크게 세 가지 내용이 들어있다. 첫째는 법적인 내용이다. 이 말은 법정에서 주로 사용되었는데, 판사가 사람들의 시비를 가려 줄 때나 혹은 혐의를 받은 사람의 죄를 찾지 못했을 때 사용되었다. "사람들 사이에 시비가 생겨 재판을 청하면 재판장은 그들을 재판하여 의인은 의롭다 하고 악인은 정죄할 것이며"(신 25:1) 둘째는 윤리적인 내용이다. 도덕적으로 정직함과 진실함을 표현할 때도 이 말이 사용되었다. "너희는 유혹의 욕심을 따라 썩어져 가는 구습을 따르는 옛 사람을 벗어 버리고 오직 너희의 심령이 새롭게 되어 하나님을 따라 의와 진리의 거룩함으로 지으심을 받은 새 사람을 입으라"(엡 4:22-24). "빛의 열매는 모든 착함과 의로움과 진실함에 있느니라"(엡 5:9). 셋째는 종교적인 내용이다. 구약에서는 하나님을 믿고 공경하며 그의 계명을 지키는 자들을 가리켜 의로운 자라고 했다. 즉 경건한 신앙인들을 가리켜 의인이라 했다. 노아와 아브라함을 의인이라 불렀으며, 아브라함이 소돔 고모라를 위해 기도할 때 "의인 10명만 있어도"라는 말을 했는데, 여기서도 의인은 '하나님을 공경하는 사람'을 가리키는 말로 사용되었다. 특히 신약성경에서는 이 말에 더욱 강한 신앙적인 내용이 담겨 있다. 이는 예수 그리스도의 속량사역으로 이루어진 의요, 그리스도를 믿음으로 죄 없다 함을 받아 얻게 되는 하나님의 의이다. 로마서 3장 24절에 보면 "그리스도 예수 안에 있는 속량으로 말미암아 하나님의 은혜로 값없이 의롭다 하심을 얻은 자 되었느니라" 즉 하나님의 의는 예수 그리스도를 믿음으로 말미암아 모든 믿는 자에게 미치는 의로서 남녀노소, 혈통이나 신분에 차별이 없는 것이다. 하나님은 사람들의 죄를 도말하시고 우리를 의롭게 하시기 위해 그의 아들 그리스도를 세상에 보내셨다. 예수님은 속죄제물인 어린 양으로 오셔서 범죄한 사람들이 받아야 할 죽음의 형벌을 대신 받으셨다. 우리가 예수 그리스도의 이 대속을 믿을 때 의롭다 함을 받는다. 이것이 바로 하나님의 의요, 하나님께서 은혜로 주신 칭의인 것이다.

예수님께서 하나님 나라와 그의 의를 구하라는 말은 하나님과 이웃과의 관계에서 그리고 우리의 삶의 모든 영역에서 의를 찾아 세우라는 말씀이다. 우리는 우리의 삶의 모든 영역에서 의가 실현되도록 의로운 삶을 추구하고 노력해야 한다. 범사에 진실하고 정의로운 삶을 추구해야 한다. 그리고 이것이 단순히 개인적이고 심리적인 차원에만 머무는 것이 아니라 공적인 영역에서 정의를 세우는 일에도 열심과 책임을 다해야 한다. 일반적으로 보수적인 교회나 신자들 중에는 착한 사람들이 많지만 사회적이고 공적인 책임이라는 차원에서 의를 세우는 일에 별 관심이 없는 경우가 많다. 우리 신자들은 우리의 의로운 삶의 영역을 넓혀서 사회정의와 정치적인 의를 이루는 일에도 책임의식을 가지고 계속 노력해야 한다. 이런 면에서는 진보적인 교회들이 강하다. 다수의 힘으로 혹은 권력과 돈의 힘으로 불의를 행하는 자들에 대해 저항하며, 사회적으로나 정치적으로 약한 사람들 편에 서서 사회정의 곧 사회적 평등을 이루어보려고 헌신하는 사람들이 많다. 그런데 이 일은 기독인이면 누구나 관심을 가지고 적극적으로 노력해야 한다. 그런데 우리가 무엇보다도 먼저 구할 것은 그리스도의 십자가의 속량을 믿는 믿음으로 얻는 의이다. 그리스도의 속량으로 말미암은 의를 갖지 못한다면 법적, 도덕적 의란 뿌리 없는 나무와 같아서 곧 시들고 말 것이다.

일반적으로 '나라'라고 할 때에는 그 나라가 성립되는 3가지 요소가 있다. 그것은 주권과 백성과 영토이다. 하나님의 나라도 이러한 세 가지 요소를 갖고 있다고 보아야 한다. '주권'이라 함은 우리가 잘 아는 대로 입법권, 통치권, 사법권을 포함한다. 사실 한 나라가 성립되는 세 가지 요소 중에 주권이 가장 중요하다. 그런데 이 주권을 행사할 때는 항상 법을 가지고 한다. 성경에 적용시켜 보면 주권 행사의 근거가 되는 법의 핵심이 바로 '언약'(言約)이다. 그래서 법의 핵심이 되는 언약을 강조하면 성경의 주제가 '언약'으로 보이고 하나님 나라 백성의 의무를 강조하면 '사랑'이 주제로 보인다. '하나님 나라'의 역사가 어떻게 진행되는가 하는 점을 강조하면 '구속사'가 주제가 되고 타락한 인간의 죄를 대속하여 하나님 나라를 회복시킨 분을 강조하면 '예수 그리스도'가 성경의 주제로 여겨지는 것이다. 그러나 이 모든 주제들을 다 포괄할 수 있는 하나의 주제는 바로

'하나님의 나라'가 된다.

그러므로 성경을 읽고 공부할 때 성경의 주제는 '하나님 나라'임을 알아야 하고 '하나님 나라'의 관점에서 성경을 보려고 노력해야 한다. 일반적으로 '나라 개념'에서 가장 중요한 것은 왕(王)과 백성이다. 통치하고 다스림을 받는 대상이 있어야 나라가 되고 바로 영토가 되는 것이다. 하나님이 통치하시는 나라가 '하나님 나라'이다. 통치자가 바로 그 나라의 왕이기 때문에 '하나님 나라'는 당연히 하나님께서 왕이 되신다. 그런데 하나님께서 왕이시고 주인이신 그 '하나님 나라'가 사단의 공격으로 하나님의 백성이 범죄하게 되고 타락하여 파괴되고 하나님은 백성을 잃는 인류의 반역이 일어났다. 그러므로 하나님은 '하나님 나라' 회복(回復)을 위해 반역한 인류 가운데 선택한 사람을 통해 '언약'을 맺으셨다. 그리고 그들을 '하나님의 백성'으로 지칭하시고 그들을 통해 '하나님 나라'를 인류 역사 속에 세우시고 그들에게 영토를 주시고 또한 왕이신 하나님을 대신하여 그 나라의 후사를 정하셨다. 하나님은 '하나님 나라'가 누구를 통해 이어져 갈 것인지 그 계보를 첫 언약자인 아담에서부터 언약을 완성하신 자이신 예수 그리스도까지 이어가는 전(全) 역사의 기록이 바로 성경이고 하나님이 후사로 세우신 '예수님이 왕이신 하나님 나라'가 성경의 주제인 것이다.

하나님 나라는 하나님께서 통치하시는 주권적인 나라, 곧 하나님의 뜻이 이루어지는 곳이다. 예수 그리스도의 복음으로 구원을 얻은 자에게 주어진 나라이다. 그 나라는 이미 임했기 때문에 구원받은 자는 하나님 나라의 즐거움을 누려야 한다. 또한 예수 그리스도의 재림 후에 최종적으로 임하게 될 하나님 나라를 갈망해야 한다. 그 때는 하나님의 완전한 통치

속에 진정한 하나님 나라를 경험하게 될 것이다. 따라서 하나님 나라 백성, 공동체이며 하나님 나라의 표지인 교회는 현재성과 미래성을 동시에 갖고 있는 하나님 나라를 선포해야 한다. 하나님 나라를 선포한다는 것은 하나님 나라의 백성 공동체로서 예수님의 삶을 뒤따르며 복음을 전하는 것이다. 이런 차원에서 교회는 이 세상에 살고 있는 잃어버린 하나님의 백성들에게 하나님 나라를 소개할 수 있는 힘과 능력, 촉매제이다. 교회는 하나님의 나라가 세상 속에 들어왔다고 선언해야 한다.

교회는 현존하는 하나님 나라를 섬기는 현재적이면서도 종말론적인 공동체이다. 예수님의 부활부터 고대하는 재림, 곧 종말 사이에 위치한 이 마지막 때 온 세상에 하나님의 나라를 선포하고 이끌어야 한다. 교회는 이미 설립된 하나님 나라의 선교적 증거자로서 곧 예수님이 이미 이루신 것에 대한 증거자로서 세상 속에 보내어졌다. 따라서 교회는 이미 현존하는 하나님 나라의 확실한 승리와 성취된 승리를 믿고, 아직은 궁극적으로 이루어지지 않은 하나님 나라를 위해 살아가야 한다. 특히 인간사회가 이미 세워놓은 모든 장벽들을 초월하는 신앙 공동체를 세상 앞에 보여주면서 사람들이 그 안에서 하나님의 구원 공동체의 흔적을 볼 수 있도록 해야 한다. 나아가 교회는 지체를 넘어서서 세상 속에 선행과 형제 사랑을 확대해야 한다. 왜냐하면 교회는 그 복음을 교회 안에 담아둘 수 없는 것처럼 그 아가페(사랑)를 더 이상 교회 안에 가두어둘 수 없기 때문이다. 그것은 또한 하나님 나라를 증거하기 위해서 세상과 사회 속으로 들어가야 한다.

B. 성경의 핵심 주제가 되는 하나님 나라

성경이 하나의 책으로서 간주되기 위해서 성경 전체를 통일할 수 있는 테마를 가져야만 한다. 그렇다면 이 주제는 무엇인가? 먼저 구속(Redemption) 이라고 주장하는 견해가 있다. 확실히 성경은 구속의 역사적 사실에 대한 드라마라고 볼 수 있다. 성경은 어떻게 인간이 죄를 지어 타락했으며 어떻게 하나님이 은총으로 인간을 구원하기 위한 길을 예비하셨는지를 우리에게 말하고 있다. 성경은 죄인인 인간에 대한 하나님의 사랑과 인간을 구속하기 위한 예수 그리스도의 죽음, 그리고 그리스도에 의한 구속사역을 위해 이 세상에 성령을 보내주신 것을 우리에게 말하고 있다. 역사의 최후의 순간에 우리는 세상이 구원받아 하나님의 영광이 나타나게 되는 것을 보게 될 것이다. 구속은 분명히 성경의 중요한 테마 중의 하나이다. 그러나 구속은 다른 모든 내용을 함축할 수 있을 정도로 충분히 넓은 주제로는 보이지 않는다. 구체적으로 보면, 창조는 구속의 필요성이 생기기 이전에 있었고, 성경 속에서 단순한 구속의 배경이 되는 것 이상의 중요한 테마라고 생각되어진다. 구속은 사단, 타락한 천사, 지옥 등과 같은 다른 주제들을 적절하게 포괄할 수는 없을 것이다.

신구약 전체의 주제는 하나님의 나라이다. 창세기 1-3장에서 에덴동산을 시작으로 하여 계시록 22장에 보면 새 하늘과 새 땅 즉 하나님의 나라에 대한 이야기이다. 예수님도 이 세상에 오신 것은 이 땅에 하나님 나라를 세우기 위함이다. 그리고 십자가와 부활을 통하여 이 땅에 하나님 나라를 세우셨다. 그리고 제자들에게 그의 나라를 위임해 주시고, 그 사명을 잘 감당하라는 것이 주님의 지상명령이다. 하나님 나라의 관점에서 성경 전체를 연구하며, 하나님 나라의 관점에서 성경해석을 할 때 성경의 핵심 진리를 온전히 볼 수 있고 이해할 수 있을 것이다.

신구약 성경 전체의 서문과 같은 역할을 하는 것이 창세기 1-3장이다. 이 부분을 잘 이해하고 해석할 때 성경 전체의 흐름과 핵심을 알 수 있을 것이다. 구약 39권의 서문과 같은 역할은 창세기 12-15장이다. 믿음의 조상 아브라함을 시작하여 구원의 역사가 다시 열리며, 하나님과 맺은 언약을 근거로 하여 가나안 땅을 중심축으로 삼아 구약 성경 전체가 열려지고 있다. 신약 27권의 서문과 같은 역할은 사도행전 1-2장이다. 예수님께서 십자가에 죽으시고 3일 만에 부활하신 후에 40일 동안 120명에게 하나님 나라의 일을 가르치셨다. 제자들과 유대인들이 전통적인 메시아 사상 즉 로마제국으로 유대인들을 해방시켜서 다윗의 왕국을 건설하고 유대민족을 세계에서 뛰어난 나라를 만들어 주실 분을 메시아로 기대하고 믿어왔다. 그것은 잘못된 메시아관이며, 성경에서 예언해 온 메시아 사상이 아니었다. 그래서 예수님은 영광의 모습으로 부활하신 후에 직접 제자들에게 구약 성경을 근거로 하여 40일 동안 밤낮으로 하나님 나라를 가르쳐 주셨고, 자신이 왜 십자가에 죽으시고 부활해야 하는지를 세밀하게 가르쳐 주셨을 것이다. 십자가와 부활로 하나님의 나라를 완성하시고, 그 나라를 제자들에게 위임하시고 예수님은 하늘로 승천해 가셨다. 그 후 35년이 지난 후에 환란과 핍박을 능히 이기게 하기 위하여, 끝까지 예수님이 주신 믿음을 지키게 하기 위하여 제자들은 붓을 들어 성경을 기록한 것이 4복음서이다. 4복음서는 예수님이 가르쳐 주신 하나님의 나라를 가장 잘 요약해 놓은 것이다. 그리고 사도행전은 예수님께서 제자들에게 위임한 하나님의 나라를 예루살렘과 온 유대와 사마리아와 땅끝까지 이르러 천국의 증인이 되라는 것을 구체적으로 실행해 나아가는 역사적 사건을 기록해 놓고 있다.

그러므로 교회는 항상 예수님이 가르쳐 주신 하나님의 나라를 이야기해야 한다. 하나님의 나라를 잘 감당하는 교회를 만들어야 한다. 하나님 나라 이야기를 하는 교회는 교회 구실을 하지만 하나님 나라 이야기를 하지 않고 책임지지 않는 교회는 사회로부터 버림받게 될 것이다. 내가 교회에 가서 복받고 내 인생이 잘 되는 것만을 추구하거나 하나님 나라를 먼저 생각하지 못하면 교회가 다른 종교와 차이가 없어지게 될 것이다. 오늘날 유럽지역을 여행해 보면 교회가 많이 사라졌고, 그 문을 닫고 많이 없어졌다. 교회가 문 닫는 이유는 하나님 나라에 대한 비전과 그의 사명을 감당하지 못하였기 때문이다. 즉 하나님 나라가 중심이 되지 못하고 하나님이 디자인한 교회가 되지 못하였기 때문에 하나님의 역사와 능력이 나타나지 않음으로 교회가 무너진 것이다. 교회의 참된 가치와 의미는 그의 나라와 그의 의를 추구하는 데 있다. 성령 안에서 의와 평강과 희락이 강 같이 흘러 넘칠 때 교회다운 교회가 될 것이다. 그리고 모든 사람들이 함께 즐거워하며, 함께 풍성함을 나눌 때에 아름다운 천국을 만들 수 있을 것이다.

다른 성경의 중심적인 테마로서 주장되는 것은 "예수 그리스도" 라고 주장한다. 모든 성경 전체가 예수 그리스도를 언급하고 있다는 사실을 부인할 수는 없다. 타락에서부터 구속의 완성에 이르기까지 성경의 메시지는 세상의 구원주로서의 그리스도에 초점이 맞추어져 있다. 예수님은 성경에 미리 예견되었으며 예언자들에 의해 예언되었다. 성경의 중심테마에 관한 물음의 답이 무엇이 되든지 간에 예수 그리스도는 그 대답의 중요한 부분이 되어야 함은 틀림없다. 성경은 단순히 막연한 의미로 이 메시아로서의 구원주에 초점이 맞추어져 있는 것인가? 성경의 중심테마는 보다 구체적인 것이 아닐까? 또다른 의미로서 언약(Covenant) 또는, 약속이라는 의미로서 성경의 가장 중요한 중심테마라고 보는 견해가 있다. 확실히 언약은 중요한 테마 가운데 하나이다. 성경은 하나님과 아담과의 언약, 그리고 그리스도와의 언약을 다루고 있다. 성경은 아담이 어떻게 하나님과의 언약을 어기고 아담이 대표가 된 인류에게 죄와 심판을 가져오게 했는지를 말하고 있다. 그리스도는 새 언약에서의 대표가 되기 위해서 오셨다. 그리스도는 우리의 새로운 대표가 되었다. 그리스도의 십자가에서의 죽음으로 우리를 죄와 심판에서 구원하셨다. 모든 성경 말씀의 메시지는 언약적인 것이다. 그러나 언약은 언약을 맺는 당사자 간의 관계를 세우고 정의하는 것이기에 성경의 중심테마로 보기에는 부적절한 것 같다. 다시 말해서, 언약은 하나님과 인간의 관계를 위하여 무엇인가를 세우는 것이다. 그 무엇인가를 세우는 것이 언약 그 자체보다 더 중요한 것이다.

성경의 전체 주제가 무엇인가? 앞의 주제들 하나하나 속에 있는 중요성을 내포하면서, 성경 전체의 계시의 나머지 부분들을 포괄 가능한 것은 "하나님 나라"이다. (a) 왕으로서 예수 그리스도는 하나님 나라의 중심이다. (b) 구속은 인간이 언약을 어김으로서 죄로 인해 타락한 이후 하나님이 원래 창조하신 목적대로의 하나님 나라를 회복하기 위한 드라마이다. 그리고, (c) 언약은 하나님 나라의 헌법으로서 하나님 나라에서의 왕과 그의 백성 간의 합법적 관계를 정의하는 것이다. 창세기는 하나님 나라의 창조와 사단아래에서의 인간의 반격으로 시작하여, 성경의 나머지 부분들은 어떻게 하나님께서 하나님 나라를 회복하여 인간을 위해서 하나님이 처음에 계획하신 하나님 나라의 영광의 지위에 되돌아 오게 했는가를 다루고 있다. 역사는 사단을 대항해서 싸우는 하나님의 감동적인 스토리이다. 하나님은 그리스도를 통해 사단을 패배시키고 하나님 나라를 재건시키시며 하나님의 원래의 창조 목적대로 실현하신다.

그리스도가 전하는 복음은 하나님 나라의 복음이다. "예수께서 온 갈릴리에 두루 다니사 저희 회당에서 가르치시며 천국 복음을 전파하시며 백성 중에 모든 병과 모든 약한 것을 고치시니"(마 4:23). 사도 바울은 하나님 나라의 메시지에 대해 다음과 같이 말하고 있다. "바울이 온 이태를 자기 셋집에 유하며 자기에게 오는 사람을 다 영접하고 담대히 하나님 나라를 전파하며 주 예수 그리스도께 관한 것을 가르치되 금하는 사람이 없었더라"(행 28:30-31). 성경의 마지막 책인 요한계시록은 영원한 하나님 나라의 성취에 대해서 기뻐하고 있다. "일곱째 천사가 나팔을 불매 하늘에 큰 음성들이 나서 가로되 세상 나라가 우리 주와 그 그리스도의 나라가 되어 그가 세세토록 왕 노릇하시리로다"(계 11:15). 요한계시록의 마지막 부분은 새 예루살렘, 하나님의 도성, 그리고 최종적으로 드러날 하나님 나라의 모습 속에서 하나님의 창조의 목적에 대한 성취를 묘사하고 있다(계 21-22장). 새로운 언약의 머리이며 구속주인 왕은 하나님 나라를 이루며, 아브라함 및 다윗과 세운 언약을 성취해, 최초의 창조시에 인간을 위해 세운 모든 것을 성취하신다. 하나님 나라를 파괴하려는 사단의 시도는 세상을 구원하고 영원한 하나님 나라를 세우신 메시아에 의해 실패로 끝난다. 하나님 나라는 성경 계시의 장대한 테마이다. 예수 그리스도는 하나님 나라의 왕이다. 구속은 하나님 나라를 회복시키기 위한 하나님의 사역으로서 이로 인해 하나님의 청지기인 인간을 그의 원래 목적대로 회복하기 위한 것이다.

1. 구약에서 말하는 하나님의 나라

성경에서 말하는 '하나님 나라'에 대한 복음의 시작은 구약이다. 조지 래드(George Eldon Ladd)는 하나님 나라의 출발점은 영원하신 하나님께서 인간에 대한 그분의 목적을 이스라엘이라는 하나님이 선택한 민족을 통해 이루시는 것으로부터 시작됐다고 설명한다. 곧 살아계신 하나님께서 '인간 구원의 역사'를 완성하실 것이라는 소망이다. 이와 같은 소망은 하나님 자신이 구약의 예언자들에게 계시한 구약성경에 그 근거를 두고 있다. 존 브라이트(John Bright)는 도래하는 하나님 나라를 기다리는 사상은 구약성서의 신적 계시와 신앙의 대망 가운데 깊이 잠재해 있었다고 강조한다. 이스라엘의 구원을 향한 이러한 대망은 곧 하나님이 왕이시라는 고백에 근거해 하나님은 좀 더 강하고 종말론적인 의미에서의 왕이 될 것이라는 대망사상이 일어나게 된다.

신정왕국으로 말해지는 구약의 하나님 나라 사상은 하나님의 통치 사상에 의한 것으로써 이스라엘의 진정한 통치자이신 하나님께서 장차 올 미래에 강력한 왕권을 가지고 오셔서 이스라엘에게 자유를 주신다는 소망을 준다. 결국 구약성서는 하나님의 나라를 하나님의 통치하는 나라, 온 세상의 통치자라는 사실을 그 중심으로 하고 있다. 하나님께서 통치하시는 하나님 나라는 '메시아'라는 대망사상으로 이어지게 된다. 메시아적 예언은 미래에 참다운 하나님의 왕국이 메시아 중심으로 설립되어질 것을 제시하는데, 구약에서 예언된 메시아는 평화의 통치자로 오시고(사 1:1~9), 그의 왕권은 초자연적이며 신적이고, 영원한 특징을 갖는 것이다

(미 5:1~9). 특히 구약성경에 나타나는 하나님의 통치와 메시아 대망사상은 예수님이 선포하신 하나님 나라의 근거를 형성하고 있다. 구약의 예언자들은 하나님의 백성들이 평화롭게 살게 될 날이 올 것이라고 선포하고 있다. 평화의 그 날이 오면 모든 인간적인 갈등이나 사회적인 문제가 없고, 악도 더 이상 존재하지 않을 것이라고 믿고 있다. 이스라엘 백성들은 평화와 안전이 미래에 약속되었다고 믿은 것이다.

구약성경에서는 '하나님의 나라'라는 단어는 항상 통치, 다스림 또는 주권이라는 의미로 쓰였다. 이는 구약 전체를 아우르는 중심사상이었다. 하나님은 천지를 창조하셨고, 만물의 주인이시다. 눈에 보이는 세계뿐 아니라 눈에 보이지 않는 세계의 주인이시다. 이스라엘의 하나님이실 뿐만 아니라 이방 모든 민족도 복종해야 하는 만민의 주인이시다. 우리가 살고 있는 현재에만 주인이신 것이 아니라 앞으로 올 세대에도 주인이신 것이다. 구약은 끊임없이 하나님의 주권을 강조하고 있다. 물론 구약에서 하나님의 주권은 이스라엘을 통해서 직접적으로 나타났고, 하나님은 이스라엘이라는 신정국가를 통해 당신의 열방을 드러내려 하셨다. 하지만 하나님의 부르심을 이스라엘은 반복적으로 거역하고 하나님이 끊임없이 이들을 돌이키시려는 이야기로 가득 차 있다. 결국 하나님의 심판이 북 이스라엘, 남 유다에 이른다. 이러한 심판과 바벨론 포로상황에서 이스라엘은 '그 선지자', 또는 '다윗의 자손', '여호와의 종'을 간절히 기다린다. 바로 '주의 날'이다. 이스라엘의 남은 자를 부르시며 악인들과 악한 나라들을 심판하시고, 의인들과 그의 나라를 회복하실 것뿐만 아니라 죄로 인해서 깨어졌던 만물이 회복될 것을 약속하신다. 구약은 이렇게 메시아를 대망하며 마무리된다.

2. 예수님이 가르쳐 주신 하나님의 나라

'하나님 나라', 곧 천국은 성경의 중심 사상이다. 하나님 나라는 하나님의 직접적인 통치를 뜻하는 나라이며, 예수님이 이 땅 가운데 오셔서 선포하시고 가르치신 복음의 핵심 이기도 하다. 예수님은 "너희는 먼저 그의 나라와 그의 의를 구하라"(마 6:33)고 말씀하시며 하나님 나라의 복음을 선포하셨다. 이와 같은 예수님의 행적에 대해 마태는 "예수께서 온 갈릴리에 두루 다니사 그들의 회당에서 가르치시며 천국 복음을 전파하시며…"(마 4:23)라고 기록했으며, 마가는 "요한이 잡힌 후 예수께서 갈릴리에 오셔서 하나님의 복음을 전파하여 이르시되 때가 찼고 하나님의 나라가 가까이 왔으니 회개하고 복음을 믿으라 하시더라"(막 1:14~15)는 기록을 통해 하나님 나라의 선포가 예수님의 주된 사역이었음을 증명해 주고 있다.

예수님이 직접적으로 "그러므로 너희는 이렇게 기도하라 하늘에 계신 우리 아버지여 이름이 거룩히 여김을 받으시오며 나라가 임하시오며 뜻이 하늘에서 이루어진 것 같이 땅에서도 이루어지이다"(마 6:9~10)라고 말씀하시며 하나님 나라에 대해 언급하셨다. 즉 '하나님 나라'는 예수님께서 선포하신 복음의 핵심으로써 하나님께서 하늘과 이 땅을 직접 다스리신다는 것이다. 그리고 '하나님 나라'는 현재 세상 속에서, 특히 죄와 사망의 굴레에서 벗어나길 원하는 많은 사람들의 공통된 관심사이면서도 궁극적인 소망이 되고 있다. 예수 가르침의 핵심은 하나님 나라이다. 예수 가르침은 인간의 내면에서 잠자고 있는 영혼을 깨우는 하나님 나라에의 초대장 같은 선포의 말씀과 깨어난 영혼들의 실제적인 생활 방식과 행동 원리를 가르치는 말씀으로 구성되어 있다. 성경에서 예수 그리스도께서 직접 하신 것처럼 나와 있는 말씀은 약 300개에 해당한다. 물론, 300개의 말씀 중 예수께서 직접 하신 그대로의 말씀이라기보다는 제자들에 의해서 더해지거나 수정 편집된 말씀도 있을 수 있으나, 그것까지 가려내기는 성경만을 전문적으로 연구하는 학자들도 불가능한 일이다.

신약은 예수님이 바로 구약의 이러한 대망이 자신에게서 이루어졌음을 선언하셨다고 기록하고 있다. 예수님은 '하나님 나라'가 어떠한지 끊임없이 가르치셨다. 복음서는 단지 예수님에 대한 증언이 아니라 하나님 나라를 이 땅에 도래시킨 메시아가 어떻게, 그리고 왜 죽으시고, 부활하셨는지에 대한 증언임을 보여주고 있는 증거다. 물론 예수님은 하나님 나라가 이미 임했다는 것을 보여줬을 뿐만 아니라 하나님 나라가 아직 완전히 임하지 않았다고 반복적으로 가르치기도 했다. 사복음서는 거의 '하나님 나라'로 표기하고 일부는 '천국'으로 표시하고 있다. 마가, 누가, 요한복음에서는 '하나님 나라'로 기록됐고, 마태복음에서는 네 곳(12:28, 19:24, 21:31, 43)을 제외하고 '천국'이라고 기록하고 있다. 결국 구약시대의 사람들이 대망했던 하나님 나라는 예수 그리스도를 통해 이미 임했으며, 현재 하나님의 통치가 그의 백성들을 통해 이루어지심을 통해 자라가고 있고, 예수님이 다시 오실 때 비로소 완성된다는 것이다.

따라서 '하나님 나라'에 대한 성경적 또는 어원적 의미는 '왕 되신 하나님께서 다스리는 통치, 주권'으로 이해하는 것이 가장 바람직하다. 이는 하나님이 영원한 왕이시며 만물을 다스린다는 단순한 추상적 개념에 멈추는 것이 아니라 활동하시는 하나님의 역동적 개념이기도 하며, 단순히 영역으로 제한할 수도 없다. 결국 '하나님 나라'는 하나님께서 통치하시는 주권적인 나라, 곧 하나님의 뜻이 이루어지는 곳, 예수님을 믿고 구원을 얻은 자라면 누구나 지금 여기에서 복을 누리는 곳, 마지막 날 예수님의 재림 후에 들어가게 되는 하나님의 완전한 통치 영역으로 볼 수 있다. 그리고 이러한 하나님 나라는 현재성과 미래성을 동시에 내포하고 있는 것이다.

김회권 교수도 구약성경의 하나님 나라 복음은 하나님이 이스라엘과 온 세상을 다스리시는 절대 선언이었다고 말한다. 하나님 나라 복음은 죄, 악, 고난, 질병과 죽음, 전쟁 패배와 포로로부터의 구출과 해방을 알리는 소식이다. 복음은 우주의 통치자인 하나님의 왕적 칙령으로써 하나님 없는 상황이 종식되며, 하나님의 생명 통치가 작동할 것이라는 선포였다는 것이다. '하나님 나라'에 대한 이와 같은 묵시와 예언은 메시아이신 예수님으로 인해 완전히 성취되었다. 마태는 "이때부터 예수께서 비로소 전파하여 이르시되 회개하라 천국이 가까이 왔느니라 하시더라"(마 4:17)고 기록했지만 신약성경은 '하나님 나라'가 무엇을 의미하는지, 그리고 언제, 어떤 모양으로 임하는지에 대해 매우 다양하게 언급하고 있다. 예수님도 다양한 사역과 비유들을 통해 하나님 나라를 가르치셨다. 그 만큼 신약성경에서 하나님 나라가 내포하고 있는 의미를 특정한 단어로 설명하기는 매우 힘든 것이다. 특히 로마서는 "하나님의 나라는 먹는 것과 마시는 것이 아니요 오직 성령 안에 있는 의와 평강과 희락이라"(롬 14:17)며 하나님 나라를 현재 각자가 경험할 수 있는 영적 실체로까지 기록하고 있다. 또한 하나님 나라는 예수님께서 재림하실 때 하나님의 백성들에게 부여되는 유업이기도 하다.

예수님이 가지고 오신 하나님 나라는 현재 개인이 누릴 수 있는 영적 상태이면서도 동시에 예수님의 재림 때 얻을 수 있는 것으로써 '이미' 라는 현재성과 '아직'이라는 미래성을 동시에 갖고 있는 것이다. 조지 래드는 하나님 나라는 현재적 실체이면서(마 12:28), 다시 태어난 자들만이 경험할 수 있는(요 3:3) 영적인 내적 축복이면서(롬 14:17) 또한 이 세상 나라의 통치(계 11:15)와도 관련이 있다고 주장한다. 또한 사람들이 실제로 들어갈 수 있는 현재적 영역이면서 동시에 나중에 들어갈 수 있는 미래적 영역(마 8:11), 믿는 자에게 상속되는 미래적 축복의 나라이기도 하다(눅 12:32).

3. 신구약 성경 전체에서 보여주는 하나님 나라

성경은 구약과 신약 두 권의 책도 아니고 더욱이 66권의 소책자가 모음집으로 있는 것은 더 더욱 아니다. 한 주제 즉 성부 하나님께서는 성자 예수 그리스도를 통해 '하나님의 나라'를 회복하시기로 작정하셨음을 계시해주기 위해 성령 하나님에 의해 일관되게 기록된 한 권의 책임을 인식해야 한다. 기하학(幾何學)에서 점이 모이면 선이 된다. 점이 움직이면 선이 되는데 성경의 전체 이야기는 핵심 주제가 되는 한 선으로 이어져 있다. 그럼 선의 출발을 이루는 점은 무엇인가? 파괴된 '하나님 나라'의 회복을 위한 첫 출발점은 아담과의 '첫 언약'(창 3;15)으로 시작하는데 바로 "여자의 후손이 머리를 상하게 하여 마침내 세상나라를 정복하게 되리라." 고 하신 아담과의 '첫 언약'이 첫 점이 된다. 그리고 창세기에서 시작된 이 점(點)은 요한계시록에 이르기까지 한 줄로 이어지고 있다. 그러나 '여자의 후손'이라는 '한 점'이 찍혀진 것만으로는 계시가 밝히 드러난 것은 아니다. 여자의 후손이 → 아브라함과 → 다윗의 자손으로 → 다윗의 동네인 베들레헴에서 태어나 → 은 삼십에 팔리어 → 죽으셨다가 → 다시 살아나심으로 → 사망의 권세를 잡은 자 사단을 정복하시고 → 하나님 우편에 앉아 계시다가 → 다시 오심으로 구속사역은 완성되고 그의 나라인 '하나님 나라'가 마침내 회복되고 완성되는 것이다. 그러므로 성경은 한 편의 드라마와 같다.

이런 계보(系譜)를 따라 오신 예수님을 통해 회복되는 '하나님 나라'를 스케치 하면 하나님의 나라도 나라의 세 가지 요소인 주권, 국민, 영토를 갖추어 간다. 하나님이 왕(주권자)이신 나라 이스라엘을 세우시기 위해 아브라함, 이삭, 야곱을 통해 이스라엘 백성(국민)을 만들어 가시고, 출애굽이라는 현실문제로 구원을 경험케 하시고, 가나안 땅(영토)을 주시고, 왕의 대리 통치자 다윗을 세우시더니 결국은 하나님 자신이 인간의 몸을 입으시고 내려와 목숨을 바쳐 하나님 나라 백성을 만드는 '이상국가의 모델'을 보이시는 것이다. 세상 나라 왕들은 백성의 목숨을 밟고 정복하지만 하나님의 나라 왕 예수는 반대로 자기 생명을 희생하여 죽음으로 피를 쏟아 바쳐서 그 백성 하나하나를 국민으로 삼으신 것이다. 누구든지 이 사실을 알고 그 왕에게 굴복하고 그를 왕으로 받아들이면 그의 백성이 되는 것이다. 예수 이름으로 오시는 하나님이 왜 전정한 왕이 되시는가를 수천 년의 신구약의 역사를 통해 조금도 오차가 없이 보여주는 것이 성경의 내용이므로 성경이 역사성을 갖는다는 것은 매우 중요하다. 즉 '예수 그가 왕이신 하나님의 나라' 이것이 성경의 진정한 주제인 것이다(히 1:1,2; 요 5:39). '하나님 나라'가 인류 역사와 세상 나라 가운데 유형적 모형으로 나라를 형성하고 성취해 가는 면밀한 역사가 장엄하게 흐르고 있다.

성경 전체를 통해 흘러가는 '하나님 나라' 역사의 그 점진적 성취 과정을 구분해 보면 다음과 같다.

(1) 하나님 나라 창건시대

인류 역사와 함께 세상 나라 가운데 유형적 모델로 이스라엘로 명명된 '하나님 나라'를 건설하셨다. 나라의 세 가지 요소인 주권, 국민, 영토를 만들고 '하나님 나라'를 창건(創建)하시는데 이를 다룬 책이 창세기, 출애굽기, 민수기, 레위기, 신명기, 여호수아이다.

(2) 하나님 나라 확장시대

하나님의 백성들이 그들의 정체성(正體性)을 잃고 세상 나라의 압제를 받긴 하지만 '하나님 나라'는 약속하신 대로 세상 나라를 정복하면서 확장 해 나간다. 이 시대를 다루고 있는 책이 사사기와 사무엘 상하이며 다윗과 솔로몬 시대까지이다.

(3) 하나님 나라 위기시대

'하나님 나라' 백성들이 그들의 사명을 잊어버리자 그 나라는 두 나라로 분열되고 강대해지는 세상 나라에 정복당하고 영토를 빼앗기고 백성들은 포로로 끌려가 포로 생활하는 위기를 맞는다. 이 시대를 다루는 책이 열왕기와 역대기 그리고 에스라와 느헤미야이다.

(4) 하나님 나라 도래시대

마침내 '하나님 나라'의 주인이신 예수 그리스도께서 오심으로 '하나님 나라'가 도래하였고 '하나님 나라'의 회복이 성취된다. 또한 '하나님 나라'가 교회를 통해 확장되는 역사를 오늘날까지 이어진다. 이 시대를 다루는 책이 신약의 복음서와 사도행전 그리고 서신서들이다.

(5) 하나님 나라 완성시대

영원한 '하나님 나라'는 예수 그리스도의 다시 오심(再臨)으로 최종적으로 완성되는데 이를 마지막 계시로 예언해 놓으셨다. 이 시대의 예언이 기록된 책이 바로 요한계시록이다. 구약의 예언자들이 바라본 종말에 이루어질 미래 완성형의 하나님 나라의 비전은 이사야서와 요한계시록에 나와 있으나, 예수께서 직접 가르치신 하나님 나라는 현재진행형 하나님 나라로서 복음서에 나와 있다. 하나님 나라의 우주적 차원은 미래에 이루어질 것이지만, 겨자씨처럼 작은 하나님 나라를 사는 사람들 가운데에서는 이미 시작된 하나님 나라임을 가르쳐 주고 있는 것이다. 이 땅의 하나님 나라는 현재진행형으로 이루어져 있다. "또 비유를 들어 이르시되 천국은 마치 사람이 자기 밭에 갖다 심은 겨자씨 한 알 같으니 이는 모든 씨보다 작은 것이로되 자란 후에는 풀보다 커서 나무가 되매 공중의 새들이 와서 그 가지에 깃들이느니라 또 비유로 말씀하시되 천국은 마치 여자가 가루 서 말 속에 갖다 넣어 전부 부풀게 한 누룩과 같으니라. (마 13:31~33; 막 4:30~32; 눅 13:18~21).

4. 교회를 통하여 보여주는 하나님 나라

예수님께서는 하나님의 나라와 교회의 관계에 대해 명확히 말씀하셨다. "시몬 베드로가 대답하여 이르되 주는 그리스도시요 살아 계신 하나님의 아들이시니이다 예수께서 대답하여 이르시되 바요나 시몬아 네가 복이 있도다 이를 네게 알게 한 이는 혈육이 아니요 하늘에 계신 내 아버지시니라 또 내가 네게 이르노니 너는 베드로라 내가 이 반석 위에 내 교회를 세우리니 음부의 권세가 이기지 못하리라"(마 16:16~18). 특히 예수님께서는 '에클레시아(ekklesia)', 곧 하나님의 백성 공동체인 교회를 세우시겠다고 말씀하시며 하나님의 나라와 교회의 관계를 규정하셨다. 교회는 하나님 나라의 백성 공동체다. 따라서 하나님의 통치와 주권, 현재와 미래를 동시에 내포하는 하나님의 나라를 보여줘야 할 사명을 갖고 있다고 볼 수 있다.

물론 교회는 하나님의 나라가 결코 아니다. 하나님의 나라가 하나님의 통치와 주권에 기초해 있다면 교회는 하나님 나라를 성취하신 예수님께서 부르신 제자들로 구성된 공동체이기 때문이다. 따라서 하나님 나라와 교회를 동일한 개념으로 이해하는 오류를 범해서는 안 된다.

하지만 하나님의 나라와 교회의 불가분의 관계는 '하나님 나라가 교회를 만들어낸다'는 것에 있다. 하나님 나라는 교회를 통해 확장된다. 따라서 교회는 반드시 하나님 나라를 위해 존재해야 한다. 이런 차원에서 하나님 나라와 교회를 동일시 할 수 있다. 존 스토트(John R. W. Stott)에 따르면 교회와 하나님 나라를 올바로 일치시키려면 교회는 하나님 나라의 증표로, 하나님 나라의 봉사자로, 하나님 나라의 '선 경험'이 되어야 한다. 하나님 나라를 소유한 제자들의 현재적 삶은 그 자체로서 최종적인 목표가 아니라 장차 예수님께서 다시 오실 때를 기다리며 준비하는 경건된 삶이어야 한다.

예수님께서는 하나님 나라의 현재성을 지극히 강조하시면서도 동시에 하나님 나라의 미래성도 매우 확고하게 드러내 보이셨기 때문이다. 실제로 현재 하나님의 통치를 받고 있는 하나님의 백성 공동체인 교회는 예수님의 다시 오심에 대한 기대를 한순간도 소홀히 하거나 잊어서는 안되며, 오히려 완전한 그 때의 도래를 늘 기다리며 하나님의 통치에 더욱 철저히 순종해야 한다. '이미' 임한 하나님 나라와 '아직' 임하지 않은 하나님 나라에 실존하는 교회는 하나님 나라를 대망하면서 예수님의 재림 이후 온전한 하나님 나라가 이루어질 때까지 성령의 역사에 힘입어 다양한 사명을 감당해야 할 책임이 있는 것이다.

교회, 곧 하나님 나라의 백성 공동체는 하나님 나라를 선포해야 할 사명을 갖고 있다. 비록 하나님 나라가 예수님께서 다시 오시기까지는 완전한 축복의 상태로 실현되어지지 않지만 하나님 나라는 세상에서 역사하고 있으며, 악과의 무서운 싸움 속에서 보증되어지고 있다. 교회는 이러한 투쟁을 감당하는 기구인 것이다.

세상은 하나님에 의해서 창조됐지만 인간의 타락으로 세상은 사단의 지배 아래 있게 됐다. 사단은 인간으로 하여금 죄를 짓도록 강요하고, 그 지은 죄의 결과로 죽음을 가져다줬다(롬 6:23). 결국 하나님 나라는 인간에게 창조자이며, 생명의 근원이신 하나님께로 돌아가야 하는 것을 강조하고 있는 것이다. 이것은 예수님께서 하나님 나라를 선포하신 가장 큰 이유이다. 죄인들로 하여금 사단의 나라에서 벗어나 하나님 나라로 들어가도록 불러내시려고 이 땅에 오신 것이다(막 2:17). '회개'와 '믿음'으로 죄인인 인생이 사단의 나라를 벗어나서 하나님의 나라로 들어오라고 선포하셨고, 친히 십자가에서 그 길을 여셨다. 그러므로 우리는 사단을 왕으로 섬기는 삶의 방식, 곧 타락한 세상의 가치관을 따라 살았던 삶의 모습을 회개하고, 진정한 왕이신 하나님을 신뢰하는 믿음으로 살아야 한다. 즉, 피조물로서의 인생이 가진 궁핍함에서 창조주의 부요함으로 들어가며, 인생의 유한성으로 인해 야기되는 고통의 세상에서 하나님의 무한한 부요함으로 이루어진 생명의 세계로 들어가게 되는 것이다.

이미 임한 하나님 나라를 살아내며, 앞으로 임하시게 될 하나님 나라를 대망하고 있는 교회는 하나님의 다스림을 받으며, 구원의 능력을 경험하고, 하나님의 통치가 세상과 환경, 삶의 전 영역으로 확장시켜야 하는 청지기의 사명이 있다. 따라서 하나님 나라의 복음을 제대로 누리려면 예수님께서 말씀하셨듯이 "너희는 먼저 하나님의 나라를 구하라"(마 6:33)는 말씀에 기초해 하나님의 법을 찾고 따라야 한다. 하나님 나라에서의 하나님은 항상 행동하시는 하나님이시다. 하나님은 항상 존재하시고 항상 행동하실 것이기에, 하나님의 나라는 언제나 존재하고 항상 존재할 것이다. 하나님의 백성으로 하나님 나라에 산다는 것은 결국 그 하나님 나라의 복음을 선포하신 예수님의 삶을 실현시켜 나가는 것이다. 교회는 단지 수동적으로 하나님을 수용하고 기다리는 자들이 아니라 그들이 믿는 하나님 나라의 복음을 살아내고, 하나님의 다스림을 적극적으로 드러내 세상 사람들의 빛이 되고(마 5:14~16; 엡 5:8~9; 빌 2:15; 골 1:12; 살전 5:5), 우리 가운데 있는 소망에 대해 질문하게 만드는 적극적인 사명을 갖고 있는 것이다(벧전 3:15). 따라서 하나님 나라의 복음으로 세워진 교회는 하나님 나라의 복음을 위해 온전한 회심을 이루어야 한다. 죽어서 천국에 가기 위해 자신의 죄를 용서받았다는 값싼 은혜의 복음을 전하는 것이 아니라 보다 총체적인 복음, 하나님 나라 복음을 받아들이도록 섬기는 사역을 해야 한다. 무엇보다 하나님 나라를 하나님 나라답게 하기 위해 교회에 소속된 하나님의 백성들은 삶의 모든 영역에서 어떻게 하나님의 통치를 드러내며 그분을 닮아갈 것인지 고민하며, 하나님 나라 복음을 살아내야 한다.

우리는 하나님의 나라를 선포하고 하나님 나라의 생활방식을 보여주는 목적을 위해 보내심을 받았으며, 이 일을 하기 위하여 내가 온 것이다. "주의 영이 나에게 내리셨다. 이는 주께서 나를 택하여, 가난한 자들에게 좋은 소식을 전하게 하려 함이다. 주께서 나를 보내셔서 포로가 된 자들에게 풀려남을, 눈먼 자들에게는 다시 보게 됨을 선포하고, 억눌린 자들은 자유를 누리게 하며, 주의 은혜의 시대를 선포하게 하셨다". 이 말씀은 너희가 듣고 있는 바로 오늘 실현되었다. 부활 승천 이후 성령을 보내신 이유도 하나님 나라의 예수 사역을 예수의 사람들로 하여금 계속하게 하려는 것이었다. 한 새사람은 예수 안에서의 새로운 피조물이다. 새로운 피조물로서 예수의 사람들은 과거의 자랑도, 과거의 실패도 모두 잊고, 날마다 새롭게 평화의 나라, 애통이나 슬픔이 없는 하나님 나라를 향하여 사는 사람들이다. 여기서 한 새사람은 예수 그리스도의 마음을 가지고 있는 사람을 말한다. 겨자씨 나라를 사는 예수의 사람들의 하나님 나라 중심의 성경 이해가 가장 바람직한 성경 해석이 될 수 있는 것이다. "법조문으로 된 계명의 율법을 폐하셨으니 이는 이 둘로 자기 안에서 한 새사람을 지어 화평하게 하시고(엡 2:15)." "형제들아 나는 아직 내가 잡은 줄로 여기지 아니하고 오직 한 일 즉 뒤에 있는 것은 잊어버리고 앞에 있는 것을 잡으려고 푯대를 향하여 그리스도 예수 안에서 하나님이 위에서 부르신 부름의 상을 위하여 달려가노라"(빌 3:13~14). 겨자씨 나라를 사는 사람은 예수 그리스도의 마음을 가진 새로운 존재로서 하나님 나라를 선포하고 하나님 나라를 살며 가르치는 예수 그리스도의 일을 지속하는 사명을 잘 감당해야 한다.

C. 구약성경에 하나님 나라에 대한 예언들

구원받은 성도들에게 최대의 관심은 하나님 나라이다. 하나님 나라는 성도들에게 최고의 매력을 줄 뿐만 아니라 새로운 소망을 준다. 성경의 가장 큰 흐름도 "하나님의 나라"이다. 성경은 잃어버린 하나님 나라를 어떻게 되찾을 수 있을까? 그 나라에 들어가는 길이 무엇인가?를 집중적으로 다루고 있다. 예수님이 이 땅에 왜 오셨는가? 잃어버린 하나님의 나라를 회복해 주기 위하여 오셨다. 그래서 예수님이 30년 동안 공생애를 사신 후에 메시아의 사역을 시작할 때에 첫 메시지가 "회개하라 천국이 가까이 왔다"라는 내용이다. 그리고 예수님의 사역과 말씀의 비유가 대부분 하나님의 나라와 연결되어 있다. 그리고 예수님이 십자가에 죽으시고 부활하신 목적도 죄로 말미암아 잃어버린 하나님의 나라를 되찾아 주기 위함인 것이다. 예수님께서 십자가 위에서 "다 이루었다"는 말씀은 죄의 문제를 다 해결하고 천국에 들어갈 수 있는 길이 활짝 열리게 되었다는 것이다. 그리고 예수님이 부활하신 후에 40일 동안 주로 말씀하신 내용이 무엇인가? 하나님의 나라에 대한 것이다. 사도행전 1장 3절을 보면 "그가 고난 받으신 후에 또한 그들에게 확실한 많은 증거로 친히 살아 계심을 나타내사 사십 일 동안 그들에게 보이시며, 하나님 나라의 일을 말씀하시니라." 이렇게 하나님의 나라가 중요한 주제인데 우리는 "하나님의 나라"에 대하여 잘 알지 못하고, 그냥 죽어서 가는 천국이라는 정도로 생각하는 경향이 있다. 오늘날 많은 성도들이 하나님의 나라에 대한 비밀과 그 가치를 잘 알지 못함으로 세상 사람들과 구별됨, 거룩함이 별로 없는 것이다. 제자들이 왜 배와 그물과 부친까지 버리고 주님을 따랐는지를 잘 알지 못한다. 그 믿음을 지키는 것이 생명보다 귀하다는 것을 잘 인식하지도 못한다. 하나님 나라의 비전을 바라보지 못하면 신앙생활이 진부함에 빠져들고, 형식적인 종교인이 되어지게 될 것이다.

우리가 "하나님 나라"를 좀 더 깊이 현실적으로 느끼고 체험하고, 가슴에 와닿게 깊이 이해하려고 하면 어떻게 해야 하는가? 성경의 뿌리가 되는 하나님 나라를 깊이 연구하고, 그 세계 속으로 들어가야 한다. 구약성경은 하나님 나라를 보여주는 표지와 같을 뿐만 아니라 그림언어로 주로 구성되어 있기 때문에 쉽게 이해할 수가 있을 것이다. 구약성경은 자주 하나님의 나라가 무엇인지, 어떻게 그의 나라에 들어가는지를 성전 제도, 율법, 절기를 통하여 잘 보여주고 있다. 특히 인간이 타락하기 전에 그의 가치관과 삶을 깊이 연구해 보면, 에덴동산에 담겨져 있는 하나님의 나라가 무엇인지를 좀 더 깊이 알 수 있을 것이다. 에덴동산은 신비로운 하나님의 동산이다. 이 동산은 하나님이 아담과 하와를 위하여 특별히 만들어 놓으신 나라이다. 에덴동산은 죄가 없는 곳이다. 하나님의 영광이 가득한 곳이다. 의와 평강과 희락이 넘치는 곳이다. 하나님과 인간이 자유롭게 만날 수 있는 곳이며, 하나님이 주시는 안식이 가득한 곳이다. 그곳에는 생명수가 강같이 흘러 넘치고 생명나무 과일이 달마다 풍성히 맺히는 곳이다. 에덴동산에는 경쟁의식도 없고, 죄도 없고, 탐욕도 없는 모든 것이 풍성한 곳, 행복한 장소, 하나님의 사랑이 넘치는 낙원이다. 이곳에서는 하나님과 인간의 담이 전혀 없고, 하나님의 음성을 직접 들을 수 있고, 하나님과 인격적으로 만남이 이루어지는 곳이다. 모든 사람이 소망하는 유토피아와 같은 영광스러운 나라이다. 우리가 에덴동산을 깊이 연구해 보면 하나님 나라에 대한 실체, 그의 나라의 특성, 그의 나라에 대한 비밀을 어느 정도 알 수 있을 것이다.

성경에서 말하는 하나님 나라가 어떤 곳인가? 하나님이 만드신 하나님 나라는 눈에 보이지 아니하기 때문에 인간의 말로 잘 설명할 수도 없고, 이해하기도 어렵다. 그의 나라는 하나님이 다스리는 통치에 있다는 말은 우리가 익히 잘 알고 있다. 우리는 연약한 육에 속해 있기에 하나님 나라의 통치가 무엇인지를 우리는 잘 알지 못하고 체험하지 못하는 것이 오늘날의 현실이다. 그래서 하나님의 나라를 죽어서 가는 나라, 막연한 하나님의 나라를 생각하기에 가슴에 와닿지 아니하며, 그의 나라와 의를 추구하는 삶을 살지 않는 것이다. 하나님은 이스라엘 백성들에게 하나님 나라가 어떤 나라인가? 그의 나라의 본질과 특성이 무엇인지를 구체적으로 설명하고 알려주기 위하여 에덴동산의 이야기를 성경으로 기록해 놓으셨고, 젖과 꿀이 흐르는 가나안 땅을 하나님 나라의 모델로 가르쳐 주신 것이다. 오늘날에는 주님의 피로 값주어 세우신 교회가 천국의 모델이 되게 하셨다. 일반적으로 "나라"가 만들어지려고 하면 통치하는 왕이 존재하며, 그의 백성들이 존재하며, 그 백성들이 거주할 수 있는 땅이 있어야 한다. 마찬가지로 하나님 나라에서 가장 중요한 것은 온 백성들의 생명과 재산을 지켜주며, 참된 안식과 평안과 행복을 줄 수 있는 통치자가 있어야 한다. 주권이나 통치자가 없으면 진정한 나라가 아니다. 백성들은 그 통치자와 언약 관계를 맺고 그의 말씀을 듣고 순종하는 것이 가장 중요한 마음과 자세이다. 오늘 본문에 등장하는 에덴동산이 보여주는 하나님의 나라가 무엇인가? 또한 그 당시에 출애굽한 이스라엘 백성들에게 하나님의 나라의 실체와 가치를 에덴동산을 통하여 어떻게 보여주고 있는가?

1. 에덴동산이 보여주는 천국

하나님이 인간을 어떻게 창조하셨는가? 창세기 2장 7절에 보면 "여호와 하나님이 땅의 흙으로 사람을 지으시고 생기를 그 코에 불어넣으시니 사람이 생령이 되니라" 성경은 "여호와 하나님이 사람을 지으시고"라고 기록하고 있다. 여기서 "지으시고"란 말은 조각가나 토기장이가 정성을 다해 '작품을 만드는 것'과 같이 만드는 것을 의미한다. 우리는 한 예술가가 작품을 만들기 위해 얼마나 많은 노력과 정성을 들이는지 알고 있다. 예술가이신 하나님은 예술품을 만들 듯이 정성을 들여서 당신의 형상대로 인간을 만드셨다. 사람은 하나님이 만드신 최고의 걸작품인 것이다. 우리는 자신의 신분과 존재 가치를 발견할 때, 하나님의 형상을 회복할 때에 거룩하고 의미 있는 삶을 살 수가 있을 것이다. 만일 자신에 대해 비관하거나 이웃의 형제들을 멸시하는 것은 하나님의 작품을 비판하는 불경한 죄를 짓는 것이다. 창세기 1장 26절에는 하나님의 형상대로 지음받았다고 간단하게 기록하고 있지만 창세기 2장 7절을 인간의 창조에 대한 부연 설명을 해 주고 있다. 사람은 다른 피조물과 차원이 다르게 복잡하게 지음을 받았다. 즉 육과 혼과 영과 환경 속에서 균형 잡힌 인생을 살도록 지음받았다. 육적인 존재(먹고사는 존재 -잘 살고), 혼을 가진 존재(이성적으로 알고, 지적으로 배우는 존재 - 배우고), 영적 존재(하나님을 경외하고, 이웃을 사랑하는 존재 - 사랑하고), 환경 속에 사는 존재(보람되고 가치있는 일에 공헌하는 삶). 이 중에 하나라도 무너지면 고통과 아픔을 당하기 때문에 인생이 행복할 수가 없는 것이다.

하나님은 자신의 형상대로 지음받은 인간에게 무슨 책임과 역할을 주셨는가? 창세기 2장 15절에 보면 "여호와 하나님이 그 사람을 이끌어 에덴동산에 두어 그것을 경작하며 지키게 하시고…" 에덴동산은 좋은 환경에서 먹고 마시고 노는 곳이 아니었다. 에덴동산은 거룩한 노동과 사명이 있는 곳이다. 아담은 에덴에서 그 동산을 다스리는 노동을 하였다. 즉 하나님이 맡겨주신 에덴동산을 잘 지키고 관리하는 사명을 감당했다. 일과 사명은 행복의 중요한 조건이다. 사람에게 일이 없다면 결코 행복할 수 없을 것이다. 인간이 단순히 먹고 마시고 안일하게 살 때 행복할 수 없는 것이다. 몸은 편해도 내면에는 고통과 허무함이 찾아 오게 될 것이다. 설사 일을 하더라도 그것이 자신의 욕망을 위하기만 하면 불행하다. 우리는 일하는 사람이 되어야 하고 하나님께서 주신 사명을 감당하는 사명인의 삶을 살아야 한다. 사명은 우리의 삶을 의미 있게 해 준다. 동산 에덴에는 인간이 하나님과 교제하는 거룩한 일이 있었고, 그 동산을 잘 가꾸고 관리해야 할 사명이 있었다. 즉 하나님은 에덴이라고 불리는 낙원을 그에게 맡기시고, 그곳의 아름다움을 관리하는 책임을 위임하신 것이다. 창세기 1장 28절을 보면 "하나님이 그들에게 복을 주시며, 하나님이 그들에게 이르시되 생육하고 번성하여 땅에 충만하라 땅을 정복하라 바다의 물고기와 하늘의 새와 땅에 움직이는 모든 생물을 다스리라 하시니라."

2. 인간을 위하여 만들어 주신 동산

하나님은 인간을 위하여 친히 무엇을 창설하셨는가? 창세기 2장 8절에 보면 "여호와 하나님이 동방의 에덴에 동산을 창설하시고 그 지으신 사람을 거기 두시니라." 하나님께서는 사람을 만드시고 에덴동산으로 인도하여 살게 하셨다. 인류의 역사가 시작된 것이다. 하나님이 사람을 거주하게 하신 동산은 에덴이라는 곳이다. 하나님께서 인간을 위해 만들어주신 최초의 장소는 너무나 아름다운 곳이었다. 그곳에는 보기에도 아름답고 먹음직스런 아름다운 과일들이 있었다. 이때는 동물들도 풀을 먹고, 사람들도 과실을 먹었기 때문에 지금처럼 약육강식이나 피 흘림이 없었다. 참으로 그곳은 안식과 평화가 넘치는 아름다운 세계였다. 그곳에는 아름다운 비손강, 기혼강, 힛데겔 강, 유브라데스 강 4개의 강이 흐르고 있었다. 이 강들의 이름은 이곳이 얼마나 풍성하고 아름다운 곳이었는지를 가르쳐 주고 있다. 16세기 인문주의자인 영국의 토머스 모어는 에덴동산을 바로 유토피아(utopia) 즉 '이상적인 나라, 꿈에 그리는 나라'라고 했다. 성경은 이곳을 가리켜 에덴동산이라 하고 여호와 하나님께서 만드셨고 그분이 이곳에 주인이시라고 기록했다.(창 2:8-15). 우주의 창조자이신 여호와 하나님이 에덴동산을 만드시고 그 곳에 생명나무와 선악 나무와 그리고 각종 나무를 심으시고, 동산 중앙에는 물이 나게 하여 그 물이 네 강으로 흐르도록 하셨다(창 2:1-14). 에덴동산은 하나님이 친히 거하시고, 생명들이 숨쉬며, 영원토록 목마름이 없고, 죽음이 없는 영원한 곳이다. 하나님은 인류의 시조인 아담에게 영원한 안식과 생명이 있는 에덴동산을 지키며 다스리는 통치권을 주신 것이다.

하나님께서 사람에게 주신 완벽한 에덴동산은 어떤 곳이었는가? 10-14절을 보면 에덴동산이 얼마나 좋고 아름다운 땅인지를 잘 보여주고 있다. 에덴동산은 첫째, 너무나 거룩하고 아름다웠다. 9절을 보면 "여호와 하나님이 그 땅에서 보기에 아름답고 먹기에 좋은 나무가 나게 하시니." 하나님께서는 사람이 행복하고 복되게 살 수 있도록 그 환경을 아름답게 하셨다. 나무가 아름답고 풀이 아름답고 나무와 풀이 조화롭게 이루는 그 땅이 아름다웠다. 둘째, 경제문제가 해결된 곳이었다. 하나님께서는 동산에 먹기에 좋은 많은 나무가 나게 하셨다. 에덴은 생존을 위한 먹는 문제가 해결된 곳이다. 먹고 사는 물질 문제를 해결해 주시는 하나님을 체험하는 것은 중요하다. 하나님께서 신령한 은사뿐 아니라 우리의 먹는 것과 입는 것과 필요한 물질과 아이들의 미래를 책임져 주신다는 것을 체험하여야 한다. 하나님은 행복의 동산 에덴을 창설하시고 그 먹는 문제, 경제 문제를 완전히 해결해 놓으셨다. 셋째, 생명력이 가득한 곳이다. 10절에서 14절을 보면 에덴에는 네 강이 있었는데 네 강의 이름은 비손과 기혼과 힛데겔과 유브라데이다. 물은 식물과 동물을 살리는 중심 역할을 한다. 물이 있는 곳에 나무가 있고 물이 있는 곳에 동물들이 살 수 있다. 물이 있는 곳에 사람들도 모여서 마을을 이루고 도시를 이루고 문명을 건설할 수 있다. 이처럼 강은 그 생명의 물이 계속해서 흘러가는 곳이다. 에덴동산에는 동산 중앙에서 발원한 강이 네 개나 있었다. 에덴동산의 네 강은 사방으로 흐르며 지속적으로 생명력을 공급하고 있었다. 생명은 재생산하는 힘을 가지고 있다. 동산의 중앙에는 각종 생명나무가 있었다. 인간은 이 생명나무 실과를 먹음으로 영원한 생명을 누릴 수 있었다. 넷째, 영광이 있고 가치가 있는 곳이다. 12절을 보면 "그 땅의 금은 정금이요 그곳에는 베델리엄과 호마노도 있으며" 에덴은 값지고 아름다운 정금과 각종 보석들이 가득한 곳이다. 정금은 변함이 없어서 가치가 있다. 에덴동산의 아름다움이 바람 불면 다 사라진다면 행복하지 않다. 에덴동산에는 변함없는 아름다움이 있어야 할 뿐만 아니라 언제나 귀한 가치가 유지되어야 한다. 그럴 때에 인간은 행복하고 새로운 삶의 가치를 느끼게 된다. 우리는 높은 가치를 추구하여야 하고 존귀한 사람답게 살아야 한다.

3. 에덴동산을 통치하시고 다스리시는 하나님

에덴동산을 통치하시고 지배하시는 분이 누구신가? 창조주이신 여호와 하나님이다. "여호와 하나님이 그 사람에게 명하여 이르시되"(2:16). 하나님은 에덴동산의 번영을 위해서 선악나무와 생명나무를 동산 중앙에 두셨다. 하나님은 가나안 땅에서 이스라엘의 번영을 위해서 율법과 성막을 그들의 중앙에 두셨다. 이스라엘 공동체가 혼돈하고 공허하게 되었을 때 하나님은 미가 선지자를 통하여 오직 세 가지를 원하신다고 말씀하셨다. 그것은 진실과 자비, 그리고 신앙이다(미 6:8). 바울 사도는 신앙공동체에 언제까지나 있어야 할 세 가지 보물이 바로 믿음과 소망과 사랑이라고 했다(고전 13:13). 사도 요한은 진리 가운데 행하는 사람만이 하나님과 사귈 수 있다고 말하고 있다. 요한계시록에서 예수님은 죽을지라도 진실을 지키는 사람이 생명나무의 열매를 먹을 것이라고 말씀하셨다. 그러므로 우리의 천국을 생명으로, 사랑으로, 성령의 능력으로 충만한 땅이 되게 가꾸는 방법은 선악나무를 따먹지 말고 거룩하게 지키는 것이요, 율법을 준수하는 것이요, 진실과 사랑, 신앙을 실천하는 것이며, 목숨을 바쳐 진실되게 사는 것이다. 그것이 우리 공동체가 사는 길이다.

에덴동산에 살고 있는 아담과 하와가 지켜야 할 법과 제도가 무엇인가? 16-17절을 보면 "너희는 동산 각종 나무의 열매는 네가 임의로 먹되 선악을 알게 하는 나무의 열매는 먹지 말라 네가 먹는 날에는 반드시 죽으리라 하시니라." 만물을 다스리고 지키는 특권과 동산의 각종 실과를 임의로 먹는 자유와 함께 인간에게 단 한 가지 금지 명령이 엄숙한 경고와 더불어 주어졌다. 그것은 선악을 알게 하는 나무의 실과를 먹지 말라는 것이다. 만일 그 명령을 어기고 그것을 먹게 될 경우 정녕 죽으리라는 내용이다. 여기서 하나님은 인간에게 각종 생명나무의 과일을 임의로 먹을 수 있는 무한대한 자유를 주셨다. 즉 하나님은 아담에게 식단을 짜주며 식단대로 먹도록 하지 않으셨다. 아담이 마음대로 먹도록 자유를 주신 것이다. 여기에 생명나무 실과를 따먹고 영생할 수 있는 자유까지도 주셨다. 이것은 거의 완전한 자유라고 할 수 있을 것이다. 또한 하나님은 인간에게 선악과를 따먹지 말라는 제한을 두셨다. 즉 각종 나무의 실과는 다 먹어도 좋으나 선악을 알게 하는 나무의 실과만은 먹지 못하도록 하셨다. 이는 자유를 구속하는 것이 아니라 오히려 자유를 자유되게 하기 위함이다. 인간에게 자유와 제한은 반드시 공존해야 한다. 자유가 없는 제한은 굴종이고, 제한이 없는 자유는 방종이다. 심지어 하나님은 아담에게 순종할 수도 있고, 순종하지 않을 수도 있는 자유까지 주셨다. 그러나 그 자유에는 책임이 따르게 된다. 하나님께서 선악을 알게 하는 나무를 먹지 말도록 하신 것은 인간의 행복을 위해 하나님께서 세우신 영적 질서인 것이다. 하나님은 창조주요 사람은 피조물이다. 인간이 하나님의 사랑하심을 받는다고 해서 창조주의 자리에까지 올라갈 수는 없는 것이다. 하나님과 인간 사이에는 반드시 지켜야 할 경계선이 있는데 그것이 선악과인 것이다. 그 선악과를 따먹는 것은 피조물이라는 인간을 거부하고, 스스로 하나님 노릇하려는 교만의 극치이며, 하나님께 반역하는 것이다. 하나님은 인간을 위하여 에덴 중앙에 선악을 알게 하는 나무를 두심으로 이를 볼 때마다 보이지 아니하는 창조주 하나님을 기억하고 마음과 성품과 힘을 다해 하나님을 사랑하고 섬기도록 하신 것이다.

인간에게 생명과 죽음이 무엇으로 결정되는가? 인간이 하나님의 말씀에 따라 선악과를 '먹느냐' 혹은 '먹지 않느냐?'에 따라 인간의 장래가 결정되는 것이다. 여기서 주의할 점은 죽음 또는 영생에 이르도록 하는 것이 하나님의 말씀에 순종하느냐? 혹은 불순종하느냐? 에 달려 있는 것이다. 하나님은 모든 인간이 자유 의지를 가지고 스스로 하나님을 섬기며 교제하기를 원하셨던 것이다. 그러므로 선악과를 대상으로 하여 맺은 행위 언약의 목적은 결코 인간을 속박하고자 함에 있는 것이 아니라 창조주 하나님의 주권을 인정함으로써 인간이 그 말씀에 자발적으로 순종하는 법을 깨달아 진정한 자유와 기쁨을 누리도록 하려는 데 있음을 알 수 있다. 이스라엘 백성들이 시내산에서 하나님과 언약한 후에 받은 것은 율법이다. 율법은 하나님과 언약한 사실을 증거한다. 그러므로 율법을 기록한 판을 증거판(출 34:29)이라고 하며, 율법을 보관한 상자를 증거궤라고 부르며, 율법에 따라 지은 성막을 증거막이라고 부른다(출 25:21). 그러므로 이스라엘 백성이 하나님과 맺은 언약에 충실하다는 것은 하나님이 주신 율법과 규례를 잘 지키고 그 성막을 거룩하게 지키는 것이다. 그런 점에서 율법과 성막은 에덴동산의 선악나무와 같다고 말할 수 있을 것이다. 예수께서도 계명을 지키는 것이 얼마나 중요한지를 가르쳐주고 있다. 요한복음 14장 21절에 보면 "나의 계명을 지키는 자라야 나를 사랑하는 자니 나를 사랑하는 자는 내 아버지께 사랑을 받을 것이요 나도 그를 사랑하여 그에게 나를 나타내리라." 우리가 주 안에서 하나님의 생명을 누리려면 하나님의 계명을 거룩하게 지켜야 한다. 자기 멋대로, 자기 생각대로 살면 반드시 멸망의 길로 가게 될 것이다.

제 2 장

성경은 하나님 나라와 언약의 관계를 설명한다

A. 하나님 나라와 언약의 관계

성경의 가장 큰 주제가 무엇인가? 하나님 말씀인 성경의 가장 큰 주제는 '하나님 나라' 이다. 구약성경이 장차 이루어질 하나님 나라를 예언, 예표하고 있다면 신약성경은 예수 그리스도께서 오심으로 시작된 하나님 나라의 확장과 완성을 기록하고 있다. 구약성경에서 하나님 나라가 어떤 모습으로 전개될 것인지를 가장 잘 보여주는 것은 '다윗 왕국' 이다. 다윗 왕국의 많은 것들은 다가올 하나님 나라의 영적 실체를 보여준다. 우리는 구약성경에서 다윗의 자손 메시아가 오시면 그가 다윗의 위(位)에 앉아서 다윗이 비유와 그림자로 대표했던 것의 실상을 온전히 보여줄 것이다. 다윗 왕국이 완성되자 그 왕국의 형성 원리들은 모든 이스라엘 왕들을 위한 확실한 기초가 되었다. 다른 모든 왕들은 그가 얼마나 다윗처럼 행했는가?에 따라 평가되었다. 즉 어떤 왕이 다윗과 똑같이 행하면 그는 선한 왕이었고(왕상 3:3), 그렇지 않으면 그는 악한 왕으로 기록되었다. 예를 들면 여호사밧은 다윗의 길로 갔기 때문에 선한 왕이 되었고, 므낫세는 다윗의 길에서 떠났기 때문에 악한 왕으로 정죄되었다. 이처럼 다윗 왕국은 다른 왕들이 하나님의 뜻에 순종하는 정도를 측정하는 잣대가 되었다. 또한 다윗의 왕국은 하나님이 계획하시고 준비하시며, 친히 꿈꾸어 온 나라가 무엇인지를 한 편의 영화처럼, 그림처럼 잘 보여주고 있다.

성경에서 말하는 하나님의 나라가 무엇인가? 하나님의 나라가 무엇인지를 아는 것은 신앙의 핵심이며, 복음의 본질을 아는 것이며, 우리가 사는 이유와 목적을 발견하는 것이다. 하나님의 나라는 인간에게 최고의 매력적인 나라이며, 우리의 가슴을 떨리게 만드는 사건이다. 그런데 아쉽게도 하나님 나라는 눈으로 보이는 곳도 아니며, 손으로 만질 수 있는 곳도 아니며, 우리의 오감으로 체험할 수 있는 나라가 아니다. 그래서 우리는 하나님의 나라를 좀 더 느끼며, 체험하기 위하여 하나님의 나라에 대한 그림 언어, 비유, 표적, 기적을 연구하며, 묵상하는 것이 중요하다. 에덴동산은 인간이 타락하기 전, 죄가 세상에 들어오기 전에 하나님의 나라를 보여주고 있다면 가나안 땅은 인간이 타락한 후에, 죄가 세상에 관영한 상태에서 하나님의 나라가 무엇인지를 보여주고 있는 특징을 지니고 있다. 다시 말하면 죄악된 세상에서 하나님의 나라가 무엇인지, 하나님 나라의 본질과 특징들, 하나님에 대한 순종으로 영생을 얻게 되는 거룩한 나라이다. 하나님의 나라를 보여주는 가나안 땅은 우리가 생각하고 기대하는 천국이 아니다. 가나안 땅의 천국은 죄악이 가득하고, 수많은 대적들도 존재하고, 위기와 고통이 내재되어 있고, 상처와 슬픔이 담겨져 있는 하나님의 나라이다. 그래서 사람들의 눈에는 하나님 나라가 잘 보여지지 않고 느껴지지 않기도 한다. 가나안 땅의 천국은 이미 죄와 타락과 우상으로 가득한 곳이 되었기 때문에 에덴동산에서 보여주는 천국과는 많은 차이가 있을 것이다. 겉으로 볼 때에는 젖과 꿀이 흐르는 약속의 땅임에도 불구하고, 그 땅은 가나안 족속들과 혼재하여 살아가야 하는 위험을 내포하고 있었다. 그곳에는 각종 타락과 부패함이 존재하고, 죄와 부정함이 가득하였고, 이곳 저곳에서는 전쟁과 고통의 소리가 가득하다. 그런 곳에 하나님이 통치하시는 천국이 있다. 하나님은 이스라엘 백성들에게 타락하고 부패한 가나안 땅에서 천국이 무엇인지를, 하나님이 원하시는 정의와 공의로운 삶이 무엇인지를, 착함과 선함이 무엇인지를 보여주며 살아가라는 것이다.

성경에서 천국은 누가 들어간다고 증언하고 있는가? 심령이 가난한 자가 복이 있나니 천국이 저희 것이요, 의를 위하여 핍박과 고난을 받는 자가 복이 있나니 천국이 저희 것이라고 말씀하고 있다. 다시 말하면 인간의 눈으로 볼 때 하나님의 나라는 매우 초라하고, 보잘것 없이 보이고, 흠모할 만한 것이 전혀 없다고 생각하게 만든다. 그리고 그 천국을 얻는 자는 지혜롭고 똑똑한 자가 아니라 가난하고 병들고, 어린 아이 같은 자가 하나님의 은혜로 얻는 나라이다. 예수님의 제자들도 하나님 나라에 대하여 잘못된 생각과 견해를 가지고 있었다. 그래서 예수님은 하나님 나라에 대한 올바른 개념을 잡아 주셨다. 마태복음 18장 1-4절에 보면 "그때에 제자들이 예수께 나아와 이르되 천국에서는 누가 크니이까 예수께서 한 어린 아이를 불러 그들 가운데 세우시고 이르시되 진실로 너희에게 이르노니 너희가 돌이켜 어린 아이들과 같이 되지 아니하면 결단코 천국에 들어가지 못하리라 그러므로 누구든지 이 어린 아이와 같이 자기를 낮추는 사람이 천국에서 큰 자니라." 예수님은 천국에 가는 길을 제자들에게 말씀하셨다. "생명으로 인도하는 문, 즉 천국으로 들어가는 문은 좁고 길이 협착하여 찾는 자가 적음이라"(마 7:14). 천국으로 가는 길은 넓고 평안한 길이 아니라 좁고 협착한 길이며, 자기 십자가를 짊어지고 가는 고난의 길이다. 사람들의 눈에 볼 때 이것이 무슨 천국인가? 우리는 천국에 대한 실망이나 환상이 깨어질 수가 있다. 그러나 십자가와 부활로 만드신 성경은 완전한 천국이며, 하나님 사랑과 이웃 사랑으로 꽃을 피울 때 평화가 이루는 나라가 만들어질 것이다. 하나님께서 이스라엘 백성들에게 주신 약속의 땅, 젖과 꿀이 흐르는 가나안 땅이 주는 교훈이 무엇인가? 왜 가나안 땅을 젖과 꿀이 흐르는 약속의 땅, 천국이라고 말하는가?

1. 언약과 가나안 땅

하나님의 약속을 받고도 받지 못한 그 좋은 예가 바로 이스라엘 백성들이다. 그들이 드디어 광야를 지나 가나안 땅이 보이는 가데스 바네아라는 지역에 도착하였다. 그런데 그때에 문제가 생겼다. 그것은 그 땅 거민들이 일곱 족속이나 차지하고 있었는데, 너무 크고 장대하여 이스라엘 사람들과 비교가 되지 않게 보였기 때문이다. 그래서 열 정탐꾼은 이렇게 보고하였다. "우리가 두루 다니며 정탐한 땅은 그 거주민을 삼키는 땅이요 거기서 본 모든 백성은 신장이 장대한 자들이며 거기서 네피림 후손인 아낙 자손의 거인들을 보았나니 우리는 스스로 보기에도 메뚜기 같으니 그들이 보기에도 그와 같았을 것이니라"(민 13:32-33). 10명의 정탐꾼들이 왜 이러한 말을 한 것인가? 그저 객관적으로 보면 그들의 판단과 평가가 맞았다고 볼 수 있을 것이다. 그러나 그들이 그렇게 본 것은 믿음으로 본 것이 아니라 자신의 이성과 경험으로 본 것이다. 즉 그들은 하나님과 그의 말씀에 대한 믿음이 없어서 잘못 본 것이며, 잘못 해석한 것이다. 믿음이 없으면 매사에 부정적으로 보게 된다. 불가능하게 보게 된다.

여호수아와 갈렙은 똑같은 장소, 시간에 가나안 땅을 정탐하고 온 후에 백성들에게 어떻게 보고하였는가? 민수기 13장 30절에 보면 "갈렙이 모세 앞에서 백성을 조용하게 하고 이르되 우리가 곧 올라가서 그 땅을 취하자 능히 이기리라"고 외쳤다. 똑같은 시간에, 똑같은 장소를 보았는데 왜 이렇게 차이가 나는가? 믿음으로 보았는가? 나의 이성과 경험으로 보았는가에 따라 큰 차이가 있다. 눈의 아들 여호수아는 이스라엘 백성들에게 담대히 외쳤다. "우리가 두루 다니며 정탐한 땅은 심히 아름다운 땅이라 여호와께서 우리를 기뻐하시면 우리를 그 땅으로 인도하여 들이시고 그 땅을 우리에게 주시리라 이는 과연 젖과 꿀이 흐르는 땅이니라." 여호수아와 갈렙은 믿음의 시각과 믿음의 말을 하고 있다. 그들은 가나안 땅을 정탐하고 와서 하나님을 신뢰하지 못하는 백성에게 하나님의 말씀을 믿으면 얼마든지 가나안 땅에 들어갈 수 있다고 했다. 결과 하나님을 신뢰하지 못한 백성들은 가나안에 들어가지 못하였지만 오직 여호수아와 갈렙은 하나님의 말씀을 끝까지 믿고 신뢰함으로 가나안 땅에 들어갔다. 그리고 그 땅을 약속대로 기업으로 받는 주인공이 되었다.

히브리서 기자는 이스라엘 백성들이 가나안 땅에 들어가지 못하는 이유가 무엇이라고 해석하는가? 히브리서 3장 18-19절을 보면 "또 하나님이 누구에게 맹세하사 그의 안식에 들어오지 못하리라 하셨느냐 곧 순종하지 아니하던 자들에게가 아니냐 이로 보건대 그들이 믿지 아니하므로 능히 들어가지 못한 것이라." 하나님께서는 그와 같이 믿지 못하며, 부정적으로 말한 사람들을 향하여 노하며 맹세하며 말씀하셨다. "내 안식에 들어오지 못하리라"(히 3:11). 가나안 땅을 들어가지 못한 이유를 "순종하지 아니하여서"(18절), 또 "믿지 아니하므로"(19절)라고 말씀하고 있다. 하나님이 이스라엘 백성들로 하여금 광야 길을 걷게 하신 것은 그들의 믿음을 시험하신 것이다. 하나님의 말씀을 믿지 아니하고 순종하지 아니하는 자는 가나안 땅에 들어가지 못한다. 이것을 "내 안식에 들어오지 못한다"라고 기록하고 있다. 성경에서 말하는 믿음이란 순종이 반드시 수반된 믿음이다. 행동이 없는 지식으로만 그치는 믿음은 죽은 믿음이다. 믿는 대로 살아야 한다. 히브리서 5장 8절을 보면 "그가 아들이시면서도 받으신 고난으로 순종함을 배워서"라고 기록하고 있다. 이스라엘 백성은 원망 불평하는 것, 하나님을 찾지 않는 것, 하나님의 방식에 따라 하나님을 섬기지 아니하는 것으로 망했다. 믿음은 순종함으로 완성되는 것이다.

가나안 땅에 누가 들어갈 수 있는가? 신명기 11장 8절에 보면 "그러므로 너희는 내가 오늘 너희에게 명하는 모든 명령을 지키라 그리하면 너희가 강성할 것이요 너희가 건너가 차지할 땅에 들어가서 그것을 차지할 것이며". 가나안 땅은 하나님의 말씀을 듣고 믿고 겸손하게 순종하는 자가 들어갈 수 있다. 우리는 믿음을 가지고 있을 때에 하나님 나라에 들어가게 된다. 마치 어떤 사람이 미국이나 어느 나라에 들어가려면 비자(VISA, 입국허가증)를 가지고 있어야 들어가는 것과 같다. 비자가 없으면 그 나라에 도착했어도 다시 쫓겨나는 것과 같다. 천국 비자, 곧 '천국 입국 허가증'이 바로 믿음이다. 그렇지만 믿음은 이 땅에서부터 많은 약속과 구원을 누리게 한다. 만일 믿음이 없으면, 이 땅에서 받아야 할 것을 많이 놓치게 된다. 믿음으로 많은 약속을 이 땅에서 받으시기를 바란다.

어느 주일 학교 공과 시간에 있었던 일이다. 선생님은 만 원짜리 지폐 몇 장을 손에 들고 학생들에게 말했다. "누구든지 상관없이, 이 돈을 받으러 나오는 학생에게 이것을 주겠다." 학생들은 믿기지 않은 듯 선생님의 얼굴만 쳐다보았다. 그들이 선생님의 말씀을 믿지 못하는 것은 아니었지만, 그렇다고 돈을 받기 위해 선뜻 자리에서 일어서는 학생은 없었다. 이때 한 학생이 벌떡 자리에서 일어나, 선생님 앞으로 걸어 나왔다. 선생님은 약속대로 그 학생에게 돈을 주었다. 그 학생 말고는 돈을 받은 사람이 없었다. 믿음은 단순한 것이다. 복잡하게 생각하지 않는다. 예수님께서는 누구와 같아야 하늘나라에 들어갈 수 있다고 하셨는가? 어린아이 같지 아니하면 천국에 들어갈 수 없다고 말씀하셨다. 하나님의 말씀을 단순하게 믿는 여러분이 되기를 바란다. 하나님이 약속하신 바를 믿고 소망하기를 바란다.

2. 가나안 땅은 믿음으로 들어가는 나라

하나님께서 이스라엘 백성들에게 주리라고 약속한 땅이 어디인가? 젖과 꿀이 흐르는 가나안 땅이다. "또 여호와께서 너희의 조상들에게 맹세하여 그들과 그들의 후손에게 주리라고 하신 땅 곧 젖과 꿀이 흐르는 땅에서 너희의 날이 장구하리라"(신 11:9). 하나님께서는 가나안 땅이 아름답고 광대할 뿐만 아니라, 젖과 꿀이 흐르는 땅이라고 소개하신다. 여기서 젖과 꿀은 무엇을 의미하는가? 문자적으로 "젖과 꿀이 흐르는 땅"은 가나안 땅의 탁월한 비옥함과 자연적인 매력을 그림언어로 나타내기 위하여 사용된 표현이다. 그것은 젖을 생산하는 소와 양을 많이 사육할 수 있는 풍부한 목초지와 꿀을 채취할 수 있을 정도로 꽃과 화초가 많아 살기 좋은 땅이라는 뜻을 함축하고 있기 때문이다. 하나님은 가나안 땅을 '젖과 꿀'이라고 제유법을 사용하셔서 설명하신다. 그 당시에 "젖과 꿀"은 목축과 농업을 표현하는 방식이다. 가나안 땅은 하늘에서 비가 내리지 않으면 꽝이다. 젖과 꿀은 하나님이 내리시는 이른 비와 늦은 비가 있을 때에 가능하다. 즉 하나님이 주시는 은혜, 하나님이 함께하시는 복이 있을 때 젖이 흐르고, 꿀이 흘러 넘치는 가나안 땅이 될 수 있는 것이다.

일반적으로 사람들은 젖과 꿀이 흐르는 가나안 땅을 어떻게 생각하고 있는가? 가나안 땅은 우리가 원하는 젖과 꿀이 흘러 넘치고, 그곳에는 우리가 원하는 모든 것이 풍요롭게 있는 유토피아 세상이라고 생각한다. 즉 가나안 땅은 인간이 원하며 갈망하는 그 모든 것에 부족함이 없고, 넉넉함이 있는 천국이라는 환상이 있다. 그러나 가나안 땅은 비가 내리면 흡수해 버리는 땅이며, 하늘에서 이른 비와 늦은 비를 내려주지 않으면 농사를 지을 수가 없는 사막과 같이 되는 곳이다. 애굽 땅처럼 나일강이 흘러 넘치는 매력적인 곳이 아니라 큰 강도 없고, 넓은 평야도 없고, 백향목이나 화려한 수목도 없는 산골짜기에 불과하며, 하나님이 이른 비와 늦은 비를 주시지 않으면 도저히 살 수 없는 곳이다. 사람들의 눈에 매력적인 곳이 아니라 황폐한 곳이며, 인간의 소망과 기대를 전혀 찾아볼 수 없는 사막과 같은 곳이다. 그런데 이런 가나안 땅이 무슨 젖과 꿀이 흐르는 땅이냐? 이게 무슨 약속의 땅이냐? 낙심하거나 실망할 수도 있다. 그런데 성경은 가나안 땅을 젖과 꿀이 흐르는 땅이며, 천국을 보여주는 상징적인 곳으로 묘사하고 있다(히 11:9-10).

하나님이 약속으로 주신 가나안 땅의 특징이 무엇인가? 12절에 보면 "네 하나님 여호와께서 돌보아 주시는 땅이라 연초부터 연말까지 네 하나님 여호와의 눈이 항상 그 위에 있느니라"(신 11:12). 가나안 땅에는 애굽의 지역처럼 나일강이 없고, 푸른 초장은 없지만 여호와의 눈이 항상 그 위에 있다. 하나님이 친히 돌보아 주시는 약속의 땅이다. 젖과 꿀이 흐르는 가나안 땅에서 가장 중요한 것은 하나님과의 관계이다. 하나님을 경외하는 것이 승리하는 삶의 비결이며, 행복의 길이다. 우리의 삶의 현장은 "서바이벌 게임"처럼 살아남기 위해 생존경쟁을 해야 하는 현장이다. 그러나 치열한 경쟁 속에서 살아 남을 수 있는 길이 있다. 그것은 하나님과의 관계이다. 우리는 하나님을 사랑하고 믿고 의지하며, 그분의 말씀에 순종의 삶을 살아가야 한다. 이것이 척박한 환경에서 하나님의 은혜를 체험하며 아름답고 풍성한 삶으로 행복을 누리는 비결이다. 하나님의 나라는 하나님의 눈이 항상 내 위에 머물러 있고, 교회 위에 머물러 있는 것이다. 즉 하나님의 통치와 인도하심을 받을 때 천국이 임하는 것이다. 하나님 나라가 내 위에 머물러 있어야 한다. 하나님의 임재 속에 살아야 한다.

하나님이 주시는 의와 평강과 희락이 넘쳐야 한다. 그때에 내 심령 속에, 삶의 현장 속에 젖과 꿀이 흘러 넘치는 천국이 될 것이다.

3. 가나안 땅은 하나님의 은혜로 사는 곳

이스라엘 백성들이 과거에 살아왔던 애굽의 땅은 어떤 곳인가? 모세는 가나안 땅을 소개하면서 제일 먼저 이 땅을 애굽의 땅과 비교한다. 10절에서 말하기를 "네가 들어가 얻으려 하는 땅은 네가 나온 애굽 땅과 같지 아니하다"고 말하고 있다. 가나안 땅은 애굽과 같지 않은 곳이라고 강조하고 있다. 이 당시에 이스라엘 백성들이 소문으로 들어온 애굽의 땅을 잘 보여주는 세 단어가 있다. 첫 번째는 나일강이다. 애굽에는 세계에서 제일 긴 강인 나일강이 있다. 이 강은 애굽에서 거의 신적인 위치를 점하고 있다. 나일강은 애굽의 생명 줄과 같은 곳이며, 이집트 문명를 탄생시켰다. 애굽 사람은 나일강의 관계 수로를 바탕으로 부유한 땅을 만들었고, 에덴 동산처럼 강물이 흘러 넘치며, 푸른 초장이 넓게 펼쳐진 강대한 경제대국을 만들었다. 두 번째는 수차이다. 애굽에서 나일강을 제외한 대부분의 지역은 사막이다. 이 때문에 애굽 사람들은 수차를 돌려 물을 끌어들이지 못하면 농사를 지을 수가 없다. 여기서 수차는 '자기 노력'을 상징하는 것이다. 세 번째는 범람이라는 단어이다. 나일강은 우기가 되면 엄청난 비가 오게 되는데 그때마다 주기적으로 나일강 주변이 범람되었다. 그 때에 강변에서 농사짓는 소작인들은 모든 것을 잃어버리기도 하고, 권세있는 자는 이 범람이 쏟아내는 비옥한 퇴적토 때문에 더 많은 부를 누리기도 한다.

반면에 하나님이 약속으로 주신 가나안 땅은 어떤 곳인가? 신명기 11장

11절을 보면 "너희가 건너가서 차지 할 땅은 산과 골짜기가 있어서 하늘에서 내리는 비를 흡수하는 땅이요." 이런 표현은 애굽의 땅에 비교하면 가나안 땅은 농사 짓기에 좋은 땅이 아니라는 것이다. 또한 가나안 땅은 마치 천수답과 같은 곳이어서 하늘에서 비가 와야 모내기를 할 수 있고, 적당하게 이른 비와 늦은 비가 내려야만 곡식을 얻을 수 있는 황폐한 땅이다. 그런데 하나님은 왜 이런 사막과 같은 땅을 젖과 꿀이 흐르는 땅, 아름다운 땅이라 부르는 것인가? 지리적으로, 역사적으로 볼 때 가나안 땅은 젖과 꿀이 흐르는 아름다운 땅이 아니다. 가나안 땅은 비가 내리면 바로 흡수해 버리는 땅, 즉 모래 사막이라는 것이다. 하나님이 이스라엘 백성들에게 거짓말을 한 것인가? 전혀 그렇지 않는다. 하나님은 절대로 거짓말하시는 분이 아니다. 하나님은 헛되고 달콤하게 유혹하는 실없는 분이 아니라 언제나 신실하신 분이시다. 그렇다면 젖과 꿀이 흐른다는 말씀에는 다른 큰 비밀이 담겨져 있다는 것을 짐작할 수가 있다. 영적으로 볼 때에 하나님 자신이 바로 젖과 꿀이라는 것이다. 다시 말하면 젖과 꿀이 나오는 원동력이 세상의 물질이나 사람에게 달려 있는 것이 아니라 하나님께 달려 있다는 것이다. 가나안 땅의 흥망성쇠는 오직 하나님의 손에 달려 있다. 하나님께서 때를 따라 적당히 하늘의 비를 내려주시면 젖과 꿀이 흐르는 땅이 된다. 가나안 땅은 하나님을 경외하며, 그의 뜻대로 살 때 하나님이 주시는 복으로 사는 땅이다. 가나안 땅의 풍년은 사람의 손에 달린 것이 아니라 전적으로 하나님의 손에 달려 있는 것이다. 하나님이 은혜의 단비, 이른 비와 늦은 비를 주시면 젖과 꿀이 흐르는 축복의 땅이 된다.

이스라엘 백성들에게 최고의 소망과 기대를 주는 왕국이 어디인가? 이스라엘 백성들이 최고의 가치를 두고 사모하는 것은 바로 다윗의 왕국이다. 다윗의 왕국은 이스라엘 백성들의 자존심이며, 메시아 왕국에 대한 소망을 갖게 한다. 이스라엘 백성들은 다윗의 왕국을 왜 이렇게 소중하게 여기는가? 다윗의 왕국은 아브라함과 맺은 언약의 성취이며, 가나안 정복의 완성의 모습을 보여주고 있다. 또한 다윗의 왕국은 메시아 왕국을 모형으로 보여주는 것이다. 메시아는 곧 다윗의 보좌 위에 앉아서 영영토록 왕노릇 하실 것이다. 다윗의 왕국은 메시아 왕국을 보여주는 사전에 길닦기식의 예고편인 것이다. 너와 네 후손을 통하여 영원한 왕국을 세우리라는 예언은 곧 메시아 왕국을 말씀하신 것이다. 다윗왕의 가문을 통하여 영원한 왕이신 예수님, 만왕의 왕이 오실 것을 예언하고 있다. "아브라함과 다윗의 자손 예수 그리스도의 세계라"(마 1:1). 성경은 다윗의 자손으로 메시아가 와서 그의 나라를 건설하며, 새로운 자유와 해방을 얻게 될 것을 예언하고 있다. 다윗의 왕국은 하나님 나라의 통치, 구조, 특징을 가장 잘 보여주는 그림언어와 같다.

다윗 왕국이 보여주는 하나님의 나라는 어떤 곳인가? 하나님과 맺은 언약에 의하여 이스라엘 백성들이 하나님의 통치를 받고 영원한 나라를 세우는 것이다. 특히 다윗의 왕국은 하나님과 맺은 언약을 강조하며, 부각시키고 있다. 그 언약의 핵심은 "관계 회복"이다. 왕과 백성, 아버지와 아들의 관계를 구체적으로 보여주는 것이 다윗의 왕국이다. 즉 하나님의 통치가 다윗과 맺은 언약에 의하여 다윗이 하나님의 대리가 되어 이스라엘 백성들을 말씀으로 다스리고 인도하여 그의 나라가 영원히 굳건하게 세워지며, 하나님의 의와 평강이 이루어지는 것이다. 그때에 하나님이 그들의 아버지가 되어 주고, 이스라엘 백성들은 하나님의 아들들이 되는 것이다(14절). 이것이 바로 하나님 나라의 실체이며, 하나님이 꿈꾸어 온 다윗의 왕국이다. 다윗 왕국의 생성 과정에서 놓칠 수 없는 특징 중 하나는 언약이다. 언약은 관계 회복이다. "너희가 내 안에 내가 너희 안에 거하는 것이다. 하나님과 내가 하나가 되어지는 것이다". 언약은 하나님 나라를 세우는 핵심 기둥과 같다. "하나님 나라가 너희 가운데 있다"는 말씀은 서로의 관계와 나눔의 중요성을 강조한다는 말이다 영생이 무엇인가? 구약에서 영생은 하나님을 믿는 자들의 공동체에 임하는 하나님의 나라이다. "보라 형제가 연합하여 동거함이 어찌 그리 선하고 아름다운고… 거기서 여호와께서 명하셨으니 곧 영생이로다"(시 133:1,3). 신약에서 영생은 하나님과 그의 아들 예수 그리스도는 아는 것(요 17:3), 즉 그분의 관계 속에서 생명의 은혜, 성령의 기름부으심을 공급받는 것이다. 다윗 왕국은 어떻게 세워지게 되었는가? 또한 다윗의 왕국이 보여주는 하나님 나라의 특징이 무엇인가? 하나님의 은혜를 보여주는 나라이다.

4. 하나님과 다윗의 언약 체결

본문의 내용은 나단의 신탁으로 매우 유명한 말씀이며(삼하 7장) 다윗의 왕국의 뿌리와 역사를 잘 보여주고 있다. 다윗은 처음부터 유명한 사람이 아니었다. 다윗은 이새의 8번째 아들로 태어난 막둥이로서 형들에게 치이고 아버지에게 무시당하면서 자랐다. 그래서 어릴 때부터 다윗은 들판에서 양을 치는 목동으로 자라며, 그곳에서 자연세계와 더불어 연약한 존재로 자랐다. 사무엘 선지자가 찾아와서 이새의 아들들 가운데 이스라엘 왕이 될 자를 선정하여 기름을 붓는다고 할 때 이새는 들판에서 양을 치고 있는 다윗은 그 자리에 부르지도 아니하였다. 그런 다윗이 이스라엘 장군이 되고, 사울왕의 사위가 되어 군대장관으로 가는 곳마다 승리하였고, 나중에는 이스라엘 2대 왕이 되는 유명한 자가 되가 되었다. 그 후에 다윗은 예루살렘에 도읍을 정하고 궁전을 세우고, 그의 나라가 튼튼해진 것이 하나님의 역사이며, 은혜임을 깨닫고 하나님의 장막을 다윗이 거주하는 궁전으로 모셔오게 된다. 화려하고 아름다운 궁전에서 낡은 하나님의 장막을 바라보니 너무도 죄송한 마음이 들어서 하나님의 선지자를 불러서 하나님의 성전을 건축하고 싶다고 고백하였다. 그 말을 들으신 하나님은 다윗을 너무도 좋아하시고 그에게 놀라운 언약을 주시고, 그 언약에 따라 친히 다윗의 집과 왕국을 세우시고 그의 후손들이 영원히 왕위를 계승하게 하신 것이다.

하나님이 다윗에게 약속하신 내용이 무엇인가? 사무엘하 7장 10-11절에 보면 "내가 또 내 백성 이스라엘을 위하여 한 곳을 정하여 그를 심고 그를 거주하게 하고 다시 옮기지 못하게 하며 악한 종류로 전과 같이 그들을 해하지 못하게 하여 전에 내가 사사에게 명령하여 내 백성 이스라엘을 다스리던 때와 같이 아니하게 하고 너를 모든 원수에게서 벗어나 편히 쉬게 하리라." 하나님은 다윗에게 네게 세울 왕국은 더 이상 옮겨 다니지 아니하고 한 곳을 정하며, 그곳에 나라를 세우게 될 것을 약속하신다. 이 약속은 사사 시대와는 차원이 다른 언약을 맺는 것이다. 사울은 사사인 동시에 첫 왕이었지만 결국 사사 노릇도 제대로 하지 못하고 왕 노릇도 제대로 하지 못하는 것으로 그의 사역을 끝내고 말았다. 이것은 사실 정해진 수순이었다. 하나님은 다윗과 그 후손을 왕으로 세우심으로써 하나님이 사람을 통해 다스리시는 새로운 구조를 그 땅에 가져 오셨다. 이것은 장차 그리스도가 세상을 다스리게 될 것을 예표하기 위한 것이다. 하나님은 그 백성의 배신과 불성실에도 불구하고 하나님의 신실하심과 열심으로 언약을 유지하고 성취해 나가셨다. '하나님께서 우리를 위해 왜 아들까지 주시면서 사랑하십니까?' 그 언약에 근거하고 있다 언약은 "그리 아니하실지라도" 나는 너희를 사랑한다는 것이다. 다시 말하면 우리가 비록 타락하고 부패할지라도 하나님은 절대로 우리를 버리거나 포기하지 않으신다. 우리의 잘못을 고치기 위하여 잠시 징계를 하시지만 절대로 우리를 낙심하게 하거나 죽이지 않으신다. 이것이 바로 하나님이 우리에게 보여주는 언약의 핵심이다. 언약은 "그리 아니하실지라도" 나는 너희를 사랑한다는 것이다.

5. 하나님이 그 언약에 따라 다윗의 왕조를 세우심

지금 다윗의 왕국을 누가 세워주는가? 여호와 하나님이시다. 사무엘하 7장 13절을 보면 "그는 내 이름을 위하여 집을 건축할 것이요 나는 그의 나라 왕위를 영원히 견고하게 하리라." 여호와 하나님이 그 언약에 따라 다윗의 왕국과 그의 후손들에게 왕위를 계승해 주실 것을 약속하고 있다. 그 왕국을 하나님이 친히 세워가시며, 견고한 나라가 되도록 역사해 주신다. 하나님이 다윗과 함께하사 그의 하는 모든 일, 그가 가는 곳마다 승리의 깃발을 꽂는 모습을 보여주고 있다. 다윗이 하나님을 위해 짓겠다고 한 집은 성전이었지만 하나님이 다윗을 위해 지어주시겠다고 한 집은 다윗 왕조였다. 그러나 하나님이 다윗에게 주시겠다고 한 진짜 '다윗의 집'은 다윗 왕조가 아니라 왕이신 하나님의 생명을 실제로 소유한 진짜 왕 같은 제사장들 곧 '그리스도와 교회'이다. 다윗의 자손의 이름으로 오신 진짜 왕 예수 그리스도를 통해서 진짜 왕들이 탄생하게 될 때 다윗 언약은 성취되는 것이다. 이렇게 되면 하나님이 다윗을 위해 지어주시고자 한 집과 다윗의 왕국은 한자리에서 만나게 될 것이다.

하나님의 언약에 의하여 이스라엘 백성들을 위하여 세워줄 집이 무엇인가? 다윗과 하나님이 맺은 언약에 의하여 하나님이 거하실 성전이 세워지게 된다. 그런데 그 집은 영원히 무너지지 아니하고 견고하게 될 것이며, 그의 나라는 어떤 세력에서 망하지 아니하고 영원하다는 것이다. 중간에 그 언약이 단절하거나 변질되는 것이 아니라 하나님의 의지에 따라 영원하게 존재하는 것이다. 하나님은 다윗 언약을 모든 인류가 영원히 기억해야 할 하나님의 뜻으로 주셨다. 하나님이 '다윗의 집과 왕국은 영원히 계속될 것이다'라는 약속을 인류를 위한 영원한 규례로 세우셨다는 일은 참으로 놀라운 일이다. 여기서 하나님의 성전이 무엇인가? 솔로몬의 돌로 만드는 성전이 아니다. 그것은 하나님이 미래에 보여줄 성전의 그림자에 불과하다. 거룩하고 아름다운 성전은 예수님을 영접한 우리 자신이 바로 하나님의 성전이다. 하나님은 내 안에 계시며, 나와 영원토록 함께하신다. 고린도전서 3장 16-17절에 보면 "너희가 하나님의 성전인 것과 하나님의 성령이 너희 안에 거하시는 것을 알지 못하느뇨 누구든지 하나님의 성전을 더럽히면 하나님이 그 사람을 멸하시리라 하나님의 성전은 거룩하니 너희도 그러하니라." 이 말씀은 구원받은 성도가 곧 하나님의 집, 성전임을 말하고 있다. 하나님은 지금 어디에 거하시는가? 바로 우리 안에 왕으로, 주인으로 거하신다. 다윗이 짓겠다고 한 돌 성전은 임시로 거하셨을지라도 하나님의 궁극적인 뜻은 사람 안에 거하시는 것이다. 다윗이 짓지 못한 성전, 이 집은 바로 하나님의 생명을 가진 거룩한 새 사람, 왕 같은 제사장들이 모인 그리스도인의 교회이다.

6. 하나님과 다윗이 맺은 언약의 내용

하나님이 다윗과 맺은 언약의 내용이 무엇인가? 다윗 언약에서 특히 주목할 만한 내용은 하나님이 결코 다윗의 자손을 버리지 않으시겠다는 것이다. 11-16절을 보면 “여호와가 또 네게 이르노니 여호와가 너를 위하여 집을 이루고 네 수한이 차서 네 조상들과 함께 잘 때에 내가 네 몸에서 날 자식을 네 뒤에 세워 그 나라를 견고케 하리라 저는 내 이름을 위하여 집을 건축할 것이요 나는 그 나라 위를 영원히 견고케 하리라 나는 그 아비가 되고 그는 내 아들이 되리니 저가 만일 죄를 범하면 내가 사람 막대기와 인생 채찍으로 징계하려니와 내가 네 앞에서 폐한 사울에게서 내 은총을 빼앗은 것같이 그에게서는 빼앗지 아니하리라 네 집과 네 나라가 네 앞에서 영원히 보전되고 네 위가 영원히 견고하리라.”

하나님은 유다 백성들이 죄를 범하면 막대기와 인생 채찍으로 징계는 할지언정 버리지는 않는다는 것이다. 하나님은 징계를 해서라도 기어코 자기의 아들로 만들며, 그의 나라를 이 땅에 영원히 굳게 세울 것이다. 다윗의 집은 영원하며 결코 폐하여지지 않을 것이다. 다윗의 집은 이 언약으로 인해 그리스도 안에서 그의 나라와 보좌가 영원히 견고하게 유지될 수 있게 되었다.

하나님이 다윗에게 주신 언약의 내용은 다음과 같다. 첫째, 하나님께서 다윗의 이름을 온 천하에 높이신다는 것이다. 둘째, 하나님께서 이스라엘을 위해 친히 한 곳(성전)을 정하여 하나님과 사람의 교제 장소로 삼으신다는 것이다. 셋째, 나는 너희 아버지가 되고 너희는 내 아들이 되게 하리라는 것이다(14절). 넷째, 사울과는 달리 다윗의 보좌를 그의 몸에서 난 후손들로 세습케 하심으로써 다윗의 집(王家)을 견고하게 해 주신다는 것이다. 다섯째, 후손 대대로 이어지게 될 다윗의 나라가 흔들리거나 무너지지 않는 영원한 나라가 되게 하신다는 것이다. 여섯째, 그의 후손으로 하나님의 집을 건축하게 하신다는 것이다. 이 내용들은 다윗 언약이 근본적으로 아브라함 언약의 바탕 위에 서 있는 것임을 보여주고 있다. 하나님이 다윗에게 주신 약속은 아브라함에게 먼저 주신 약속과 근본적으로 아무 차이도 없으며 오직 그것을 확대, 성취하고 있는 것이다. 다윗과 그의 후손들은 언약에 의하여 자기 힘으로 살지 않고 '하나님의 복'으로 살 것이다. 또한 하나님은 이스라엘의 하나님이 되시며 그들은 하나님의 백성이 될 것이다(삼하 7:24, 창 17:7,8). 그리고 아브라함의 약속처럼 다윗의 약속도 영원하며, 반드시 하나님의 열심이 성취하게 될 것이다.

그 언약에 의하여 다윗의 왕국은 어떻게 지속되어지는가? 사무엘하 7장 16절을 보면 "네 집과 네 나라가 내 앞에서 영원히 보전되고, 네 왕위가 영원히 견고하리라 하셨다 하라." 하나님이 친히 다윗과 맺은 언약에 따라 그의 왕위를 영원히 견고하게 하시며, 그의 나라를 이스라엘 백성들을 위하여 세워주실 뿐만 아니라 영원토록 보존하실 것이다. 이것은 하나님이 자신의 이름을 걸고 약속하신 말씀이다. 그런데 이 약속은 아주 깊은 의미가 그 속에 담겨 있었다. 이 약속은 단순히 다윗의 후손이 끊어지지 않고 계속 왕 노릇 할 것이라는 뜻은 아니었다. 왜냐하면 그런 약속이었다면 그 약속은 이미 깨어져 버렸기 때문이다. 우리가 잘 아는 대로 예수님 오시기 전, 586년에 이스라엘은 역사에서 사라졌다. 바벨론에 의해 침략을 당해 망했던 것이다. 하나님께서 약속하신 언약이 단순히 다윗의 후손이 계속해서 왕노릇한다는 뜻이었다면 그 하나님의 약속이 깨어져 버린 것이다. 그렇다면 '네 왕위를 영원히 견고히 하리라'는 약속은 단순히 다윗의 후손들이 영원히 왕 노릇한다는 것이 아니라 보다 깊은 의미가 들어 있는 것이 틀림없다.

하나님이 다윗에게 약속하신 것은 다윗의 혈통 가운데 하나님께서 메시아, 즉 세상을 구원할 구원자를 보내시리라는 것이다. 하나님이 보내신 메시아가 다윗의 후손으로 이 땅에 오셔서 하나님의 나라를 이루어 영원히 왕으로 통치하게 될 것이다. 이것이 하나님께서 다윗에게 주신 약속의 진정한 내용이다. 즉 하나님은 다윗에게 네 혈통에서 메시아가 날 것을 약속해 주셨던 것이다. 그리고 이 약속대로 다윗이 죽은 후에 약 1000년이 지났을 때 다윗의 혈통인 요셉의 아들로 예수님이 태어나셨다. 하나님께서 다윗에게 주신 약속을 예수님을 통해 성취하셨던 것이다. 신약의 사복음서와 사도행전은 예수 그리스도가 다윗의 자손으로 오심으로 구약의 모든 언약들이 역사적으로 성취되었음을 증언하고 있다. 그러나 다윗의 왕국 즉 메시아 나라의 완성은 주님께서 재림하심으로 이 땅에 완성될 것이다. 사도 바울은 구약의 언약이 그리스도의 구속으로 역사적으로 성취되었다고 증언한다. "그가 우리를 흑암의 권세에서 건져 내사 그의 사랑의 아들의 나라로 옮기셨으니 그 아들 안에서 우리가 속량 곧 죄 사함을 얻었도다"라고 했다(골 1:13-14). 그리고 아들의 구속하심으로 구약의 모든 율법과 선지자의 예언이 완전히 응했다. 오늘날과 신약의 성도들은 구약 언약의 성취자로 오신 예수 그리스도의 구속 안에서 우리는 이미 하나님 나라에 참여하고 있는 하나님의 친 백성들이다(딛 2:14; 엡 2:19). 그리고 영원토록 하나님의 자녀의 권세를 주 안에서 누리게 될 것이다.

B. 예수님이 성취하신 하나님 나라

한국 사회에서 '천국'이라는 말은 어떻게 이해되고 있는가? 일반적으로 '천국'은 예수님을 믿는 이들이 죽은 다음에 가게 되는 곳으로 생각한다. 그런데 그곳을 어떻게 생각하느냐?에 따라 생각이 또 나뉘게 된다. 어떤 이들은 죽은 다음에 가는 그곳에 대해 매우 물질적인 천국으로 이해하고 있다. 그래서 천국은 황금 집으로 되어 있다고 생각하기도 하며, 대궐 같은 큰 집으로 현세의 아파트와 비슷한 것으로 생각해 구체적인 평수를 언급하기도 한다. 아마도 이런 생각의 배후에는 죽은 다음에 가게 되는 곳, 물질적인 집인 것처럼 생각하기 때문인 듯하다. 대개 죽었다가 살아난 경험을 가진 이들이 말하는 천국은 거의 다 "물질적인 천국"을 말하고 있다. 이런 생각은 세상 사람들의 사고에 영향을 미쳐 매우 아름다운 곳을 보거나 좋은 경험을 하게 되면 천국 같다고 말하기도 한다. 이런 이면에는 물질적 천국관이 상당히 뿌리 깊게 작용한다고 볼 수 있다.

그렇다면 성경에서 말하는 천국, 예수님이 말씀하신 천국은 어떤 나라인가? 예수님이 말씀하신 천국은 대부분 "물질적인 나라"가 아니라 "영적인 나라"이다. 마태복음 4장 17절을 보면 "회개하라 천국이 가까이 왔느니라" 누가복음 17장 20-21절을 보면 "예수께서 대답하여 이르시되 하나님의 나라는 볼 수 있게 임하는 것이 아니요 또 여기 있다 저기 있다고도 못하리니 하나님의 나라는 너희 안에 있느니라." 이 말씀에서 강조하는 것은 천국은 눈에 보이는 것이나 손으로 만질 수 있는 나라가 아니라 오직 하나님의 통치와 인도함을 받는 나라라는 것이다. 예수님은 제자들에게 '천국이 가까이 왔다(마 4:17)'고 말씀하시고, 마태복음 12장에서는 자신이 바로 천국이라고 말씀하셨다. 예수님은 천국에 대한 비유와 해석을 수차례 하셨으며(마 13장), 가까이 온 천국은 바로 예수님 자신이다고 증언하셨다. 영원한 천국은 손으로 만질 수도 없고, 육안으로 볼 수는 없지만 예수님과 함께 하셨던 것이다.

바울 사도는 하나님의 나라를 어떻게 설명하는가? 로마서 14장 17절 "하나님의 나라는 먹는 것과 마시는 것이 아니요 오직 성령 안에 있는 의와 평강과 희락이라." 하나님의 나라는 먹는 것과 마시는 것이 아니다. 여기서 '먹는 것과 마시는 것' 이란 물질 중심의 가치관을 말하는 것이다. 누가복음의 표현으로 "여러 해 쓸 물건을 많이 쌓아두었으니 평안히 쉬고, 먹고, 마시고, 즐거워하자"(눅 12:16)에 삶의 목표를 두는 것이다. 그러나 천국은 먹고 마시는 것에 목표를 두는 것이 아니라 오직 성령 안에 있는 의와 평강과 희락을 누리는 것이다. 즉 성경에서 말하는 천국은 먹고 마시는 물질적인 나라를 말하는 것이 아니라 눈에 보이지 않는 "영적인 나라"를 말하고 있다. 천국은 눈으로 보거나 손으로 만질 수 있는 나라가 아니라 예수님이 주인이 되고 왕이 되어 우리를 다스림으로 의와 평강과 희락을 누리는 나라를 의미한다. 요한계시록 21장 3-4절에 보면 "천국은 창조주이신 하나님께서 함께하시는 곳으로 애통하는 것이나 곡하는 것이나 아픈 것이 없고, 사망이나 고통이 없는 영원한 낙원이다, 이 세상 모든 사람들이 꿈꾸며, 소망하는 나라가 바로 천국이다. 우리는 어떤 천국을 꿈꾸며, 신앙생활을 하고 있는가? 우리가 누려야 할 천국은 어디에 있는가?

1. 이 땅에 하나님 나라를 가지고 오신 예수님

일반적으로 사람들은 죽어서 가는 천국을 많이 언급한다. 그러나 예수님은 이 땅에 놀라운 천국을 가지고 오셨다고 말씀하시고 있다. 성경은 이미 이 땅에 임한 천국에 대하여 많이 기록하고 있다. 하늘에서 오신 예수님은 우리로 하여금 이 땅에서 천국을 맛볼 수 있게 천국을 가지고 오신 분이시다. 천국의 실체이신 예수님이 메시아로 오심으로 이 땅에서 천국의 영광을 직접 볼 수 있게 되었다. 예수님께서 "천국이 가까이 왔느니라." 하신 말씀은 하나님 나라가 그 분 자신을 통하여 이 땅에 임하였다는 것을 말씀하고 있다. 예수님은 다른 선지자들처럼 단순히 천국에 대하여 알리러 오신 분이 아니다. 예수님은 성도들로 하여금 실제로 천국의 삶을 살 수 있도록 천국을 만들어 놓으셨다.

예수님이 가지고 오신 천국은 어떤 곳인가? 천국이라는 단어는 마태복음에만 36회나 나온다. 천국이라는 말은 '하나님의 나라'라는 말과 동일한 의미의 단어인데, 경건한 유대인들은 하나님이라는 호칭을 마음대로 쓸 수 없어 '천국' 즉 '하늘나라'라는 말을 의도적으로 사용하였다. '하나님의 나라'란 하나님의 통치 차원에서 '하나님의 다스림이 이뤄진 것'을 말한다. 하나님을 왕으로 모시고, 하나님의 말씀을 법으로 삼는 상태를 말한다. 쉬운 예를 들면 로마제국이란 무엇인가? 로마 황제를 왕으로 모시고, 로마법을 지키고 사는 나라를 말한다. 만일 로마 시민이라고 하면서 로마 황제를 반역하고 로마법을 거부한다면 살아남기 어려울 것이다. 하나님의 나라는 하나님의 다스림이 이뤄진 것을 말하는데, 내 마음이 하나님의 다스림을 받으면 그곳이 하나님의 나라가 되고, 내 가정이 하나님의 다스림을 받으면 그곳이 하나님의 나라가 되고, 우리 교회가 하나님의 다스림을 받으면 그곳이 하나님의 나라가 되고, 우리 사회가 하나님의 다스림을 받으면 그곳이 하나님의 나라가 된다. 즉 이 세상에서 내 마음속에 하나님의 다스림을 받으면 이미 하나님의 나라를 누리고 사는 것이고, 내세에서 내가 하나님의 다스림을 받게 되면 소위 '천국에 가는 것'이다. 예수님은 첫 메시지가 천국에 대한 말씀이요, 마지막 부활하신 후에 40일 동안 천국에 관하여 말씀하시고 가르쳐 주셨다. 사도행전 1장 3절에 보면 "그가 고난 받으신 후에 또한 그들에게 확실한 많은 증거로 친히 살아 계심을 나타내사 사십 일 동안 그들에게 보이시며, 하나님 나라의 일을 말씀하시니라." 우리 예수님은 돌아가시기 전에도 천국에 관한 이야기를 집중적으로 40일 동안 말씀하셨다. 하나님은 여러분에게 천국을 주시기를 원하신다. 지옥같은 우리의 삶에 천국을 주시기 원해서 예수님을 이 땅에 보내신 것이다. 예수님은 십자가의 사역으로 이 땅을 저주에서 소망으로, 지옥에서 천국로 바꿔 놓았다.

예수님이 말씀하신 천국은 어떤 특성을 지니고 있는가? 천국은 하나님 나라와 동일한 것이며, 하나님 나라는 예수 그리스도의 초림으로 이 세상에 영적으로 이미 임했으나 아직 극치에 이르지 않은 상태 즉 "이미 그러나 아직" 이라는 상황 가운데 있다고 이해할 수 있다. 다시 말하면 영적으로 하나님 나라는 예수 그리스도의 사역으로 말미암아 '이미 이 땅 위에 임하여 있지만 아직도 눈에 보이도록 물리적으로 오지 않은 상태에 있다. 그래서 영적인 하나님의 나라를 소유한 성도들이 하나님이 주신 말씀에 따라 하나님의 나라를 드러내는 것이 우리의 사명이다. 즉 우리가 자신의 욕망이나 탐욕을 내려놓고 예수님의 정신이 잘 나타난 산상수훈에 따라 살아갈 때 우리의 삶을 통하여 드러나는 것이 세상과 다른 천국이다. 예수님을 영접하여 이미 천국을 소유한 자들에게 하늘에 있거나 죽어서 하늘에 있는 것이 아니라 그리스도께서 재림하실 때에 살아 있던 영혼과 땅

속에 있는 몸이 다시 결합하여 부활하게 되는 것이 최후 천국의 모습이다. 신령한 몸으로 부활한 모든 그리스도인은 부활체를 가지고 온 세상이 새롭게 된(마 19:28) '새 하늘 새 땅'에서 영원히 살게 될 것이다. 이 '새 하늘 새 땅'은 극치에 이른 천국이라고 할 수 있고, 그것의 성취는 완성된 천국의 모습이다.

이 세상에서 가장 기쁜 소식은 하나님 나라이다. 구원받은 성도들에게 하나님 나라보다 더 매력적인 것이며, 감동을 주는 용어는 없다. 바리새인들이 예수님께 나와서 이렇게 질문한다. "하나님의 나라가 어느 때에 임하는가?" 이 당시에 바리새인들은 성경의 지식으로 가득 채워진 사람들이다. 그들은 태교를 성경으로 받은 자들이다. 그들은 태어나서 죽을 때까지 성경을 배우고 연구하고 가르치는 사람들이다. 그들은 성경과 하나님에 관해 남다른 특별 의식을 가졌다. 그들은 자신을 스스로 '바리새인' 칭했는데 이는 '선별된 그룹'이란 뜻이다. 지금 바리새인들이 왜 예수님께 나와서 "하나님의 나라가 어느 때에 임하는가? 라고 하는 이 질문은 '예수님이 아무리 3대 사역을 해도 하나님의 나라는 임하지 않았다'는 말을 내포한다. '예수님이 아무리 가르쳐도 하나님의 나라는 아직 임하지 않았으며', '예수님이 아무리 병자를 고쳐도 하나님의 나라는 아직 임하지 않았다'는 것이다. 바리새인이 기대했던 강력한 하나님의 나라, 제국을 뒤집어 엎는 권세 있는 통치력, 하늘에 울려 퍼지는 위대한 표적이 아직 나타나지 않고 있었던 것이다. 예루살렘은 아직도 로마의 총독 빌라도가 다스리고 있었고, 성전은 헤롯이 장악했고, 이방민족과 제국은 축출되지 않고 강력하게 살아 있었다. 그래서 그들 도대체 당신이 말하는 하나님 나라는 언제 임하는가? 하나님 나라가 왔다는 그 표적이 무엇인가? 이렇게 끈질기게 물어 온 것이다.

바리새인들의 질문을 받고 예수님은 어떻게 답변하는가? "예수님께서 대답하여 가라사대 하나님의 나라는 볼 수 있게 임하는 것이 아니요 또 여기 있다 저기 있다고도 못하리니 하나님의 나라는 너희 안에 있느니라"는 답변은 동문서답하는 것처럼 보인다. 바리새인들은 "당신이 말하는 하나님의 나라가 어느 때에 임하나이까?" 라고 묻는다. 그런데 예수님은 하나님의 나라는 볼 수 있게 임하는 것이 아니라고 말한다. 바리새인들이 원한 질문은 하나님의 임하는 때를 물어 보았는데 예수님은 엉뚱하게 하나님의 나라는 볼 수 있게 임하는 것이 아니라고 말한다. 그리고 또 "여기 있다, 저기 있다고도 못하리니 하나님의 나라는 너희 안에 있다"고 말하였다. 이것이 매우 충격적인 메시지이며, 그 당시에 잘못된 하나님 나라에 대한 관점을 바꾸게 만드는 계기가 되었다. 예수님은 의도적으로 하나님의 나라가 언제 임하는 것을 말씀하지 아니하시고, 너희가 원하는 것처럼 하나님의 나라가 볼 수 있게 임하는 것이 아니라고 말하였다. 이것은 하나님의 나라가 눈에 보이지 않게 임한다는 의도로 말씀하신 것이다. 즉 이 땅에서 이스라엘 백성이 회복되고, 로마로부터 해방되며, 이 땅을 지배하게 되는 그런 형태로 하나님 나라는 임하지 않는다는 것을 말씀하고 있는 것이다. 이 땅에 정치적인 독립, 경제 번영의 천국이 오는 것이 아니다는 것이다.

우리 주변에 일어난 이단들은 하나님 나라를 어떻게 말하는가? 우리가 여호와의 증인, 신천지를 만나면 그들은 천국이 이 땅에 임한다고 말한다. 그러면서 열심히 구약성경을 인용하는 것을 볼 수 있다. 왜냐하면 구약에서는 천국이 이 땅에 완전한 모습으로 임하는 것처럼 묘사하고 있기 때문이다. 예수님의 말씀은 하나님의 나라가 이 땅의 왕국과 다른 형태로 건설된다는 것이다. 하나님의 나라는 또 여기 있다, 저기 있는 것이 아니다. 이 말은 어떤 집단은 자신들만이 천국에 갈 수 있는 집단이고 다른 기독교 집단은 아무도 천국에 갈 수 없다고 말한다. 그러므로 이들이 천국이 여기 있다, 저기 있다 라고 말할 때 믿지 마시기 바란다. 하나님은 어떤 기독교 집단만이 천국에 갈 수 있으며, 그 집단 모두를 구원하시겠다는 약속을 하신 적이 없다.

2. 눈에 볼 수 있게 임하지 않는 하나님 나라

바리새인들은 왜 예수님께 와서 하나님의 나라가 언제 임하는가?라는 이상한 질문을 했을까? 첫째는 예수님께서 천국이 가까이 왔다고 전하였기 때문이다. 그들은 예수님의 말씀대로라면 로마에서 해방되고, 이스라엘이 세계를 지배하는 날이 올지 모른다는 기대감을 가지고 있었을지도 모른다. 둘째, 예수님의 흠을 잡으려고 한 질문일 수 있다. 예수님에게 트집 잡고 흠을 내기 위해서 일부런 이런 질문을 하였다고 볼 수 있다. 전통적으로 바리새인이나 서기관들도 하나님 나라에 대하여 많은 관심을 가지고 있었다. 누가복음 17장 20절에 보면 바리새인들이 하나님의 나라에 대하여 아주 궁금해 하는 것을 볼 수 있다. 그러나 하나님의 나라가 어떤 것인지에 대한 궁금함이 아니라 하나님의 나라가 언제 임하는지에 대한 궁금함이었다. 그들의 질문은 "언제" "어느 때에" 하나님의 나라가 임하느냐는 것이었다. 정확한 시간 혹은 그 시간이 도래하고 있음을 알려주는 때, 그 징조들에 대해 정보를 달라는 것이었다. 바리새인들이 생각하던 하나님의 나라는 어떤 것이었을까? 바로 그들의 조상 중 다윗과 같은 위대한 왕이 나타나서 이스라엘을 로마로부터 독립시키고 세계에서 제일 강하고 잘사는 나라가 됨으로써 이루어지는 그러한 나라였다(단 7:13-14). 그들이 가진 하나님의 나라는 국가 또는 민족 이기주의적인 하나님의 나라였다. 그들의 나라, 그들의 민족만 잘 먹고 잘 사는 나라가 되는 것이 바리새인들이 생각해 온 하나님의 나라였다.

예수님은 왜 하나님의 나라는 눈에 볼 수 있게 임하는 것이 아니다고 하셨을까? 이 당시에 이곳 저곳에서 하나님 나라가 임하였다고 주장하는 자들이 많이 생겨났다. 바리새인들은 율법에 몰입한 자기들에게 있다고 외쳤습니다. 사두개인들은 다윗시대의 위대한 제사장 사독의 후예인 자기들에게 있다고 주장했다. 유대 독립투사 에센파는 빌라도와 로마를 몰아내고 해방이 하나님의 나라라고 선동했다. 특히 예수님도 나사렛에서 사역을 시작하면서 하나님 나라를 선포하며, 자신이 바로 하나님 나라를 가지고 온 메시아시다고 주장하였다. 그 말을 듣고 바리새인들은 과연 나사렛 예수가 하나님 나라를 세울 것인가? 초미의 관심을 가지고 있었다. 그런데 나사렛 예수를 통해 자신들이 원하는 하나님 나라가 만들어지지 아니하였고, 그 나라가 실현될 모습이 전혀 보이지 아니하였다. 그래서 바리새인들이 직접 찾아와서 당신이 말하는 하나님 나라가 언제 임하는 것인가? 당신이 말하는 하나님 나라는 도대체 어떤 나라인가? 질문을 한 것이다. 그때에 예수님은 매우 충격적인 말씀을 하셨다. “하나님의 나라는 볼 수 있게 임하는 것이 아니다.” 라고 말씀하셨다. 그 당시에 바리새인과 유대인들은 정치적인 혁명, 로마정부로부터의 독립을 얻는 것이 하나님 나라이다고 생각하여 왔기 때문이다. 다윗 시대처럼 경제적인 풍요로움을 얻고, 번창한 나라를 세우는 것이 하나님의 나라라는 망상에 사로잡혀 있는 것을 보시고, 하나님 나라는 그런 것이 아니다는 것을 예수님이 설명해 주신 것이다.

예수님은 바리새인들에게 하나님 나라가 어떻게 임한다는 것인가? 하나님의 나라는 눈에 보이게 오는 것이 아니라 영적인 나라라는 것이다. 누가복음 17장 20절에 보면 "예수께서 대답하여 이르시되 하나님의 나라는 볼 수 있게 임하는 것이 아니요." 이 말씀은 '하나님의 나라가 이미 이곳에 존재한다'는 말씀이다. 여러분의 눈에는 '하나님의 나라가 보이지 않으나 이미 와 있다'는 말씀이다. 인간의 눈으로는 보이지 않지만 영광스러운 하나님의 나라는 존재하고 이미 이 땅 가운데 서 있다. 그런데 왜 사람들의 눈에 보이지 않는가? 물과 성령으로 거듭나지 아니하였기 때문이다. 물과 성령으로 거듭날 때에 그의 나라를 볼 수 있다. 요한복음 3장 3절에 보면 "예수께서 대답하여 이르시되 진실로 진실로 네게 이르노니 사람이 거듭나지 아니하면 하나님의 나라를 볼 수 없느니라." 많은 사람들이 하나님의 나라를 볼 수도 없고, 확인할 수 없는 이유가 무엇인가? 사람들이 하나님의 나라를 확인하지 못한 이유는 세상의 눈으로 보려 하기 때문이다. 사람들이 하나님의 나라를 보지 못한 이유는 세상 가치관으로 보려 하기 때문이다. 하나님의 나라는 어떤 눈으로 보아야 할까? 하나님의 나라는 믿음의 눈으로 보아야 볼 수 있다.

3. 너희 가운데 계신 하나님 나라

예수님은 왜 하나님 나라는 너희 안에 있느니라고 말씀하셨는가? 먼저 예수님이 제자들에게 말씀하시는 그 배경 속에서 이해하는 것이 올바른 해석일 것이다. 예수님은 바리새인들의 질문을 받고 많은 무리들과 제자들에게 둘러싸여 하나님 나라의 말씀을 전하고 있었다. 바리새인들 그리고 유대교 기득권자들과 예수님의 갈등이 첨예하게 대립되어 있는 상황이다. 뭔가 건수만 있으면 잡아 넣으려는 상황이고 꼬투리를 잡으려고 혈안이 되어 있었다. 바로 그 바리새인들이 꼬투리를 잡으려고 "하나님의 나라가 어디 있느냐?" "당신이 말하는 하나님 나라가 언제 임하느냐?" 고 질문한 것이다. 그 상황 속에서 예수님은 하나님 나라는 너희 안에 있다고 말씀하셨다. 이렇게 볼 때 "너희 안에"를 사람의 마음속에 임하였다고 해석하면 큰 오류에 빠질 수가 있다. 예수님에 대한 반감으로 죽이려는 악한 자들의 심령 속에 하나님 나라가 임하였다는 것은 말이 되지 않는다. 이 구절의 핵심 논제가 되는 것은 "너희 안에"라는 단어에 있다. 여기서 "안에" 라는 뜻에 해당하는 헬라어는 "엔토스"라는 단어인데 두 가지 뜻을 지니고 있다. 첫째, "안에"(Within) 라는 뜻이고, 둘째는 "가운데"(among) 라는 뜻이다.

우리가 영어의 역본을 좀 보면 그 의미가 좀 더 명확해질 것이다. "the kingdom of God within you." 여기서 inside you를 사용하지 않고 within you를 사용하고 있다. 마음속이라면 inside you 이지만 왜 하필 within you 인가? within 은 장소부사로서 하나님의 나라는 여기 있지도 않고 저기 있지도 않다라는 추상적인 상태를 말한 것이 아니라 사람의 관계, 존재를 영역으로 삼고 있다. 즉 사람들의 관계속에 하나님의 나라가 임하였다는 것이다. 여기서 강조하는 것은 예수님이 이 땅에 오심으로 사람들에게 하나님의 나라가 이미 임하였다는 것이다. 지금 너희 눈에 보이지 아니하지만 하나님의 나라가 사람들 안에 혹은 세상 속에 이미 임하였다는 것이다. 천국이 가까이 왔다는 뜻은 예수님을 통하여 천국 복음이 전파되는 것을 의미한다면, 천국이 너희 안에 있다는 말은 예수님의 말씀을 듣고 믿는 자는 천국이 이루어져 가고 있다는 뜻이다. 만약 헬라어 "엔토스"를 "가운데"로 해석하면 너희 가운데 서 있는 분이 바로 하나님 나라이시다는 것이다. 이 장면에서는 군중들 가운데(within) 둘러싸여 있는 예수님 자신이 바로 하나님 나라의 본체이시다. 즉 하나님 나라는 눈에 보이는 것이 아니라 무리들에게 둘러 싸여 말씀을 전하고 있는 예수님 자신이라는 것이다. 예수님이 바로 우리가 기다리며, 사모하는 하나님 나라이다. 하나님 나라는 예수님이 친히 왕이 되신 나라이다.

하나님의 나라는 그 나라의 왕 예수 그리스도의 오심으로 시작되었지만 눈으로 확연히 볼 수 있도록 시작된 것은 아니었다. 바리새인의 기대대로 하늘로부터 시작된 표적으로 시작하지 않았다. 평범하지만 위대한 사건들로 하나님의 나라는 시작되었다. 전지전능한 하나님이 이 땅에 오셨지만 마굿간 아기의 모습으로 오셨다. 땅이 갈라지거나 하늘에 구름을 가르고 나타나시지 않았다. 그의 오심은 유명한 유대인 대제사장 무리나 로마 황제에게 알려진 것이 아니라 동방의 박사들과 들판의 목자들에게 알려졌다. 예수님의 가르침에는 권세가 있고 병 고침과 죄 사함과 죽은 자를 살리는 권능이 있었다. 하지만 사람들을 놀라게 하고 깊은 인상을 주기 위해 가지고 있는 능력으로 하늘로부터 오는 표적을 보여주지 않았다. 특히 로마 정부를 뒤엎거나 전복시키는데 능력을 사용하지 않았다. 예수님은 가지고 있는 권세와 능력으로 세상을 꺾어버리고 자기 왕국을 시작하신 것이 아니다. 그는 상한 갈대를 꺾지 않으시고 꺼져가는 등불을 끄지 아니하시고 자기 희생적인 사랑, 자기를 내어주기까지 하신 위대한 사랑으로 세상 속에 하나님 나라를 건설하셨다.

4. 주의 재림으로 완성되는 하나님 나라

하나님 나라와 재림은 무슨 관계가 있는가? 하나님 나라의 시작은 초림으로 이루어졌지만 주의 재림으로 완성되는 것이다. 예수님은 이 하나님 나라를 사람들에게 주시기 위하여 이 땅에 초림하셨고, 또한 재림으로 완성하실 것이다. 예수님은 이제 곧 사단과 죄와 온 세상을 심판하시고 우리를 구원하심으로 이 땅에 하나님 나라를 완성하기 위해 반드시 오실 것이다. 예수님은 하늘의 천사들과 영광 가운데 이 땅에 오셔서 완전한 하나님 나라를 만들어 믿는 자들에게 기업으로 상속해 주실 것이다. 성경의 모든 예언은 주의 재림으로 완성될 뿐만 아니라 이 땅에 하나님의 나라가 영광스럽게 완성될 것이다. 예수님께서는 우리가 예수의 영적 임재를 믿는 것처럼 그 날에 영광의 몸으로(bodily) 혹은 육체적으로 (physical) 다시 오실 것이다. 이것은 역사적 사건이 될 것이다. 모든 그리스도인들은 누구나 주님의 재림 앞에 서 있다. 그리고 그 날을 고대하며 손꼽아 기다리고 있다.

예수님은 인자가 오는 그 날을 어떻게 설명하고 있는가? 누가복음 17장 22절을 보면 "또 제자들에게 이르시되 때가 이르리니 너희가 인자의 날 하루를 보고자 하되 보지 못하리라." 우리는 인자의 날, 주의 재림을 보고자 하지만 믿음의 선배들은 보지 못하였다. 또한 예수님은 주의 재림의 날짜를 알지도 못할 것이라고 말씀하셨다. 우리는 예수님의 말씀을 믿고 깨어 준비하며, 주님의 재림을 사모하며, 소망하는 마음과 자세를 가져야 한다. 성경의 믿음의 사람들은 모두 땅에서는 외국인과 나그네로 살면서 하늘에 있는 본향을 바라보면서 천국 소망을 지니고 살았다. 사도 요한은 세계의 운명이 로마 황제의 손에 달려 있는 것이 아니라 하나님의 손에 달려 있는 것을 보았다. 그래서 늘 하늘을 바라보고 또 바라보면서 살았다. 사도 요한의 마지막 모습과 마지막 말은 하늘을 바라보는 모습이었고 "주 예수여 오시옵소서!" 라는 구원의 주님을 사모하는 자들의 고백이었다(계 22:20). 이런 맥락에서 재림 신앙과 천국 소망은 둔탁해진 우리들의 신앙을 일깨우는 청량제가 된다고 생각한다.

이 시대를 살아가는 우리는 어떤 신앙과 자세를 가져야 하는가? 우리 모두 "하늘을 바라보면서 천국 소망을 지니고 살아가야 한다. 땅에 집착하면 망한다. 롯의 처는 집과 재산에 집착하다가 망했다. 아나니아와 삽비라는 재물과 돈에 집착하다가 망했다. 반면에 스데반 집사는 하늘을 바라보다가 주님 품에 안겼다. 사도 바울과 사도 요한은 "하늘을 바라보면서 천국 소망을 지니고" 살다가 하늘로 올라갔다. 주기철 목사님도 손양원 목사님도 "하늘을 바라보면서 천국 소망을 지니고" 살다가 하나님 품에 안겼다. 우리 모두 하늘을 바라보면서 천국 소망을 지니고 아름답고 멋지게 살다가 마지막을 아름답게 장식하기를 바란다.

예수님은 수많은 무리들에게 무슨 말씀을 선포하였는가? "회개하라 천국이 가까이 왔느니라" 였다. 예수님이 전하신 복음은 세례 요한이 외친 복음과 완벽하게 동일한 말씀이었다. 여기서 〈회개하라〉는 외침은 지금껏 살아온 과거를 돌아보며 다시는 그렇게 살지 말라는 것이며, 〈천국이 가까이 왔느니라〉는 외침은 앞으로 다가올 미래를 바라보며 하나님 나라에 들어갈 준비를 하면서 살라는 것이다. 우주 발사체는 수많은 노력과 기술로 완성된 기술 집약체이다. 그러나 때로는 작은 부품의 결함이나 궤적의 잘못으로 폭발하거나 추락할 수도 있다. 신앙도 마찬가지이다. 신앙의 연수가 오래되고 성경을 잘 읾에도 진정한 회개가 없다면 구원의 방향을 잃어버린 종교인이 될 수밖에 없다. 목회 현장에서 성경 지식도 해박하고 봉사도 열심히 하는 분을 만날 때가 많다. 하지만 회개에 관해 물어보면 예전에 저질렀던 잘못을 떠올리거나 누구를 미워했던 일 등을 말한다. 그러나 오늘 본문에서 말하는 회개는 매우 특별한 메시지가 담겨져 있다. 성경에서 회개하라는 말은 바른 관계를 회복하라, 잘못된 방향에서 돌이키라는 것이다. 예수님뿐만 아니라 많은 선지자는 회개는 개인의 잘못을 지적하는 것보다는 믿음의 올바른 방향을 강조한다. '죄'는 헬라어 "하마르티아"인데 본래 '목표에 어긋나다' 또는 '과녁에서 빗나가다'란 뜻이다. 하나님의 창조의 목적에서 벗어나서 잘못된 방향으로 나아가는 것이 죄라고 말한다.

그렇다면 이 천국에 합당한 현재의 삶은 어떠해야 하는가? 〈순종하라〉가 되어야 한다고 생각한다. 과거의 삶을 돌아보며 다시는 그렇게 살지 않겠다고 결심하고, 미래의 삶을 바라보며 앞으로 천국에서의 삶을 준비하며 살겠다고 다짐해야 한다. 내가 진정으로 회개했는지는 오늘의 순종으로 입증할 수 있다. 내가 진정으로 천국을 소망하는지도 오늘의 순종 여부가 분명한 척도가 될 것이다. 천국복음이 실제가 된 사람에게 나타나는 회개에 합당한 열매는 바로 〈순종〉이다. 누가복음에서 무리들이 세례 요한에게 어떻게 하여야 회개할 수 있느냐고 질문했을 때에 세례 요한의 답변은 굉장히 실제적이고 구체적이었다. 누가복음 3장 10-14절을 보면 "무리가 물어 가로되 그러하면 우리가 무엇을 하리이까 대답하여 가로되 옷 두 벌 있는 자는 옷 없는 자에게 나눠 줄 것이요 먹을 것이 있는 자도 그렇게 할 것이니라 하고 세리들도 세례를 받고자 하여 와서 가로되 선생이여 우리는 무엇을 하리이까 하매 가로되 정한 세 외에는 늑징치 말라

하고 군병들도 물어 가로되 우리는 무엇을 하리이까 하매 가로되 사람에게 강포하지 말며 무소하지 말고 받는 요를 족한 줄로 알라 하니라." 세례 요한은 삶 속에서 일어나는 구체적인 사례를 들어서 어떻게 하는 것이 참된 회개인지 설명했다. 세례 요한이 설파한 〈회개〉는 교리도 신학도 아니었다. 실제 삶의 현장에서 맞닥뜨리는 이웃과의 관계 속에서 순종하며 서로 사랑하는 것이다. 옷 두 벌 있는 자는 가진 옷 하나를 없는 자에게 주는 것이고, 먹을 것이 있는 자는 가난한 자와 함께 나누는 것이며, 세리는 정한 세 외에 징수하지 않는 것이고, 군병들이라면 받는 월급으로 족한 줄 알고 힘없는 자들에게 돈을 빼앗지 않는 것이다. 이것이 바로 〈회개〉의 본질이요 천국을 소유한 자의 삶이다.

사람들은 자신이 경험하고 본 것, 눈에 보이는 것만을 믿으려고 한다. 자신이 경험하지 못한 것이나 눈으로 보지 아니하는 것은 잘 받아들이지 못한다. 지금으로부터 350년 전 네덜란드 사람 하멜이 배를 타고 가다가 배가 풍랑에 밀려서, 35명의 선원들과 함께 제주도에 도착했다. 그런데 현종 임금님과 관리들은 14년간 서양 사람들을 끌고 다니면서, 그들이 사람이 아닌 이상한 동물인 줄로 생각했다. 아무리 하멜이 설명을 해도, 서양이라는 문명이 더 발달된 나라가 있다는 것을 인정하지 않았다. 그저 중국만이 세계의 중심인 줄 알았다. 눈이 파랗고, 몸에 털이 많이 난 사람들이 알아들을 수 없는 말을 하자, 우리나라 사람들은 서양 사람들을 이상하고 불길한 동물로 생각했다. 지금으로부터 550년 전 콜럼버스가 미 대륙을 발견하고 돌아왔을 때, 사람들은 잘 믿지 않았다. 지금으로부터 500년 전에, 마젤란과 그의 선원들이 세계 일주하였을 때도 그랬다. 그 전에는 바다 멀리 나가면 낭떠러지가 있어서, 지옥으로 떨어져 죽는다고 생각했다. 그러나 콜럼버스는 대서양을 건너 미 대륙을 발견하고, 마젤란은 세계를 일주했다. 오늘날도 예수님이 증언하시는 하나님의 나라가 있다고 믿는 사람들이 많지 않다. 하나님 나라를 잘 받아들이지 않고 세상이 전부인 것 처럼 살아가고 있다. 그러나 예수님은 하늘나라에서 오신 분이시고, 예수님을 믿으면, 우리도 하늘나라에 가서 영원토록 살게 된다. 이처럼 예수님이 하나님의 나라로 인도해주실 분으로 믿는 사람은 하나님께서 하나님의 자녀로 성령의 도장을 꽉 찍어주셨다.

예수님이 이렇게 주도적으로 고난의 길, 십자가의 길을 가신 이유가 무엇인가? 물론 예수님이 우리의 모든 죄를 사해주시기 위함이지만, 거기서 그치는 것이 아니다. 우리의 모든 죄를 사해 주셔서 하나님과의 관계를 회복시키고, 결국 우리를 하나님의 통치를 받는 하나님 나라 백성되게 하기 위함이었다. 다시 말해 예수님이 이 땅에 오신 목적은 하나님 나라를 전파해서 하늘의 영원한 생명을 누리게 하기 위함이었다. 하나님 나라는 하나님이 직접 통치하시는 나라이다. 하나님이 직접 통치하시기 때문에, 그 나라는 완벽한 사랑과 평화의 나라이다. 그 나라에는 억울한 사람이 없고, 소외되는 사람도 없고, 불행한 사람도 없다. 모든 사람들이 평화롭고 행복하게 살아가는 나라이다. 이렇게 하나님이 직접 통치하시는 완벽한 사랑과 평화의 나라를 세우기 위해 예수님께서 이 땅에 오신 것이다. 그리고 그 나라를 세우기 위해 그렇게 헌신하시고, 십자가를 지시고 모진 고난과 핍박도 다 당하신 것이다. 하나님 나라는 하나님 자신이 직접 통치하시고 다스리는 나라이다. 그런데 하나님은 그 나라를 예수 그리스도를 통해서 이루신다. 예수 그리스도는 하나님 나라를 이끌고 이 세상에 오셔서 "때가 찼고 하나님 나라가 가까이 왔으니 회개하고 복음을 믿으라"라고 선포하셨다(막 1:15). 예수께서 이렇게 말씀하실 수 있는 근거는 자신의 도래와 현존 자체가 바로 하나님 나라의 도래를 의미하기 때문이다. 예수 그리스도는 이 땅에 하나님 나라를 가져오셔서 이 땅에 하나님 나라를 설립하고 다스리시는 분이시다. 그러므로 예수 그리스도 자신이 바로 하나님 나라의 현존이라고 말할 수 있다 그리스도이신 예수가 있는 곳에 하나님 나라가 있다. 이 땅에 하나님의 나라가 임하는 것을 누가 주도하고 있는가? 예수님은 이 땅에 하나님 나라가 임하신 것을 어떻게 보여주셨는가?

5. 각종 병자를 고치는 사건을 통하여 하나님 나라를 보여주신 예수님

예수님은 이 땅에 하나님 나라를 주도하는 분이라는 사실을 어떻게 보여주셨는가? 마태복음 9장 28-29절을 보면 "예수께서 집에 들어가시매 맹인들이 그에게 나아오거늘 예수께서 이르시되 내가 능히 이 일을 할 줄을 믿느냐 대답하되 주여 그러하오이다 하니 이에 예수께서 그들의 눈을 만지며, 이르시되 너희 믿음으로 되라 하시니 그들이 눈이 밝아진지라." 예수님은 그의 말씀으로 맹인들의 눈을 고쳐주셨고 자신이 하나님께로부터 온 메시아이심을 보여주셨다. 역사 이래로 맹인의 눈을 고쳐주었다는 의사가 없었고, 현대 의술로도 맹인의 눈을 근본적으로 고칠 수가 없다. 그런데 예수님은 놀랍게도 말씀 한마디로 맹인의 눈을 뜨게 해 주셨다. 구약성경에 보면 맹인의 눈을 뜨게 하는 자가 하나님께로 온 메시아의 표증이라고 예언하고 있다. 이사야 35장 5-7절을 보면 "그때에 맹인의 눈이 밝을 것이며 못 듣는 사람의 귀가 열릴 것이며 그때에 저는 자는 사슴같이 뛸 것이며 말 못하는 자의 혀는 노래하리니 이는 광야에서 물이 솟겠고 사막에서 시내가 흐를 것임이라 뜨거운 사막이 변하여 못이 될 것이며 메마른 땅이 변하여 원천이 될 것이라." 그리스도께서 오셔서 맹인의 눈을 밝게 하고 못 듣는 자의 귀를 열어주며, 절룩이던 다리를 고쳐 뛰게 하시고 말 못하는 자의 혀를 노래하게 해주셨다. 또한 인권이 무시되어 노예 제도가 극심하고 각종 죄악들이 번성했던 나라와 백성들이 변하여 존중받고 노예가 해방되고 극심한 가난과 저주가 물러가는 은혜가 주어졌다.

이사야 선지자가 예언해 온 메시아의 표적이 무엇인가? 이사야 60장 1-2절을 보면 "주 여호와의 영이 내게 내리셨으니 이는 여호와께서 내게 기름을 부으사 가난한 자에게 아름다운 소식을 전하게 하려 하심이라 나를 보내사 마음이 상한 자를 고치며, 포로된 자에게 자유를, 갇힌 자에게 놓임을 선포하며, 여호와의 은혜의 해와 우리 하나님의 보복의 날을 선포하여 모든 슬픈 자를 위로하였노라." 이 말씀은 이 땅에 메시아가 오시면 이렇게 사역을 할 것을 예언해 주고 있는 귀중한 내용이다. 예수님은 회당에 들어가셔서 친히 이 말씀을 펴시고, 읽은 후에 이 말씀이 자신을 통하여 이루어질 것을 설교하셨다. 예수께서 그들에게 말씀하시되 이 글이 오늘 너희 귀에 응하였느니라고 말씀하셨다. 그 후에 예수님은 친히 이사야 선지자의 예언처럼 가난한 자, 소외된 자에게 복음을 전파하셨고, 각종 병든 자들을 그의 능력으로 고쳐 주셨고, 악한 귀신들린 자에게 치료하사 진정한 자유를 주셨다. 또한 마음이 상한 자들을 말씀으로 고쳐 주셨고, 죽은 자를 살려 주셨고, 포로된 자에게 자유와 평화를 선포하셨다. 또한 갇힌 자에게 놓임을 선포하였고, 이 땅에 여호와의 은혜인 희년을 선포하셨다 이것이 바로 자신이 하나님께로 온 메시아이시다는 것을 구체적으로 보여주신 것이다.

세례요한이 사람을 보내어 당신이 하나님께로부터 온 메시아인가? 라고 질문을 하자 예수님은 어떻게 답변하셨는가? "예수께서 대답하여 이르시되 너희가 가서 듣고 본 것을 요한에게 알리되 맹인이 보며, 못 걷는 사람이 걸으며, 나병환자가 깨끗함을 받으며, 못 듣는 자가 들으며, 죽은 자가 살아나며, 가난한 자에게 복음이 전파된다 하라"(마 11:4-5). 이것이 바로 그 유명한 메시아의 표증이다. 너희는 이런 일을 행하는 것을 보고 내가 하나님으로부터 온 메시아이심을 믿을 뿐만 아니라 네가 듣고 본 바를 세례 요한에게 알려주라는 것이다. 예수님은 유대인이 기대했던 화려하고 강력한 정치 · 군사의 행위가 아니지만 분명하고 확실하게 그가 행하신 일이 예수님이 이 땅에 오신 메시아이심을 증명한다는 것이다. 또한 예수님은 제자들 중 죽기 전에 하나님 나라를 볼 자가 있다고 하셨고, 며칠 후 원래 가지고 계셨던 하나님의 영광을 베드로와 요한과 야고보 앞에서 보여주셨다. 그들은 변화산에 올라갔을 때 원래 예수님이 가지고 계셨던 하나님 나라 왕의 참 모습을 목격한 것이다. 그 광경을 본 후에 제자들은 예수님이 바로 하나님이시다는 것을 굳게 믿고 그분을 진정으로 경외하며, 믿음의 주님으로 모시게 되었다.

6. 악한 귀신을 쫓아내는 사건을 통하여 하나님 나라를 보여주신 예수님

예수님은 이 땅에 하나님 나라가 임한 것을 어떻게 보여주셨는가? 마태복음 9장 33절을 보면 "귀신이 쫓겨나고 말 못하는 사람이 말하거늘 무리가 놀랍게 여겨 이르되 이스라엘 가운데서 이런 일을 본 적이 없다 하되"

예수님은 자신이 귀신을 추방한 일을 놓고 바리새인들과 논쟁하실 때, "내가 만일 하나님의 손을 힘입어 귀신을 쫓아낸다면 하나님의 나라가 이미 너희에게 임하였느니라"라고 말씀하셨다. 이것은 정말로 놀라운 말씀이다. 귀신을 쫓아내는 예수님의 행위는 세상의 영적인 권세를 잡은 자인 마귀를 이기고 지배하는 하나님의 권세의 시행이므로, 하나님 나라가 이미 도래한 것을 가리키는 표징이라고 할 수 있다. 이제 마귀가 세상의 왕이 아니라, 그리스도이신 예수께서 세상의 왕이시라는 말이다. 이것을 보여주는 가장 분명한 사건 중 하나는 예수님이 귀신을 쫓아내셨을 때 일어난 일이다. 그런데 이상하게 바리새인들은 예수님이 귀신의 왕 바알세불을 힘입어 귀신을 쫓아낸다고 비난했다. 또 하늘로부터 오는 표적을 보여 달라고 요구했다. 진짜 메시아라는 증거를 보여 달라는 것이다.

예수님의 사역을 모독하며, 비난하는 바리새인들에게 예수님은 무슨 말씀을 하셨는가? 예수님은 귀신이 자기편인 귀신을 쫓아내는 것은 말이 되지 않는다고 하시면서 내가 성령의 능력으로 귀신을 쫓아낸 것이라고 말씀하셨다. 누가복음 11장 20절을 보면 "그러나 내가 만일 하나님의 손을 힘입어 귀신을 쫓아내는 것이면 하나님의 나라가 이미 너희에게 임하였느니라."

이 말씀은 내가 하나님의 권능으로 귀신을 쫓아냈고 그것은 내가 하나님 나라의 왕, 메시아라는 사실을 분명히 입증한다는 것이다. 즉 너희 눈앞에 있는 나는 귀신의 왕이 아니라 하나님 나라의 왕이시다라고 말씀하고 있는 것이다. 예수님은 귀신의 왕 바알세불을 힘입어 귀신을 쫓아내는 것이 아니라 하나님의 권능으로, 하나님의 아들 메시아의 권세와 능력으로 귀신을 쫓아내신 것이다. 온갖 병들을 고치며 귀신을 쫓아내시는 예수님의 사역은 어둠의 권세가 쫓겨나며 하나님 나라가 임하였다는 것을 보여 주는 것이다. '내가 하나님의 손가락과 성령으로 귀신을 쫓아내는 것은 하나님의 구원의 통치가 지금 실현되고 있음을 증거한 것이다'고 말씀한다. 하나님 나라가 임하니 어둠의 나라가 물러가면서 사단이 권세를 부리는 증거였던 귀신과 병이 쫓겨나가는 것이다.

예수님을 귀신의 왕으로 오해하는 바리새인들에게 예수님은 그들에게 더 강한 자가 쫓아낼 수 있다고 말씀하신다. 다시 말하면 예수께서 귀신을 쫓아내심으로 더 강한 자로 이 땅에 오셔서 사단에게 사로잡혀 있던 자들을 풀어 주신다는 것이다. 이 땅을 지배하고 있는 사단은 강한 자이다. 본래 모든 인생은 하나님의 것인데 그가 불법적으로 점거하고 있다. 하나님 외에 아무도 그에게서 빼앗을 수 없고, 또 빠져 나올 수 없다. 강한 자로 무장하고 있기 때문이다. 사단이 이렇게 강한 자로 무장하여 인간의 내면속에서 자기 소유물을 안전하게 지키는 까닭은 실상 우리 인간들의 범죄 때문에 그렇다. 죄에 대한 고발로 그는 나름대로 정당성을 확보할 수 있다. 그런데 이제는 더 이상 인간을 참소할 수 없게 되었다. 왜냐하면 하나님의 아들 예수께서 우리 죄를 대신하여 십자가에 죽으사 인간의 죄 문제를 100% 다 해결해 주셨기 때문이다. 이제는 더 이상 사단의 참소가 먹혀 들어가지 않는다. 하나님의 명령에 의하여 사단은 참소의 자리에서 쫓겨날 수 밖에 없었고, 더 이상 하나님 앞에서 고발하고 정죄할 자리가 없게 되었다. 마귀와 귀신들은 하나님 나라에서 추방되었고, 인간들은 영원히 죄와 고통과 두려움에서 해방받게 된 것이다.

예수님은 이 땅에서 어떻게 하나님 나라를 주도하셨는가? 마태복음 9장 35절을 보면 "예수께서 모든 도시와 마을에 두루 다니사 그들의 회당에서 가르치시며, 천국 복음을 전파하시며, 모든 병과 모든 약한 것을 고치시니라." 예수님께서 이 세상에 오셔서 하신 3대 사역은 가르치시는 일, 천국 복음을 전파하시는 일, 병든 자를 고치시는 일(마 4:23)이었다. 예수님께서 전파하며, 가르치신 것은 하나님의 나라였다. 예수님께서 전파하신 천국 복음의 핵심은 행위가 아니라 믿음으로 하나님의 나라에 들어간다는 것이었다. 그리고 병든 자들을 고치셨다. 왜 예수님께서는 가르치시고, 전파하시는 일로 끝내지 않으시고 병든 자들을 고치셨을까? 표적의 관점에서 보면 예수님께서 하나님의 아들이시요 그분을 믿어 구원을 얻게 하시기 위한 증거이다. 그러나 그것이 전부가 아니다. 치유 사역은 예수님께서 하나님의 아들이시라는 사실을 증명하는 역할뿐만 아니라 그분은 이 세상에 천국을 갖고 오시는 분이심을 증명하는 것이다. 예수님을 믿는 사람들은 이 땅에 이미 임한 하나님의 나라를 누리게 된다. 따라서 예수님의 치유사역을 말씀할 때 "모든 병과 모든 약한 것을 고치시니"라고 기록한 것이다.

예수님은 제자들과 믿는 자들에게 하나님의 나라가 이 땅에 임하였다는 것을 어떻게 경험하게 하셨는가? 마가복음 16장 17~18절에 나오는 믿는 자들에게 따르는 표적은 예수님의 십자가 대속과 부활로 말미암아 사단의 나라가 무너졌고 하나님의 나라가 도래하였음을 보여주는 가시적 증거들의 목록인 것이다. "내 이름으로 귀신이 떠나간다. 새 방언을 말하는 기적이 일어난다. 뱀을 집어 올리는 승리의 역사를 체험하게 된다. 무슨 독을 마실지라도 해를 받지 아니한다. 병든 사람에게 손을 얹고 기도한 즉 고침을 받게 된다." 예수님의 복음이 전파되는 곳마다 각종 병자들이 고침을 받게 되고, 사단의 견고한 진들은 무너지고, 종으로 사로잡혀 있던 영혼들이 해방되는 역사가 일어난다. 예수님께서는 자신의 지상 사역을 지속적으로 이어가시기 위해 제자들을 선발하셨고, 전도 현장에 12제자들을 짝지어 파송하셨고, 70인의 전도대를 파송하실 때 이런 권세와 능력을 부어 주셨다. 제자들과 70인 전도인들은 천국 복음의 전파, 귀신을 쫓아내며, 각종 병자들을 고치는 놀라운 치유 사역을 통해 하나님의 나라가 이미 도래하였음을 능력으로 보여주었다. 예수님의 치유사역과 제자들에게 나타난 치유 사역과 각종 기적은 예수 안에서 하나님의 나라가 이미 이 세상에 임했다는 강력한 증거이다. 천국이 임한 역사적 사실을 직접 체험하며 보여준 것이다. 귀신이 떠나가고, 병자가 치유되며, 죽은 자가 살아나는 표적은 예수님이 하나님의 아들이시며, 이 땅에 새로운 시대가 열렸다는 사실을 구체적으로 보여주는 것이다.

예수님께서 이 땅에서 오셔서 말씀을 전파하시고, 가르치시며 행하신 여러 가지 표적을 보고 우리는 깊이 생각해야 한다. "예수님은 바로 하나님의 아들이시며 메시아시구나, 하나님의 아들로서 성육신하신 분이시구나!" 예수님께서는 이미 새로운 시대의 역사적인 표적을 보여주셨다. 구약에서 예언한 그 메시아이심을 보여주셨다. 예수님이 죽은 사람을 다시 살리신 것도, 죄 사함의 은혜를 선포하신 것도 그 예라고 할 수 있다. 마태복음 12장 22절을 보면 귀신 들려 눈 멀고 말 못하는 사람을 고쳐주신 것도 마찬가지이다. 그런데 그때에도 바리새인들이 귀신의 왕을 힘입어서 일하고 있다고 비난하였다(마 12:24). 예수님께서는 하나님의 나라가 임한 표적임을 보여주셨는데 그들은 예수님을 받아들이지 못하고 비난하였다. 예수 그리스도로 말미암아 새로운 시대가 열리고 있었는데, 자신들이 믿고 따른 장로들의 전통에다가 새로운 시대를 맞추려고 하였다. 즉 자신들의 전통, 자신들의 이론에다가 주님을 맞추려고 하였다. 그러다보니까 예수님은 자신들에게 맞지 않는 메시아이셨고, 예수님께서 행하신 모든 기사와 시대의 표적들을 눈을 열고 보지 못하고 이해하지 못했다. 그리고 예수님을 거부하며 대적하는 악한 자들이 된 것이다. 오늘날 우리들도 이 시대의 가치관과 문화에 빠져 영적으로 무지하면 안 된다. 예수님이 행하신 표적과 하나님의 나라가 이 땅에 임한 것을 믿고 볼 수 있어야 한다. 예수님이 바로 하나님으로부터 온 진정한 메시아이심을 믿어야 한다.

C. 이 세상과 다른 하나님 나라

많은 사람들이 악한 사단의 유혹을 받아 100년도 채 되지 않는 이 세상의 삶이 전부인 줄 알고 전혀 내세를 준비하지 않는다. 그러나 이 세상이 전부인가? 절대 그렇지 않다. 악한 사단에게 속지 않기를 바란다. 영원한 하나님 나라는 반드시 있으며, 우리가 부활하여 영원히 주와 함께 살게 될 것이다. 만일 천국이 없고 부활이 없다면 사도 바울의 말씀대로 우리 그리스도인들은 이 세상에서 가장 불쌍한 사람들이 될 것이다. 그러나 하나님 나라는 우리가 누리게 될 이 세상에서 가장 확실한 실체요, 세상과 차원이 다른 영원한 나라이다. 성경에서 창세기와 요한계시록을 비교해 보면 많은 것을 발견할 수 있다. 창세기는 인류 역사의 시작이지만 요한계시록은 인류 역사의 완성을 그려주고 있다. 창세기를 보면, 하나님께서 하늘과 땅과 모든 만물을 친히 창조하신다. 요한계시록에서는 하나님이 새롭게 만드신 새 하늘과 새 땅이 현재의 하늘과 땅에 도래한다. 창세기에는 태양을 창조하신다. 그러나 요한계시록에는 태양빛이 쓸데없다고 말씀하고 있다. 또한 창세기에는 밤을 만드셨는데 요한계시록에는 밤이 없다고 말한다. 창세기에는 죄가 들어옴으로 인하여 이 땅과 하늘에 저주가 선포된다. 그러나 새 하늘과 새 땅에는 죄가 없을 뿐만 아니라 다시는 저주와 고통이 없다. 창세기에서는 슬픔과 고통이 시작되었는데 요한계시록에는 눈물과 슬픔이 다시는 없다. 창세기에서는 죄로 인하여 질병과 죽음이 시작되지만 새 하늘과 새 땅에는 다시는 질병이나 사망이 없다. 창세기에서는 인류가 에덴동산에서 쫓겨났는데 요한계시록에서는 새 인류에게 에덴동산이 회복되어 하나님 나라에서 생명나무를 먹고 생명수를 마시게 된다. 창세기에서는 슬픔과 고통이 시작되었는데 요한계시록에는 눈물과 슬픔이 다시는 없다.

우리가 살고 있는 이곳에 함께 공존하고 있는 세상 나라와 하나님 나라는 무슨 차이가 있을까? 두 나라의 특성과 구조와 원리를 분명하게 구분하지 못하면 수많은 신앙의 갈등과 고민에 사로잡히게 된다. 첫째, 세상 나라는 눈에 보이는 것, 손으로 만질 수 있는 것을 추구하지만 하나님 나라는 눈에 보이지 않는 세계를 믿음으로 바라보며, 소망으로 삼는다. 둘째, 세상 나라는 치열한 경쟁과 성공과 출세를 향하여 달려가며, 남을 짓밟고 자신이 정상에 우뚝 서는 세계관을 추구한다. 그러나 하나님 나라는 낮은 자, 작은 자가 되어 이웃을 사랑하며, 섬기며, 베풀어주는 세계관을 추구한다. 셋째, 세상 나라는 자신의 성공, 자아실현에 모든 초점을 두며, 물질과 돈이 성공의 기준이 되고, 물질만능주의를 추구하지만 하나님 나라는 사람에 초점을 두고, 하나님의 말씀에 따라 하나님을 사랑하고 이웃을 자신의 몸처럼 사랑하는 삶을 추구한다. 넷째, 세상 나라는 일시적인 쾌락과 편리함과 자기만족을 추구하지만 하나님 나라는 의와 평강과 희락을 목표로 삼고, 하나님이 주시는 사랑과 은혜를 붙잡고 살아간다. 다섯째, 세상 나라는 자신의 지식과 능력으로 성공과 출세를 추구하지만 하나님 나라는 영원한 생명을 추구하며, 성령의 능력으로 사명을 성취하고, 사나 죽으나 하나님의 이름과 영광을 위하여 살아간다. 여섯째, 세상 나라는 자기의 욕심과 명예와 자아실현을 추구하지만 하나님 나라는 화평함과 온유함을 추구하며, 자신의 모든 것을 희생하여 남에게 유익과 기쁨을 주는 섬김을 추구한다. 일곱 번째, 세상 나라는 이성과 경험이 중심이 되지만 하나님 나라는 말씀에 대한 믿음, 순종의 삶이 중심이 되는 세계관을 추구한다.

예수님은 왜 하늘의 영광과 보좌와 능력을 내려놓고 이 땅에 오셨을까? 구약에서 예언해 온 하나님 나라를 실현하기 위하여 이 땅에 오셨다. 예수님은 구약에서 말씀으로 전해 온 하나님 나라를 이 땅에 만드시고, 천국을 보여주는 사역을 감당해야 한다. 구약의 에덴동산, 가나안 땅, 다윗 왕국이 천국의 그림자라고 한다면 이제 하나님 나라의 실체, 구조, 특성을 예수님은 분명하고 확실하게 보여주어야 한다. "하나님 나라는 바로 이런 것이다"라고 분명하고 실감나게 비유를 통하여, 기적과 표적을 통하여, 그의 능력을 통하여 보여주어야 한다. 예수님이 제자들에게 보여주신 하나님의 나라는 십자가의 사랑 즉 하나님을 사랑하고 이웃을 내 몸처럼 사랑하는 것이다. 하나님 나라의 최고 계명은 하나님 사랑과 이웃 사랑이다. 성경에서 사랑을 말하는 것은 세 가지 사랑의 대상에 대해서 말씀하는 것이다. 1) 하나님을 사랑하라 2) 네 이웃을 사랑하라 3) 그리고 너 자신을 사랑하라는 것이다. 이 말씀을 가만히 묵상해 보면 사랑이 우리 신앙생활에 가장 중요한 요소이다. 하나님과의 관계에서도 타인과의 관계에서도 자기 자신 안에서도 사랑이 가장 중요한다. 사랑이 없으면 기독교 신앙이 아니다. 사랑이 없으면 진정한 크리스천의 삶이 아니라는 것이다. "내가 예언하는 능력이 있어 모든 비밀과 모든 지식을 알고 또 산을 옮길 만한 모든 믿음이 있을지라도 사랑이 없으면 내가 아무것도 아니요 내가 내게 있는 모든 것으로 구제하고 또 내 몸을 불사르게 내줄지라도 사랑이 없으면 내게 아무 유익이 없느니라"(고전 13:2-3).

하나님 나라의 특성을 가장 잘 보여주는 것이 무엇인가? 사랑이라는 단어이다. 사랑은 영원한 것이며, 율법과 선지자의 완성이 사랑이다. 그 사랑은 첫째, 하나님 사랑이요, 둘째, 이웃 사랑이요, 셋째, 자기 사랑이다. 예수님이 강조하신 계명을 살펴보면 대상은 다르지만 '사랑'이라는 공통 인자가 나타나고 있다 즉 하나님을 '사랑'하고 네 이웃을 '사랑'하라. 그리고 네 자신을 사랑하라는 것이 율법과 선지자의 강령이라는 말은 최고의 법칙이라는 것이다. 이것보다 더 큰 계명이 없다는 것이다. 예수님은 하나님 나라를 무엇으로, 어떻게 설명하고 있는가? 또한 예수님은 하나님 나라가 이 땅에 임하였다는 증거로 무엇을 특히 강조하고 있는가? 오늘 "사랑"이라는 법칙으로 하나님의 나라를 보여주려고 한다. 이 세상에서 천국을 보여주는 중요한 역할은 하나님 사랑과 이웃을 사랑하는 것이다.

1. 하나님 나라는 하나님 사랑이 가득한 곳이다

인생에서 최고의 가치가 무엇인가? 하나님을 사랑하며, 경외하는 것이다. 결국은 하나님을 알아가는 것, 그분을 인격으로 사랑하는 것이다. 이것이 성경 핵심 단어요 기독교 신앙의 가장 중요한 용어라고 하는 것이다. 예수님은 신약시대에도, 기독교에서도 가장 중요한 계명은 하나님을 사랑하는 것임을 확인해 주신다. 하나님은 유일하신 분이시다. 하나님이 유일하시다는 말씀은 하나님 외에 다른 신이 없다는 뜻이다. 오직 하나님만이 나의 주가 되시며, 나의 경배의 대상자가 되신다. 그러므로 우리는 유일하신 하나님만을 경배하며, 그분만을 사랑해야 한다. 우리 마음 중심에 하나님 외에 다른 무엇이 자리 잡고 있다면 그것 또한 우상이다. 하나님의 모든 것은 사랑에서 비롯되었다. 하나님이 우주 만물을 만드신 이유도 사랑 때문이다. 인간을 만드신 이유도 사랑 때문이다. 인간을 만든 이유가 신들이 하기 싫은 노동을 인간에게 전가하기 위해서인가? 아니면 장

난감처럼 가지고 놀기 위해서인가? 전혀 아니다. 사랑 때문에 인간을 당신의 형상대로 만드신 것이다. 그것은 우리가 자녀를 낳고 키우는 것과 같다. 자녀를 왜 낳는가? 노년을 대비하기 위한 보험의 일종으로 낳는 것인가? 아니면 대리 만족을 위하여 낳는 것인가? 결코 아니다. 자식을 낳고 키우는 것은 수단이 아니라 그 자체가 목적이다. 부모는 자녀를 사랑 때문에 낳고 사랑 때문에 모든 것을 희생한다. 그리고 단지 사랑만 요구하는 것이 부모와 자식의 관계이다. 하나님과 우리의 관계도 마찬가지이다. 하나님은 인간을 사랑 때문에 자신의 형상대로 창조하셨다. 또한 자신이 직접 인간의 몸을 입고 와서 인간들에게 곤욕을 당하는 부끄러움도 당하셨다. 그 이유가 무엇인가? 사랑 때문이다. 그리고 하나님이 우리에게 요구하시는 단 한 가지는 사랑이다.

예수님이 가르쳐주신 가장 크고 첫째되는 계명이 무엇인가? 율법 중에 가장 크고 첫째 되는 계명은 하나님을 사랑하는 것이다. 마가복음 12장 29-30절에 보면 "예수께서 대답하시되 첫째는 이것이니 이스라엘아 들으라 주 곧 우리 하나님은 유일한 주시라 네 마음을 다하고 목숨을 다하고 뜻을 다하고 힘을 다하여 주 너의 하나님을 사랑하라 하신 것이요." 여기서 '하나님을 사랑하라' 고 말씀하신 구절은 신명기 6장 4-5절에 기록되어 있다. "이스라엘아 들으라 우리 하나님 여호와는 오직 유일한 여호와이시니 너는 마음을 다하고 뜻을 다하고 힘을 다하여 네 하나님 여호와를 사랑하라."이 말씀을 '쉐마'라고 한다. 여기서 '들으라'는 단어가 히브리어로 쉐마인데 구약에서 그리고 이스라엘 백성들의 신앙에서 가장 중요한 한 계명을 선택하라면 바로 이 구절이다. 쉐마는 구약을 압축한 말씀이고, 이스라엘은 이 말씀의 중요성을 깨닫기까지 수백 년을 고난 가운데 살았다. 모든 선지자들의 메시지의 핵심도 바로 쉐마에 있다. 예수님 당시에 이스라엘 백성들은 이 쉐마를 아침저녁으로 기도할 때마다 반복했다.

하나님은 우리에게 왜 가장 큰 계명으로 하나님을 사랑하라고 말씀하셨는가? 하나님은 우리 인생에서 가장 중요한 것이 무엇이며, 삶의 우선순위를 어디에 두어야 하는지를 가르쳐 주시기 위해서이다. 우리가 세상을 살다 보면 하나님이 전부가 아니라 때로는 돈과 재물, 자녀나 일이 내 우상이 될 때가 있다. 하나님 대신 자리를 차지하고 있는 것들이 우상이다. 물론 이 모든 것들은 소중하다. 그러나 돈과 재물과 일을 하나님과 똑같은 위치에 두거나 사랑의 대상이 되면 안 된다. 하나님이 아브라함에게 이삭을 바치라는 명령을 내리신 까닭이 무엇인가? 그것은 자녀가 우상이 되지 않도록 하기 위해서이다. 순서를 분명히 해야 한다. 하나님 사랑이 먼저이고 그 다음으로 자녀를 사랑하는 것이다. 자녀 사랑이 앞서면 하나님도 자녀도 잃어버릴 가능성이 높다. 부모의 어리석은 욕심이 자녀를 망친다. 그러나 하나님 사랑이 먼저 있으면 자녀를 건전하고 행복하게 기를 수 있다. 우리는 끊임없이 사는 이유가 무엇이고, 진리가 무엇이고, 의미가 무엇이고 보람이 무엇인가를 묻는다. 우리가 하나님을 사랑하기 시작할 때 모든 인생의 질문에 대한 해답을 찾을 수 있을 것이다. 참된 안식과 평강과 희락을 누릴 수 있게 될 것이다.

현대 사회는 하나님을 사랑하기가 참으로 어려운 시대이다. 옛 시대의 사람들은 보이지 않는 세계를 인정했기에 하나님을 믿고 사랑하는 것이 자연스러웠다. 그러나 과학과 지성이 발전된 현대 사회는 더 이상 보이지 않는 세계를 신뢰하지 않는다. 그렇다면 그들은 신이라는 미신에 매이지 않는 자유로운 영혼들이 되었나? 아니다. 대신 현대인들은 보이는 물질과 안전을 섬기고 있다. 돈이 없으면, 사람들에게 인정받지 못하면, 안전이 보장되지 않으면 벌벌 떤다. 어느 시대보다 물질적인 축복은 누리고 있지만 정신적으로 불안한 시대가 바로 현대 사회이다. 내적인 중심이 잡혀 있지 않으면 우리는 외적인 것들로 인해 흔들린다. 하나님 사랑이 우리 중심을 잡아준다. 우리가 하나님을 사랑한다는 것은 전능하신 하나님 손에 모든 것을 맡겨드리는 것을 말한다. 하나님을 나의 모든 삶의 우선순위에 두는 것이다. 그리고 하나님이 주신 계명을 듣고 순종하며 사는 것이 하나님을 정말로 사랑하는 것이다. 예수님은 말씀하시기를 “나의 계명을 지키는 자라야 나를 사랑하는 자니 나를 사랑하는 자는 내 아버지께 사랑을 받을 것이요 나도 그를 사랑하여 그에게 나를 나타내리라”(요 14:21).

2. 하나님 나라는 이웃을 자신과 같이 사랑하는 곳이다

예수님이 말씀하신 천국의 특성이 무엇인가? 마가복음 12장 31절에 보면 “둘째는 이것이니 네 이웃을 네 자신과 같이 사랑하라 하신 것이라 이보다 더 큰 계명이 없느니라.” 이웃을 자신과 같이 사랑하며, 섬기는 것이 하나님의 나라이다. 하나님의 나라는 사람에게 초점을 두고 사람을 사랑하는데 가치를 두는 나라이다. 이 세상에서 사람들보다 더 소중하고 가치있는 것은 아무것도 없다. 만약 집에 불이 났다고 생각해 보자. 그러면 가장 먼저 무엇을 가지고 나오겠는가? 돈, 통장, 보물상자를 먼저 가지고 나오시겠는가? 아니다. 정상적인 생각을 하고 있는 사람이라면 사람일 것이다. 특히 사랑하는 자식이 있다면 화상을 입고서라고 뛰어들 것이다. 요즘 저는 책을 정리하면서 필요없다고 생각하는 책을 버리려고 하는데 쉽지가 않다. 차마 버리지 못하고 곳곳에 쌓아 두었다. 그런데 막상 불이 나면 책을 들고 나올 생각은 전혀 없을 것 같다. 평소에는 돈 돈 하지만 역시 가장 중요한 것은 사람이다. 유대인들도 이런 비슷한 질문을 자주 던졌던 것 같다. 모세오경에 기록된 율법 조항이 613개나 되는데 그 중에서 가장 으뜸 되는 계명이 무엇인지 묻는 질문을 자주했다.

"샴마이"라는 랍비가 있었다. 어떤 사람이 찾아가서는 자신이 한쪽 발로만 서 있는 동안에 율법을 설명해 달라고 하였다. 그러자 샴마이는 들고 있던 빗자루로 이 사람을 때려서 쫓았다. 율법의 한 조항도 버릴 수 없다는 태도이다. 이 사람이 이번에는 힐렐이라는 랍비를 찾아갔다. 힐렐은 이 사람이 한쪽 발을 들고 있는 서 있는 동안 전통적인 율법을 다음과 같이 설명했다. "자신이 하기 싫어하는 일을 다른 사람에게 시키지 말라." 이것은 예수님이 말씀하신 가장 소중한 율법의 전체이며, 선지서의 요약과 같은 기독교의 황금률이다.

그 당시에 율법에 능한 한 서기관이 예수님께 나아와서 "모든 계명 중에 첫째가 무엇이니이까?"라고 질문을 하였다. 그러자 예수님은 그 자리에서 다음과 같이 답변하셨다. "이스라엘아 들으라 주 곧 우리 하나님은 유일한 주시라 네 마음을 다하고 목숨을 다하고 뜻을 다하고 힘을 다하여 주 너의 하나님을 사랑하라 하신 것이요 둘째는 이것이니 네 이웃을 네 자신과 같이 사랑하라 하신 것이라 이보다 더 큰 계명이 없느니라"(29-31절). 율법이 사회를 이끌어가던 시대에 예수님께서 간단히 하나님 사랑과 이웃 사랑으로 계명을 새롭게 해석해 주셨다. 그 당시의 율법은 모두 613항이었다. 그 중에서도 365항이 '~하지 마라'는 금지 조항이었고, 248조항이 '~하라'는 조항이었다. 그래서 유대인들은 매일 생활 속에서 '하지 마라'는 조항을 먼저 생각하게 되고, 그 율법 조항을 어기지 않기 위하여 율법의 노예가 되어 살던 것이 현실이었다. 이 율법이 인간 위에 군림하던 현실에서 어느 율법학자가 예수님께 질문을 던지는 것이다. 예수님의 대답은 의외로 간단한 것처럼 들린다. 인간에게 가장 중요한 가치가 있다면 무엇보다 생명의 주관자이신 하나님을 경외하고 사랑하는 것이며, 그 다음은 바로 나의 이웃, 즉 가족과 친구, 직장 동료 등 사람을 사랑하는 것이다. 어느 시대를 막론하고 세상에서 가장 아름다운 것은 사람이다. 세상 모든 것이 사람을 살리는 쪽으로 흘러갈 때 이 세상은 살맛나고 아름답게 변화되어 간다. 그러기 위해서는 법과 질서도 소중히 지키고 따라야겠지만, 무엇보다도 하나님을 먼저 찾고, 하나님의 작품들인 이웃들을 온 마음과 뜻과 정성을 다하여 사랑하는 것이다.

예수님이 말씀하신 나의 이웃은 누구를 말하는가? 이 세상에서 나를 뺀 나머지 모두를 이웃이라 하는 것이다. 즉 이웃이란 나를 제외한 모든 사람이며, 그 사람들을 사랑하라는 말이다. 한 율법사가 자기를 옳게 보이려고 "예수께 여짜오되 그러면 내 이웃이 누구니이까" 라고 물었다(눅 10:29). 그러자 예수님께서 하신 말씀이 바로 착한 사마리아인의 비유이다. 사마리아인의 비유에서 누가 이웃이라는 말인가? 강도만난 자, 길에서 피를 흘리며 쓰러져 누워있는 사람이 바로 '이웃'이라고 말씀하고 있다. 착한 사마리아인의 비유에 등장하는 그 이웃은 강도 만난 사람에게 자비를 베푼 자이다. 이 당시 사마리아 사람이 강도 만난 유대인에게 사랑과 자비를 베풀어 줄 이유는 없었다. 유대민족과 사마리아인은 서로 원수처럼 지내는 사이인데 어찌 이웃이란 말로 정의할 수 있겠는가? 그 사람들은 지리적으로 가까이 살고 있는 것도 아니고 서로 일면식도 없는 사이니 우리가 말하는 이웃은 결코 아니라는 것이다. 그런데도 예수님은 바로 강도 만난 사람을 진심으로 돕고 섬기는 자가 "진정한 이웃이다" 라고 교훈해 주고 있다.

여기서 내 이웃을 사랑한다는 말은 구체적으로 무엇을 의미하는가? 단순히 말로만 사랑하는 것이 아니라 선행과 구제와 섬김의 행함이 있어야 한다. 1) 남을 용서해 주는 마음이 이웃 사랑이다. 2) 자신의 것을 가지고 구제하며, 나눔을 실천하는 것이 진정한 이웃 사랑이다. 3) 정의와 공의와 공정한 사회를 만드는 것이 이웃 사랑의 정신이다. 4) 남을 먼저 배려하고 베푸는 것이 이웃 사랑이다. 하나님을 사랑하는 사람은 이웃도 사랑하게 되어 있다. 왜냐하면 하나님은 이웃을 사랑하기를 원하고 계시기 때문이다. 이러한 점에서 하나님 사랑과 이웃 사랑은 깊은 관계가 있다. 그래서 사도 요한은 눈에 보이는 형제를 사랑하지 않는 자가 보이지 않는 하나님을 사랑할 수 없다고 말했다(요일 4:20). 또한 예수님도 마지막 유월절 만찬 때에 제자들에게 새 계명을 주셨는데 "내가 너희를 사랑한 것 같이 너희도 서로 사랑하라."(요 13:34~35)는 것이다.

3. 하나님의 나라는 종교의식보다 사람에게 가치를 둔다

우리는 한 영혼, 이웃에게 어느 정도의 가치와 의미를 두어야 하는가? 마가복음 12장 33절에 보면 "이웃을 자기 자신과 같이 사랑하는 것이 전체로 드리는 모든 번제물과 기타 제물보다 나으니이다." 이 고백이 매우 중요하고 가치 있다는 것이다. 왜냐하면 예수님은 이 서기관의 고백을 들은 후에 놀라운 말씀을 해 주었다. "예수께서 그가 지혜있게 대답함을 보시고 이르시되 네가 하나님의 나라에서 멀지 않도다"(34절). 이 고백이 하나님 나라와 밀접한 관계가 있다는 것이다. 즉 하나님을 사랑하고 이웃을 사랑하는 것이 어떤 제사나 예배보다 소중하며, 하나님 나라의 핵심 원리가 된다는 것을 교훈하고 있다. 우리가 이웃을 사랑하는 것이 모든 번제물과 기타 제물을 드리는 것보다 더 낫다는 말씀은 그 당시에 충격적인 메시지였다. 유대인들은 제사와 번제물을 드리는 것을 최고의 가치로 여기고 있었기 때문이다. 즉 제사나 예배의 핵심이 바로 하나님을 경외하는 것과 이웃을 사랑하는 정신이 담겨져 있어야 한다는 것이다. 이런 사랑의 마음과 정신이 담겨지지 않는 제사와 번제물은 큰 의미가 없다. 예배의 행위보다 더 중요한 것은 예배 속에 담겨진 정신 즉 하나님과 이웃을 사랑하는 마음이 더 소중한 것이다. 하나님 나라가 무엇인가? 율법과 선지자의 강령이 되는 하나님을 경외하고 내 이웃을 내 몸처럼 사랑하는 것이 하나님의 나라이다. 즉 예수님이 보여주신 십자가의 사랑이 바로 천국이다. 이 땅에서 하나님 사랑, 이웃 사랑, 자기 사랑만큼 하나님 나라의 본질을 더 잘 보여주는 것은 없다. 이 최고의 계명을 지킬 때 바로 하나님 나라를 직접 체험하며, 의와 평강과 희락을 맛보게 될 것이다.

하나님이 원하시는 천국, 기뻐하시는 교회는 어떤 교회인가? 교회는 사업이나 돈을 버는 곳이 아니다. 성공이나 출세를 추구하는 곳도 아니다. 자신을 높이고 자랑하는 곳이 아니다. 교회는 세상에서 알 수도 없고 배울 수 없는 십자가의 사랑, 하나님 사랑과 이웃 사랑을 배우고 실천하는 곳이다. 하나님을 사랑하고 이웃을 사랑하는 것에 최고의 가치를 두어야 천국이 이루어진다. 교회의 부흥이나 재정의 유무, 사람들이 얼마나 모이는가에 초점을 두고 있다면 그 교회는 세속화 되었고, 거룩한 교회가 아니다. 교회의 승리는 하나님을 얼마나 사랑하는가? 내 이웃을 얼마나 사랑하고 섬기는가?에 따라 승리와 실패를 따져야 할 것이다. 중국 선교사 허드슨 테일러는 잠시 영국에 귀국하여 선교에 함께 할 동역자들을 모집하였다. 그리고 지원자들이 사명감이 있는지 확인하기 위해 이러한 질문을 던졌다. "왜 중국에 선교사로 가려고 하십니까?" 여러 답변들이 있었다. 중국인의 영혼을 구원하려고, 하나님의 나라를 건설하기 위하여, 주님의 지상명령을 감당하기 위하여, 땅 끝까지 이르러 예수님의 증인 되기 위해서 등등의 대답이 있었다. 모두 틀린 말은 아니었지만 테일러는 이들의 객관적인 지식에 머문 대답에 미흡한 표정을 지었다. 그때에 지원자 가운데 한 사람이 테일러에게 되물었다. "그러면 선교사님은 왜 중국에 선교사로 가셨는가?" 그때에 허드슨 테일러는 서슴없이 이렇게 대답했다. "예, 저는 그들을 사랑하기 때문입니다." 객관과 아울러 주관 즉 사랑하는 마음이 무엇보다 중요하다는 교훈이다. 지혜는 부족할 수 있고 배운 것도 부족할 수 있다. 가진 것이 부족할 수 있고 세상에서 성공과 출세를 못할 수 있다. 그러나 사랑이 부족한 사람이 되어서는 절대로 안 된다. 우리가 사랑한다고 할 때 그 속엔 항상 내가 나를 사랑하는 것, 이웃을 사랑하는 것, 하나님을 사랑하는 것이 다 포함되어 있는 것이다.

사도 요한은 하나님 나라를 구체적으로 어떻게 설명해 주고 있는가? 이 세상과 차원이 다른 천국을 소개하고 있다 (1) 천국은 밤이 없는 곳이다. 밤은 죄악과 공포의 상징이다. 밤은 위험하다. (2) 천국은 질병과 고통이 없는 곳이다. 과학이 발달한 문명한 나라에도 질병과 고통이 수없이 많다. (3) 천국은 죽음과 슬픔이 없는 곳이다. "…하나님은 친히 저희와 함께 계셔서 모든 눈물을 그 눈에서 씻기시매 다시 사망이 없고 애통하는 것이나 곡하는 것이나 아픈 것이 다시 있지 아니하리니 처음 것들이 다 지나갔음일러라"(계 21:3-4) (4) 천국은 염려와 근심이 없는 곳이다. 세상에는 사업 때문에, 자식들 때문에, 먹고사는 문제 때문에 온갖 염려와 근심이 끊일 날이 없다. (5) 천국은 유혹과 죄가 없다. 즉 사단의 음모가 없는 곳이다. (6) 천국은 바다가 없다. "또 내가 새 하늘과 새 땅을 보니 처음 하늘과 처음 땅이 없어졌고 바다도 다시 있지 않더라"(계 21:1). 바다가 없다는 것은 폭풍이 없다는 것이다. (7) 천국은 예수님이 계시는 곳이다. "내가 다시 와서 너희를 나 있는 곳에 영접하여 나 있는 곳에 너희도 함께 있으리라"(요14:3) 성경은 천국 혹은 하나님 나라에 대해 구체적으로 설명하지 않지만 천국은 우리가 상상할 수 있는 것보다 훨씬 더 아름답고 놀라운 곳임을 분명히 보여준다. 천국은 하나님을 사랑하는 사람들을 위해 준비된 곳이며, 그곳에서 우리는 하나님과 함께 영원토록 왕노릇을 하며, 행복하게 살게 될 것이다.

4. 하나님 나라는 죄와 사단이 없는 나라이다

누가의 증언에 따르면 예수님은 부활하셔서 제자들에게 하나님 나라의 일, 즉 천국 복음을 말씀하셨다. 사도행전 1장 3절에 보면 "그가 고난을 받으신 후에 또한 그들에게 확실한 많은 증거로 친히 살아계심을 나타내사 사십 일 동안 그들에게 보이시며, 하나님 나라의 일을 말씀하시니라." 예수님은 부활하신 후 바로 승천하지 아니하시고, 40일 동안 사도들에게 하나님 나라의 복음을 집중적으로 들려주셨다. 이는 의도적으로 예수님의 부활과 하나님 나라를 연결시키려는 것으로 볼 수 있다. 즉 예수님의 부활의 실체가 하나님 나라를 가장 잘 보여줄 수 있고 이 땅에 하나님 나라가 임하였다는 것을 부활을 통하여 강조하고 있다. 실제로 사도 바울은 주의 복음을 전할 때 의도적으로 하나님 나라라는 용어를 사용하지 아니하고 예수님의 십자가와 함께 그의 부활을 전하였다(행 4:33). 즉 예수님이 전하신 복음을 "하나님 나라" 라고 4복음서는 기록하고 있지만 환난과 핍박이라는 상황 속에서 사도들은 그의 복음을 하나님 나라보다는 십자가와 부활로 선포하였다. 따라서 예수님의 부활과 하나님 나라는 결코 분리될 수 없는 개념이다. 인간이 부활할 때 영원히 살 수 있는 거룩한 존재로 변화된다. 시공간을 초월하는 영광스러운 몸이 될 것이다. 부활한 인간은 시공간의 제한을 받지 아니함으로 늙거나 병들거나 죽음이 더 이상 없을 것이다. 먹고사는 문제로 걱정하거나 염려하지 아니하는 천국에서 영원히 살게 될 것이다.

이 세상에 살고 있는 인간의 근본적인 문제는 죄와 사단이다. 첫 사람 아담이 타락한 이후 이 세상은 강력한 죄의 바이러스에 오염되었다. 예수님을 제외하고는 단 한 사람도 여기에 예외는 없다. 모든 사람은 죄라는 강력한 바이러스에 오염되어 악한 생각과 살인과 간음과 음란과 거짓 증거와 훼방하는 생각들이 마음에서 끊임없이 올라온다(마 15:19). 또한 죄 때문에 모든 사람은 하나님의 생명을 공급받지 못한다. 자신이 가진 것, 자기 동굴 속에서만 살아간다. 자신이 가진 지혜와 지식과 역량으로 살아가다 보니 많은 한계와 결핍을 느낀다. 그래서 타인에게 자신의 부족한 부분을 자꾸 요구하여 인간관계에 갈등과 다툼이 발생한다. 인간의 내면 속에 죄가 어떻게 들어왔는가? 마귀의 꼬임에 빠져 하나님처럼 되려던 아담은 오히려 마귀의 종이 되어버렸다. 그래서 아담 이후 모든 사람은 마귀가 가지고 있는 죄와 사망의 권세 아래 종살이하며 살아가고 있다. 이것이 모든 인류의 실존이며 근본적인 문제이다. 그래서 하나님의 형상대로 지음 받은 인간에게 하나님의 형상이 나타나기보다 마귀의 형상이 나타난다. 마음에 하나님 두기를 싫어하고 하나님 대신 우상을 섬긴다. 성적인 문제가 발생하고 돈과 쾌락을 좇아 살아간다. 이로 인해 세상에 죄악이 만연해진다. 거짓과 교만과 미움과 시기와 질투와 분노와 각종 중독과 욕심과 탐욕이 난무한다.

그런데 예수님이 이 땅에 가지고 오신 하나님 나라에는 죄와 사단이 없다. 천국은 생수가 흘러 넘칠 뿐만 아니라 오직 성령 안에서 의와 평강과 희락이 넘친다. 예수님이 이 땅에 오셔서 죄와 사단을 진멸하시고, 인간의 근본 문제를 해결해 주셨다. 즉 인간의 죄와 사망의 문제를 해결하신 것이다. 예수 그리스도께서 하나님 나라의 복음을 전파하심으로 마귀와 마귀의 일을 멸하시고, 우리에게 죄와 사망 권세의 효력이 더 이상 발생하지 않도록 해결해 놓으셨다. 하나님과 우리의 관계를 십자가로 회복하셨다. 하나님의 말씀에 따라 이웃을 사랑하게 되고 샬롬이 확대될 뿐만 아니라 은혜로운 통치의 힘이 우리에게 임하게 된다. 우리가 순종하면 지금 여기에서 하나님 나라의 구원이 확대되는 것이다. 그래서 하나님 나라의 구원이 이웃과의 관계 속에서, 삶의 현장 속에서 점진적으로 더 많은 생명의 풍성함으로 나타나게 되어 있다.

하나님 나라가 임한 사람의 실례로 누가복음 19장에 나오는 삭개오라는 인물이 있다. 그는 하나님의 부요함을 깨닫기 전에는 돈이 인간의 행복과 안전을 가져온다고 생각하였다. 결핍을 극복하기 위하여 다른 사람의 돈을 착취하였던 것이다. 그러나 그 길은 부요의 길이 아니라 오히려 고난의 길이며 죽음의 길이다. 삭개오가 하나님의 부요하심을 몰라서 착취하였는데 하나님이 주시는 구원의 부요함을 깨닫고 다른 사람의 것을 착취한 것이 있으면 4배나 갚겠다고 하였다. 이웃을 압제하는 자에서 이웃을 사랑하는 자로 바뀌게 된 것이다. 삭개오는 하나님과의 관계도 회복되고 이웃과의 관계도 회복되었다. 성경은 그것이 바로 하나님의 구원이라고 설명하고 있다. 삭개오가 구원을 받기 전에는 하나님과의 관계가 단절되었을 뿐만 아니라 이웃으로부터도 소외당하였다. 자신의 인생이 지옥같이 힘들고 어려웠다. 그러나 예수님을 만난 후에 죄와 사단의 영향력을 사라졌다. 삭개오는 예수님을 통하여 하나님의 부요함을 얻었다. 하나님의 부요함을 얻게 되자 하나님의 샬롬, 즉 고통 대신에 자유와 평강이 임했다. 하나님이 주시는 은혜를 따라 샬롬이 확대되고 불의 대신에 정의가 확대되어 갔다. 하나님의 통치 속에 임하는 안식과 평강이 가득하였다. 그의 마음과 삶 속에서 점점 더 하나님 나라가 확대되어 갔다. 삭개오는 예수님을 영접한 후에 하나님 나라의 의와 평강과 희락을 마음껏 누리게 된 것이다.

5. 하나님 나라는 고통과 슬픔이 없는 나라이다

험한 세상을 사는 동안에 고통과 슬픔을 피할 길이 없다. 우리들은 고통과 슬픔, 이러한 부정적인 감정들을 감추거나 피하려고 온갖 노력을 한다. 그리고 사람들을 찾아가서 위로받으려고 한다. 그러나 그러면 그럴수록 우리의 마음은 공허할 뿐이다. 이 세상에는 죄 값으로 인한 각종 고통과 아픔과 슬픔이 있다. 불신앙과 불순종의 고통이 있고, 미움과 저주의 고통이 있고, 분쟁과 전쟁의 고통이 있고, 질병과 장애의 고통이 있고, 이별과 죽음의 고통이 있다. 천국은 이 모든 고통과 아픔과 슬픔이 없는 곳이다. 낙원이 회복되고 우주가 회복되는 곳이다. 사도 요한은 천국의 모습을 하늘과 땅과 피조물이 모두 새로워지는 곳으로 묘사했다. "또 내가 새 하늘과 새 땅을 보니 처음 하늘과 처음 땅이 없어졌고 바다도 다시 있지 않더라 하나님의 장막이 사람들과 함께 있으매 하나님이 저희와 함께 거하시리니 하나님은 친히 저희와 함께 계셔서 모든 눈물을 그 눈에서 씻기시매 다시 사망이 없고 애통하는 것이나 곡하는 것이나 아픈 것이 다시 있지 아니하리니 처음 것이 다 지나갔음이러라"(계 21:4). "강 좌우에 생명 나무가 열두 가지 실과를 맺히되 달마다 그 실과를 맺히고 그 나무들은 만국을 소성하기 위하여 있더라 다시 저주가 없으며 다시 밤이 없겠고 등불과 햇빛이 쓸데없으니 이는 주 하나님이 저희에게 비취심이라"(계 22:2-5). 천국은 에덴의 회복이다. 하늘과 땅의 회복이고 우주의 회복이다. 모든 고통과 슬픔이 삼킨 바가 되는 곳이며, 생명과 기쁨과 즐거움과 사랑과 찬양과 행복이 가득한 곳이다. 즉 하나님이 만드신 영원한 신천지가 되는 거룩한 나라이다.

이 세상에 하나님 나라가 임하게 되면 눈물과 슬픔과 고통은 사라지고 영원한 기쁨이 넘치게 될 것이다. 분쟁과 시기와 질투가 없는 나라가 될 것이다. "그들이 부르기 전에 내가 응답하겠고 그들이 말을 마치기 전에 내가 들을 것이며, 이리와 어린 양이 함께 먹을 것이며, 사자가 소처럼 짚을 먹을 것이며, 뱀은 흙을 양식으로 삼을 것이니 나의 성산에서는 해함도 없겠고, 상함도 없으리라"(사 65:24-25). 이런 곳이 하나님이 만드실 아름다운 천국이다. 천국이 이 땅에 임할 것을 바라보고 부르는 가스펠이다. "저 하늘에는 눈물이 없네. 거기는 슬픔도 없네. 저 하늘에는 눈물이 없네. 거기는 기쁨만 있네. 인간의 고통은 사라져 버리고 영광만 가득 차

겠네. 우리의 주님과 함께 있을 때에는 영원한 기쁨 넘치네." 로마서 14장 17절을 보면, "하나님의 나라는 먹는 것과 마시는 것이 아니요 오직 성령 안에서 의와 평강과 희락이라"고 한다. 천국은 하나님의 의가 점점 더 자라난다. 나를 의롭다고 할 수 있는 조건들은 서서히 내 마음속에서 사라지고 하나님의 의가 가득하게 된다. 자기 의가 충만하면 이웃 앞에 교만하거나 이웃을 무시하지만, 하나님의 의는 이웃 앞에 겸손하며 다른 사람을 인정하고 세워준다. 하나님의 은혜로 내 마음속에 의와 평강과 희락이 넘친다. 하나님이 주시는 평강이 내 마음 속에, 가정 속에, 사회 속에 흘러 넘치게 될 것이다.

6. 하나님 나라는 질병과 죽음이 없는 나라이다

우리가 사는 세상은 겉으로는 멋져 보이고 문제가 없어 보인다. 그러나 조금만 더 들어가 보면 세상은 만성적인 고통과 비극을 안고 있다. 어디를 가도 몸과 마음이 아픈 사람들이 있다. 크고 작은 병원들에는 항상 환자들로 북적인다. 불치병, 난치병, 원인을 알 수 없는 질병과 사건 사고로 다치고 죽는 사람이 얼마나 많은가? 통계에 의하면 세계적으로 하루에 작은 소도시 정도의 숫자만큼 사람들이 죽는다고 한다. 최근 코로나로 인해 죽은 사람도 45만 명을 넘었다. 죽음의 통계로만 보면 별로 느낌이 없지만, 내 가족 중 한 사람이 죽었다고 생각한다면 간단한 일은 아니다. 코로나 외에도 질병과 사고로 사람들은 고통당하고 죽어가고 있다. 공사현장에서의 사고, 의료 사고, 환경오염, 각종 암으로 신음하고 있다. 요즘은 정신적인 병도 늘어나고 있다. 처음에 하나님께서 세상을 창조하셨을 때에는 질병도 죽음도 없었다. 그곳에는 안식과 평화와 풍성함이 있었다. 이런 축복이 지속되려면 어떻게 해야 할까? 에덴동산의 평화로운 상태를 유지하기 위해서 한 가지 조건이 주어졌다. 그것은 인간이 하나님의 말씀, 즉 하나님 창조의 목적에 전적으로 순종해야 한다. 그 순종은 동산 중앙에 있는 선악과를 먹지 않음으로서 증명되어야 한다. 그러나 아담과 하와가 이 중대한 하나님의 명령을 어기고 선악과를 따먹음으로서 세상에는 질병과 죽음이 들어오게 되었다. 나이가 들어 노환인 경우도 있고, 건강관리를 잘못하거나, 육체의 정욕을 따라 살다가 몸에 질병이 생기기도 한다. 예수님 당시에 유대 사회에서는 질병이 사람들의 범죄의 대가로 온다고 믿었다. 물론 모든 질병이 아담의 원죄로부터 말미암은 것이 사실이지만 때로는 하나님의 하시는 일을 나타내고자 질병을 허락하시기도 하신다(요 9:3).

이 땅에 있는 질병과 죽음의 문제를 누가 해결하는가? 모든 질병의 치료자는 예수 그리스도이시다(마 9:35). 예수 그리스도께서 이 땅에 오셔서 복음 사역을 감당하시는 동안에 말씀을 선포하시면서 병자를 고치는 일을 많이 하셨다. 문둥병, 중풍병, 혈루병 등은 현대의 의학으로도 쉽게 고칠 수 없는 심각한 질병들이다. 인간의 힘으로 고칠 수 없는 질병을 예수님은 말씀의 능력으로 치유하시고, 자유와 해방을 주셨다. 또한 예수님은 각종 병을 고치실 뿐만 아니라 죄 사함을 선포하셨다. 예수 그리스도의 치유의 목적은 영혼 구원에 있었다. 또한 그는 죽은 자를 살리시기도 하셨다. 즉 예수님은 각종 질병과 죽음의 문제를 해결하시고 진정한 자유를 선포하셨다. 그 결과로서 장차 완성될 하나님 나라에 질병과 죽음이 없다는 것을 알아야 한다. 우리가 살아가고 있는 이 세상을 자세히 보면 답이 없다. 단순히 질병만의 문제가 아니다. 세상을 뒤덮고 있는 거대한 저주의 흐름을 인간이 막아낼 길이 없다. 그래서 예수 그리스도가 이 땅에 오셨다. 예수 그리스도가 오시면 비극은 축복으로 바뀐다. 질병이 저주가 아니라 하나님을 아는 새로운 길이 된다. 신앙은 추상적이지 않고 매우 실존적이다. 고통으로 가득 찬 세상에 다가오신 주님은 우리로 하여금 고통을 넘어서게 하신다. 고통에 대한 완전한 답은 세상에 없다. 그리스도만이 유일한 답이 되시고 소망이 되신다. 세상적으로 아무리 어둡고 암울해도 그리스도가 찾아오시면 소망이 시작된다. 그러므로 답 없는 세상에서 하나님 나라를 소망으로 삼고 살아가야 한다.

인간의 눈에 보이는 세상은 죽음과 고통과 저주와 죄악이 가득하다. 치열한 경쟁사회, 빈부격차, 인종차별, 상하계급이 있지만 천국에는 전혀 그런 것이 없다. 오직 사랑과 평화가 가득하다. 의와 평화와 희락이 가득하다. 이 세상과 차원이 다른 하나님 나라를 보여준 것이 물이 포도주로 변화되는 기적, 왕의 신하의 아들이 말씀으로 치유되는 기적, 안식일에 38년 된 병자가 고침을 받는 기적, 오병이어의 기적, 바람과 풍랑을 잔잔케 하는 기적, 맹인의 눈을 뜨게 하는 기적, 죽은 나사로를 살리는 기적을 통하여 분명하게 보여주셨다. 우리가 이 땅에서 그런 아름답고, 거룩한 천국을 맛보며, 풍성하게 누리려면 어떻게 해야 하는가? 첫째, 하나님의 말씀에 대한 통치와 인도함을 받고 전적으로 순종해야 한다. 하나님 나라는 하나님이 왕이 되어 통치하는 나라이다. 그러므로 하나님이 나의 주가 되시며, 나의 왕이 되어질 때 더욱 풍성하게 체험될 것이다. 둘째, 하나님이 주신 나의 믿음을 키워야 한다. 하나님 나라는 오직 믿음으로만 볼 수 있고, 믿음으로만 들어가는 나라이다. 셋째, 예수님을 본받아 제자도를 실천해야 한다. 즉 마음을 다하고, 뜻을 다하고, 성품을 다하여 하나님을 사랑할 뿐만 아니라 나의 이웃을 내 몸처럼 사랑해야 한다. 그때에 천국을 더욱 풍성하게 체험할 수 있게 될 것이다. 넷째, 성령의 권능과 충만함을 받아야 한다. 성령님은 우리로 하여금 하나님 나라의 의와 평강과 희락을 누리게 하신다.

제 3 장

성경은 이미와 아직 사이에 있는 하나님 나라를 가르친다

A. 이미와 아직 사이에 있는 하나님 나라

신약성경 특히 공관 복음서에 가장 많이 나타나는 말 가운데 하나가 천국 혹은 '하나님의 나라'이다. 마가복음에는 14번, 누가복음에는 32번 나오고, 마태복음에서는 37번 나온다. 이것은 바로 '하나님의 나라'가 복음서들의 주제임을 말해주는 것이다. 예수님의 첫 번째 설교가 "회개하라 천국이 가까웠다"는 말씀이었고, 그가 가르치신 비유의 주제가 하나님의 나라였으며, 그가 행하신 이적들은 하나님의 나라가 이 땅에 임하여 온 증거가 되었다. 특별히 예수님이 십자가에 달려 돌아가신 사건은 구원의 길을 활짝 열어 놓은 사건일 뿐만 아니라 하나님의 나라를 권능으로 임하게 하는 전환점이 되었다. 예수께서 그의 생애와 교훈을 통하여 우리에게 전하여 주신 복음의 내용은 하나님의 나라에 관한 것이다. 이 땅에 하나님의 나라가 권능으로 임하여 왔고, 누구든지 믿기만 하면 그 나라 백성이 될 수 있다는 것이 바로 복음이다. 그런데 이 하나님의 나라에 대해서 우리는 전혀 잘못 생각하거나 오해하고 있다. 천국은 이 다음에 죽어서 가는 아름다운 곳이라고 믿는 것이 대부분의 교인들의 천국에 대한 이해이다. '아름다운 천당' 이라고 말하면서 요한계시록에 나타난 아름다운 집을 연상하곤 했던 것이다. 아마도 이런 생각은 동양의 유토피아 무릉도원이나 불교에서 말하는 극락 세계로부터 영향을 받은 것이라고 볼 수 있다. 즉 우리는 천국을 공간적으로 생각해서 아름다운 이상향으로 믿었고, 시간적으로는 이 다음에 죽어서 혹은 예수님 재림 후에 이루어질 그런 나라로 믿어 왔다. 그런가 하면 어떤 사람들은 하나님의 나라를 사람들이 예수님의 교훈을 토대로 이 땅에 세운 일종의 지상 유토피아라고 믿는 것이다.

성경이 가르치는 하나님의 나라란 무엇인가? 예수님께서 하나님의 나라가 가까웠다고 선포하셨을 때, 그 당시 유대인들에게는 그 말이 전혀 처음 듣는 생소한 단어가 아닌 구약시대부터 그 말이 사용되어 왔다는 것을 뜻한다. 구약에 나타난 천국의 개념은 어떤 특정한 장소를 나타내는 것이 아니라 하나님이 친히 우리의 왕이시라는 것, 즉 하나님의 위대하심과 주권을 말한다. 이 천국은 지상의 것이 아니라 하나님이 친히 임하여 오실 때 완전하게 실현될 영원한 나라다. 지금 여기에 임한 천국을 마태는 비유를 통하여, 요한은 7가지 표적을 통하여, 누가는 귀신을 쫓아내는 사건을 통하여 보여주고 있다. 전통적으로 하나님의 나라에서 메시아 사상이 나타났고, 이 메시아에게 하나님의 주권이 맡겨지게 되고, 그가 임하시면 천국은 실현될 것이라고 믿었다. 그런 상황 속에서 예수께서 오셔서 하나님의 나라가 너희에게 임하였다고 선포하신 것은 구약에서 예언되었던 하나님의 나라가 구체화된 것을 의미한다. 예수님께서 오셔서 세례를 받으시고 각종 이적을 행하시며, 더러운 귀신을 추방하시고, 죽은 자를 살리는 기적을 통하여 이 땅에 하나님 나라가 임한 것을 보여주셨다. 마태복음은 50여 가지 비유를 통하여 하나님의 나라를 주로 설명하고 있다면 요한복음은 7가지 표적을 통하여 하나님 나라를 설명할 뿐만 아니라 여기에 임한 천국을 보여주고 있다.

누가복음 17장 말씀에 보면, 바리새인들이 예수께 와서 "하나님의 나라가 어느 때에 임하나이까"라고 물었다. 그때에 예수님께서 이렇게 대답하셨다. "하나님의 나라는 볼 수 있게 임하는 것이 아니요 또 여기 있다 저기 있다고도 못하리니 하나님의 나라는 너희 안에 있느니라." 이 말씀에서 하나님 나라는 볼 수 있게 임하는 것이 아니라는 것은 천국은 우리의 육안으로 볼 수 있게 오는 나라가 아니라는 뜻이다. 유대인 묵시문학가들은 말세의 '징조'에 더 관심을 가졌다. 그들은 제멋대로 상상력을 동원하여 현 세상의 질서를 하나님이 파괴한다든가 또는 '메시아의 저주' 등을 운운하여 세계 파멸을 묘사하였다. 그 까닭은 현세는 악의 세력이 통치하고 있으므로 새 시대의 메시아 통치가 시작되려면 사단과 귀신과 죄악의 세계가 완전히 파괴되고 진멸된 후에라야 된다고 믿었다. 그래서 그들은 시대의 징조에 관심을 갖게 되었고, 천국이 눈앞에 볼 수 있게 오는 것으로 생각하여 여기 있다 저기 있다 하게 된 것이다. 그러나 예수님은 하나님의 나라가 그렇게 오는 것이 아니라고 하시면서 "이미 너희 가운데 오신 내가 바로 천국이다" 라고 말씀하셨다. 이 말은 크게 논쟁이 될 수 있지만 '너희 안에'를 '너희 가운데'(among)로 해석하여 너희 가운데 있다, 즉 바리새인들 가운데 서 계신 예수님 자신을 가리켜 말씀하신 것이라고 해석한다. 이 말씀은 인간의 역사 속에 이미 하나님의 나라가 임하여 왔다는 말씀이기도 하다. 그것은 바로 하나님 나라의 주인공이신 예수 그리스도의 임재를 뜻하는 것이다.

성경은 하나님 나라를 어떻게 말씀하고 있는가? 하나님 나라는 예수님이 오심으로 이미 시작되었고, 예수님의 재림으로 완성될 것을 예언하고 있다. "이미와 아직"의 관점에서 하나님 나라를 볼 때 정확하게 이해할 수 있다. 하나님은 두 왕국을 만드셨는데 하늘에는 하나님 나라, 땅에는 세상이라는 나라를 만드셨다. 인간이 범죄함으로 세상에 임하였던 하나님 나라가 없어진 것이 아니라 잠시 감추었고, 세상은 고통과 저주와 상처가 가득한 곳이 되었다. 하나님은 율법과 선지자, 시가서를 통하여 하나님 나라를 예언하였고, 그림자처럼 보여주었다. 그리고 하나님의 아들이신 메시야가 오시면 하나님의 나라가 이 땅에 임하게 되며, 인간의 저주와 고통과 죄의 문제가 근본적으로 해결될 것을 예언해 주셨다. 때가 차매 하나님의 아들이신 예수님이 이 땅에 오심으로 하나님 나라 시작되었고, 구체적으로 교회를 통하여 보여주었다. 교회는 하나님 나라의 열쇠를 가지고 있을 뿐만 아니라 세상 사람들에게 하나님 나라를 보여주며, 그 나라의 의를 행해야 한다. 신학적으로 예수님의 초림과 재림 사이에 하나님 나라는 교회를 통하여 역사의 무대로 등장하게 되었다. 교회시대는 이미와 아직이라는 하나님 나라를 가장 보여주고 있다.

1. 이미 여기에 임한 하나님 나라

제자들이 예수님께 천국이 언제 우리에게 임하나요? 라고 묻자 예수님은 천국은 '이미' 너희 가운데 임하였다고 답을 하셨다. 그렇다. 천국은 예수님께서 이 땅에 오심으로 '이미' 임하였다. 그러므로 신앙생활을 통해 이 땅에서 천국의 삶을 미리 맛볼 수가 있다. 그런데 '이미' 임한 천국이 '아직' 완성되지는 않았다는 점을 우리는 반드시 기억해야 한다. 예수님께서 다시 오실 그 날에 천국은 완성이 될 것이다. 그런데 우리의 기도 생활에도 동일한 원리가 적용이 된다. 우리의 기도에 하나님께서 '이미' 응답하셨지만, 우리의 삶에 '아직' 성취되지 않은 응답들이 참 많다. 왜냐하면 하나님의 응답은 많은 경우에 완성품이 아닌 '씨앗'의 형태로 우리에게 임하기 때문이다. 여호수아의 지도하에 가나안 땅에 입성한 이스라엘은 열심히 싸웠다. 그러나 많은 땅이 '아직' 다 정복되지 않았다. 그 땅에는 강력한 적들이 여전히 우글거린다. 그럼에도 하나님은 '이미' 너희에게 주었노라고 하시며 땅을 분배하라고 하신다. 하나님은 이스라엘이 믿음의 싸움을 싸우기를 원하시는 것이다.

예수님이 이 땅에 아기 예수님으로 오신 목적이 무엇인가? 예수님이 오신 목적은 명확하고 간결하다. 즉 '하나님 나라'이다. 하나님의 나라는 지금 여기에서 자라나고 있다. 천국 비유 중, 씨 뿌리는 비유에서 씨는 천국 말씀을 상징하고 있는데, 이 씨가 인생의 다양한 밭에 뿌려졌다. 지금 그 씨는 싹을 나고 자라서 열매 맺는 중이다. 천국은 겨자씨처럼 작지만 땅에 심기어졌고, 누룩처럼 밀가루 반죽에 들어갔다. 그 나라는 이 땅에서 열매 맺고, 겨자나무가 되도록 자라고 있다. 바울은 '하나님 나라는 말에 있지 않고 능력에 있다' 고 하였다. 하나님 나라는 사람을 바꾸고, 성장시켜 하나님의 사람이 되게 한다. 하늘과 땅을 잇대어 살고 있는 사람들 속에서 자라가고 있다. 하나님의 나라는 우리 안에서 만들어가고 아름답게 성장하고 있다. 사랑은 인내하여 떨어지지 않고 완성된다. 지금도 하나님의 나라는 사람들 가운데 임하는 선한 역사이다. '하나님의 나라가 너희 안에' 라는 표현은 '너희 가운데' 라고 번역할 수 있다. 사람들 사이에 존재하는 선함의 역사를 부정할 수 없다. 약한 자와 병든 자를 보며 일어나는 긍휼의 마음이나, 선한 일을 하는 인간의 모습에는 하나님 나라의 선한 역사가 있다. 바울은 마음에서 일어나는 선과 악의 갈등 속에 곤고한 사람임을 고백하지만 그리스도 예수 안에 정죄함이 없다. 생명의 성령이 죄와 사망의 권세에서 우리를 해방하였다고 선포한다.

성경에서 하나님 나라를 설명할 때, 가장 많이 언급되는 두 개의 단어가 있다. 바로, '이미'와 '아직'이다. '이미 왔으나 아직 오지 않은' 하나님의 나라. 우리 그리스도인들은 이 땅에서 '이미' 임한 하나님의 나라 즉 하나님의 다스림을 맛보며 '아직' 오지 않은 완성될 하나님 나라를 꿈꾸는 존재들이다. 요한은 이 〈갈릴리 가나의 결혼 잔치의 이야기, 씨뿌리는 비유, 누룩과 가라지 비유 이야기〉는 예수님께서 앞으로 완성하실, 다가올 하나님 나라를 예상하고 안내하는 '표지판'이라고 말한다. 예수 그리스도의 오심과 죽으심 그리고 부활로부터 이 세상에는 잃어버렸던 하나님과 함께하는 낙원의 은혜, 하나님의 나라가 회복되었고 확장되며 충만해져가고 있다. 어두움에 빛이신 그리스도께서 오시니까 어두움은 물러가고 광명으로 바뀌었다. 생명이신 그리스도께서 오시니 죽음은 생명으로 바뀌었다. 지금 이 시간도 우리는 예수그리스도의 생명이 역사하는 하나님의 나라 한가운데서 살아가고 있다.

1945년 8월 15일. 대한민국의 광복이 선포될 때 그 선포는 정말로 놀라운 역사적 사실이었다. 그러나 그 해방되었다는 사실에 의심을 품은 사람의 삶에는 아무런 효력이 나타나지 않는다. 숨어 지내던 자들은 일본이 망한 것도 모르고 두려움 가운데 살았다. 광복의 사건이 그들에게는 아무 소용이 없었다. 마찬가지로 예수님께서 하나님 나라의 승리와 도래를 선포하셨다. 그러나 이를 믿지 않는 자들은 여전히 어둠의 권세 잡은 자 사단의 노예로 살 수밖에 없다. 그러나 선포된 진리의 내용을 그대로 믿으면 믿는 자의 삶에 실제 효력이 나타난다. 일본의 멸망을 듣고 믿은 자들은 환호성을 하면서 해방의 기쁨을 얻었다. 마찬가지로 하나님 나라가 이미 임하였으며 자신은 십자가의 죄 사함을 통해 그 나라의 시민으로서 그 나라를 누릴 수 있다는 사실을 아는 자들은 하늘의 평강과 기쁨과 확신을 누리게 되는 것이다. 이러한 하나님의 나라로 우리가 들어가 그 나라를 실제로 체험하게 되는 이 궁극적인 목적을 위해 우리 주 예수 그리스도께서 이 땅에 오셔서 죽음을 맛보신 것이다. 우리는 언제든지 주 예수 그리스도의 십자가를 감사하면서 그 은혜를 힘입어 하나님의 나라에 들어가며 또한 하나님의 나라의 실제를 누릴 수 있는 것이다. 그러므로 지금 우리가 처한 상황에서 하나님의 나라를 체험할 것인지 그렇지 않을 것인지는 믿음에 달려 있다 즉, 죄의 노예로 지옥의 삶을 살 것인지, 아니면 죄로부터 자유한 하나님 나라의 삶을 살 것인지는 우리의 믿음에 달려 있다. 복음을 듣고 그 복음을 믿을 때 예수님의 약속대로 어떠한 상황에서도 천국을 누릴 수 있게 된다. 천국은 성령 안에서 의와 평강과 희락이기 때문이다. 우리는 주 안에서 하나님 나라의 의와 평강과 희락을 지금 여기에서 누릴 수 있다는 것을 알아야 한다. 하나님 나라는 지금 여기에, 우리 안에 거함으로 영생을 누리고, 구원의 확신과 기쁨을 얻을 수 있는 것이다.

2. 아직 임하지 아니한 하나님 나라

예수님은 의도적으로 아직 임하지 아니한 영광스러운 하나님 나라를 누가복음 17장 22-30절까지 증언하고 있다. 22절에 보면 "또 제자들에게 이르시되 때가 이르리니 너희가 인자의 날 하루를 보고자 하되 보지 못하리라." 여기서 인자의 날은 이미 임한 하나님 나라를 의미하는 것이 아니라 주의 재림으로 임할 하나님의 나라를 의미하는 것이다. 그 나라는 영광스러운 나라이며, 무너지거나 쇠하지도 아니하는 영원한 나라이다. 그 나라가 주의 재림으로 이 땅에 이루어질 것을 예언하고 있는 말씀이다. 예수님은 승천한 후에 다시 오심으로 이 땅에 천국이 완성될 것을 말씀하셨다. 마태복음 24장 30-31절을 보면 "그때에 인자의 징조가 하늘에서 보이겠고, 그 때에 땅의 모든 족속들이 통곡하며 그들이 인자가 구름을 타고 능력과 큰 영광으로 오는 것을 보리라 그가 큰 나팔소리와 함께 천사들을 보내리니 그들이 그의 택하신 자들을 하늘 이 끝에서 저 끝까지 사방에서 모으리라." 이것은 주님의 재림으로 완성될 하나님 나라를 잘 보여주고 있다.

예수님은 빌라도의 재판석에서 하나님 나라가 어떻게 온다고 말씀하셨는가? 마태복음 26장 64절에 보면 "내가 너희에게 이르노니 이후에 인자가 권능의 우편에 앉아 있는 것과 하늘 구름을 타고 오는 것을 너희가 보리라 하시니." 예수님은 빌라도에게 자신은 하나님 권능의 우편에 앉게 될 인자이며 하늘 구름을 타고 오는 것을 보게 된다고 했다. 이것은 사람의 아들로서 심판을 받는데, 사실은 하나님의 아들이며, 다니엘서에서 예언한 내용이 이루어졌다는 것이다. "내가 또 밤 환상 중에 보니 인자 같은 이가 하늘 구름을 타고 와서 옛적부터 항상 계신 이에게 나아가 그 앞으로 인도되매 그에게 권세와 영광과 나라를 주고 모든 백성과 나라들과 다른 언어를 말하는 모든 자들이 그를 섬기게 하였으니."(단 7:13-14). 여기서 인자 같은 이가 나오는데 그가 하늘 구름을 타고 항상 살아계신 하나님께로 가신다. 땅으로 내려오는 것이 아니라 하나님께로 올라가신다. 그리고 그곳에서 왕의 권세를 받았다. 즉 빌라도가 통치하는 것 같지만 사실 예수님이 로마를 포함한 온 세상을 통치하는 분이시며, 만왕의 왕이 된다는 뜻이다. 예수님은 하늘로 승천한 후에 다시 오심으로 이 땅에 천국이 완성될 것을 말씀하셨다. "그때에 인자의 징조가 하늘에서 보이겠고, 그 때에 땅의 모든 족속들이 통곡하며 그들이 인자가 구름을 타고 능력과 큰 영광으로 오는 것을 보리라 그가 큰 나팔소리와 함께 천사들을 보내리니 그들이 그의 택하신 자들을 하늘 이 끝에서 저 끝까지 사방에서 모으리라”(마 24:30-31). 이것은 주님의 재림으로 완성될 하나님 나라를 잘 보여주고 있다.

아직 우리에게 임하지 아니한 하나님의 나라가 어떻게 이 땅에 오는가? “일곱째 천사가 나팔을 불매 하늘에 큰 음성들이 나서 이르되 세상 나라가 우리 주와 그의 그리스도의 나라가 되어 그가 세세토록 왕노릇 하시리로다”(계 11:15)고 했다. 하나님의 나라는 예수님의 재림으로 완성이 된다. 그때는 우리가 죽어서 영혼만 가는 것이 아니라 육신도 부활해서 함께 간다. “주께서 호령과 천사장의 소리와 하나님의 나팔 소리로 친히 하늘로부터 강림하시리니 그리스도 안에서 죽은 자들이 먼저 일어나고 그 후에 우리 살아남은 자들도 그들과 함께 구름 속으로 끌어 올려 공중에서 주를 영접하게 하시리니 그리하여 우리가 항상 주와 함께 있으리라”(살전 4:16-17)라고 했다. 모든 사람들이 하나님 나라를 고대하는데 그 하나님 나라는 예수님의 재림과 함께 완성된다. 그러므로 인류의 최대의 관심은 예수님의 재림이다. 예수님이 언제 어떤 모습으로 재림하시는지에 대하여 궁금하지 않을 수 없다. 누가복음 17장 22절에서 주님은 주의 재림의 날을 인자의 날이라는 말로 표현하셨다. 주님은 인자의 때를 설명하심에 노아의 때와 롯의 때의 경우를 예로 들었다. 그리고 인자의 때도 이러하리라고 하셨는데 이는 하나님의 심판의 시기에 사회에 팽배하는 죄악을 비유하신 것이다.

사도 바울은 마지막 주의 재림을 어떻게 묘사하고 있는가? “주께서 호령과 천사장의 소리와 하나님의 나팔 소리로 친히 하늘로부터 강림하시리니 그리스도 안에서 죽은 자들이 먼저 일어나고 그 후에 우리 살아남은 자들도 그들과 함께 구름 속으로 끌어 올려 공중에서 주를 영접하게 하시리니 그리하여 우리가 항상 주와 함께 있으리라"(살전4:15-17). 주님이 왕으로 이 땅에 오신다. 그런데 그때 죽은 자들이 부활하고 산 자들은 구름 속으로 끌어 올려지고 공중에서 주를 영접하고 항상 주님과 함께 있다고 했다. 이 구절처럼 땅에서 구름 속으로 끌어 올려지고 땅을 떠나 저 하늘나라로 가는 것을 증거하고 있다. 하늘 보좌에서 왕으로 이 땅에 오시는 주님을 사람들이 영접하는 것이고, 땅으로 내려오신 주님은 다시 하늘로 올라가지 않고 땅에서 왕으로 통치하신다. 물론 하늘은 저 곳이 아니라 천지를 다스리는 하나님의 통치영역이고 땅의 모든 곳과 연결되어 있는 지휘소와 같고, 몸을 통제하는 머리와 같다고 보면 된다. 그리고 우리는 회복된 새 하늘과 새 땅에 주님과 함께 영원토록 왕노릇하게 될 것이다.

3. 여기에 임한 하나님 나라와 지상명령

오늘날 우리는 '이미' 와 '아직' 사이에서 살아가고 있다. 우리가 알고 있는 바와 같이 우리는 그리스도를 영접하는 순간 '이미' 영원한 가나안 곧 천국을 소유하게 되었다. 그러나 우리는 '아직'은 천국을 완전히 소유한 것은 아니다. 우리는 예수 그리스도를 영접하는 순간, 천국을 소유하게 되었지만, 또한 여전히 이 땅에서 죄의 영향을 받으며 살고 있다. 특별히 우리의 대적 사단은 그리스도의 십자가 죽음과 부활로 말미암아 자신의 머리가 상하는(창 3:15) 치명상을 입었지만, 완전 패배를 시인하지 않고, 끝까지 불의의 세력을 형성하여 하나님의 자녀인 우리를 대적함으로, 우리가 천국을 완전히 소유하는 것을 방해하고 있다. 그러므로 우리는 천국을 완전히 소유하기까지 사단의 세력과 부단히 영적 전쟁을 벌여야 한다. 물론 승리의 비결은 우리에게 이미 주어져 있다. '믿음의 주요 또 온전케 하시는 이인 예수'(히 12:2)를 바라보는 것이다. 우리는 이미와 아직이라는 사이를 임의로 벗어 날 수 없다. 주님이 재림하실 그때까지 저와 우리는 이미와 아직 사이에 있다. 이것은 피할 수가 없다. 그런데 문제는 이미와 아직 사이가 세상이라는 것이다. 그렇기 때문에 세상의 영향을 더 받을 수 있는 위치이고 좌표이다. 우리는 아직을 바라보기 보다는 이미에 더욱 가깝다. 우리는 '이미'와 '아직' 사이의 하나님 나라를 소유하고 살아가는 사람들이다. 사도 바울도 아직 '얻었다 함'도 아니요 온전히 이루었다 함도 아니며, 그것을 '잡으려고' 달려간다고 고백하였다(빌 3:12). 우리는 이 사실을 명심하여 완전한 천국이 도래하는 그날까지 긴장을 늦추지 말고 부단히 영적 전쟁을 수행해 나가야 한다.

그러면 이미와 아직의 사이에 있는 우리가 감당해야 할 것이 무엇인가? 첫째, 예수님이 주신 지상명령을 감당해야 한다. 둘째, 예수님의 성품을 본받아 그리스도의 장성한 분량까지 성장해야 한다. 셋째, 하나님이 원하시는 성령의 9가지 열매를 맺어야 한다. 넷째, 세상의 빛과 소금이 되어야 한다. 다섯째, 아직 임하지 아니하는 하나님의 나라의 영과 능력과 권세를 오늘 현실에서 누려야 한다. 여섯째, 우리에게 임한 하나님의 나라가 내 안에서 자라가고, 성장하고, 성숙해 가면서 천국을 누려야 한다. 겨자씨의 비유, 씨 뿌리는 비유, 누룩의 비유, 열 처녀의 비유, 양과 염소의 비유, 달란트 비유 등은 하나님의 나라가 어느 날 갑자기 완성되는 것이 아니다. 그것은 가장 작은 것에서부터 시작하여 인고의 시간을 지나 큰 나무가 되거나 열매를 맺는다. 그 나라의 궁극적인 완성은 주님의 재림을 통하여 완성이 된다. 오늘날 교회와 성도들은 예수님의 초림으로 이미 시작된 하나님의 나라에 살고 있으면서도 아직 완성되지 아니한 하나님의 나라를 기다려야 한다. 천국은 이미 왔으나 아직 완전히 도래하지 않았다. 우리는 이미 오신 예수님과 아직 오시지 않은 재림 예수님 사이의 시대를 살고 있다. 우리는 성령의 인도하심을 받아 아직의 모든 것을 현실에서 풍성하게 누려야 한다. 또한 우리는 구원의 완성을 바라보면서 주님의 재림을 사모하며 의의 예복을 준비해야 한다.

눈에 보이지 아니하는 하나님 나라를 인간의 이성과 경험으로 완전하게 이해할 수도 없고, 깨달을 수도 없다. 특히 이미와 아직 가운데 있는 하나님 나라는 더욱더 이해하기가 어려운 내용이다. 즉 인간의 이성과 합리적인 지식으로 다 이해할 수 없는 것이 영원한 하나님 나라이다. 특히 시공간의 한계에 있는 인간의 이성으로는 이미 임한 하나님 나라와 아직 임하지 아니한 하나님 나라의 관계를 다 이해할 수도 없고, 설명할 수도 없다. 그래서 그의 나라는 물과 성령으로 거듭날 때 볼 수 있고, 오직 그의 말씀을 믿음으로 들어가는 것이다. 눈에 보이는 현실세계는 그림자와 같고 실제는 눈에 보이지 않는 영원한 하나님 나라이다. 하나님 나라는 잠시 사는 것이 아니라 영원히 하나님과 함께 사는 거룩하고 아름다운 나라이다. 그 나라가 완전한 나라이며, 우리가 추구해야 할 거룩한 나라이다. 하나님의 나라가 이미와 아직이라는 긴장 관계 속에 있기 때문에 갈등과 고민이 많이 일어나는 것이다. 예수님을 통해 하나님의 나라가 이 땅에 시작되었다. 십자가와 부활은 예수님이 선포하시고 보여주신 하나님의 나라가 승리하였다는 것이다. 그리고 예수님이 다시 오셔서 하나님의 나라를 완성하시겠다는 재림의 약속을 확증하는 것이다. 성경에서는 예수님이 이 땅에 초림하심으로 종말이 시작되어 주님의 재림 때까지의 기간을 종말의 시기라고 정의하고 있다. 하나님의 나라는 예수님의 십자가와 부활로 말미암아 이미 시작되었지만 아직 완성되지 않았다. 이미(Already) 와 아직(Not yet)이 하나님 나라의 전체적인 이해이다. 그리고 그 사이에 기다림의 시간을 살아가는 것이 그리스도인의 실존이다. '이미'와 '아직' 사이에서 그리스도인은 어떻게 살 것인가에 대한 가르침이 매우 중요하다.

제2차 세계대전의 승패를 결정지은 사건은 노르망디 상륙작전이다. 노르망디는 프랑스령의 해안이다. 미국, 영국, 프랑스 등의 연합군이 이곳에 상륙작전을 감행한다. 이 작전의 성공으로 독일은 패배를 선언할 수밖에 없었다. 그러나 전쟁이 마무리되기까지 11개월이 걸렸다. 이 과정에서 크고 작은 전투가 일어나고 사상자도 발생한다. 이듬해 5월 8일에야 연합군의 완전한 승리로 2차 대전은 막을 내렸다. 세계 역사는 노르망디 상륙일인 1944년 6월 6일은 'D-데이' 이듬해인 5월 8일은 'V-데이'로 명명한다. D-데이와 V-데이 사이 1년여, 승리는 '이미' 확정되었지만 '아직' 전투는 치열하게 계속되었다. 많은 사망자도 발생했지마는 이 전쟁에서 연합군은 이미 승리를 확신할 수 있었다. 한 마디로 '이미'와 '아직' 사이이다. 이천 년 전, 예수님이 십자가에서 숨을 거두기 직전 "다 이루었다!"고 했다. 이 말씀은 사단에 대한 승리의 선언이다. 예수님은 '이미' 사단을 짓누르고 승리했다. 그러나 온전한 승전가를 부를 날은 '아직'이다. 예수님이 하늘의 천사들과 능력과 권세로 이 땅에 재림하셔야만 완성될 것이다. 예수님을 믿고 구원받은 자들은 이러한 '이미'와 '아직' 사이에서 살아간다. 삶이 때로는 고통스럽고, 슬프기도 하지만, 이미 영적으로 승리한 싸움이다.

오스카 쿨만이라는 유명한 신학자는 시간과 영원이라는 책을 통하여 처음으로 "'하나님의 나라'는 '이미'와 '아직' 사이에 놓여 있는 '긴장이다'." 이라는 주장을 하였다. 즉 "이 땅에 하나님의 나라는 이미 도래해 있지만 그것은 아직 완성된 것이 아니기 때문에 현재의 상태에서는 긴장으로 존재한다"는 것이다. "그 긴장이 존재한다"는 것은 "하나님의 나라는 지금 확장 중에 있다"는 말도 될 것이며, 그것은 "악한 나라들과의 투쟁관계 속에 있다"는 말도 될 것이다. 성도들의 구원에 관한 문제 역시 이와 다르지 않다. 성도는 이미 예수 그리스도를 주로 고백할 때 구원을 받았다. 그런데 그 구원은 완성된 상태로 존재하는 것은 결코 아니다. 그렇다면 우리의 구원은 언제든지 상실할 가능성이 있다는 말이 되는 것일까? 절대 그렇지 않는다. 성도는 구원의 대열에서 낙오될 수가 없다. 성경에서는 어떤 상황이 온다할지라도 "우리를 그리스도 예수 안에 있는 하나님의 사랑에서 결코 끊을 수 없다"고 말한다. 하나님 나라의 구원은 이미 예수 그리스도를 통해 굳건한 반석 위에 세워져 있다. 어떤 도적이 와서 감히 훔쳐갈 수 있는 것이 아니다. 단지 우리가 완성된 구원에 이르기까지는 수고로운 땀방울이 있어야 한다는 것과 흘려야 할 눈물이 있다는 것과 서로 세워주는 인내와 희생이 있어야 된다는 것이다.

B. 70인 제자들에게 위임된 하나님 나라

예수님께서 70인 전도인들에게 권능을 주신 목적이 무엇인가? 70인 제자들이 행한 권세와 능력의 목적은 '하나님 나라의 복음' 전파를 위한 것이었다. 복음을 바르게 전하기 위해서는 마땅한 성령의 권세와 능력이 필요했다. 여기서 올바른 능력이라는 말은 "예수 그리스도의 이름"을 사용하는데서 나타난다. 즉 예수 그리스도의 이름으로 명할 때에 각종 병자들을 고치고, 귀신들을 쫓아내는 능력을 말한다. 이런 능력들은 복음을 믿는 사람이면 누구나 정도의 차이는 있지만 실행할 수 있는 능력이다. 자신의 힘으로써는 어림도 없지만, 하나님의 능력을 힘입으면 어린아이라도 놀라운 역사를 행할 수가 있다. 우리가 살아가는 이 세상은 기쁨보다는 고통과 근심이 많다. 어둠의 영이 세상을 지배하고 있기 때문이다. 세상에 속한 사람들은 하늘의 기쁨을 알지 못하기 때문에 세상이 주는 기쁨을 찾으려고 몸부림친다. 세상의 부귀영화가 주는 기쁨을 추구한다. 그러나 예수님께서 파송한 70명의 제자들은 세상 사람들과는 다른 종류의 기쁨과 능력을 누렸다. 오늘 본문에 하나님 나라를 주도하는 사람들이 누구인가? 그들은 어떤 방법으로 하나님 나라를 전파하며, 주도하고 있는가?

1. 70인의 제자들을 택하시고 세우신 예수님

예수님은 누구에게 하나님 나라의 사역을 맡겨주셨는가? 1절을 보면 "그 후에 주께서 따로 칠십 인을 세우사 친히 가시려는 각 동네와 각 사람으로 둘씩 앞서 보내셨으니"라고 했다. 예수님이 주도하였던 하나님 나라를 이제는 70인 제자들에게 맡기시고 주도적으로 사역하게 하신다.

여기서 "그 후에" 라는 것은 누가복음 9장 1절에 예수님께서 열 두 제자들을 파송하신 이 후에를 의미한다. 예수님은 12제자들을 파송하신 후 따로 70인을 뽑아 당신 자신이 가시려던 각동 각처로 둘씩 둘씩 짝을 지어 하나님 나라를 전파하도록 파송하셨다. 70인 제자 중에는 사도행전에 나오는 요셉과 맛디아(행 1:23) 그리고 초대 교회의 일곱 집사 스데반이나 빌립, 브로고로, 니가노르, 디몬, 바메나 같은 사람들이었다(행 6:5). 예수님께서 이들을 각동 각처로 앞서 파송하신 이유가 분명히 있다. 예수님께서 이렇게 보내신 것은 그들에게 주신 권세와 능력을 현장에서 사용하며, 복음을 전파하는 실습훈련을 시키며, 그들의 믿음을 더욱 강력하게 만들기 위함이다. 사도행전에 보면 베드로와 요한이 한 팀이 되어 동역하였고(행 3:1,11) 또, 바울과 바나바가 동역하여, 안디옥 교회를 세웠다(행 11:25,26, 30). 그리고 전도 여행을 떠날 때도 바울과 실라(15:40), 바나바와 마가(15:39)가 함께 동역하였고, 또, 유다와 실라(15:27), 디모데와 실라(17:14), 디모데와 에라스도(19:22) 등이 한 팀이 되어 하나님 나라의 사역을 감당하였고, 전도 사역을 활발하게 하여 교회가 세워졌다.

예수님은 70인 제자들에게 무슨 말씀을 주셨는가? "전대나 주머니나 신을 가지지 말며 아무에게도 문안하지 말라"(4절) 하셨다 예수님께서 12제자를 파송하실 때는 ① 지팡이나 ② 주머니나 ③ 양식이나 ④ 돈이나 ⑤ 두 벌 옷을 가지지 말며(9:3)라는 5가지를 금지하셨지만 70명 제자들에게는 세 가지와 신이 첨가되어 있다. 그러나 근본 정신은 같다고 본다. 이 말씀은 전도할 때 돈이나 물질을 의지하지 말라는 말씀이다. 예수님은 70인 제자들에게 전대, 배낭, 신발을 가지지 말라고 하셨다 전적으로 주님의 공급하심을 믿으라는 것이다. 하나님의 소원에 방향 맞추었다면 기도 권세를 얼마든지 사용하라는 것이다. 육신의 생각이 믿음의 생각을 방해할 때가 참으로 많다. 우리가 선교 여행할 때 가장 필요한 것은 물질이다. 특히 전도자들의 앞에는 예상할 수 없는 일이 많이 생기므로 물질이 필요하다. 병든 자나, 갑작스런 사고를 만난 이들을 만났을 때, 입만 가지고 할 수 없다. 그러나 하나님께서 친히 입히시고, 먹이시고, 신기심을 믿고 떠나라고 하신다. 여기 "신을 가져가지 말라"는 말은 맨발로 가라는 뜻이 아니고 예비로 다른 신발을 가져가지 말라는 뜻이다. 이것은 전적으로 하나님만 의지하라는 뜻이고 또한 하나님만 전적으로 의지할 때, 하나님이 필요를 채워주신다는 것을 믿고 확신하라는 것이다.

2. 70인 제자들에게 각종 병자를 고치며, 악한 귀신을 쫓아내는 권세를 주심

예수님은 70인 제자들에게 어떤 방법으로 하나님 나라를 보여주며, 전도하라고 하셨는가? 9절에 보면 "거기에 있는 병자들을 고치고 또 말하기를 하나님의 나라가 너희에게 가까이 왔다 하라." 모든 사역의 핵심은 하나님 나라 선포이다. 병 고치는 사역도 결국 하나님 나라를 선포하기 위한 것이다. 한번 고침 받은 사람도 결국 세상을 떠난다. 그 병 고침에서 하나님 나라의 놀라운 역사를 깨달았으면 그만이다. 어떤 사람이 기도해도 병이 낫지 않았는데, 그 대신 하나님 나라의 소망을 품게 되었다고 하자. 병이 나아서 하나님의 뜻을 알게 된 것과 다르지 않다. 예수님의 치유사역은 하나님의 나라가 이미 이 세상에 임했다는 강력한 증거이다. 마가복음 16장 17~18절에 보면 믿는 자들에게 따르는 표적은 예수님의 십자가 대속과 부활로 말미암아 사단의 나라가 무너졌고 하나님의 나라가 도래하였음을 보여 주는 가시적 증거들의 목록인 것이다. 예수님의 복음이 전파되는 곳마다 사단의 견고한 진들은 무너지고 종으로 사로잡혀 있던 영혼들이 해방되는 역사가 일어난다. 예수님은 70인 제자들에게 병자들을 고치고 하나님의 나라가 너희에게 가까이 왔다고 선포하라고 하셨다. 사람들은 하나님 나라가 가까웠다고 하면 이스라엘 회복을 생각했을 것이다. 그러나 하나님 나라는 성령님의 통치가 개인의 영혼과 마음과 육신과 생활 속에 임하는 것을 말한다.

예루살렘 초대교회를 보면, 이미 교회가 세워진 상황에서도 사도들을 통해 계속적으로 기사와 표적이 나타났다. 한번 증명된 사도됨을 왜 계속해서 증명해야 하는가? 예수님의 가르침만 전하면 되지 않는가? 그런데도 초대교회에 기사와 표적들이 많이 나타난 것은 무엇 때문일까? 그것은 그들의 사도됨을 증명하기 위해서가 아니었다. 예수님을 믿고 구원 얻는 신자들에게 이미 하나님의 나라가 임했다는 것을 계속 각성시켜 주기 위해 표적과 기사가 일어난 것이다. 그렇게 함으로써 구원받은 성도들이 더욱 온전한 하나님의 사람으로 성장할 수 있도록 도운 것이다. 여기서 기사와 표적, 각종 은사의 사용은 궁극적으로 하나님 나라를 보여주며, 교회를 세우기 위한 것임을 알아야 한다. 그런데 만약 초대교회 시대에만 하나님의 능력의 역사가 나타나고 그 이후의 시대에는 기적과 표적이 일어나는 역사를 체험할 수 없다면 그것은 논리적으로 말이 되지 않는다. 물론 예수님께 대한 바른 신앙 없이 표적만 구하는 신앙은 분명히 잘못된 것이다. 그러나 하나님의 나라는 이미 임했으며 하나님의 백성으로서 하나님의 능력을 덧입고 사는 것은 너무나도 당연한 일이다. 예수님께서는 하나님 나라를 가르치시고, 천국 복음을 전파하시며 자신을 통해 하나님의 나라가 임했다는 것을 치유사역을 통해 가시적으로 보여주셨다. 따라서 이 땅의 모든 교회가 해야 할 3대 사역은 하나님 나라를 가르치고, 천국 복음을 전파하며, 병든 자들을 고치는 것이다. 그럴 때 이 땅의 교회는 하나님 나라를 보여주는 지점이 되며, 장차 온전히 도래할 하나님의 나라를 소망하게 될 것이다.

예수님은 70인 제자들에게 무슨 권세와 능력을 주셨는가? 19절을 보면 "내가 너희에게 뱀과 전갈을 밟으며, 원수의 모든 능력을 제어할 권능을 주었으니 너희를 해칠 자가 결코 없으리라." 예수님은 전도자들에게 뱀과 전갈을 밟으며 원수의 모든 능력을 제어할 권능을 주셨다고 말씀하셨다. 여기서 뱀과 전갈은 사단과 그를 따르는 졸개들을 말한다. 뱀과 전갈은 둘 다 치명적인 독을 가진 동물이다. 그래서 성경은 사단의 세력을 상징할 때 뱀과 전갈을 사용한다. 그런데 사단의 세력을 상징하는 뱀과 전갈을 밟는다고 했다. 여기서 밟는다는 것은 곧 승리를 말한다. 하나님의 자녀가 된 우리에게는, 그리스도의 대사로 보냄을 받은 저와 여러분에게는 뱀과 전갈을 밟으며 원수의 모든 능력을 제어할 권세가 이미 주어져 있다. 그런데 이 권세를 누가 주었는가? "내가 너희에게 …주었으니" 마귀의 일을 멸하시고 하늘과 땅의 권세를 가지신 주님께서 우리에게 이런 엄청난 권세를 주신 것이다. 요한복음 1장 12절을 보면 "영접하는 자 곧 그 이름을 믿는 자들에게는 하나님의 자녀가 되는 권세를 주셨으니"(요 1:12). 그런데 이런 권세가 주어졌음에도 불구하고 자기에게 주어진 권세를 깨닫지도 못하고 사용하지도 않은 채 살아가는 성도들이 너무나 많다. 귀신들린 자를 내어쫓는 것은 은사가 아니라 권세이다. 그리고 이 권세는 미래의 어느 순간이 아니라 예수님을 영접하여 하나님의 자녀로 거듭날 때 이미 받은 것이다. 그러므로 전도를 할 때 "말 주변이 없는 내가 어떻게…" "배운 것이 없어서…"라는 말을 해서는 안 된다. 저와 여러분은 보통 사람이 아니다. 뱀과 전갈을 밟으며 원수의 모든 능력을 제어할 권세를 가진 사람이다. 예수님과 함께 죽었고 예수님과 함께 다시 살리심을 입어 하늘 보좌에서 통치하고 다스리는 권세 있는 자들이다.

3. 70인 제자들이 기뻐해야 할 것들

70인 제자들이 전도 현장에서 돌아와서 예수님께 무슨 보고를 하는가? 17절을 보면 "칠십 인이 기뻐하며, 돌아와 이르되 주여 주의 이름이면 귀신들도 우리에게 항복하더이다." 그들이 그토록 기뻐한 이유는 무엇일까? "주여 주의 이름이면 귀신들도 우리에게 항복하더이다"(17절b). 그것은 귀신들의 항복 때문이었다. 그들은 현장에서 복음을 전하면서 예수의 이름으로 명하자 귀신들이 항복하였다. 귀신들이 항복했다는 것은 예수의 이름으로 명하였을 때 더러운 귀신들이 떠나갔다는 것이다. 70인 제자들이 예수의 이름으로 기도하고 명령할 때 병든 자가 고침을 받고 귀신들이 떠나가는 것을 자신들의 눈으로 직접 보았다. 귀신들이 자기들 앞에 굴복당하는 것을 보았다. 그래서 그들은 지금 기쁨으로 돌아와 흥분된 목소리로 "주여 주의 이름이면 귀신들도 우리에게 항복하더이다"라고 보고를 한 것이다. 그런데 제자들은 귀신들이 항복했다는 말을 부정과거 시제가 아닌 현재 시제로 말하였다. "항복하더이다"는 무슨 말인가? 예수의 이름으로 귀신을 내어쫓고 굴복시킨 그 현장의 감동과 기쁨이 지금도 생생하게 남아 있음을 말한다. 그 놀라운 기쁨과 감동의 여운은 쉽게 사라지지 않을 것이다. 이런 뜨거운 열정과 간증이 있는 신앙생활은 정말로 살아 있고, 행복이 넘치는 신앙의 맛을 누리는 것이다.

그렇다면 오늘 우리에게는 왜 이런 기쁨과 감격이 없을까? 왜 오늘 우리에게는 복음의 권세와 능력을 경험하는, 하나님의 나라를 경험하는 감격이 없을까? 왜 이런 간증이 없을까? 그 이유는 오늘 나에게 전도의 현장이 없기 때문이다. 예수님의 보혈로 인하여 핍박과 조롱과 멸시를 받는 영적 전쟁의 현장을 잃어버렸기 때문이다. 단지 복음이 이론에만 머물러 있기 때문이다. 즉 하나님 나라의 복음을 듣기만 하고 복음을 전하는 영적 전쟁의 현장이 없기 때문이다. 그러므로 심령이 답답하고 영적 침체가 밀물처럼 다가오고 신앙생활의 감격이 없다면 신앙생활의 년 수를 자랑하지 말고 그리스도의 대사로서 순종하여 복음을 들고 현장으로 나아가서 전도해야 한다. 우리는 그 현장에서 핍박과 조롱도 당하지만 귀신들이 나에게 항복하는 것을 보게 될 것이다. 아니 준비된 영혼들을 만나게 될 것이다. 하나님의 능력을 경험하게 될 것이다.

제자들이 기적과 표적을 인하여 기뻐하며, 놀라워할 때에 예수님은 무슨 말씀을 주셨는가? 20절을 보면 "귀신들이 너희에게 항복하는 것으로 기뻐하지 말고 너희 이름이 하늘에 기록된 것으로 기뻐하라"고 말씀하셨다. 제자들은 귀신들이 항복할 때 기뻐했다. 물론 이 기쁨도 보통 기쁨이 아니다. 그런데 주님은 사단의 세력을 정복한 사역만으로 기뻐하지 말고 너희의 이름이 하늘에 기록된 것으로 기뻐하라고 말씀하신다. 이 말씀은 귀신들의 항복으로 말미암는 기쁨이 필요없다는 말씀이 아니다. 복음의 증거로 인한 기쁨도 필요하다. 사역의 열매로 인한 기쁨도 필요하다. 성령의 은사와 능력으로 말미암는 기쁨도 중요하다. 그런데 주님은 그 보다 더 엄청난 기쁨이 있다는 것이다. 아니 그것과는 비교할 수 없는 엄청난 기쁨이 있다는 것이다. 아니 이 세상의 그 무엇과도 비교할 수 없는 최고의 기쁨이 있다는 것이다. 그것이 무엇인가? 저와 여러분의 이름이 하늘에 기록되는 기쁨이다. 우리의 이름이 하늘에 기록되어 있다는 것은 곧 저와 여러분이 하나님의 자녀가 되었음을 말한다. 천국 백성이 되었음을 말한다. 그러므로 "너희 이름이 하늘에 기록된 것으로 기뻐하라"는 말은 내가 구원을 받았다는 그 사실, 천국 백성이 되었다는 그 사실을 인하여 더 기뻐하라는 것이다. 우리가 정말로 기뻐하고 감사해야 할 것은 내 이름이 천국의 생명책에 기록되었다는 사실이다. 우리는 어떤 표적과 기사보다도 영원한 생명을 주시고, 천국에 들어갈 수 있는 은혜를 주신 것을 인하여 기뻐하며 즐거워해야 한다.

C. 하나님 나라를 확장하는 사람들

에스겔은 두 가지 큰 쌍벽을 이루는 환상을 기록하고 있는데 하나는 마른뼈 들이 살아나는 환상이며, 또 다른 하나는 성전 문지방 밑에서 흘러나오는 생수에 대한 환상이다. 이 두 가지 환상은 앞으로 이루어질 유다 백성들의 미래를 잘 보여주고 있다, 예수님을 믿지 않고 영생 없이 사는 사람들의 영혼은 죽은 사해바다와 같다. 하나님께서는 에스겔 선지자를 통하여 사해바다같이 타락한 인간의 영혼에 놀라운 약속을 주셨다. 이것은 하나님께서 그 바다를 살려주시겠다는 하나님의 강력한 의지가 나타나 있는 것이다. 사람은 죽은 것을 살릴 수가 없다. 하지만, 하나님께서는 생명의 주인이시기 때문에 죽은 것도 살려내실 수 있다. 로마서 4장 17절을 보면 "기록된 바 내가 너를 많은 민족의 조상으로 세웠다 하심과 같으니 그의 믿은 바 하나님은 죽은 자를 살리시며 없는 것을 있는 것 같이 부르시는 이시니라." 이 세상에 영생보다 귀한 것은 없다. 진시황이 그렇게 찾으려고 했다가 못 찾은 것이 바로 영생이다. 기독교는 착하게 살아서 복 받는 종교가 아니다. 기독교는 생명이 없는 사람들이 예수님을 믿어 성령을 받고 영생을 얻는 것이다.

에스겔이 본 생수에 대한 환상의 역사적 배경이 무엇인가? 에스겔 선지자가 살던 당시는 나라와 성전이 무너지고 바벨론 포로의 신분으로 유대인들이 비참하게 살았다. 에스겔이 보는 시대의 현실은 너무나 절망적이다. 그는 망해 가는 이스라엘을 지켜보았고, 포로가 되어 바벨론에 끌려왔다. 그는 하나님의 성전이 파괴되고 하나님의 백성들이 흩어지는 것을 보았다. 하나님의 역사는 거기서 끝나는 것처럼 보였을 것이다. 하나님께서 절망 가운데 있는 그에게 성전이 완전히 회복되며, 거기서 스며 나온 생수가 마침내는 생수의 강이 되어 온 세계를 향해 도도하게 흘러가는 환상을 보여주셨다. 에스겔 37장의 마른 뼈들에 대한 환상은 에스겔이 바벨론 포로에서 돌아온 지 5년, 그의 나이 30세에 본 것이다. 그리고 에스겔 47장에 성전 문지방 밑에서 흘러나오는 생수의 환상은 마른 뼈들의 환상을 받은 지 20년이 지난 후에 에스겔과 이스라엘 백성들에게 새로운 희망과 비전을 심어주기 위한 환상이다. 에스겔 40장 1절에 보면 "우리가 사로잡힌 지 이십 오년이요 성이 함락된 후 십 사년 정월 십일 곧 그 날에 여호와의 권능이 내게 임하여 나를 데리고 이스라엘 땅으로 가시되." 에스겔이 사로잡혔다는 것은 여호야긴 왕과 함께 포로가 되었다는 것인데, 포로가 된 때는 BC 598년이다. 598년에서 25년이 지났으니까 이 이상이 임한 때는 BC 573년이다. 예루살렘 성이 함락된 때는 BC 587년이고, 14년이 흘렀다고 했다. 이것을 보더라도 이상이 임한 때가 BC 573년이라는 것을 알 수 있다. 즉 에스겔 선지자가 BC 573년에 이 비전을 받게 되었다는 말이다. 그는 30세에 선지자로 부름받은 뒤 20년이 지난 50세 때 '눈에 보이지 않는 성전'의 환상을 보았다. 그리고 이 성전에 대해 에스겔 40-48장에 기록했다. 에스겔 성전은 이 세상에 한 번도 실제로 지어지지 않은 성전, 눈에 보이는 실체가 없는 성전이다. 그러나 에스겔 성전에 대해 기록한 에스겔 40-48장이야말로 신,구약 66권의 결론이다.

1. 시간이 지날수록 더 풍성하게 확장되어 가는 하나님 나라

생수의 물이 어디에서 나오는가? 1절을 보면 "그가 나를 데리고 성전 문에 이르시니 성전의 앞면이 동쪽으로 향하였는데 그 문지방 밑에서 물이 나와 동쪽으로 흐르다가 성전 오른쪽 제단 남쪽으로 흘러 내리더라." 에스겔이 성전의 환상을 보여주던 사람을 따라 성전 문에 이르러 보니 성전의 문지방 밑에서 물이 조금씩 스며 나왔다. 생수의 강은 왕궁에서 흘러내리지 않고 성전에서 흘러내린다. 그 물은 동쪽으로 흐르다가 제단의 남쪽으로 흘렀다. 그분이 에스겔을 데리고 북문으로 나가서 바깥길로 꺾어 동쪽을 향한 바깥 문에 이르렀을 때 물이 바깥문 오른쪽에서 세어 나왔다. 여기서 동쪽은 여호와의 영광이 들어가던 곳이다. 여호와가 계신 곳에서 성령의 물이 흐르기 시작한다. 하나님의 영광이 임하면 성령의 생수가 풍부하게 흐른다. 에덴동산에도 사대 강물이 흘렀다. 에덴은 하나님이 계신 하나님의 성전이다. 모세를 통해서 성막이 생기고 솔로몬을 통해서 성전을 지었다. 에스겔 시대에는 성전이 무너져 내렸다. 그들이 바벨론에서 돌아오면 스룹바벨 성전이 이루어진다. 이 성전도 에스겔이 본 성전은 아니다. 에스겔이 본 성전이 요한계시록 22장 1절에 보면 그대로 재현되고 있다, "또 그가 수정같이 맑은 생명수의 강을 내게 보이니 하나님과 어린 양 의 보좌로부터 흘러 나오더라."

참으로 놀랍게도 에스겔이 본 그 성전이 예수 그리스도를 통하여 완성된다. 예수님이 눈에 보이는 돌 성전을 무너뜨리고 십자가와 부활로 영원한 성전을 지으셨다(요 2:20). 친히 교회의 머리가 되시고 우리를 영원히 목마르지 아니하는 생수, 성령님을 부어주셨다. " 명절 끝날에 예수께서 서서 외쳐 이르시되 누구든지 목마르거든 내게로 와서 마시라 나를 믿는 자는 성경에 이름과 같이 그 배에서 생명의 강이 흘러 나오리라 이는 그를 믿는 자들이 받을 성령을 가리켜 말씀하시는 것이라"(요 7:37-39). 예수 그리스도를 믿는 자는 생수의 강이 흐른다. 에스겔의 환상처럼 하나님과 어린 양의 보좌에서 수정같이 맑은 생수의 강이 흐른다. 성전의 크기와 금으로 된 그릇과 집기들이 중요하지 않다. 성전의 생명은 생수가 흘러야 한다. 지금은 우리의 교회가 성전이요 우리의 마음이 성전이다. 우리의 교회에서 우리의 마음에서 생수의 강이 흘러넘쳐야 한다. 성령의 생수는 우리가 부활하여 영생하기까지 우리의 마음에서 솟아난다. 성령의 물이 마르면 여러 가지 문제가 생긴다. 성도의 수가 줄게 된다. 건기가 되어 초목이나 동물들이 다 사라진다. 그러나 우기가 되면 초목이 우거지고 고기가 생겨난다. 물은 죽음의 땅을 생명의 땅으로 바꾼다. 그러면 어부와 농부가 살아나게 된다.

성전 문지방에서 흘러나오는 생수는 시간이 지날수록 어떻게 되어지는가? 3-5절을 보면 그 생수의 물이 점점 더 불어나서 그 물이 발목에 이르고, 조금 후에 그 물이 무릎에 오르고, 그 물이 허리에 오르고 나중에는 그 물이 헤엄칠 만한 큰 강을 이루게 되었다. 이 물의 천 척(약 550m)을 측량하여 강을 건너는데 물이 발목까지 올라왔다. 그리고 또 천 척을 측량하여 강을 건너니 무릎까지 왔다. 그리고 천 척을 더 측량하여 강을 건너니 물이 허리까지 왔고 마지막으로 천 척을 측량하니 헤엄쳐야 건널 수 있었다. 성전에서 나올 때는 스며 나오는 물이 천 척을 네 번(약 2.2km) 측량하고 나니까 사람이 능히 건널 수 없는 큰 강이 된 것이다. 신약에 와서 예수님 자신이 생수의 근원이라 하셨고(요 4:14) 성도들에게도 생수의 강이 흐를 것이라 말씀하셨다(요 7:38-39). "내가 주는 물을 먹는 자는 영원히 목마르지 아니하리니 나의 주는 물은 그 속에서 영생하도록 솟아나는 샘물이 되리라"(요 4:14). "나를 믿는 자는 성경에 이름과 같이 그 배에서 생수의 강이 흘러나리라 하시니 이는 그를 믿는 자의 받을 성령을 가리켜 말씀하신 것이라"(요 7:38-39). 예수님께서는 마르지 않는 생수의 근원이 되신다. 생수의 근원이신 예수님께로부터 생수가 흘러나와 성도들에게도 흘러가게 되는 것이다. 성령님께서는 성도 안에 거하실 뿐만 아니라 생수의 강이 흘러나오게 하신다.

2. 죄와 허물로 죽은 바다와 생물이 살아나고 회복하는 놀라운 환상

성전 문지방에서 흘러 나온 생수는 어떤 영향력을 미치고 있는가? 9절을 보면 "이 강물이 이르는 곳마다 번성하는 모든 생물이 살고 또 고기가 심히 많으리니 이 물이 흘러 들어가므로 바닷물이 되살아 나겠고, 이 강이 이르는 각처에 모든 것이 살 것이며" 에스겔이 하나님 손에 이끌리어 성전 안에 들어갔다가 제단에서 흘러 나오는 물을 보게 된다. 그 물은 제단 남편으로 흘렀다가 동편 문 밑으로 스며 밖으로 흘러 나가기 시작한다. 그 물은 동쪽으로 흘러 조그만 시내를 이루더니 점점 커지고 넓어지고 깊어진다. 결국에는 능히 헤엄칠 만하고 또한 사람이 건너지 못할 큰 강이 된다. 에스겔은 그 물이 흐르는 강 주변으로 과실 나무를 비롯하여 여러 나무가 심히 번성하고 강의 모든 물고기와 생물이 심히 많은 것과 강 주변이 회복되고 다시 살아나는 것을 보게 된다. 성전에서 흘러나온 물이 건너지 못할 만큼 큰 강이 되자 천사가 이번에는 에스겔을 데리고 강가를 둘러보게 했다. 강가의 좌우 편에는 나무가 심히 많았다. 그만큼 강가는 비옥하고 풍요했다. 나무가 우거지니 공기도 맑고 보기도 좋았다. 사람만 아니라 동물도 살아나게 된다. 천사는 이 강가에서 에스겔에게 말하였다. 이 물은 동쪽으로 흘러 아라바로 가서 바다에 이르렀다.

여기서 아라바 바다는 지금의 사해를 말한다. 사해는 남북이 80km, 동서가 18km, 이며 최대 수심이 396m에 달하는 큰 호수이다. 사해에는 요단강에서 매년 약 5억 4천만 톤의 물이 흘러 들어오고 또 그 외 몇 개의 강으로부터 물이 흘러 들어오는데 흘러나가는 곳은 없다. 그런데도 그 물이 넘치기는커녕 항상 지중해의 수면보다 395m 나 낮다고 한다. 이유인즉 물이 흘러나가지 않고 그대로 증발해 버리기 때문이다. 그래서 사해의 물은 지중해보다 다섯 배가 짜고, 사해의 염분 농도는 표면수가 29%, 심층수는 30%나 되는 정도로 비중이 워낙 커서 사람이 들어가도 물에 뜨는 재미있는 현상이 일어난다. 그러나 물이 너무 짜기 때문에 그곳은 풀한 포기 자라지 못한다. 사해는 말 그대로 죽음의 바다이다. 그런데 에스겔은 성전에서 흘러나온 생수의 강이 이 사해로 흘러 들어가는 것을 보았다. 그 물이 흘러 들어가자 그 바다가 소성했다. 생수는 사해의 짠물을 흘려 보내버리고 단물이 되게 했다. 이제 사해는 더 이상 죽음의 바다가 아니라 생명의 바다였다. 이 강에 고기가 살자 강가에는 어부가 살게 된다. 어부들은 엔게디에서 에네글리임까지 그물을 친다. 큰 바다의 고기같이 각종 종류의 고기가 산다. 숭어 농어, 연어, 잉어들이 떼지어 다닌다. 하나님은 이 강이 흐르는 각처에 모든 것이 살 것이라고 했다. 이 물이 사해에 흘러 들어가면 사해와 그 주변이 살아난다. 아라비아 바다로 흘러 들어가면 전쟁의 포화에 고통하는 아프카니스탄이 살아난다. 생수의 강은 죽은 영혼을 살아나게 하며, 죄악과 흑암으로 가득한 세계를 살릴 수 있는 위력이 있다.

진펄과 개펄이 왜 소금 땅에 되었는가? 여기서 진펄은 수렁, 개펄은 물웅덩이를 말한다. 그곳은 맑은 물을 받아들이지 않기 때문에 죽은 바다, 소금 땅이 된 것이다. 오늘날에도 생명의 복음을 받아들이지 않는 사람들은 영적으로 죽은 자들이다. 소금물에 절어 있는 사람이다. 자기 생각만 고집하는 사람, 은혜를 받기만 하고 주지는 않는 사람은 진펄과 개펄 같은 사람이다. 교만과 불신으로 끝까지 복음을 거부한 자들이다. 이런 사람들은 받은 은혜도 까먹고 마침내는 소금 땅과 같이 말라버리게 된다. 하나님 앞에서 자기를 발견치 못하고, 회개치 않는다면 우리는 소금 땅과 같이 죽은 바다가 될 것이다. 그러나 주님의 음성을 듣고 회개하면 구원을 받는다. 이 생수의 물이 사람의 마음에 흘러 들어가면 모든 사람이 소성한다. 사실 이 세상은 거대한 죽음의 바다이다. 이 세상에 태어난 모든 사람들은 죽음의 바다에 살고 있다. 육신의 죽음뿐 아니라 영적인 죽음이 더 심각하다. 이 세상을 보면 거룩함은 증발해 버리고 인간의 욕심과 정욕만이 가득하다. 사랑이 증발해 버리고 이기심과 미움만이 가득하다. 진리는 증발해 버리고 죄악 되고 거짓된 인간들의 지식과 정보가 바다를 이루고 있다. 거기에는 생명이 없다. 저주와 죽음의 병으로 가득하다. 짜디짠 세상에서 살아남으려고 몸부림치다가 모두들 그 마음이 짠돌이와 짠순이가 된다. 사람은 이렇게 세상이라는 죽음의 바다에서 허우적거리다가 결국에는 모두 죽는다. 그 후에는 불과 유황으로 들어가는 무서운 심판이 있다 .그러나 이 세상에 영원한 구원자로 오신 예수님을 영접하기만 하면 새 생명을 얻고, 성령의 기름부으심을 받고 천국을 누리게 될 것이다.

생명을 살리는 말씀의 생수가 콸콸 솟아나는 교회가 되어야 한다. 성령의 생수가 흘러 넘칠 때 병든 자, 목마른 자, 고통을 당하는 자들이 교회로 몰려 오게 될 것이다. 저와 여러분에게로 수많은 주님의 물고기 같은 영혼들이 찾아올 것이다. 예수님이 말씀하시기를 "나를 따라오너라 내가 너희로 사람을 낚는 어부가 되게 하리라"(막 1:17). 우리 모두 생명을 살리는 어부가 됩시다. 사해바다처럼 죽어가는 이웃에게 생수의 복음을 전하여 생명을 살리는 교회가 되어야 한다. 성령과 말씀의 생수를 콸콸 넘치게 흘러나게 해서 우리 교회가 거룩한 성전이 되어 약수터에 사람이 모이듯이 모이는 교회가 되도록 기도하자. 지금도 예수님께서 나온 맑고 깨끗한 성령의 강물은 차고 넘치도록 면면히 흐르고 있다. 성령의 강물이 흘러야 생명이 살아난다. 물이 있어야 생명이 사는것과 같은 이치이다. 다만 강물이 막히면 다른 곳으로 돌아 갈 뿐이다. 죽어있는 심령들, 매마른 인생들 속으로 말씀과 성령의 역사가 우리를 통해서 흘러 들어가는데 왠지 모르는 감동이 오면서 그들에게 변화가 온다. 가정에 변화가 오고 일터에 변화가 온다. 회개와 회복이 일어난다. 사람들 마음이 열리기 시작한다. 곳곳에서 우리의 받은 은혜로 인해 힘을 얻는 모습이 보이기 시작한다. 낙심을 주던 환경이 용기와 소망의 환경으로 바뀌게 될 것이다.

3. 유대인에게만 머물러 있는 것이 아니라 이방인으로, 열방으로 흘러 들어 가는 하나님 나라

성전 문지방에서 흘러나오는 생수는 어디로 흘러가고 있는가? 8절을 보면 "그가 내게 이르시되 이 물이 동쪽으로 향하여 흘러 아라바로 내려가서 바다에 이르리니 이 흘러 내리는 물로 그 바다의 물이 되살아 나리라." 성전에서 스며 나온 물이 동문으로 나와 남쪽으로 흘러 요단강을 따라 아라바 광야를 지나서 사해바다로 흘러가는 것이다. 예루살렘의 동쪽은 요단강인데 이 강을 따라 내려오면 아라바 광야가 나온다. 아라바 광야를 지나가면 바다가 나오는데 여기가 바로 사해바다이다. 영국의 스펄전 목사님은 사해가 두 가지 의미를 가지고 있다고 말했다. 첫째는 생명이 없는 타락한 인류를 의미하고, 둘째는 생명이 없는 타락한 인간의 마음을 의미한다고 했다. 이 생명수 강이 흐르는 곳마다 회복과 생명으로의 변화가 있었다. "그가 내게 이르시되 이 물이 동방으로 향하여 흘러 아라바로 내려가서 바다에 이르리니 이 흘러 내리는 물로 그 바다의 물이 소성함을 얻을지라 이 강물이 이르는 곳마다 번성하는 모든 생물이 살고 또 고기가 심히 많으리니 이 물이 흘러 들어감으로 바닷물이 소성함을 얻겠고 이 강이 이르는 각처에 모든 것이 살 것이며 또 이 강가에 어부가 설 것이니 엔게디에서부터 에네글라임까지 그물 치는 곳이 될 것이라. … 강 좌우 가에는 각종 먹을 실과 나무가 자라서 그 잎이 시들지 아니하며 실과가 끊치지 아니하고 달마다 새 실과를 맺으리니 그 물이 성소로 말미암아 나옴이라"(8~12절). 우리 심령 위에, 우리의 가족과 자녀에게, 그리고 우리 교회와 이 나라 위에 성령의 생수가 흘러 넘침으로 회복과 가슴 벅찬 풍성함이 새해에 넘쳐나기를 소망한다.

영원한 생명을 소유한 우리들이 감당해야 할 사명이 무엇인가? 하나님의 나라를 흑암 속에 있는 자들에게 보여주며, 복음을 전해 주어야 한다. 복음의 생수는 이스라엘 민족뿐 아니라 "만국"을 소성케 한다. 생명수의 근원은 예루살렘이다. 하지만, 오늘 본문에서 에스겔이 본 성전은 문자적인 예루살렘 성전이 아니다. 에스겔이 환상 속에 본 성전은 하나님의 교회를 의미하는 것이다. 그러므로 교회는 생명수의 근원이다. 그러므로 우리는 신앙생활을 변두리에 놓으면 안 된다. 신앙생활을 우리 삶의 중심에 두어야 생명수가 흘러들어와 사업과 가정 모두가 잘되는 것이다. 생명수는 이스라엘이라는 한 민족이 아니라 만국을 소성케 하는 것이다. 여기서 성전에서 흘러나오는 물은 생명을 주는 복음이요 성령이 분명한다. 결국, 에스겔의 환상은 오순절날 성령께서 교회에 임하시고 성도들은 성령을 받아 예루살렘에서 온 유대와 사마리아와 땅 끝까지 이르러 증인이 되고 복음을 전파하게 된다는 것을 의미한다. 에스겔의 환상은 예수님의 마지막 지상명령을 통하여 이루어지게 되었다. 사도행전 1장 8절을 보면 "오직 성령이 너희에게 임하시면 너희가 권능을 받아 예루살렘과 온 유대와 사마리아와 땅끝까지 이르러 내 증인 되리라 하시니라." 그 명령을 받은 사도들과 제자들을 통하여 생명의 복음은 유대 땅을 살리고, 죽어 있는 사마리아 땅과 지중해와 아시아와 마게도니와 이탈리아와 로마에까지 흘러가서 새로운 복음의 시대가 열리게 되었다. 사도행전 28장 31절에 보면 "하나님 나라를 전파하며, 주 예수 그리스도에 관한 모든 것을 담대하게 거침없이 가르치더라." 하나님의 나라가 온 세상에 가득하며, 죽은 자들이 살아나며, 영원 축제가 온 땅에 임하게 된 것이다.

우리가 이 시대에 하나님 나라를 확장하는 사람이 되려고 하면 예수님의 사역하셨던 3대 사역을 그대로 전수받아야 한다. 가르치는 사역, 병 고치는 사역, 전파하는 사역을 잘 감당할 때 거룩한 교회로 인정받을 뿐만 아니라 그 기적과 표적을 보고 예수님을 믿게 될 것이다. 우리 믿는 사람들이 이 시대에 하나님의 나라를 주도하는 사람들이 되어야 한다. 하나님 나라를 주도하는 자가 되려고 하면 먼저 성령님의 권능을 받아야 한다. 또한 그 나라와 의를 체험해야 한다. 하늘의 권세와 능력을 맛보아야 한다. 하나님의 나라에서 나오는 의와 평강과 희락을 먼저 누릴 수 있어야 한다. 그리고 하나님의 복음을 또 다른 사람들에게 전하고, 하나님의 표적과 기사를 통하여 보여주며, 예수가 그리스도이시다는 것을 믿게 만들어야 한다. 이것이 오늘날 우리가 감당해야 할 지상명령이며, 우리에게 주신 사명이다.

4. 하나님 나라 사역을 제자들에게 맡겨주신 예수님

부활하신 예수님은 제자들을 왜 책망하시는가? 예수님께서 십자가에 죽으시고 삼일 만에 다시 살아나신 후 제자들 앞에 다시 나타나셨고, 그리고 부활의 역사적 사실을 증거해 주었지만 믿지 아니함으로 책망하셨다. 그 당시 예수님께서 십자가에 죽으시기 전에 제자들에게 내가 죽었다가 삼일 후에 다시 살아난다는 말을 몇번씩이나 했지만, 제자들은 그 말씀을 마음 깊이 새기지 못했던 것이다. 심지어는 하늘의 천사들이 예수님의 부활을 증언하고, 예수님이 살아나신 것을 본 여자들이 예수께서 다시 살아나셨다는 말을 하는데도 제자들이 믿지 않았다. 왜냐하면 죽은 자가 다시 살아난다는 것은 이성으로, 현실로 쉽게 받아들일 수가 없었기 때문이다. 오늘날도 그렇지만 그 당시 죽은 자가 다시 살아난다는 것은 누구도 쉽게 믿을 수 없는 말씀이었을 것이다. 그래서 예수님은 40일 동안 부활하신 몸으로 제자들과 함께 계시면서 하나님 나라의 말씀을 가르쳐 주셨다. 또한 제자들이 예수님께서 하신 말씀을 믿지 못했던 것은 아직 제자들에게 성령이 임하기 전이라 온전케 되지 못한 상태라서 부활하심을 온전히 믿지 못하였을 것이다. 우리가 십자가의 죽으심과 부활하심을 믿는다는 그 자체가 기적이다. 우리의 이성이나 과학으로 증명할 수는 없지만 하나님의 영이신 성령님께서 우리로 하여금 믿을 수 밖에 없도록 역사하심으로 부활의 사건을 믿을 수 있는 것이다. 우리가 하나님 나라의 복음을 전하려고 하면 반드시 예수님의 십자가의 죽으심과 부활하심을 믿어야 한다.

부활의 사건을 믿지 아니하면서 복음을 전하다는 것은 양심을 속이는 것이다. 자신도 믿지 못하는 십자가와 부활을 어떻게 전할 수 있단 말인가? 십자가와 부활의 사건을 믿는 이 과정을 통과하지 않으면 절대로 복음을 전할 수도 없고, 내 의지로 전해보지만 큰 역사가 일어나지 않는다.

예수님께서 먼저 믿는 자들에게 주신 사명이 무엇인가? 15절을 보면 "또 이르시되 너희는 온 전하에 다니며, 만민에게 복음을 전파하라." 예수님께서 열한 제자들을 책망하신 이유를 기록하고 있다. 첫 번째로 그들의 믿음 없음을 책망하셨다. 제자들은 예수님의 부활을 목격한 사람들의 증언을 믿지 않은 것이다. 그들에게 보이셨다는 것을 듣고도 믿지 않았던 것이다. 예수님께서는 이미 여러 번에 걸쳐서 인자가 고난 후에 죽임을 당하시고 다시 살아날 것을 말씀했지만 제자들은 귀를 기울이지 않았다. 그리고 십자가의 죽으심 이후에 부활의 주님을 만났다는 목격자들의 증언도 믿지 않았다. 두 번째로 제자들을 책망하신 이유는 그들의 마음이 완악했기 때문이다. 완악하다는 말의 원어적인 의미는 '굳은 마음' '냉담한 마음'을 의미한다. 다른 말로 하면 자신의 생각을 고치거나 바꾸지 않는 고집 센 마음을 뜻한다고 볼 수 있다. 제자들은 죽은 사람은 다시 살아날 수 없다는 자신들의 생각을 바꾸지 않았던 것이다. 그러나 부활하신 주님은 제자들에게 나타나셨고, 그들의 완악한 마음을 꾸짖으신 후에 말씀에 기초해 부활의 사실을 설명해 주셨고, 또한 부활하신 자신을 직접 보여 주심으로 그들의 믿음 없는 마음을 새롭게 변화시키셨다. 부활의 목격자가 된 제자들과 믿는 자들은 부활의 증인으로 온 천하에 다니며 만민에게 복음을 전하는 사명자들이 되었다. 이전에 벌벌 떨던 그들은 더 이상 죽음도 두려워하지 않는 사람으로 변화된 것이다. 세상이 감당할 수 없는 능력의 사람으로 변화된 것이다. 하나님의 역사는 부활하신 주님을 만나는 곳에서부터 시작된다. 부활의 주님을 만날 때 그들의 눈이 열리고 마음이 열리면서 그들은 새로운 사람으로 변화될 수밖에 없는 것이다. 그리고 사도행전의 역사가 일어날 뿐만 아니라 하나님 나라의 복음이 전파되는 놀라운 사역이 시작될 것이다.

5. 하나님 나라의 사역을 감당할 수 있도록 성령의 권세와 능력을 부어주심

예수님은 사도들과 70인 제자들에게 세상에 나아가서 복음을 전하면서 무슨 사역을 행하라고 명령하셨는가? 마태복음 10장 1절을 보면 "예수께서 그의 열두 제자를 부르사 더러운 귀신을 쫓아내며 모든 병과 모든 약한 것을 고치는 권능을 주시니라." 복음을 증거하러 가는 사도들에게 모든 병과 모든 약한 것을 고치는 권능을 주신 것이다. 복음 전파와 함께 모든 병과 모든 약한 것을 고치라는 말씀인 것이다. 복음 전파와 질병 치유는 동전의 앞뒷면과 같은 것이다. 예수님은 제자들에게 복음을 전하다가 그 주변에 병든 자가 있거든 예수 이름으로 값없이 고쳐주라는 것이다. 하나님이 거저 주셨으니 거저 베풀어 주라는 것이다. 그러므로 교회는 구원을 베푸는 곳이요, 질병을 고치는 곳이 되어야 한다. 예수님은 사도들과 70인 제자들에게만 권세와 능력을 주신 것이 아니라 모든 믿는 자들에게도 놀라운 하늘의 권세와 능력을 부어 주셨다. 그러므로 우리는 예수 이름으로 귀신을 쫓아낼 뿐만 아니라 각종 병자를 고치며, 하나님의 나라가 임하신 것을 보여주어야 한다. 하나님 나라를 말로만 전파하면 세상 사람들을 절대로 믿을 수도 없고, 받아들이지 않는다. 그래서 하늘의 권세와 능력으로 하나님의 말씀을 힘있게 전할 뿐만 아니라 놀라운 표적과 기사를 통하여 그들의 잘못된 가치관과 부정적인 생각을 깨뜨려야 한다.

예수님은 믿는 자들에게 어떤 표적과 기사가 나타날 것을 말씀하셨는가? 17-18절에 보면 "믿는 자들에게는 이런 표적이 따르리니 곧 그들이 내 이름으로 귀신을 쫓아내며, 새 방언을 말하며, 뱀을 집어 올리며, 무슨 독을 마실지라도 해를 받지 아니하며, 병든 사람에게 손을 얹은즉 나으리라 하시니라." 오늘날은 지식에 지식을 더하고 과학이 발달하여 오히려 '하나님이 없다' 는 세상이기 때문에 더 큰 하나님의 권능, 표적, 그리고 다양한 기사들이 나타나야 하는 것이다. "너희는 표적과 기사를 보지 못하면 도무지 믿지 아니하리라"(요 4:48) 하신 예수님의 말씀처럼 하나님의 크신 능력을 나타내 주지 않는다면 세상 사람들이 창조주 하나님을 확실히 믿을 수도 없고 또한 증거할 수도 없다. 믿는 자들에게 따르는 표적이 무엇인지를 본문을 중심으로 전하려고 한다. 첫번째, 예수 그리스도의 이름으로 귀신을 쫓아낸다는 것이다. 귀신은 어두움에 속한 영적인 존재로서 원수 마귀 사단의 하수인 노릇을 하고 있다. 그러나 하나님께서는 온 우주 만물을 통치하시는 분이므로 어두움의 세계도 결국은 하나님의 주관 아래 있다는 사실이다. 그러므로 우리가 믿음으로 하나님과 하나를 이룬 만큼 하나님의 권세가 임하여 예수 그리스도의 이름으로 귀신을 내어 쫓을 수 있는 것이다. 두 번째, 새 방언을 말하는 것이다. 여기서 방언이란 성령의 감동함 속에서 성령이 친히 빌 바를 간구하는 것으로서 우리의 영이 하나님께 기도하는 것이다. 방언 기도는 오직 영이신 하나님과의 대화이므로 원수 마귀 사단이 들을 수 없고 각종 은사가 일어나는 시작이 방언이다. 방언 기도는 신앙생활에 많은 유익을 준다.

세 번째, 너희가 뱀을 집는다는 것이다. 여기서 뱀은 영적으로 사단을 뜻하는데, 사단은 하나님을 믿는 자녀들을 미혹하여 하나님으로부터 떠나게 하며 가정이나 일터, 사업장 등에서 각종 시험과 환난을 가져다 준다. 또한 각종 질병을 일으키기도 하며, 각종 문제와 사건을 만들어 내기도 한다. 그러나 온전한 믿음의 단계에 들어가면 이러한 사단의 역사를 미리 알아 말씀으로 분쇄해 버릴 수 있는데 이를 뱀을 집는다고 표현한 것이다. 다른 사람에 대하여 수군거리거나 비방하여 하나님의 일을 방해하는 것을 '사단의 회'라 하는데 이 또한 하나님의 능력으로 분쇄할 수 있다. 네 번째, 너희가 무슨 독을 마실지라도 해를 받지 않는다는 것이다. 사도행전 28장을 보면 사도 바울은 독사에 물리고도 아무런 해를 받지 않은 것을 볼 수 있다. 이처럼 온전한 믿음의 단계에 있는 사람에게는 어떤 질병이나 전염균이 틈탈 수 없고 혹 실수로 알지 못하는 독을 마셨다 할지라도 하나님께서 성령의 불로 태워 주시므로 해를 입지 않는다는 것이다. 다섯 번째, 너희가 병든 사람에게 손을 얹은즉 낫는다는 것이다. 성경을 상고해 보면 믿음의 선진들을 통하여, 또한 예수님과 사도들을 통하여 많은 질병이 치료되고 심지어 죽은 사람이 살아나기도 하는 것을 많이 볼 수 있다. 이는 오늘날도 마찬가지이다. 현대 의학으로 고칠 수 없는 불치병과 난치병을 하나님의 능력으로 고침을 받아 수많은 사람들이 하나님께 영광을 돌리고 있다

예수님의 말씀대로 믿는 자들이 나가서 복음을 전할 때 어떤 일이 일어났는가? 20절에 보면 "제자들이 나가 두루 전파할새 주께서 함께 역사하사 그 따르는 표적으로 말씀을 확실히 증언하시니라." 우리가 수십 년간

신앙생활을 했다 해도 하나님의 말씀대로 행하지 않는다면 여전히 믿음의 초보 수준에 머물 수밖에 없다. 반면에 초신자라도 열심히 하나님의 말씀대로 행하면 하나님께서 기뻐하시는 온전한 믿음의 분량에 이를 수 있게 된다. 각종 표적과 기사가 일어나는 것은 하나님의 약속이다. 우리가 그 말씀을 굳게 믿고 순종하면 이성으로 이해할 수 없는 각종 표적을 볼 수 있게 될 것이다. 하나님이 행하시는 표적은 믿음의 결과이다. 그 믿음의 분량만큼 약속하신 표적이 따르게 되는 것이다. 또한 진정으로 하나님을 믿는다면 하나님께서 '하라' 하신 것은 하고, '하지 말라' 하신 것은 하지 않아야 한다. 이렇게 말씀대로 행할 때에 놀라운 응답을 받으며, 축복을 받게 될 것이다(신 15:4-5, 28:1). 또한 하나님이 함께하시는 표적, 하나님의 영광이 나타나는 놀라운 이적을 체험하게 될 것이다.

성경에서 말하는 믿음이란 무엇인가? 우리는 도대체 무엇을 믿고 따라가야 하는가? 우리는 영원한 하나님의 약속은 반드시 성취된다는 것을 믿는 것이다. 제자들의 마지막 사역도 "하나님의 말씀을 표적으로 확실히 증언"하는 것이다. 이것이 믿음의 핵심이며 살아 있는 믿음의 역사이다. 하나님이 약속하신 언약은 반드시 성취된다는 것을 믿고 확신할 때 예수님의 증인이 될 수 있다. 하나님이 나의 하나님, 나의 주님이시다는 것을 보여줄 수 있는 것이다. 예수님의 죽으심과 부활이 모든 약속을 성취하셨다. "사람들이 귀신 들린 자를 많이 데리고 예수께 오거늘 예수께서 말씀으로 귀신들을 쫓아 내시고, 병든 자들을 다 고치시니 이는 선지자 이사야를 통하여 하신 말씀에 우리의 연약한 것을 친히 담당하시고 병을 짊어지셨도다 함을 이루려 하심이더라"(마 8:16-17). 이사야 선지자는 예수님 탄생 약 700년 전 하나님의 말씀의 성취로 십자가의 사건으로 모든 질병이 고침을 받게 될 것을 예언하고 있다. 그리고 예수님은 친히 십자가의 사건으로 우리의 죄와 질병의 문제를 완전하게 해결해 주셨다. 그 사실을 믿는 제자들도 예수님의 말씀에 따라 악한 귀신을 예수 이름으로 추방시키고, 각종 병자들을 고치며, 하나님 나라가 왔다고 선포하였다. 그때에 각종 병자들을 예수 이름으로 고칠 뿐만 아니라 악한 귀신들이 떠나가는 표적과 기사를 직접 체험하게 되었다. 이런 표적과 기사는 제자들의 믿음을 더욱 견고하게 만들 뿐만 아니라 하나님 나라의 복음을 담대하게 전파할 수 있는 새 힘을 얻게 했다.

성경 어디에도 은사가 끝나거나 사도시대가 끝난다고 말씀하신 곳을 찾을 수 없다. 예수님의 12제자들과 70인 제자들, 심지어는 믿는 자들까지 예수님이 행하셨던 치유의 사역을 감당하였다. 병 고치는 신유가 지속되고 있다는 또 다른 증거는 교회 역사에서 이어지고 있는 신유의 역사와 오늘날도 나타나는 신유의 역사이다. 앞에서 인용한 성경 본문과 이어지는 19~20절은 이렇게 말씀하고 있다. "주 예수께서 말씀을 마치신 후에 하늘로 올려지사 하나님 우편에 앉으시니라 제자들이 나가 두루 전파할새 주께서 함께 역사하사 그 따르는 표적으로 말씀을 확실히 증언하시니라." 신유는 중지된 것일까?, 아니면 지속되고 있는 것일까?. 한때 신유중지론의 태도를 보였던 종교개혁자들과 많은 사람들이 직접 신유의 은혜를 체험한 뒤 입장을 바꿨다. 분명하게 알아야 할 것은 병 고치는 신유는 지금도 지속되는 은사라는 사실이다. 신유가 중단됐다면 지금도 세계 곳곳에서 나타나는 신유 기적을 설명할 방법이 없을 것이다. 그렇다면 오늘날 우리들도 예수님이 행하셨던 각종 병자를 고치며, 악한 귀신들을 추방하는 사역을 감당해야 한다. 치유 사역은 예수 그리스도의 구원자 되심과 하나님 나라의 현재적 도래의 강력한 표적이다. 또한 그 따르는 표적을 통하여 하나님의 말씀이 더욱 힘을 얻게 되고, 천국 복음이 전파될 것이다. 표적과 기사를 통하여 불신이 사라지게 될 뿐만 아니라 예수님을 구원주로, 나의 하나님으로 믿게 될 것이다. 병 고치는 신유의 은사는 성령님의 역사요, 하나님의 나라가 이 땅에 이미 임했다는 강력한 증거가 된다. 그러므로 사도행전의 표적과 기사는 오늘날에도 교회에서 일어나야 하며, 복음을 전파할 때 강력한 힘이 될 것이다.

D.하나님 나라와 왕 같은 제사장의 사명

하나님 나라는 왕이 다스리는 왕국이다. 그 왕은 예수님이다. 여기서 "왕"이란 내면적으로는 우리의 마음(heart)을 다스리는 것이며, 외면적으로는 이 땅을 다스린다는 의미이다. 이것이 하나님 나라의 완전한 의미이다. 우리 마음속 내면의 영적인 신비한 왕국이자, 이 땅에 선포되어 다른 사람들이 보고 믿을 수 있도록 하는 외면적 왕국이기도 한다. 내면의 왕국은 주님과 관계를 맺고 있는 믿는 자들과 관련된 반면에 외면적 왕국은 믿지 않는 자들과 관련된 것으로서 그들이 믿고 구원받게 하기 위한 것이다. 따라서 누가복음 17장 21절에는 이렇게 기록되어 있다. "하나님의 나라는 너희 안에 있느니라." 여기서 "네 안에"는 마음속에 있는 하나님의 나라를 의미하고 "너희 가운데"는 이 땅에 세워진 하나님의 나라를 뜻한다. 이 땅에서 하나님의 나라를 선포하는 것은 왕 같은 제사장직을 감당하는 교회의 책임이다. 오늘날 교회의 가장 큰 문제는 교회 안에서도 주님의 왕 되심이 선포되지 않고 이 땅 가운데에서도 교회가 그 분의 왕되심을 선포하지 않기 때문에 일어난다. 그러므로 왕을 선포하는 일은 선택의 일이 아니라 교회의 책임이요, 우리가 감당해야 할 사명인 것이다.

여기서 왕 같은 제사장이란 택함 받은 하나님 백성으로 긍휼을 얻은 거룩한 나라를 의미한다(벧전 2:9-20). 모퉁잇돌이신 그리스도를 믿는 자들은 하나님께 선택받은 민족이다. 이들은 왕의 위엄과 제사장의 성스러움을 소유한 자들이다. 하나님을 닮아가는 거룩한 민족인 것이다. 하나님은 출애굽기 19장 5-6절에서 이스라엘 자손들에게 말씀하시기를 "세계가 다 내게 속하였나니 너희가 내 말을 잘 듣고 내 언약을 지키면 너희는 모든 민족 중에서 내 소유가 되겠고 너희가 내게 대하여 제사장 나라가 되며 거룩한 백성이 되리라 너는 이 말을 이스라엘 자손에게 전할지니라." 여기서 "나라(kingdom)"라고 번역된 단어는 "왕족(royalty)"을 의미한다. 따라서 하나님께서 이스라엘 자손들에게 "내가 너희를 제사장 나라로 만들겠다"고 말씀하셨을 때, 이는 "내가 너희를 왕족인 제사장 혹은 왕 같은 제사장이 되게 하겠다"는 뜻이다. 베드로는 그 예언의 성취가 그리스도 예수 안에서 일어났다는 것을 알고 있었다. 성경은 말한다. "하나님의 약속은 얼마든지 그리스도 안에서 예가 되니…"(고후 1:20). 그러므로 하나님의 관점에서 보면 그 분은 제사장 왕국, 왕 같은 제사장을 소유하고 계신다. "그러나 너희는 선택받은 민족이요 왕 같은 제사장이며, 구별되어 헌신된 나라요, 하나님께서 친히 사신 특별한 백성이니, 이는 너희를 어두움에서 불러내어 그의 놀라운 빛으로 들어가게 하신 분의 경이로운 행위를 내세우고 그분의 덕과 완벽함을 내보이게 하려 하심이라"(벧전2:9).

1. 왕 같은 제사장에 대한 정의

왕 같은 제사장(Royal Priest)은 제정일치 시대에 왕이 국사를 결정하고 행할 때 신(神)의 뜻을 묻게 되어 있었는데, 항상 왕과 동행하면서 신(神)의 뜻을 이야기해 주며, 왕이 국정을 수행하는 데 있어서 결정적인 역할을 하는 사람이다. 예수님은 '제사장', '선지자', '왕'으로서 직책을 감당하셨고, 예수님의 공로로 말미암아 믿는 사람은 어느 누구나 영원한 제사장이 되었다. '왕 같은 제사장들'이라 한 것은 기준을 설명한 것이다. 왕은 누구인가? 신인 양성 일위이신 예수님이 왕이시다. 그렇다면 왕 같은 제사장이라 한 것은 예수님 같은 제사장이라는 뜻인데, '예수님과 같다'라는 것은 무엇인가? 제사장은 죄 때문에 하나님과 끊어지고 하나님께 재앙을 받기 때문에 죄를 해결한다고 주로 표현하지만, 본질은 피조물이 지극히 거룩하신 분에게 잘 연결이 되도록 중간에서 조정하는 역할을 한다. 그러니, 하나님도 제사장을 좋아하고 피조물도 제사장을 좋아하며. 피조물도 제사장을 통하여 하나님을 상대하고 하나님도 제사장을 통해서 피조물에게 모든 것을 시작하게 되니 제사장의 역할은 이렇다. 이 제사장의 원형이 누군가? 신인 양성 일위, 왕되신 예수님이다. 예수님 때문에 우리가 제사장이 되었으니 예수님처럼 우리도 우리 주변의 죄를 해결하는 실질적 왕 같은 제사장이 되라는 것이다. 그리스도인은 왕이신 그리스도와의 연합을 통해 그리스도와 함께 보좌에서 만국을 통치하며, 동시에 제사장으로서 하나님을 섬기며 예배하는 자가 되어야 한다. 왕은 다스릴 나라와 백성이 있어야 하며, 영토가 있어야 한다. 다윗이 하나님께 택함을 받아서 왕으로 기름부음을 받았지만 많은고난을 겪고 오히려 도망 다녀야 했던 것처럼 성도는 오히려 고난을 다스려야 한다. 첫째는 자신을 다스려야 한다. 둘째로 자기의 마음을 다스려야 한다. 셋째로 자기에게 있는 달란트를 다스려야 한다.

우리는 성경을 볼 때 "왕 같은 제사장"이란 단어만 보고 그 다음에 있는 핵심단어를 보려고 하지도 않는다. "이는 너희를 어두운 데서 불러내어 그의 기이한 빛에 들어가게 하신 이의 아름다운 덕을 선포하게 하려 하심이라." 이 말씀은 하나님께서 위의 네 가지 신분을 주신 이유와 목적을 말씀하고 있다. '어두운 데서 불러내어'는 그리스도인의 구원의 과정을 나타내는 말씀이다. 우리가 그리스도를 믿기 전에는 죄와 사망의 어두움에서 지냈었으나, '만세 전에 예정하신 뜻대로' 불러내셨다는 사실과 불러내시고 네 가지 신분을 부여하신 목적은 "그의 기이한 빛에 들어가게 하신 이의 아름다운 덕을 선포하게 하려 하심이라."고 했다. 여기서 '덕'이라는 말은 헬라어로 "타스" "아레타스"라는 말인데 '찬미' 또는 '탁월함'을 나타내는 말이다. 그러니까 그리스도인들은 하나님의 아름다우신 속성과 그 사역을 선포해야 할 책임이 있다는 것이다. 하나님이 우리에게 주신 권리만 보지 말고 우리가 해야 할 사명과 책임을 보아야 한다. 우리를 값없이 구원해 주신 것을 감사할 뿐만 아니라 구원해 주신 목적 즉 하나님이 주신 사명을 발견해야 한다. 오늘날 많은 사람들이 기억상실증에 걸린 사람 마냥 자신이 어떤 사람인지 모르고 살아간다. 이것은 참으로 불행한 일이다. 부모가 자신의 신분을 잊어버리게 될 때 그 가정에 위기가 찾아온다. 그리스도인이 그리스도인으로써의 신분을 잊어버리고 있다면 불행한 일이다.

2. 하나님 나라의 왕이신 예수님

예수님은 이 땅에 하나님 나라를 가지고 오신 왕이시다. 이 왕은 '자기 백성을 죄에서 구원할 구원자요'(1:21). '임마누엘하신 왕'이시다(1:23). 결국 십자가에서 죽으시고 부활하신 왕이 세상 끝날까지 함께하는 영원한 임마누엘의 왕국을 세우신다(28:18~20). 그 왕은 이방인의 대표격인 동방박사들을 통해 "유대인의 왕"으로 예우를 받지만, 뱀의 후손의 사주를 받는 당시의 왕 헤롯의 위협 때문에 그 왕은 애굽과 나사렛으로 피신하였다(2장). 그 왕의 전령사인 세례 요한은 "회개하라 천국이 가까이 왔느니라"는 선언과 함께 왕의 길을 예비하였다(3:2). 세례 요한을 통해 세례를 받는 사건은 예수께서 왕으로 등극하는 대관식 장면이다. 예수께서 세례를 받고 물에서 올라오실 때, 하늘이 열리고 성령이 비둘기같이 예수 위에 임하신 것, 성부께서 "이는 내 사랑하는 아들이요 내 기뻐하는 자"라고 선언하신 일이 이것을 증명한다(3:16~17). 성령의 임재하심과 성부의 재가를 통해 예수는 왕으로 등극하고 본격적으로 메시아로서의 소명을 시작한다. 마치 첫 번째 대리 왕으로 세워진 아담이 사역을 시작할 때 뱀의 유혹을 받았던 것처럼, 또한 이스라엘이 하나님의 백성으로 광야에서 원수의 시험을 받았던 것처럼, 하나님 나라의 참된 왕 예수께서 사역을 시작할 때 사단의 공격을 당한다. 하지만 천국의 왕 예수는 첫째 아담이나 옛언약 백성 이스라엘과는 달리 사단 마귀의 유혹을 물리치고 승리하신다(4:1~11). 지금은 잠시 마귀가 예수를 떠나는 승리이지만 결국 천국의 왕 예수께서 사단의 공격으로 발꿈치를 물려 십자가에서 죽어 무덤에 갇힌다. 그러나 예수는 사망권세를 이기는 부활을 통해 마귀의 머리를 상하게 할 것이고 급기야 불과 유황 못에 던져지고 최후 승리하셨다(창 3:15; 계 20:10).

구약의 마지막 인물인 세례 요한의 사역의 마침과 동시에 본격적인 왕의 사역이 시작된다. 천국의 왕 예수는 먼저 "회개하라 천국이 가까이 왔느니라"고 선언하시면서(4:17) 천국 백성을 부르신다(4:18~22). 모세가 애굽에서 구원해낸 옛 백성 이스라엘과 시내산에서 언약을 체결하듯이, 그 왕은 시내산 위에서 새 언약을 체결하신다. 시내산 언약체결을 보면, 모세를 필두로 70인 장로가 시내산 위에 오른다. 이스라엘 백성은 시내산 기슭에 자리 잡는다. 이때 중보자 모세를 통해 십계명을 비롯한 여러 율례가 선포되고 언약의 복과 저주가 선언된다(레 26장). 산상설교도 제2의 모세인 예수를 필두로 신약교회의 토대가 되는 12제자를 대표하는 제자단이 뒤를 따르고 무리들이 그 아래에 자리 잡는다. 천국의 왕 예수께서 새 언약의 법과 삶의 원리를 선포하시고 언약의 복과 저주를 선언한다(7:13~27). 이처럼 산상설교는 시내산 언약과 매우 닮은꼴이면서 그보다 더 탁월하다(5~7장). 예수께서 세우신 하나님 나라는 "서기관들이나 바리새인들보다 더 나은 의"가 집행되는 나라이다. 하나님 나라의 왕 예수와 함께 도래한 하나님 나라는 구약이 목표했던 나라이지만 그보다 탁월한 새로운 나라이다. 천국은 모세의 법이 아니라 그것을 완성한 새언약의 법이 통치의 법으로 집행되는 나라이다. 천국의 왕의 가르침은 서기관들과는 다르게 권위있는 왕적 가르침이다(7:28~29).

하나님 나라는 마귀가 통치하는 이 세상에 예수 그리스도의 오심과 함께 침투해 들어왔다. 천국의 왕 예수께서 행하시는 모든 이적들은 예수 그리스도의 왕적 메시아로서 정체성을 나타내지만, 더 나아가서 천국의 왕적 통치가 현재적으로 강력하게 나타나는 점을 드러낸다. 물론 왕의 재림으로 완성되지만, 이미 왕의 초림과 함께 천국이 이 세상에서 강력하게 역사하고 있다. 이것을 하나님 나라의 현재성이라 말한다. 마태는 예수의 10가지 이적을 말하면서(8~9장) 가장 먼저 나병환자를 치유하는 이야기를 제시한다(8:1~4). 나병환자는 구약적인 의미로 사단 마귀에 매여 고통당하는 백성의 가장 전형적이고 상징적인 예이다. 그들은 하나님과 관계, 사회적인 관계, 가족과 관계, 심지어 자기 자신과 관계가 완전히 무너진 자의 모델이다. 그들은 아담 이후로 사단의 나라로 전락한 이 세상에서(눅 4:6) 고통당하는 자들을 가장 잘 보여준다. 나병환자를 비롯해서 10가지의 이적은 사단의 권세가 이미 깨뜨려졌으며 하나님 나라가 현재적으로 도래했음을 증명해주는 증거들이다.

예수님은 빌라도 앞에서 무슨 고백을 하셨는가? 유다 총독 빌라도의 앞에 선 예수님은 자신 스스로 하나님 나라의 왕이라고 밝히셨다. 그의 나라는 이 세상에 속한 눈에 보이는 나라가 아닌 그 나라는 하나님이 통치하시는 나라이다. 믿음이 없이는 그 나라를 볼 수 없고, 이해할 수 없다. 이 땅은 세상의 왕이 통치하는 나라이다. 왕의 통치에는 힘과 권력이 절대적인 요소이다. 하지만 하나님의 통치는 이 세상이 추구하는 가치와는 전혀 다른 차원의 나라이다. 총독 빌라도가 "당신이 유대 사람들의 왕이냐?"라는 질문에 예수님은 하나님 나라를 선언하신다. 예수님은 이 땅에 오셔서 십자가에 죽으시기까지 하나님 나라의 복음, 진리를 선포하셨다. 빌라도 앞에서도 여전히 하나님 나라를 말씀하시고, 진리 안에 사는 삶을 말씀하셨다.

그렇다면 예수님께서 왕으로 오신 이유가 무엇인가? 그것은 왕권 회복과 왕으로서 통치하시기 위함이다. 예수님이 세상에 오셨을 때의 통치자는 사단이었다. 그러므로 예수님이 왕으로 통치하시기 위해서는 사단을 왕좌에서 끌어내려야 했다. 하나님은 인류 역사가 시작될 때 이미 이런 계획을 세우셨다. "내가 너로 여자와 원수가 되게 하고 네 후손도 여자의 후손과 원수가 되게 하리니 여자의 후손은 네 머리를 상하게 할 것이요 너는 그의 발꿈치를 상하게 할 것이니라 하시고"(창 3:15). 여기 여자의 후손이 예수님이시다. 예수님이 이 땅에 왕으로 오셔서 하실 일은 마귀의 머리를 상하게 하는 것이고, 마귀는 예수님의 발꿈치를 상하게 하는 것이다. 예수님은 십자가의 사건으로 이 모든 말씀을 성취하셨다. 십자가에서 죽임을 당함으로 예수님의 발꿈치가 상했지만 예수님은 죽으신 지 3일 만에 사망권세를 깨뜨리시고 부활하심으로 마귀의 머리를 상하게 하셨다. 마귀의 머리가 깨지면서 마귀가 가지고 있던 왕권도 함께 무너졌다. 이것에 대하여 히브리서 2장 14~15절에 보면 "자녀들은 혈과 육에 속하였으매 그도 또한 같은 모양으로 혈과 육을 함께 지니심은 죽음을 통하여 죽음의 세력을 잡은 자 곧 마귀를 멸하시며 또 죽기를 무서워하므로 한평생 매여 종노릇 하는 모든 자들을 놓아 주려 하심이니." 예수님은 죽으신지 3일 만에 죽음에서 뚜벅뚜벅 걸어 나오심으로 마귀의 왕권을 무너뜨리시고 통치권을 회복하셨다. 부활하심으로 왕권을 회복하신 예수님은 본격적인 통치를 시작하셨다.

예수님의 왕권 행사의 핵심은 죽음의 권세를 이기고 승리한 '생명'이다. 죽음에서 종노릇하던 사람들에게 '생명'을 주시기 시작했다. 로마서 6장 23절에 보면 "죄의 삯은 사망이요 하나님의 은사는 그리스도 예수 우리 주 안에 있는 영생이니라." 예수님을 믿을 때 성도에게 주시는 최고의 축복이 생명이요 영생인 것이다. 마귀의 종노릇과 사망의 저주가 예수님을 믿을 때 풀리는 것이다. 성경에서 언급되는 예수님의 생명에 대한 이야기가 풍성하다. "일곱째 천사가 나팔을 불매 하늘에 큰 음성들이 나서 이르되 세상 나라가 우리 주와 그의 그리스도의 나라가 되어 그가 세세토록 왕 노릇 하시리로다"(계 11:15). 십자가에서 승리하신 예수님의 왕권 행사는 멈추지 않는다. 천국에서 세세토록 영원히 계속 될 것임을 말씀하고 있다.

그렇다면 왕이신 예수님께서 지금은 어떻게 통치하시는 것일까? 그것은 바로 말씀과 성령을 통하여 하신다. 부활하여 승천하신 예수님은 이 땅에 당신의 영이신 성령님을 보내주셔서 왕권을 행사하고 계신다.

예수님은 이 땅에 계실 때 성령님에 대한 말씀을 자주 하셨다. 요한복음

16장 7~15절을 보면 "그러나 내가 너희에게 실상을 말하노니 내가 떠나가는 것이 너희에게 유익이라 내가 떠나가지 아니하면 보혜사가 너희에게로 오시지 아니할 것이요 가면 내가 그를 너희에게로 보내리니 그가 와서 죄에 대하여, 의에 대하여, 심판에 대하여 세상을 책망하시리라 죄에 대하여라 함은 그들이 나를 믿지 아니함이요 의에 대하여라 함은 내가 아버지께로 가니 너희가 다시 나를 보지 못함이요 심판에 대하여라 함은 이 세상 임금이 심판을 받았음이라 내가 아직도 너희에게 이를 것이 많으나 지금은 너희가 감당하지 못하리라 그러나 진리의 성령이 오시면 그가 너희를 모든 진리 가운데로 인도하시리니 그가 스스로 말하지 않고 오직 들은 것을 말하며 장래 일을 너희에게 알리시리라 그가 내 영광을 나타내리니 내 것을 가지고 너희에게 알리시겠음이라 무릇 아버지께 있는 것은 다 내 것이라 그러므로 내가 말하기를 그가 내 것을 가지고 너희에게 알리시리라 하였노라." 예수님이 이 땅에 재림하시기까지 성령님께서 통치하신다. 성령님께서 통치하시는 핵심 역시 '생명'이다. 그것을 '진리 가운데로 인도하시는 통치'로 표현하고 있는 것이다. 성령님은 죄에 대하여, 의에 대하여, 심판에 대하여 가르치심으로 진리 가운데로 인도하신다. 죄에 대하여 가르쳐 주시면서 책망하신다. 성령님은 예수님을 믿음으로 죄로부터 해방되는 놀라운 통치를 통하여 진리 가운데 인도하시며 예수님을 믿지 않는 사람들에게는 죄의 종이 됨에 대하여 책망하신다. 성령님은 심판에 대하여도 말씀하시고 장차 임할 심판에 대해서 가르쳐주신다.

현대 그리스도인은 영원한 왕을 잃어버렸다. 하나님은 "영원무궁하도록 왕"(시 10:16)이시며 "영광의 왕"(시 24:10)이신데, 현대의 수많은 사람들은 그의 왕 되심을 인정하지 아니하고 있다. 심지어 그의 백성들조차도 하나님의 왕되심에 복종하지 않는 소위 “실천적 무신론자”(practical atheists)가 되고 있다. 우리는 종종 예수님이 우리를 위하여 대제사장 되심을 노래하지만, 예수님이 지금도 왕이시며 세상을 심판하실 다시 오실 왕이라는 사실을 종종 놓치고 있다. 오늘날 우리의 삶 속에서 벌어지는 모든 갈등의 중심부에는 결국 “우리의 왕이 누구인가”라는 피할 수 없는 권위(權威)의 문제가 자리하고 있다. 우리 신앙생활의 핵심적 문제도 ‘하나님이 나에 대하여 주권(sovereignty)을 가지는가?,’ ‘예수님께서 나의 주되심(lordship)을 인정하느냐’?의 문제로 귀결된다. 하나님의 주재자 되심을 망각한 사람들은 자신이 스스로 인생의 왕좌에 올라가거나 아니면 허탄한 왕 즉 우상들을 섬기게 된다.

예수 그리스도께서는 십자가를 지시기 직전에 예루살렘에 왕으로 나귀를 타고 입성하셨다. 스가랴 9장 9절의 예언을 이루시면서 진정한 왕 되신 예수님께서는 겸손한 왕의 모습으로 임하셨다. 십자가에 죽으시고 부활하신 이후에는 예수님이 “하늘과 땅의 모든 권세”를 아버지께로부터 받으셨다(마 28:18). 이제 승천하셔서 보좌에 앉아 통치하시는 예수님은 영원하신 왕으로서 우리를 위하여 재림하실 심판주이시다. 우리는 영원토록 하나님 아버지께서 아들과 함께 다스리시고 모든 권세가 하나님과 그의 아들에게 있다는 “하나님 주권”(God’s sovereignty)을 믿는다. 이는 40년 통치를 마치는 다윗이 솔로몬에게 왕권을 이양하면서 드리는 고백 속에 분명히 나타나고 있다. 역대상 29장 11절에 보면 “여호와여 광대하심과 권능과 영광과 이김과 위엄이 다 주께 속하였사오니 천지에 있는 것이 다 주의 것이로소이다 여호와여 주권도 주께 속하였사오니 주는 높으사 만유의 머리심이니이다.” 예수님은 우리의 제사장으로서 구속의 주님이실 뿐 아니라 왕으로서 우리를 다스리시는 통치자이시다. 그 분은 이제 재림하심으로 세상을 심판하실 능력의 왕이시다. 우리의 삶 속에서 왕에게 합당한 영광과 존귀를 드려야 할 것이다.

3. 왕 같은 제사장의 신분과 위치

하나님을 믿는 성도로서 나는 누구인가? 자신의 신분에 대해 정확하게 알아야 한다. 그럴 때 신앙생활을 잘 할 수 있다. 그렇지 않고 되는 대로 신앙생활을 하면 미운 오리새끼처럼 허송세월을 하게 된다. 우리의 신분은 왕 같은 제사장이다. 베드로전서 2장 9절을 보면 “너희는 택하신 족속이요 왕 같은 제사장들이요 거룩한 나라요 그의 소유가 된 백성이니” 여기서 ‘왕 같은 제사장’이란 어떤 신분인가? 왕 중 왕이시고 제사장 중의 대제사장이신 예수 그리스도로부터 위임된 놀라운 특권이다. 예수님은 왕이시다. 예수님은 유다 지파 다윗의 혈통이며, 왕통이시다. 예수님은 하나님께로부터 왕권을 받으신 분이다. 물론 이 세상의 왕이 아니라, 하늘과 땅의 모든 권세를 가지신 왕이시다. 하늘과 땅의 모든 존재가 그리스도의 발아래 무릎 꿇고 다스림을 받았다. 빌립보서 2장 10절을 보면 “하늘에 있는 자들과 땅에 있는 자들과 땅 아래에 있는 자들로 모든 무릎을 예수의 이름에 꿇게 하시고” 우리 역시 마지막 날에 예수님과 함께 왕권을 누리게 될 것이다. 그 왕적 권세가 지금부터 우리에게 주어진 것이다. 그래서 우리를 ‘왕 같은 제사장’이라고 한다. 또한 예수님은 영원한 대제사장이시다. 히브리서 4장 14절을 보면 “그러므로 우리에게 큰 대제사장이 계시니 승천하신 이 곧 하나님의 아들 예수시라 우리가 믿는 도리를 굳게 잡을지어다.” 예수님은 한 번 자신의 피로 제사를 지냄으로써 다시 제사를 지낼 필요를 없게 하신 대제사장이다. 염소나 송아지의 피가 아닌 자기 피를 가지고 단 한번 지성소에 들어가셔서 우리의 영원한 구원을 이루셨다. 예수님께서는 이와 같은 당신의 직책인 왕의 직분과 제사장 직분을 우리에게 위임하여 주셨다. 그래서 우리가 '왕 같은 제사장'이 된 것이다. 그리스도의 왕권으로부터 비롯된 왕적인 기능과, 예수님의 제사장직으로부터 비롯된 제사장적 기능을 겸해 갖게 된 것이다. "당신은 왕 같은 제사장이시다."

이스라엘은 열방나라 중에 거룩한 나라로 구별되었다. 출애굽기 19장 6절을 보면 "너희가 내게 대하여 제사장 나라가 되며 거룩한 백성이 되리라 너는 이 말을 이스라엘 자손에게 전할지니라." 이 특권이 우리 그리스도인들에게 주어진 것이다. 우리는 '거룩한 나라'라는 이름과 특권을 받았다. 비록 세상 나라에서 세상 사람들과 함께 섞여 살고 있지만 '거룩한 나라'의 백성답게 구별되고 거룩하게 살아야 될 줄 믿는다. 그리고 또 어떤 신분인가? '하나님의 소유가 된 백성'이라고 했다. 우리를 그리스도의 피 값으로 사서 '하나님의 소유가 된 백성'으로 삼아주셨다. 사람들은 그 물건을 사는데 지불한 액수만큼, 그 물건을 귀하게 여긴다. 그러면 우리 하나님의 소유가 된 백성들은 얼마나 귀한 존재인가? 우리를 사기 위해 지불한 가격이 예수님의 생명이니, 우리는 얼마짜리인가? 100만 불짜리? 아니다. '예수님짜리'이다. '예수님짜리'인 그 가치에 걸맞은 인생을 살아야 할 줄 믿는다. 그런데 우리가 얻게 된 신분과 특권 중에서 아주 놀랍고도 정말 부담스러운 신분이 있다. 다름 아닌, 우리를 '왕 같은 제사장'이라고 하시는 것이다.

4. 왕 같은 제사장이 감당해야 할 사명

우리가 예수님을 믿고 나아갈 때, 우리의 신분이 완전히 달라진다. 9절 상반절을 보라. "그러나 너희는 택하신 족속이요, 왕 같은 제사장들이요, 거룩한 나라요, 그의 소유가 된 백성이니," 이 말씀은 출애굽기 19장 5,6절에 있는 말씀으로 본래 하나님의 택한 백성 이스라엘에게 주신 말씀이다. 하나님은 이스라엘 백성이 하나님의 말씀을 잘 듣고 순종하기만 하면 그들을 열국 중에서 그의 소유로 삼으시고 거룩한 백성이요 제사장 나라로 삼으시겠다고 약속하셨다 그러나 이스라엘 백성들은 말씀에 불순종하였다. 이로 인해 그 모든 축복이 예수님으로 말미암아 구원받은 새 이스라엘인 우리들에게로 넘어오게 되었다. 첫째로, 우리는 하나님의 택하신 족속이다. 이는 선택받은 자들, 뽑힘을 받은 자들이란 뜻이다. 둘째로, 왕 같은 제사장들이다. 왕 같은 제사장이란, 왕이요 또한 제사장이란 뜻이다. 전쟁에서 승리하고 돌아오는 아브라함을 축복해준 멜기세덱을 히브리서는 살렘 왕이요 지극히 높으신 하나님의 제사장이라 말하고 있다(히 7:1). 우리는 모두 예수님으로 인해 왕이요, 왕비가 된 자들이다. 사극을 보면 왕의 위엄과 권세가 정말 대단한다. 신하는 왕의 눈을 정면으로 바라 볼 수도 없다. "어명이요" 하면 곧 그것이 법이 되었다. 아무리 죽을 죄인도 왕이 살려라! 하면 살 수 있다. 미국에서는 대통령뿐만 아니라 주지사도 사형수의 사면권이 있다고 한다. 왕이 사는 궁궐은 어떠한가? 명나라는 자금성을 지어 왕의 권세를 나타내고자 하였다. 하늘의 옥황상제가 1만개의 방을 갖고 있다 생각하여, 황제는 그 아들로서 이 땅에서 지을 수 있는 최대인 9999.5칸의 집을 지었다고 한다.

이러한 왕의 외적인 것보다도 진정으로 왕을 왕답게 하는 것이 무엇일까? 솔로몬 왕에 이어 왕이된 르호보암에게 다윗을 모셨던 노인들은 "만약 오늘 왕께서 이 사람들의 종이 돼 백성들을 섬기고 그들에게 선한 말로 대답하시면 백성들이 영원히 왕의 종이 될 것이다(왕상 12:7:개역)"라고 충언한다. 왕이지만 종과 같이 낮아져 뭇 백성을 품고 섬기는 왕이 진정한 왕일 것이다. 어려움과 고통 가운데 있는 백성들에게 늘 마음이 가 있는 왕, 아버지와 같은 마음의 왕을 만날 때 그의 다스림을 받는 백성들은 행복하다. 그리고 스스로 왕의 종이 되어 영원히 섬기겠다고 말하고 있다. 만약에 왕이 늘 자기 생각만 하고 어떻게 하면 즐길 수 있을까에 온통 관심이 가있고, 향락에 빠져 산다면 왕이라고 할 수 있을까? 그 나라가 오래 가지 못할 것이다. 다윗은 하나님의 마음에 합한 왕이었다. 우리는 그에게서 또한 진정한 왕도가 무엇인지 배우게 된다. 사무엘하 9장에서 다윗은 자기를 그렇게 죽이고자 했던 사울왕의 손자 므비보셋에게 말한다. "무서워하지 말라 내가 반드시 네 아버지 요나단으로 말미암아 네게 은총을 베풀리라 내가 네 할아버지 사울의 모든 밭을 다 네게 도로 주겠고 또 너는 항상 내 상에서 떡을 먹을지니라(삼하 9:7)." 보통 왕조시대에 정권이 바뀌면 자신을 대적했던 자들을 반역의 씨를 말린다고 하여, 삼족을 멸하고 그 재산을 몰수하는 것을 볼 수 있다. 그러나 다윗은 요나단으로 인하여 절뚝발이 므비보셋에게 사울의 모든 밭을 돌려 주었고, 왕자들이나 누릴 수 있는 특권인 왕의 상에서 같이 밥을 먹을 수 있는 은혜를 베풀어 주었다.

그런데 왕도 좋고 왕자도 좋은데 '나는 아니야!' '나는 여전히 버림 받은 사람, 별 볼일 없는 사람, 있으나 마나 한 행인 같은 사람이야' 하는 사람들이 있다. 내가 엄청난 노력으로 사법고시를 패스한 것도 아닌데 어떻게 갑자기 왕으로의 신분 상승이 가능하단 말인가? 고개를 흔들기도 한다. 사실 우리가 왕이 되기 위해 행한 것은 아무것도 없다. 오직 십자가에 달리신 예수님이 다 이루셨다. 베드로의 고백처럼 오직 점 없고 흠없는 어린 양 같은 그리스도의 보배로운 피로 인해 된 것이다. 베드로는 원래 귀족이나 왕가 출신이 아니었다. 천대받고 무시받는 갈릴리 지방의 그것도 뱃사람 출신이었다. 그러나 그가 주님의 피의 은혜로, 교회의 기둥으로 왕 같은 제사장의 삶을 살았다. 그리고 오늘 우리에게 동일한 은혜를 누리도록 권면하고 있다.

우리는 또한 제사장이다. 아무리 훌륭했던 왕도 연약한 인간이요, 죄인일 뿐이다. 이스라엘의 초대왕 사울도 그의 말년에 두려움, 초조, 불안에 시달리며 고통하다가, 이미 죽은 제사장 사무엘을 다시 찾고자 갖은 애를 쓰는 것을 볼 수 있다. 제사장은 무엇보다 천지 만물을 지으시고, 온 세상의 주인되시는 하나님을 섬기는 자이다. 특히 하나님의 그 말씀을 전하는 자이다. 유다 백성들은 오랫동안 이방의 포로 생활 후 하나님의 은혜로 다시 고국에 돌아올 수 있었다. 그런데 그들은 이방 땅에서 하나님의 그 말씀을 들을 수가 없었다. 그래서 자연히 그들 자신들의 소견대로 살 수밖에 없었다. 그들이 왜 그런 혹독한 하나님의 훈련을 받는지도 알지 못하였다. 이에 에스라는 "여호와의 율법을 연구하여 준행하며 율례와 규례를 이스라엘에게 가르치기로 결심하였습니다(스 7:10)." 에스라가 열심히 말씀을 가르치자 백성들 가운데 놀라운 역사가 일어났다. "하나님의 율법책을 낭독하고 그 뜻을 해석하여 백성에게 그 낭독하는 것을 다 깨닫게 하니 백성이 율법의 말씀을 듣고 다 우는지라(느 8:8-9)." 백성들은 비로소 하나님 떠난 죄를 깨닫고, 회개의 눈물을 흘림으로 하나님께 돌이킬 수 있게 되었다.

또한 요나서에서 보듯이 요나가 억지로 순종하여 적국의 수도에 가서 하나님의 심판의 메시지를 전하였을 때, "니느웨 사람들이 하나님을 믿고 금식을 선포하고 높고 낮은 자를 막론하고 굵은 베옷을 입은지라 그 일이 니느웨 왕에게 들리매 왕이 보좌에서 일어나 왕복을 벗고 굵은 베옷을 입고 재 위에 앉으니라"(욘 3:5-6). 니느웨에 백성들의 회개를 보고 하나님께서는 내리리라 말씀하신 재앙을 내리지 아니하셨다. 제사장은 이처럼 하나님의 말씀을 전해 줌으로 한 개인뿐 아니라 한 도시, 한 나라와 민족의 흥망성쇠를 좌우할 만큼 크고 막중한 영향력을 가진 자들이다. 또한 제사장은 자신과 백성들의 죄를 인하여 하나님 앞에 나아가 속죄의 피를 뿌리는 자이다. 제사장은 흠없는 짐승의 머리에 안수한 후에 잡아 그 피를 번제단 사면에 뿌리고, 가죽을 제외한 제물 전체를 불살라 하나님께 번제로 드렸다. 이는 인간의 죄에 대한 하나님의 진노를 누그러뜨리는 역할을 하였다. 그러나 이제 예수 그리스도께서 완전한 희생제물이 되셨기에 더 이상 짐승을 잡을 필요가 없게 되었다. 제사장인 우리는 예수님의 그 보배로운 피를 열심히 뿌림으로, 천하보다 귀한 한 영혼 한 영혼을 살려내는 직분을 가진 자들이다.

하나님께서는 우리가 이러한 직분을 감당할 수 있도록 필요한 능력을 부어 주신다. 특별히 악한 영, 더러운 영, 하나님을 대적하는 영들과 싸워 이길 수 있는 영적 권세와 능력을 주셨다. 바울은 "돌이켜 그 귀신에게 이르되 예수 그리스도의 이름으로 내가 네게 명하노니 그에게서 나오라 하니 귀신이 즉시 나오니라(행 16:18)," 베드로는 앉아 구걸하던 거지에게 "은과 금은 내게 없거니와 내게 있는 것으로 네게 주노니 곧 나사렛 예수 그리스도의 이름으로 걸으라" 하고, 앉은뱅이를 걷게 하였다. 저희가 다만 예수 그리스도를 믿는다는 이유 하나만으로 왕 같은 제사장으로 세워 주시는 주님의 그 은혜에 감사와 찬송을 돌려 드렸다. 셋째로, 거룩한 나라이다. 이는 세상 나라와 구별된 하나님을 섬기는 나라를 말한다. 하나님의 백성에게 가장 중요한 것은 성결이다. 우리는 죄악된 세상 가치관과 유행을 좇지 않고, 주님의 그 거룩함을 사모하며 하나님의 법도를 좇아 살아야 한다. 넷째로, 그의 소유된 백성이다. 여기서 소유란 얻고, 간직한다는 뜻이다. 하나님은 예수님의 보배 피로 우리를 값주고 사시고 그의 소중히 간직하시는 백성을 삼으셨다. 일반적으로 자기 소유는 귀히 여기고 아끼고 사랑하고 챙긴다. 이처럼 우리는 하나님의 소유가 되었으므로 하나님께서 우리를 지극히 귀히 여기시고 챙기시고 사랑해 주신다. 또한 우리를 모든 위험과 해로부터 보호하시고 가장 좋은 길로 인도하시고 우리의 장래를 책임져 주신다. 이상 4가지는 서로 별개의 것이 아니라 예수님을 믿은 우리에게 동시적으로 주어지는 영적 신분이다. 이 영적 신분은 하나님께서 우리에게 값없이 주시는 놀라운 특권이다.

그러면 왕 같은 제사장이 이 땅에서 힘써 감당해야 할 사명이 무엇인가? 9b절을 보십시오. "이는 너희를 어두운 데서 불러내어 그의 기이한 빛에 들어가게 하신 자의 아름다운 덕을 선전하게 하려 하심이라." 과거 우리는 어떤 삶을 살았는가? "너희가 음란과 정욕과 술취함과 방탕과 연락과 무법한 우상 숭배를 하여 이방인의 뜻을 좇아 행한 것이 지나간 때가 족하도다"(벧전 4:3). 우리는 근본적으로 허물과 죄로 죽은 본질상 진노의 자식이었다. 하나님은 이런 우리를 불쌍히 여기사 크신 능력으로 구원하사 그의 기이한 빛의 세계로 들어오게 하셨다. 이제 우리는 예수님의 아름다운 덕을 선전해야 한다. 예수님 안에 있는 은혜와 진리, 사랑과 긍휼, 그 용서가 얼마나 놀라운 것인지를 선전해야 한다. 사람들은 허무와 두려움과 죄의식에 시달리면서도 사단의 거짓 선전에 속아 예수님에 대해 많은 오해와 편견을 가지고 있기 때문에 예수님께 나아오기를 원치 않는다. 이런 그들에게 예수님을 선전할 때 오해와 편견이 풀리고 예수님께 나아오게 된다. 사람들이 예수님을 믿느냐 믿지 않느냐 하는 것은 그들이 사느냐 죽느냐의 문제이다. 우리가 이제 왕 같은 제사장으로서 또 하나님 나라의 홍보대사로서 남은 인생을 힘써 살 수 있기를 소망한다.

5. 지금은 만인 제사장의 시대

오늘날 왕 같은 제사장이 누구인가? 그리스도인은 왕 같은 권세와 권위와 능력을 함께 갖고 있다. 구약시대 제사장은 소나 양을 잡아 피를 제단에 뿌리고, 백성들의 죄사함을 위한 기도를 올렸다. 그렇다면 신약시대의 제사장인 우리는 무엇을 제물로 드려야 하는가? 로마서 12장 1절에 보면 "너희 몸을 하나님이 기뻐하시는 거룩한 산 제사로 드리라"고 했다. 이 시대 제사장의 의무는 자신의 몸을 하나님께 산 제사로 드리는 것이다. 사람들은 대개 특권만 생각하고 책임은 생각하지 않는 경향이 있다. 하나님께서 우리를 제사장되게 하신 것은 다른 사람들이 누릴 수 없는 큰 특권이다. 하지만 우리들에게 특권만 주어진 것이 아니라 책임도 함께 주어졌다. 책임이란 우리의 몸을 거룩한 산 제사로 드리는 것이다. 우리는 예수 안에서 부름받은 거룩한 왕 같은 제사장들이다. 뿐만 아니라 거룩한 나라의 백성들이다.

구약의 다윗은 왕이었지만, 제사장은 아니었다. 사무엘은 제사장이었지만, 왕은 아니었다. 그런데 우리는 다윗의 왕권과 사무엘의 제사장 직분을 동시에 수행할 수 있는 '왕 같은 제사장'이다. 이 얼마나 존귀하고 영광스러운 신분인가? 본래 제사장은 이스라엘 백성들 중에 뽑힘을 받은 레위 지파요, 레위지파 중에 뽑힘을 받은 아론의 집안이요, 아론의 집안 중에서도 특별히 하나님의 눈에 든 고귀한 신분이다. 그런데 우리가 예수님을 통하여 그 존귀한 제사장이 되었다. 베드로전서 2장 5절을 보면 "너희도 산 돌같이 신령한 집으로 세워지고 예수 그리스도로 말미암아 하나님이 기쁘게 받으실 신령한 제사를 드릴 거룩한 제사장이 될지니라." 우리를 보고 더 고귀한 '거룩한 제사장'이라고 하는 것이다. 요한계시록에서 이미 예언했다. 요한계시록 1장 6절을 보면 "그의 아버지 하나님을 위하여 우리를 나라와 제사장으로 삼으신 그에게 영광과 능력이 세세토록 있기를 원하노라 아멘." 이제 우리는 우리의 신분에 걸맞게 '왕 같은 제사장'이라는 긍지를 가지고 살아야 한다. 우리는 천민이나 평민이 아니다. 우리는 하늘나라의 왕족이다. 우리는 어디에 살든지 왕족답게 살아야 한다. 왕족다운 말과 행동을 해야 한다. '왕족 같은 제사장'이라는 자부심을 가지고 살아야 한다. 장차 예수님과 함께 그 나라에서 왕권을 누릴 자라는 사실을 알고 왕의 위엄을 잃지 말아야 한다.

이제 제사장된 우리는 언제나 하나님께 직접 나아갈 수 있다 하나님 앞에 나아가 예배를 드릴 수 있다. 하나님은 예수의 피를 힘입은 사람은 당당하게 하나님 앞에 나오라고 하신다. 히브리서 4장 16절을 보면 "그러므로 우리는 긍휼하심을 받고 때를 따라 돕는 은혜를 얻기 위하여 은혜의 보좌 앞에 담대히 나아갈 것이니라." 그런데 하나님을 믿으면서도 이것을 못하는 사람들이 있었다. 중세 가톨릭 신자들이다. 못한 게 아니라 신부들이 못하게 한 것이다. 어떻게 비천한 신자들이 직접 하나님께 나갈 수 있느냐며 절대 안 된다는 것이다. 그래서 중재자인 신부, 즉 사제들을 세웠다. 그래서 가톨릭 교인들은 회개도 직접 못하고 사제에게 가서 '고해성사'를 한다. 기도도 직접 못하고 성인에게, 마리아에게 대신 기도를 부탁하는 것이다. 이것은 성경적이지 않다. 그래서 마틴 루터의 종교개혁이 일어난 것이다. 종교개혁의 캐치프레이즈 중의 하나가 '만인제사장'이다.

'만인제사장'이란 사제들, 신부들을 통해서만 하나님께 나아갈 수 있는 것이 아니라, 누구나 하나님께 직접 나갈 수 있다는 것이다. '만인제사장'이란 만인은 누구나 하나님 앞에 제사장이라는 것이다. 목사만 제사장이 아니다. 우리 모두가 제사장이라는 것을 알아야 한다. 그러니 이제 사제에게 가서 '고해성사'를 할 필요가 없이, 예수의 이름으로 하나님 앞에 나아가서 죄를 회개하면 용서받을 수 있다. 종교개혁 전에는 평신도들은 성경도 못 읽게 했다. 설교도 강론이라고 해서 평신도들이 알아듣지 못하는 라틴어로 했다. 성경도 직접 읽을 수도 없고 직접 설교를 들을 수도 없고, 회개도 직접 해서도 안 된다는 것이다. 이것은 만인을 제사장으로 인정하지 않는 죄악이다.

우리의 신분이 무엇인가? 왕 같은 제사장이다. "오직 너희는 택하신 족속이요 왕 같은 제사장들이요 거룩한 나라요 그의 소유된 백성이니"(벧전 2:9) 우리 그리스도인의 네 가지 신분을 말씀한다. 주님이 택하여 주셨고, 신분을 높여주셨고, 주님 나라에 백성삼아 주셨고, 주님과 화목하여 가까이 갈 수 있는 제사장 직분을 주셨다. 우리의 신분은 거룩한 제사장이다. 산돌로 세워진 신령한 가정의 성전에는 제사장이 있어야 한다. 누가 제사장인가? 구약에는 택한 레위족속이 있었다. "오직 너희는 택하신 족속이요, 왕 같은 제사장들이요"라고 말하고 있다. 우리가 제사장이다. 과거 구약시대 때 제사장들이 했던 일은 하나님과 이스라엘 백성들 사이의 중보자였다. 이스라엘 백성들이 하나님께 나아가기 위해서는 제사장을 통하지 않고는 불가능했다. 그런데 제사장 없이도 우리가 하나님께 개인적으로 나아갈 수 있게 만드신 분이 누구신가? '예수 그리스도'이시다. 그분이 십자가에서 죽으심으로 성전의 휘장이 위에서 아래로 찢어졌다. 그것은 하나님과 사람 사이에 막혔던 담이 무너졌다는 것을 의미한다. 그러므로 구원받은 우리는 왕 같은 제사장이다. 우리 하나님은 성도 한 사람 한 사람으로 하여금 제사장이 될 수 있게 하셨다. 그 제사장의 신분으로 하나님께 나아오기를 기대하고 계신다. 언제든지 여러분의 마음을 열어놓고 그분께 나아가기만 한다면 그분은 여러분을 만나주실 준비가 되어 있다.

6. 우리를 왕 같은 제사장으로 삼으신 목적

그러면 '왕 같은 제사장'에게는 어떤 특권이 있는가? 마틴 루터가 1517년 종교개혁의 기치를 들었을 때, 종교개혁 정신 중 중요한 하나가 바로 만인제사장 교리이다. 여기에 그리스도인의 제사장적 특권 세 가지가 있다 ① 예배의 특권: 예수 믿은 그리스도인은 제사장으로 하나님 앞에 언제 어디서든 예배드릴 수 있다. ② 기도의 특권: 그리스도인은 제사장으로 하나님 앞에 자유로이 기도로 나아갈 수 있다. 히브리서 4장 16절을 보면 "그러므로 우리가 긍휼하심을 받고 때를 따라 돕는 은혜를 얻기 위하여 은혜의 보 좌 앞에 담대히 나아갈 것이니라." 여기서 '때를 따라 돕는 은혜'라는 말은 언제든지 수시로 하나님의 보좌 앞에 나아가 은혜를 구할 수 있다는 뜻이다. 요한일서 5장 14~15절에서도 "그를 향하여 우리의 가진 바 담대한 것이 이것이니 그의 뜻대로 무엇을 구하면 들으심이라 우리가 무엇이든지 구하는 바를 들으시는 줄을 안즉 우리가 그에게 구한 그것을 얻은 줄을 또한 아느니라." ③ 은혜의 특권: 그리스도인은 하나님으로부터 보호와 인도의 축복을 받았다. "하나님께로서 난 자마다 범죄치 아니하는 줄을 우리가 아노라 하나님께로서 나신 자가 저를 지키시매 악한 자가 저를 만지지도 못하느니라"(요일 5:18)고 했다.

우리는 왕 같은 제사장으로서 감당해야 할 의무가 있다. 사실 우리가 하나님의 은혜로 얼마나 많은 특권을 누리고 있는가? 그럼에도 불구하고 의무 감당하는 것을 기피한다면 세상이나 하나님으로부터 비난을 받아 마땅하다. 여기서 제사장이란 말은 라틴어로 '폰티펙스'(Pontifex)라고 한다. 이 말은 '다리를 놓는 사람' (Bridge-Builder)이란 뜻이다. 즉, 제사장이란 하나님과 사람들의 중간 역할을 하는 사람이란 뜻이다. 그러면 구체적으로 어떤 역할을 감당해야 될까? ① 중보기도의 의무: '도고'란 이웃을 위해서, 남을 위해서 기도하는 것을 가리킨다(딤전 2:1). ② 복음 전도의 의무 : 9절에 보면, 하나님의 덕을 선전할 의무라 했다. 그리스도인은 하나님의 선전 요원이다. 고린도후서 5장 20절은 이런 모습을 가리켜 '그리스도를 대신한 사신'(Ambassadors for Christ)이라 말한다. 우리는 제사장으로서 복음 전도의 사명을 감당하며, 더 나아가 삶의 모범을 보여줘야 한다. 믿는 성도들의 삶이 세상 사람들에게 걸림돌이 되면 안 된다. 술 취하고 방탕하고 음행을 일삼아선 안 된다. 주일에는 거룩하고 평일엔 세상 사람과 똑같이 살아서는 안 된다. 삶의 목표가 하나님께 영광을 돌리는 것이어야지 잘 먹고 잘사는 것이어선 안 된다는 것이다.

우리가 감당해야 할 사명이 무엇인가? 첫째, 하나님을 경배하고 찬송해야 한다. 왕 같은 제사장은 하나님께 제사와 찬송을 통하여 영광을 돌려야 한다. 하나님을 경외하며, 그에게 예배하는 것이 삶의 본질이다. 둘째, 왕 같은 제사장은 하나님 앞에 직접 나갈 수 있다. 제사장의 특권은 직접 하나님께 가까이 나아갈 수 있는 것이다. 구약시대에는 백성들이 제사장을 통해 하나님 앞에 나아갈 수 있었다. 절대로 직접 거룩하신 하나님 앞에 나갈 수 없다. 아무나 나갔다간 죽는다. 오직 하나님께 직접 나아갈 수 있는 사람은 제사장뿐이다. 그러므로 제사장의 임무는 백성들이 제물을 가지고 오면 그 제물을 가지고 하나님께 나아가 제사를 드림으로써 하나님과 백성 사이에 중보자, 중재자 역할을 했다. 제사장은 백성들 대신 성소에 가서 죄를 아뢰는 하나님과의 사람 사이에서 다리 역할을 했다. 이와 같이 구약시대는 제사장을 통하지 않고는 하나님 앞에 나아갈 수 없었다. 그런데 예수님께서 십자가에 달리셔서 대속의 피를 흘리실 때 놀라운 일이 일어났다. 지성소를 접근하지 못하도록 굳게 닫혀 있던 성전의 휘장이 찢어졌다. 마태복음 27장 51절을 보면 "이에 성소 휘장이 위로부터 아래까지 찢어져 둘이 되고 땅이 진동하며 바위가 터지고" 성소의 휘장이 위에서 아래로 찢어짐으로써, 제사장만 들어갈 수 있었던 지성소에 누구나 들어갈 수 있게 된 것이다. 예수님께서 구속 사역을 완성하심으로, 직접 하나님께 나아 갈 수 있게 되었다.

셋째, 제사장은 하나님께 중보기도와 하나님 나라를 위하여 기도해야 한다. 왕 같은 제사장은 왕의 책임을 가지고 중보기도를 한다. 예수님은 지금도 하늘 보좌에서 우리를 위해 중보하시고 계신다. 또한 예수님은 우리를 '왕 같은 제사장'으로 삼으시고 모든 사람을 위해 중보기도하기를 원하신다. 하나님은 백성들을 위해서 '왕 같은 제사장'을 세우신 것이다.

'왕 같은 제사장'은 백성들의 문제를 가지고 하나님 앞에 나가는 사람이다. 왕 같은 제사장은 왕의 책임을 가지고 중보기도를 한다. 디모데전서 2장 1-2절에 보면 "그러므로 내가 첫째로 권하노니 모든 사람을 위하여 간구와 기도와 도고와 감사를 하되 임금들과 높은 지위에 있는 모든 사람을 위하여 하라." 남을 위한 중보기도는 참으로 아름다운 기도이다. 중보기도는 자신을 넘어서서, 남을 위한 관심과 배려의 기도이다. 중보기도는 '정욕으로 쓰려고 잘못 구하는 기도'가 아니기 때문에 응답이 보장되어 있다.

그러므로 '왕 같은 제사장'인 우리는 될 수 있는 대로 많이 기도해야 한다. '왕 같은 제사장들'은 기도중보 사역을 계속해야 한다. 기도 안 하는 신자는 왕 같은 제사장이 아니다. 그리고 '왕 같은 제사장들'은 기도의 폭을 넓혀야 한다. 하나님은 나를 위한 기도보다 이웃과 형제를 위해 기도하는 것을 더 좋아하신다. 또한 우리는 '왕 같은 제사장'으로서 지역사회를 통치하는 기도를 해야 한다. 하나님의 통치가 우리의 삶의 현장에 임하기를 기도해야 한다. 이미 예수님께서 기도를 가르쳐 주셨다. "나라가 임하시오며 뜻이 하늘에서 이루어진 것 같이 땅에서도 이루어지이다(마 6:10)" 또한 왕 같은 제사장은 이 땅에서 왕권을 가지고 마귀를 다스릴 수 있도록 기도해야 한다. 이 세상 임금은 사단 마귀이다. 이 세상은 마귀가 왕 노릇을 하고 있다. 그러나 마귀가 이 땅에서 왕 노릇하지 못하게 기도해야 한다. 교회가 매고 푸는 기도, 강력한 중보기도로 마귀를 묶어야 한다. 그러기 위해 교회가 영적 전쟁을 해야 한다. 그리고 교회가 왕권을 가지고 이 땅을 통치해야 한다.

넷째, 왕 같은 제사장은 하나님의 아름다운 덕을 선전하는 사명을 감당해야 한다. 하나님은 예수의 피를 힘입은 사람은 당당하게 하나님 앞에 나오라고 하신다. 누구나 제사장의 도움 없이 직접 하나님을 만날 수 있게 되었다. 하나님께서 우리를 왕 같은 제사장으로 삼으신 것이다. 오늘의 교회가 왕권으로 세상을 다스리지 못하기 때문에, 심지어 마귀가 교회를 다스리고 마귀의 지배를 받게 된다. 참으로 안타까운 것은 교회가 왕권을 행사하지 못하고 있다는 것이다. 교회의 왕권을 상실 당하고 있다. 주님이 맡겨주신 왕권을 회복하고 교회가 이 땅에서 왕 노릇해야 한다. 우리가 삶의 현장에서 '왕 같은 제사장'으로서 책임을 가지고 중보기도를 할 때 하나님의 나라가 회복될 것이다. 하나님의 능력과 영광이 회복될 것이다. 끝으로 왕 같은 제사장에겐 복음을 전하는 특권이 주어졌다. '왕 같은 제사장'은 복음을 전하는 특권을 가지고 있다. 우리는 복음의 제사장이 되어야 한다. 제사장은 세상과 하나님을 화목시켜야 할 책임이 있다. 이것이 바로 복음전도이다. 전도는 하나님의 아름다운 덕을 선전하는 것이다. 이 일을 위해서 먼저 우리를 부르시고 귀한 직분을 주시고 왕 같은 제사장으로 삼아주신 것이다.

사도 바울은 자신을 '하나님의 종, 복음의 제사장'이라고 했다. 로마서 15장 16절을 보면 "이 은혜는 곧 나로 이방인을 위하여 그리스도 예수의 일꾼이 되어 하나님의 복음의 제사장 직무를 하게 하사 이방인을 제물로 드리는 그것이 성령 안에서 거룩하게 되어 받으심 직하게 하려 하심이라." 사도바울은 이 소명을 깨닫고 이방 지역으로까지 복음을 전했다. 하나님과 원수 된 사람들이 하나님과 손을 잡게 했다. 하나님의 복음의 제사장으로서 하나님과 화목하게 하는 연결고리 역할을 한 것이다. 우리도 왕 같은 제사장으로서 복음을 전하는 사명을 감당해야 될 줄 믿는다. 제사장으로서 믿지 않는 사람들을 예수님과 관계를 맺도록 다리를 놓는 역할을 감당해야 한다. 누군가가 다리가 되어 줌으로써 우리가 예수를 믿고 하나님과 화목하게 되었으니, 이제 우리가 화목하게 하는 직분을 감당해야 한다. 고린도후서 5장 18절을 보면 "모든 것이 하나님께로서 났으며 그가 그리스도로 말미암아 우리를 자기와 화목하게 하시고 또 우리에게 화목하게 하는 직분을 주셨으니" 아직까지 예수를 알지 못하는 사람들을 내 가슴에 품고 중보해야 한다. 그 영혼을 주님께 부탁하고 구주 예수님을 소개하는 다리 역할을 해야 한다. 이것이 우리를 왕 같은 제사장으로 삼으신 주님의 뜻이다. 왕 같은 제사장으로서의 영광스런 사명을 잘 감당하는 자가 되어야 한다.

예수님을 믿는 사람으로서 우리는 자신의 신원 (또는 정체성)을 분명히 아는 것이 필요하다. 자신의 정체성을 아는 사람은 그에 걸맞는 생활을 하려고 한다. 그리스도인으로는 우리의 정체성은 무엇일까? 그리스도인이라는 칭호는 그냥 천국에 가고 또 축복받아서 잘 먹고 잘 살기 위함은 아닐 것이다. 우리는 그리스도의 생명, 즉 하나님 나라를 추구하는 자들이다. 이것이 주님이 우리를 택하시고 부르셔서 그의 소유, 그의 백성 삼으셔서 우리의 눈을 여시고 우리의 삶을 인도하시는 방향이다. "너희는 택하신 족속이요 왕 같은 제사장들이요 거룩한 나라요 그의 소유가 된 백성이니" 이것이 우리의 정체성이다. 하나님 나라의 백성, 우리를 부르심에서 시작된 새로운 정체성이다. 이전에는 우리는 어두운 데 있었다. 그런데 그가 우리를 "어두운 데서 불러내어 그의 기이한 빛에 들어가게" 했다. "전에는 백성이 아니더니 이제는 하나님의 백성이요." 하나님이 찾아

오셔서 우리의 정체성을 바꾸어 놓았다. 이제는 세상 나라에 속한 자가 아니다. 이제는 하나님 나라에 속한 자이다. 그래서 이제 삶의 방향이 달라진 것이다. 어두운 데 있을 때는 세상 행복이 전부이고 돈이 중요하다고 여겼는데, 이제 하나님을 알고 그분의 뜻을 따르는 것이 중요한 일이 되었다. 우리는 세상이 알지 못하는 생명을 알고 빛을 보고 거기서 기쁨을 느끼는 자들이다. 보화를 발견한 것이다.

우리는 진정한 인간이 무엇인지 알게 되었다. 그들은 예수님이 죽으시고 다시 사신 것을 보았다. 그들은 이전에 경험한 것과는 다른 차원이 열리는 것을 본 것이다. 그들에게 기이한 빛이 열렸다. 하나님이 제자들에게 초대교회 성도들에게 하신 일이고, 지금도 우리 안에 행하시는 일이다. 경험적인 일들이 있다 사람들이 즐거워하고 기대하는 과학기술, 정치, 경제의 일이 있다. 그런데 정말 중요한 일은 하늘의 일이다. 하나님이 우리 안에 들어오셔서 세상을 새롭게 하시는 일이다. '기이한 빛', '놀라운 빛'이 예수님 안에 있다. 그리고 하나님이 우리에게 이 빛을 주신다. 그 빛에 들어가게 했다는 것은 이제 새로운 삶을 여셨다는 것이다. 이전에는 죄 가운데 살았다면 이제는 거룩한 백성으로 살게 하는 것이다. "너희가 전에는 어둠이더니 이제는 주 안에서 빛이라 빛의 자녀들처럼 행하라 빛의 열매는 모든 착함과 의로움과 진실함에 있느니라(엡 5:8-9)." 이것이 어둠에서 빛으로 이동한 신자들의 새로운 삶의 방식이다. 세상에 속한 자로서는 이런 변화가 있을 수 없다. 누구든지 다 죄 아래 있기 때문이다. 그리스도께서 우리를 십자가로 구속하심으로 세상에 알 수 없는 빛 가운데 있게 하셨다.

제 4 장

성경은
십자가와 부활로
하나님 나라를
세우게 될 것을 말한다

A. 십자가와 부활로 만들어가는 하나님 나라

하나님 나라는 하나님의 직접적인 통치를 뜻하는 나라이며, 예수님이 이 땅 가운데 오셔서 선포하시고 가르치신 복음의 핵심이기도 하다. 예수님은 "너희는 먼저 그의 나라와 그의 의를 구하라"(마 6:33)고 말씀하시며 하나님 나라의 복음을 선포하셨다. '하나님 나라'에 대한 이와 같은 묵시와 예언은 메시아이신 예수님으로 인해 성취되었다. 마태는 "이때부터 예수께서 비로소 전파하여 이르시되 회개하라 천국이 가까이 왔느니라 하시더라"(마 4:17)고 기록하고 있다. 하지만 신약성경은 '하나님 나라'가 무엇을 의미하는지, 그리고 언제, 어떤 모양으로 임하는지에 대해 매우 다양하게 언급하고 있다. 예수님도 다양한 사역과 비유를 통해 하나님 나라를 가르치셨다. 그만큼 신약성경에서 하나님 나라가 내포하고 있는 의미를 특정한 단어로 설명하기는 매우 힘든 것이다. 이와 같이 '하나님 나라'에 대한 다양성과 풍요로움은 하나님 나라를 섣불리 규정하고, 해석하는 것이 결코 쉬운 일이 아님을 보여주고 있다. 하지만 하나님 나라를 어원적으로 해석할 경우에 그 의미는 보다 명확해진다. 하나님 나라를 지칭하는 구약의 '말쿠트'와 신약의 '바실레이아'가 갖고 있는 의미는 하나님의 '통치' 또는 '주권'과 '왕권'을 지칭하고 있는 것으로 이해할 수 있다. 구약성경에서는 '하나님의 나라'라는 단어는 항상 통치, 다스림 또는 주권이라는 의미로 쓰였다. 이는 구약 전체를 아우르는 중심 사상이다. 하나님은 천지를 창조하셨고, 만물의 주인이시다. 눈에 보이는 세계뿐 아니라 눈에 보이지 않는 모든 세계의 주인이시다. 이스라엘의 하나님이실 뿐만 아니라 이방 모든 민족도 복종해야 하는 만민의 주인이시다. 우리가 살고 있는 현재에만 주인이신 것이 아니라 앞으로 올 세대에도 주인이신 것이다.

구약은 끊임없이 하나님의 주권을 강조하고 있다. 물론 구약에서 하나님의 주권은 이스라엘을 통해서 직접적으로 나타났고, 하나님은 이스라엘이라는 신정국가를 통해 당신의 열방을 드러내려 하셨다. 하지만 하나님의 부르심을 이스라엘은 반복적으로 거역하고 하나님이 끊임없이 이들을 돌이키시려는 이야기로 가득 차 있다. 결국 하나님의 심판이 북 이스라엘, 남 유다에 이르게 된다. 이러한 심판과 바벨론 포로상황에서 이스라엘은 '그 선지자', 또는 '다윗의 자손', '여호와의 종'을 간절히 기다리게 된다. 이스라엘의 남은 자를 부르시며 악인들과 악한 나라들을 심판하시고, 의인들과 그의 나라를 회복하시는 것뿐만 아니라 죄로 인해서 깨어졌던 만물이 회복될 것을 약속하고 있다. 구약은 이렇게 메시아를 대망하며 마무리된다. 그리고 신약은 예수님이 바로 구약의 이러한 대망이 자신에게서 이루어졌음을 선언하셨다고 기록하고 있다. 예수님은 '하나님 나라'가 어떠한지 끊임없이 가르치셨다. 복음서는 단지 예수님에 대한 증언이 아니라 하나님 나라를 이 땅에 도래시킨 메시아가 어떻게, 그리고 왜 죽으시고, 부활하셨는지에 대한 증언임을 보여주고 있다. 물론 예수님은 하나님 나라가 이미 임했다는 것을 보여줬을 뿐만 아니라 하나님 나라가 아직 완전히 임하지 않았다고 반복적으로 가르치기도 한다.

사복음서는 거의 '하나님 나라'로 표기하고 일부는 '천국'으로 표시하고 있다. 구약시대의 사람들이 대망했던 하나님 나라는 예수 그리스도를 통해 이미 임했으며, 현재 하나님의 통치가 그의 백성들을 통해 이루어지심을 통해 자라가고 있고, 예수님이 다시 오실 때 비로소 완성된다는 것이다. 따라서 '하나님 나라'에 대한 성경적 또는 어원적 의미는 '왕 되신 하나님께서 다스리는 통치, 주권'으로 이해하는 것이 가장 바람직하다. 이는 하나님이 영원한 왕이시며 만물을 다스린다는 단순한 추상적 개념에 멈추는 것이 아니라 활동하시는 하나님의 역동적 개념이기도 하며, 단순히 영역으로 제한할 수도 없는 것이다. 결국 '하나님 나라'는 하나님께서 통치하시는 주권적인 나라, 곧 하나님의 뜻이 이루어지는 곳, 예수님을 믿고 구원을 얻은 자라면 누구나 지금 여기에서 복을 누리는 곳, 마지막 날 예수님의 재림 후에 들어가게 되는 하나님의 완전한 통치 영역으로 볼 수 있을 것이다.

1. 하나님 나라와 십자가

하나님 나라의 이야기는 에덴동산에서 시작된다. '하나님 나라'라는 표현 자체는 나중에 등장하지만, 그 개념은 에덴동산에 뿌리를 둔다. 창세기 1-2장에서 하나님은 아름답게 창조된 세상을 자신의 형상대로 지은 사람들을 통해 다스리시는 자애로운 왕으로 묘사된다. 하지만 우리의 기대와 달리 하나님은 아담과 하와가 끝없는 휴가를 즐기게끔 에덴동산에 두지 않으신다. 늦잠을 자고 장난이나 치며 지내는 것이 아니라 아담과 하와는 그 동산을 잘 가꾸고 하나님의 통치에서 흘러나오는 복을 온 세상에 확장시켜야 할 임무를 가졌다(창 1:26-28). 즉, 하나님의 백성을 통해 온 땅 위에 펼쳐지는 그분의 통치를 실현하는 비전이 바로 하나님 나라의 본래 목적이었다. 그러나 아담과 하와는 그 땅을 다스리기는 커녕, 교활하기 짝이 없는 피조물인 뱀의 통치에 복종하여 하나님과의 언약 관계에

금이 가게 하고 온 땅을 향한 하나님의 통치가 실현되기를 바라던 계획을 망가뜨리고 만다. 그 결과 아담과 하와는 왕이신 하나님의 임재하심으로부터 나오는 복을 세상으로 흘려보내기 위해 에덴동산에 머무는 것이 아니라 오히려 에덴동산으로부터 쫓겨나 방황하는 신세가 되었고, 각종 고통과 저주와 원망과 불평을 퍼뜨리게 되었다. 그런데 그 저주받은 땅에서는 장차 뱀의 머리를 깨뜨리고 자신의 발꿈치를 다치게 될 여자의 '씨'에 대한 약속을 보여 주는 구속 역사가 싹터 나온다(창 3:15). 이 씨의 승리는 죄로 인한 저주를 극복하고, 하나님과 그분의 백성을 화목케 하며, 온 땅을 향한 하나님의 목적을 실현시킬 것이다. 이처럼 하나님은 자신의 나라를 세우기 위한 계획을 포기하지 않고 이를 실현하기 위하여 십자가의 죽음, 고난의 길과 방법을 제시하신다. 우리는 아담과 이스라엘의 이야기에서 승리는 고난을 통하여 십자가의 길을 통하여 하나님 나라가 이 땅에서 이루어진다는 일정한 패턴을 볼 수 있게 된다.

이 땅에 마귀가 만들어 놓은 천국이 무엇인가? 돈과 쾌락, 출세와 성공, 세상의 부귀영화이다. 마귀가 만들어 놓은 천국은 하나님의 말씀을 거역하고 자신이 하나님 노릇을 하게 유혹한다. 즉 하나님을 그의 보좌에서 쫓아내고 스스로 그 보좌에 앉으라고 우리를 끊임없이 미혹하고 있다. 그 유혹의 손길에 넘어간 자가 아담과 하와이다. 그러나 예수님은 사단의 시험과 유혹을 하나님의 말씀으로 과감하게 물리치고 승리하셨다. 예수님이 광야에서 사단에게 받은 시험은 네 자신의 힘으로, 능력으로 하나님의 아들이시다는 것을 증명해 보이라는 것이다. 또한 힘들고 어려운 십자가를 통하여 천국을 만들려고 하지 말고 나에게 절하며, 굴복하면 모든 사람들이 추구하는 천국을 주겠다는 것이다. 즉 하나님이 주신 말씀대로 십자가의 죽음을 통하여 이 땅에 하나님 나라를 세우려고 하지 말고 쉽고 편리하게 자신에게 굴복하기만 하면 천하만국을 주겠다는 제안은 정말로 달콤한 유혹이다. 그때에 예수님은 단호하게 사단아 물러 가라고 외치면서 쉽고 편한 천국을 거부하시고, 십자가의 죽음을 통하여 하나님 나라를 만드는 길을 선택하였다. 우리가 십자가를 통한 하나님 나라를 세우는 진리를 올바르게 이해하려면 먼저 창세기 3장에 기록되어 있는 인간의 타락과 구원의 메타포를 이해해야 하며, 모세가 광야에서 놋뱀을 든 사건속에 담긴 메타포를 이해해야 한다. 그리고 이사야 선지자가 예언한 이사야 53장의 말씀 속에 담긴 메타포를 이해해야 한다. 예수님은 이 사건을 자신에게 적용시켜 모세가 광야에서 뱀을 든 것처럼, 인자로 들려야 하리라고 외쳤다. 그리고 예수님이 십자가에 죽으시면서 다 이루었다고 외친 메타포를 깊이 이해할 수 있을 때 십자가를 통하여 하나님의 나라가 이 땅에 세워진다는 사실을 공감할 수 있을 것이다. 우리가 하나님 나라에 들어가는 길과 진리는 자기를 죽이는 십자가이다. 우리가 십자가의 길을 추구하려면 어떻게 해야 하는가?

1) 예수님을 믿고 그 분이 나의 주가 되어야 한다

성경에서 말하는 하나님 나라는 복음을 가장 잘 보여주는 매우 중요한 주제이다. 예수님은 하나님 나라를 선포하심으로 공생애를 시작하셨고(마 4:17; 막1:15), 하나님의 나라를 전파하는 것을 사명으로 삼으셨다(눅 4:19, 43). 그렇다면 하나님의 나라는 무엇인가? 하나님의 나라는 하나님께서 왕이 되시고 그의 말씀과 성령으로 직접 통치하시고 다스리는 나라이다. 즉 하나님의 주권이 행사되는 영역이며 하나님의 법과 공의가 실현되는 영역이다. 성경에 의하면 하나님 나라에 들어가는 방법은 오직 거듭남이다. 요한복음 3장 5절을 보면 "예수께서 대답하시되 진실로 진실로 네게 이르노니 사람이 물과 성령으로 거듭나지 아니하면 하나님 나라를 볼 수도 없고(3절) 들어갈 수 없느니라." 거듭남은 그리스도의 보혈과 성령에 의해 이루어지고 우리의 모든 생명과 삶이 주 하나님의 통치에 들어가는 입문이다. 따라서 주 예수 그리스도의 통치에 순종하지 않는 거듭남이란 있을 수가 없다. 하나님 나라는 하나님의 통치를 의미하기 때문에 하나님을 대적하는 세력을 향해 전쟁과 심판으로 나타난다. 또한 하나님 나라의 왕이신 그리스도를 모시는 자들에게는 하나님의 나라가 그 영혼에게 의와 평강과 희락으로 임하게 될 것이다.

이 당시에 예수님을 믿는다는 것이 무엇인가? 요한복음 1장 12-13절에 보면 "영접하는 자 곧 그 이름을 믿는 자에게는 하나님의 자녀가 되는 권세를 주셨으니 이는 혈통으로나 육정으로나 사람의 뜻으로 나지 아니하고 오직 하나님께로부터 난 자들이니라." 신앙고백은 첫째, 자신의 주인을 바꾸는 것이다. 둘째, 지금까지 살아온 인생, 삶 자체를 돌이키는 것이다. 셋째, 세상의 왕에게 반역하는 행위이다. 그래서 많은 핍박과 고난을 받을 뿐만 아니라 심지어는 목숨까지 잃어버릴 수 있다. 로마 시대에 예수님을 주로 믿는다는 것은 로마 황제에 대한 반역죄일 뿐만 아니라 세상에 대한 전쟁을 선포하는 행위였다. 이 당시에 유대인들의 전통에 의하여 주라는 표현은 오직 여호와 하나님에게만 고백한다. 그런데 나사렛 예수가 나의 주, 나의 하나님이시다는 고백은 엄청난 신학적인 문제로 인하여 거짓 선지자로 낙인 찍힐 수 있다. 신앙고백은 이런 핍박과 환란을 각오할 뿐만 아니라 좁고 협착한 십자가의 길을 추구하겠다는 선포식과 같다.

이 당시에 목숨을 건 신앙고백이기 때문에 신앙고백이 곧 구원받은 증거로 받아들여도 큰 문제가 되지 않는다. 그러나 오늘날 핍박과 환란이 없는 상황 속에서 지나가는 사람을 붙잡고 복음을 간단하게 전한 후에 예수님을 영접하는 기도를 한 후에 구원받았다고 축복하는 것은 많은 문제가 발생할 수 있다. 세상 사람들에게 예수를 믿는 것이 너무도 값싼 은혜, 값싼 복음, 허접한 기독교로 보일 수가 있다. 기독교를 우습게 만드는 행위이다. 사도행전을 보면 초대교회 당시에 예수님을 믿는다는 신앙고백은 엄청난 대가를 지불해야 가능하다. 예수를 믿는다는 그 이유로 인하여 그 사회에서 왕따를 당하거나 직장에서 추방을 당하기도 하였고, 핍박과 고난의 길을 걸어가야 하며, 세상 사람들에게 반역자로 몰려 죽음의 위기상황을 맞이할 수도 있다.

예수님은 왜 12제자들을 데리고 가이사랴 빌립보 지역으로 가셨는가? 제자들의 신앙고백을 듣기 위함이다. 예수님은 의도적으로 제자들을 데리고 가이사랴 빌립보 지역에 가서 제자들에게 사람들이 나를 누구라 하느냐? 너희는 나를 누구라 생각하느냐?며 그들에게 물으셨다. 그때에 시몬 베드로가 담대하게 등장하여 "주는 그리스도이시요 살아계신 하나님의 아들이시니이다."라고 고백하였다. 목숨을 건 신앙고백은 매우 중요할 뿐만 아니라 구원의 표지가 된다. 여기서 베드로의 신앙고백은 그 자신의 생각이나 머릿속에서 나오는 것이 아니라 하나님의 성령이 역사하셔서고백할 수 있는 것이다. 성령의 역사가 아니면 누구라도 예수님을 주라고 시인할 수 없다(고전 12:3). 겉으로 볼 때는 단순한 신앙고백처럼 보이지만 제자들의 입장에서 볼 때에는 지금 로마제국으로부터 해방과 다윗왕국을 건설하기 전에 목숨을 걸고 결의를 다지는 결사대처럼 보였을 것이다. 이제 드디어 예수님이 결심을 하고 그때가 왔다는 분위기가 강하였을 것이다. 그 모습을 보고 예수님은 분위기를 반전시키기 위하여 이해하기 힘든 말씀을 하셨다. 21절에 보면 인자가 대제사장들과 서기관들에게 잡혀 십자가에 못박혀 죽으신 후에 삼일 만에 다시 살아날 것을 말씀하셨다. 그 말씀을 들은 베드로는 심히 분노하며 예수님의 바지자락을 붙잡고 항변하기를 '주여 그리 마옵소서 이 일이 결코 주께 미치지 아니하리이다'고 간구하였다. 그때에 예수님은 강력한 음성으로 '사단아, 내 뒤로 물러가라. 너는 나를 넘어지게 하는 자로다 네가 하나님의 일을 생각하지 않고 도리어 사람의 일을 생각하는도다'라고 호통을 쳤다. 그 후에 예수님은 그 유명한 제자도의 정신을 통하여 천국에 들어가는 길을 제시하고 있다. 그 당시에 목숨을 건 신앙고백은 자신의 모든 것을 부인하고 자기 십자가를 지고 가는 제자도와 같은 것이다.

2) 예수님이 걸어가신 십자가의 길, 그 발자취를 따라가야 한다

우리가 하나님 나라의 영광과 기쁨을 체험하려면 어떻게 해야 하는가? 24절에 보면 "이에 예수께서 제자들에게 이르시되 누구든지 나를 따라오려거든 자기를 부인하고 자기 십자가를 지고 나를 따를 것이니라." 우리가 이 땅에서 예수님이 만드신 하나님 나라를 체험하고 누리려고 하면 예수님이 걸어가신 십자가의 길을 그대로 밟고 따라가야 한다. 예수님이 걸어가신 그 발자국을 밟고 가는 것이 천국으로 가는 지름길이다. 〈모래 위의 발자국〉이라는 유명한 시가 있다. 어느 날 한 사람이 밤에 꿈을 꾸었다. 주님과 함께 해변을 걷고 있는 꿈이었다. 그런데 하늘 저쪽으로 자신의 지나온 날들이 비쳤다. 한 장면씩 지나갈 때마다 그는 모래 위에 두 사

람의 발자국이 난 것을 보았다. 하나는 그의 것이었고, 다른 하나는 주님의 것이었다. 인생의 마지막 장면이 비쳤을 때 그는 모래 위의 발자국을 모두 돌아보았다. 그런데 그는 발자국이 한 쌍밖에 없을 때가 많다는 것을 알게 되었다. 그리고 그때는 바로 그의 삶에 있어서 가장 힘들고 어려운 시기들이었다. 그는 주님께 물었다. "주님, 주님께서는 언제나 저와 함께해 주시겠다고 약속하셨습니다. 그런데 제가 보니 어려운 시기에는 한 사람의 발자국밖에 없습니다. 제가 주님을 가장 필요로 했던 시간에 주님께서 왜 저와 함께하지 않으셨는지 저는 모르겠습니다." 주님께서는 이렇게 대답하셨다. "사랑하는 나의 아들아, 나는 너를 사랑하기 때문에 절대로 버리지 않는단다. 네 시련의 시기에 한 사람의 발자국만 보이는 것은 바로 내가 너를 업고 갔기 때문이란다."

우리가 하나님 나라를 누리기 위하여 제자도를 어디에서 실천해야 하는가? 교회 안에서 뿐만 아니라 우리에게 주어진 직장, 사업하는 현장이다. 삶의 현장에서 종이 호랑이가 되면 안 된다. 우리는 세상 속에서 야성미가 있는 제자도, 자기를 부인하고 자기 십자가를 짊어지고 죽으면 죽으리라고 도전해야 한다. 하나님이 기업으로 주신 세상속에서 하나님 나라를 만들어 가야 한다. 그때에 하나님의 영광이 나타날 것이며, 모든 사람들이 하나님을 찬송하며, 칭송받는 그리스도인이 될 것이다. 바울은 하나님의 나라와 제자도의 관계를 잘 보여준다. 사도 바울이 추구한 제자도의 핵심이 무엇인가? 갈라디아 2장 20절을 보면 "내가 그리스도와 함께 십자가에 못 박혔나니 그런즉 이제는 내가 사는 것이 아니요 오직 내 안에 그리스도께서 사시는 것이라 이제 내가 육체 가운데 사는 것은 나를 사랑하사 나를 위하여 자기 자신을 버리신 하나님의 아들을 믿는 믿음 안에서 사는 것이라." 바울의 신앙고백처럼 천국이신 예수님이 내 안에 들어오셔서 사시는 것이다. 즉 하나님의 통치가 내 속에 이루어지는 것이다. 하나님의 통치가 내 속에서 꽃을 피우고 열매를 맺으려고 하면 나의 옛 자아를 날마다 십자가에 못박아 죽여야 한다. 내가 죽어야만 하나님의 나라를 체험하게 된다. 이 사실을 깨달은 바울은 날마다 내가 그리스도와 함께 십자가에 죽는 것에 집중하였다. 내가 그리스도와 함께 십자가에서 죽었기 때문에 이제는 내가 사는 것이 아니라 내 안에 영으로 오신 그리스도가 사신다는 것이다. 이것이 십자가의 복음이며, 완전한 천국이 이루어지는 것이다. 오늘날에도 내가 죽어야 산다는 것은 명언이다. 내가 죽지 아니하면 하나님의 나라가 임하지도 않을 뿐만 아니라 천국을 체험하지 못하는 종교생활을 하게 될 것이다. 하나님 나라의 의와 평강과 희락을 날마다 체험하며, 풍성한 삶을 살기 원한다면 내가 죽어야 한다. 나의 삶 자체가 예수님을 따라가는 십자가의 도를 추구해야 한다.

하나님 나라에 들어가는 모델이 누구인가? 예수님은 "천국은 어린아이의 것이니라"고 말씀하시며, 어린아이를 천국에 들어가는 모델로 제시하셨다. 여기서 어린아이는 자신의 힘으로, 지혜로 아무것도 할 수 없는 나약한 자이며, 그저 순전하게 믿고 받아들일 뿐이다. 천국은 어린아이, 마음이 가난한 자가 들어가는 이상한 나라이다. 유대인들이 생각할 때 어릴 때부터 하나님을 경외하며, 계명을 다 지키고, 경건하게 살아온 부자 청년은 십중팔구 천국에 들어갈 것으로 생각하였을 것이다. 그런데 예수님이 네 모든 것을 팔아 가난한 자들에게 나눠주고 나를 따르라고 할 때 재물이 많은 부자 청년은 근심하며 떠나갔다. 즉 부자 청년은 많은 지식과 재물과 명예를 소유하고 있기 때문에 그것으로 인하여 마음이 높아짐으로 인하여 하나님 나라를 받아들일 수가 없었다. 부자가 천국에 들어가는 것이 낙타가 바늘귀로 들어가는 것보다 어렵다. 오직 하나님의 능력으로, 십자가의 복음으로만 천국에 들어갈 수 있다. 그러면 '십자가 복음'이 무엇인가? 우리의 옛 사람(죄의 몸, 아담)이 십자가에 못박혀 죽은 것을 믿는 것이 십자가 복음이다. "내가 예수 그리스도와 함께 죽고 예수와 함께 장사되고 예수와 함께 부활했다"는 것을 믿는 것이 하나님 나라의 복음이다. 이 말씀을 믿으면 실제로 나의 옛사람(아담)은 완전히 죽는 것이다. 나의 옛사람이 예수님과 함께 죽고 예수님과 함께 장사되고 예수님과 함께 부활할 때 나도 예수님과 함께 부활해서 '새 사람'이 되는 것이다. 여기서 '새 사람이 되었다'라는 것은 고린도후서 5장 17절을 보면 "그런즉 누구든지 그리스도 안에 있으면 새로운 피조물이라 이전 것은 지나갔으니 보라 새것이 되었도다"라는 말씀이다. 여기서 새로운 피조물이 되었다는 것은 '예수 그리스도 안에서 새롭게 재창조되었다'는 것이다. 옛 사람이 새 사람이 되었다는 것은 본질이 바뀌었다는 것이다. 내 자신이 예수 그리스도 안에서 새 사람이 되었다는 것은 물리적인 변화가 아니라 화학적인 변화가 일어났다는 것이다. 물이 변하여 포도주가 된 것이다.

모든 인간은 태어날 때부터 자기가 하나님 되는 아담의 본성을 가지고 있다. 자기가 하나님 되어 살아가는 인간의 본성에서 모든 부패한 행동들이 발생된다. 그래서 세상의 모든 고통은 바로 하나님을 거부하는 아담 본성(죄)에서 시작되는 것이다. 이처럼 기독교의 특징은 죄에 대한 독특한 가르침에 있다. 죄는 인간의 힘으로 극복할 수 없다. 이는 죄가 인간 내면에 깊게 자리잡은 본성 문제이기 때문이다. 인간은 하나님을 거부하고 자기중심적으로 사는 존재이다. 인간이 피조물 됨을 부인하고 자기가 하나님 되어 살아가는 것이 죄의 본질이다. 구원은 하나님을 거부하는 죄인에서 다시 하나님을 주인으로 인정하며, 그의 통치를 받는 백성이 되는 것이다. 이것이 인간의 나라에서 다시 하나님 나라가 되는 것이다. 인간이 주인 됨으로 죄와 사망의 지배를 받는 아담의 나라에서 하나님께서 주인 되시고 하나님 백성으로 살아가는 것이 행복인 것이다. 이때에 인류의 모든 고통과 갈등, 아픔들은 사라지게 된다. 하늘의 기쁨과 안식과 평화와 의가 내 속에서 이루어지게 된다. 그러므로 하나님 나라 구원은 십자가 복음을 통해서만 얻게 된다. 우리 죄를 위하여 속죄제물로 돌아가신 예수 그리스도의 십자가를 믿음으로 받아들일 때 인류는 그리스도와 연합, 칭의와 성화를 통해서 죄를 이기는 거룩한 하나님의 백성이 된다. 성경에서 구원은 하나님 나라로 설명되며, 복음은 십자가로 요약된다. 하나님 나라 구원을 자동차로 표현하면 십자가 복음은 그 자동차를 움직이는 Key이다. Key는 자동차가 아니지만, 자동차는 Key가 없이는 움직이지 않는다. 십자가 복음은 구원자체가 아니지만, 하나님 나라 구원은 십자가 복음으로만 얻는다. 이처럼 십자가 복음과 하나님 나라 구원은 분리될 수 없다. 그러므로 십자가 복음은 하나님 나라 구원이라는 큰 그림 속에서 보아야 한다.

3) 한 알의 썩은 밀알처럼 자신이 십자가 앞에 죽어야 한다

우리가 이 땅에서 하나님 나라를 체험하려면 어떤 각오와 결심을 해야 하는가? 25절에 보면 "누구든지 제 목숨을 구원하고자 하면 잃을 것이요 누구든지 나를 위하여 제 목숨을 잃으면 찾으리라." 자기 목숨을 건 믿음 위에 하나님 나라가 세워진다. 예수님은 말로만 외친 것이 아니라 친히

자신의 목숨을 바쳐 십자가 위에 죽음으로 이 땅에 천국을 세우셨다. 예수님이 만드신 천국은 자신을 죽이는 십자가 위에 세우셨다. 십자가 없는 하나님 나라는 가짜이다. 예수 그리스도의 십자가를 향하지 않는 하나님 나라는 인간이 만든 종교적 허상이며, 복음의 능력이 나타나지 않는다. 예수 그리스도의 오심으로 하나님의 나라가 이 땅에 도래하였으며, 그 나라는 반드시 십자가 위에 세워져야 한다. 하나님 나라와 십자가는 이스라엘의 메시아이며 자신의 대속적인 십자가 죽음을 통하여 하나님의 통치하심을 이 땅 위에 실현하신 그리스도 안에 연결되어 있다. 십자가의 최종 목적은 하나님 나라이고, 그 하나님 나라가 실현되는 수단이 바로 십자가이다. 예수님의 죽음은 그의 메시아 사역의 실패도 아니고 왕으로서 그의 영광을 알리는 단순한 서곡도 아니라 하나님 나라를 이루는 사역의 정점이다.

타락한 인류의 논리에 비추어 볼 때, 못 박히신 그리스도를 통한 하나님의 통치라는 충격적인 역설은 그야말로 어리석게 보인다. 그러나 믿음으로 본다면 이 역설이야말로 하나님의 능력이요 지혜이다. 하나님 나라는 예수 그리스도의 대속적인 십자가 죽음을 통하여 이 땅 위에 이루어지게 된다. 최후의 만찬식은 제자들에게 십자가 위에 하나님 나라가 세워진다는 사실을 구체적으로 보여준 것이다. 즉 자신이 왜 십자가 위에 죽어야 하는지를, 자신이 짊어지는 십자가 사건으로 죄 문제가 해결되고, 이 땅에 천국이 이루어진다는 것을 알리고 깨닫게 하기 위함이다. 그래서 최후의 만찬은 예수님 혼자 하신 것이 아니라 제자들과 함께 떡을 떼어 주시며, 포도주를 나누어 주시면서 너희들도 십자가의 길을 따라 오라는 메시지가 담겨져 있다. 오늘날 우리들이 자신에게 주어진 고난의 길, 십자가의 길에 동참해야 천국을 볼 수 있고, 그의 나라와 의를 체험할 수 있다. 십자가의 길을 추구하지 아니하면 천국이 점점 더 멀어진다. 천국의 임재를 체험하지 못하고 안식과 기쁨을 누리지 못하게 된다. 그러므로 우리는 넓고 쉬운 길을 추구하는 것이 아니라 좁고 어려운 십자가의 길을 걸어가야 한다. 제자도가 바로 하나님 나라를 체험하는 지름길이다.

우리는 밭에 감추어진 보화를 발견한 농부처럼 하나님 나라의 가치와 귀중성을 발견하였는가? 그렇다면 담대히 농부처럼 대가를 지불해야 한다. 우리가 비싼 대가를 지불 수 있다면 천국의 가치를 진정으로 발견한 자이다. 그러나 천국에 대한 대가를 지불하지 않는다면 그 안에 아직도 천국이 없거나 천국의 가치를 정말로 보지 못한 것이다. 오늘날 하나님 나라를 소유하는 자로서 이 땅에서 우리가 지불할 대가가 무엇인가? 자신의 목숨이냐? 하나님 나라이냐? 우리는 진심으로 고민하며, 새롭게 결단해야 한다. 우리는 내가 원하는 천국을 만드는 것이 아니라 예수님이 만드신 천국에 들어가야 한다. 이 땅에 예수님은 십자가의 죽으심으로 천국을 만들어 놓았다. 그리고 누구든지 천국에 들어오려면 자신을 구원주로 믿고 영접하고 나의 가는 길을 따라오라는 것이다. 즉 십자가의 길을 따라오라는 것이다. 십자가가 없는 천국은 마귀가 만들어 놓은 것이다. 돈과 물질과 성공과 출세라는 천국을 만들어 놓고 우리를 끊임없이 유혹한다. 그 =곳은 화려하고 멋진 것처럼 보이지만 실상은 가짜 천국이다. 평화와 안식이 없다. 반면에 예수님이 만들어 놓으신 천국은 좁고 협착한 길이며, 십자가의 죽음으로 만들어 놓았다. 그 천국에는 안식이 있고, 평화가 있고, 의와 평강과 희락이 있다. 하나님 나라이냐, 자신이 목숨이냐? 하나님 나라를 얻기 위하여 자신의 생명을 걸 수 있다면 그 사람은 정말로 천국의 가치를 알고 있는 사람이다.

오늘날 왜 많은 사람들이 예수님을 믿고 교회를 나오는데 천국을 체험하지 못하는가? 제자도를 잃어버렸기 때문이다. 즉 십자가가 없는 신앙생활을 추구하려고 하기 때문이다. 십자가는 좁은 길이요 협착한 길이다. 많은 사람들에게 부담감을 줄 수도 있고, 고통의 길처럼 보이지만 실상은 안식을 얻는 길이요, 천국의 의와 평강과 희락을 누리는 지름길이다. 유월절은 하나님이 이집트의 압제로부터 이스라엘 백성을 끌어내시고(출 12장) 언약을 맺으심으로써(출 19-24장) 새로운 하나님의 백성으로 창조하신 출애굽 사건을 기념하는 절기이다. 첫 번째 출애굽 사건에서 이스라엘은 사단의 억압을 상징하는 이집트 제국의 외적 억압과 고통에서 구원의 사건으로 등장한다. 그러나 두 번째 출애굽 사건은 사단과 죄로부터의 해방을 보여줄 뿐만 아니라 내적의 부패(원망, 불신, 우상숭배 등)를 극복하고 새로운 하나님 나라에 들어가는 것을 보여준다. 다시 말하면 새로운 출애굽 사건은 예수님이 하나님 백성의 대표자로서 유월절 양과 화목제물이 되셔서 십자가에서 흘리시는 '언약의 피'(막 14:24)를 통해 사람들을 사단의 억압과 죄의 속박으로부터 해방하여 하나님 백성으로 창조하는 새 언약의 사건이다. 이 십자가의 사건으로 인하여 잃어버린 하나님 나라를 되찾을 수가 있을 뿐만 아니라 사단과 죄가 없는 새 하늘과 새 땅을 만들게 되었다. 오늘날 우리들도 예수님이 걸어가신 십자가의 길을 따라가며, 고난과 핍박을 받으며, 좁은 길로 걸어갈 때 하나님 나라를 체험하며, 하나님이 부어주시는 의와 평강과 희락을 누리게 될 것이다. 우리 모두 예수님이 만들어주신 천국을 체험하기를 원한다면 성공과 출세의 길이 아니라 좁은 길을 가야 한다. 나 자신의 이익을 추구하는 것이 아니라 홍익인간의 길을 추구해야 한다. 고난을 받는 삶을 기쁨으로 추구해야 한다.

2. 하나님 나라와 부활

예수님의 제자들과 종교지도자들은 하나님 나라를 어떻게 이해하고 있었는가? 그 당시에 제자들과 종교 지도자들은 메시아가 구름을 타고 와서 강력한 권세와 능력으로 이스라엘을 로마제국에서 해방시켜 다윗의 왕국을 세우는 것으로 오해했다. 그래서 예수님은 올바른 하나님 나라를 가르쳐 주기 위하여 십자가의 죽으심과 부활을 통하여 영원한 나라를 세울 것을 친히 보여주며, 강조하고 있다. 이 당시에 제자들과 종교 지도자들은 십자가와 부활이 무엇인지, 왜 예수님이 십자가의 죽음의 길을 걸어가는지를 전혀 이해할 수도 없고 그 말씀을 깨닫지도 못하였다. 그들은 이미 자기가 원하는 하나님 나라, 자기 소원을 이루는 하나님 나라로 가득 차 있기 때문에 예수님이 만들려고 하는 하나님 나라를 전혀 받아들일 수가 없었던 것이다. 겉으로는 똑같은 하나님 나라를 말하는 것 같은데 그 내면을 보면 동상이몽, 동문서답하고 있다. 그래서 예수님은 구약에서 예언해 온 하나님 나라를 깨닫지 못하는 그들에게 변화산 사건을 보여주고 있다. 변화산 사건은 부활하신 예수님의 모습을 통하여 하나님 나라의 실체를 보여주는 것이다. 십자가와 부활이 두 기둥이 되어 쌍벽을 이루고 있듯이 "제자도와 변화산 사건"은 서로 쌍벽을 이루고 있다.

변화산 사건이 제자들에게 보여주는 것이 무엇인가? 이 사건을 제대로 이해하기 위하여 모세와 하나님과 만남의 장소인 시내산의 사건을 이해해야 한다. 하나님은 애굽에서 인도한 이스라엘 백성들을 시내산으로 인도하셨다. 그리고 하나님은 그 산에서 이스라엘 백성들과 언약을 맺으시고, 그들을 자신의 백성으로 삼으셨다. 그 후에 하나님은 모세와 장로들을 산 위로 부르셨다. 그리고 모세와 장로들은 산 위에 올라가서 하나님 앞에서 식사를 했다(출 24:9-11). 그 후에 모세는 다시 산으로 올라갔다. 그리고 그는 산 위에서 40일 동안 머물면서 하나님으로부터 성막 제작에 대해 지시를 받았다(출 24:12-18). 오늘 본문에서도 예수님은 자신의 교회를 세우실 것을 선언하시고, 세 제자들을 높은 산 위로 데리고 가셨다. 그리고 예수님은 산 위에서 세 제자들에게 자신의 신적인 영광을 보여주셨다. 이 산이 무슨 산인가에 대해서는 이론이 분분하다. 초창기에는 다볼 산이라는 견해가 지배적이었는데 최근에는 가이사랴와의 근접성 때문에 빌립보와 가버나움 사이에 있는 메론 산이 아닌가 추측하기도 한다. 변화산이 어떤 산인가 하는 문제는 그렇게 중요한 문제는 아닌 것처럼 보이다. 문제는 예수님이 그 산에서 영광스러운 부활의 모습으로 변형되셨다는 것에 있다. 엿새 후에 예수님은 높은 산에 올라가 영광스러운 부활의 모습을 제자들에게 보여주셨다. 이것은 십자가와 부활을 통하여 이 땅에 하나님 나라가 임하게 될 것을 확신시켜 주기 위한 것이다. 예수님은 세 명의 제자만 데리고 높은 산에 올라가셨고, 그곳에서 영화로운 용모로 변하셨다. 그때 모세와 엘리야가 예수님의 양 옆에 동시에 나타나셨고, 하나님께서 친히 음성으로 나사렛 예수님을 하나님의 아들이자 그리스도라고 선언하셨다. "변화산 사건"은 예수님이 하나님의 아들이시자 그리스도이심을 다시금 확증하는 사건이다. "이는 내 사랑하는 아들이요 내 기뻐하는 자니라." 이 말씀은 가이사랴 빌립보에서 시몬 베드로가 "주는 그리스도시요, 살아계신 하나님의 아들이시다"는 신앙고백과 쌍벽을 이루고 있다.

성경에서 말하는 하나님 나라가 무엇인가? 그 나라가 얼마나 거룩하고 영광스러운가? 를 가장 잘 보여주는 것이 변화산 사건이다. 이 사건은 하나님 나라를 보여주는 부활의 실체이다. 예수님께서 베드로와 야고보와 요한을 데리고 높은 산에 오르신 것은 세상의 영광을 보여주는 것이 아니라 하나님께서 주시는 영광 즉 하나님 나라를 보여주기 위한 것이다. 변화산 사건은 우리 기독교인들의 추구해야 할 신앙의 목표가 무엇인지를 잘 보여주는 것이다. 세상의 영광을 위해 살 것인가? 아니면 하나님 나라를 위해 살 것인가? 그것이 우리 신앙인이 해야 할 싸움의 내용이라는 것을 말해준다. 마태복음에서 "산"이라는 것은 일차적으로 계시의 장소를 말하고, 또 그 계시를 받은 자들이 어떻게 하나님의 영광을 나타내느냐를 강조한다. 즉 모세가 시내산에 올라가 하나님과 만남을 통하여 그의 얼굴이 해같이 빛나며, 하나님의 영광으로 충만하였던 것처럼, 예수님이 변화산에 올라가 그의 몸이 변화되어 그의 얼굴에 광채가 날 뿐만 아니라 그의 옷이 눈같이 희게 되었다. 예수님의 얼굴은 해같이 빛났고 높은 산은 빛처럼 환하게 변했다. 이렇게 변형된 예수님의 모습은 하나님 자신의 실체를 보여줄 뿐만 아니라 영광스러운 부활의 모습을 친히 보여주신 것이다. 마태는 예수님의 신성이 제자들의 눈에 보이도록 나타났다고 말해주고 있다. 예수님께서 지상에서 제자들에게 보여준 모습과는 완전히 다르게 영광스럽고, 거룩한 하나님의 실체 즉 영광스러운 부활의 모습을 보여주신 것이다. 우리는 이것을 소위 '변화산 사건'이라고 한다. 예수님께서 왜 베드로와 야고보와 요한을 데리시고 높은 산에 올라가셨는가? 그곳에서 예수님은 자신의 변화된 영광의 모습을 통하여 제자들에게 무슨 교훈을 주기 위함인가?

1) 변화산 사건은 영광스러운 부활의 모습을 보여준다

변화산 사건이 일어나기 전의 역사적 배경이 무엇인가? 예수님은 가이사랴 빌립보에서 사람들이 나를 어떻게 생각하느냐? 너희는 나를 누구라고 생각하느냐? 질문을 하셨다. 그때에 시몬 베드로는 "주는 그리스도시요, 살아계신 하나님의 아들"이라고 멋진 고백을 하였다. 그의 신앙고백을 들은 후에 예수님은 심히 기뻐하시며, 그 견고한 신앙고백 위에 내 교회를 세우시겠다고 말씀하셨다. 그 후에 예수님은 제자들에게 자신이 오신 목적을 분명하게 밝히셨다. "인자가 대제사장과 서기관들에게 붙잡혀 십자가에 못박혀 죽은 후 삼일 만에 부활하게 될 것이다." 그 말을 듣자마자 베드로는 예수님을 붙잡고 절대로 주님에게 이런 일이 일어나지 않을 것이다. 우리가 목숨을 걸고 예수님을 지켜줄 것이니 약한 마음을 버리고 마음을 강하게 하라고 매달렸다. 그때에 예수님은 심히 분노하시며, "사단아 내뒤로 물러가라 너는 나를 넘어지게 하는 자로다 네가 하나님의 일을 생각지 아니하고 도리어 사람의 일을 생각한다"라는 호된 책망을 받았다. 그 사건이 지난 6일 후에 예수님은 자신이 누구신지를 알려 줄 뿐만 아니라 미래에 임할 부활이 무엇인지를 깨닫게 하기 위하여 베드로와 요한, 야고보를 데리고 변화산에 올라갔다. 예수님께서는 아직 인자의 죽으심과 부활에 대해서 그 어떤 그림도 가지지 못하는 제자들에게 차근차근 시간과 순서를 따라서 양육해 가시는 것이다. 1절에 보면 "또 그들에게 이르시되 내가 진실로 너희에게 이르노니 여기 서 있는 사람 중에는 죽기 전에 하나님 나라가 권능으로 임하는 것을 볼 자들도 있느니라." 그 말씀이 곧바로 이어지는 변화산 사건의 관점에서 살펴보아야 한다. 변화산 사건은 주님이 왕권을 가지신 분이라는 사실을 드러내 주는 사건이다. 다시 말하면 예수님의 십자가의 죽으심에 대하여 두려워하는 제자들을 향한 주님의 위로이며 소망을 주는 사건이다.

변화산 사건은 제자도와 무슨 연관이 있는가? 예수님은 지금 십자가를 짊어지기 위해서 예루살렘으로 올라가시고 계셨다. 예수님은 예루살렘으로 가는 도중에 제자들에게 제자도를 가르쳐 주셨지만 제자들은 이해하지도 못할 뿐만 아니라 받아들이지 아니하였고, 크게 근심걱정을 하였다. 예수님이 제자들에게 "인자가 죽었다가 그 후에 다시 살아날 것"이라고 말씀하셨을 때에 세 제자들은 이 말을 듣고 크게 당황을 했다. 그들은 이스라엘을 구원할 메시아가 왜 죽어야 하는지 도무지 이해할 수 없었다. 또한 그들은 "인자가 죽었다가 다시 살아난다"는 말도 도저히 이해할 수가 없었다. 그래서 예수님은 여기 있는 제자들 중에 하나님 나라가 권능으로 오는 것을 볼 자가 있다고 말씀하셨다. 그리고 나서 예수님은 변화산에 세 제자들을 데리고 올라가셔서 그들에게 신적 현현 즉 자신이 입으실 부활의 영광을 보여주셨다. 예수님은 엘리야에 대한 예언이 이루어진 것처럼, 자신의 고난에 대한 예언도 반드시 이루어질 것이라고 선언하셨다. 이제 예수님은 이사야의 예언대로 고난을 받고 죽었다가 다시 살아나실 것이다. 오래 전에 이사야는 메시아께서 오셔서 "우리의 죄를 위해 고난을 받으시고, 그 후에 다시 영광을 받으실 것"이라고 예언을 했다(사 53장). 이제 예수님은 이사야의 예언대로 고난을 받고 죽었다가 다시 살아나실 것이다. 예수님은 이러한 예언을 성취하기 위해서 예루살렘에 가서 고난을 받고 죽지만 다시 죽음의 권세를 깨뜨리고 영광의 몸으로 부활하실 것이다.

마가는 왜 수난 예고 다음에 이 사건을 기록하고 있는 것일까? 제자도는 변화산 사건의 뿌리와 같다. 즉 십자가의 죽으심이 없으면 영광스러운 부활도 없다는 것이다. 우리가 예수님처럼 십자가에 죽어야 하나님의 영광이 나타날 뿐만 아니라 하나님의 나라가 보여진다. 예수님은 영광을 얻기 전에 먼저 십자가를 져야 했다. 그러나 예수님은 그 후에 다시 살아나시고 다시 신적인 영광을 회복하실 것이다. 이와 같이 하나님은 고난을 당하는 성도들에게 미래에 임할 영광을 보여주실 때가 많다. 이러한 일은 성도들이 현실의 고난을 극복하는 데 큰 도움이 될 수 있다. 하나님은 어린 다윗에게 기름을 부어 장차 그가 왕이 될 비전을 보여주셨다. 그러므로 그는 왕이 될 것을 바라보면서 온갖 어려움을 이길 수 있었다. 또한 하나님은 바벨론의 포로가 된 에스겔과 다니엘에게 미래의 비전을 보여주셨고, 밧모섬에 유배되었던 사도 요한에게도 새 하늘과 새 땅의 비전을 보여주셨다. 이러한 미래의 비전은 그들이 현재에 당한 고난을 극복하는 데 큰 도움이 되었다. 이와 같이 하나님은 성도들이 고난 후에 얻을 영광을 미리 보여주심으로, 그들이 현재에 임한 고난을 능히 이길 수 있게 해주신다.

2) 변화산 사건은 하나님의 나라가 권능으로 임하는 것을 보여 준다

예수님께서 높은 산에 올라가서 기도하실 때에 어떤 일이 일어났는가? 2-3절을 보면 "엿새 후에 예수님께서 베드로와 야고보와 요한을 데리고 따로 높은 산에 올라가셨더니 그들 앞에서 변형되사 그 옷이 광채가 나며, 세상에서 빨래하는 자가 그렇게 희게 할 수 없을 만큼 매우 희어졌더

라.” 예수님이 높은 산에 올라가 기도하실 때에 용모가 변화되고 그 옷이 희어져 광채가 났다. 마태복음 17장 2절은 예수님의 얼굴이 해같이 빛나고 옷이 빛과 같이 희어졌다고 말씀하고 있다. 주님은 왜 변형되신 것인가? 누구를 위해서 무엇 때문에 이런 신적인 영광을 보여주신 것일까? 이 변형되신 모습은 부활 후에 누리게 될, 또 주님이 인간의 몸을 입기 전에 가지셨던 신적 영광을 보여주신 것이다. 예수님이 제자들 앞에서 변화되신 것은 또 다른 의미가 있다. 제자들은 주님의 죽으심과 부활에 대해서 아직 아무런 그림을 가질 수 없었다. 장차 누리게 될 영광에 대해서도 잘 알지 못한다. 이런 제자들에게 예수의 참된 영광을 어렴풋이라도 감지하게 하신 것은 수난 예고와 함께 주님이 참된 메시아라는 사실을 가르치고 있는 것이다. 그래서 장차 주님이 당하시게 될 고난과 죽으심 앞에 주님이 참된 메시아라는 사실을 좀 더 확실하게 알도록 하신 것이다. 이것이 주님이 당신의 사람들을 부르시고 양육해 가시는 과정이라고 생각한다.

그 변화산에 누가 갑자기 등장하는가? 예수님이 부활의 영광의 모습으로 계실 때에 갑자기 모세와 엘리야가 등장한다. 모세와 엘리야가 주님과 말씀을 나누고 있더라는 것이다. 모세는 율법을 대표하는 인물이고, 엘리야는 선지자를 대표하는 인물이다. 이들의 등장은 주님이 예수 그리스도라는 사실을 증거하는 역할이다. 그래서 구약 시대에 하나님께 크게 쓰임 받았던 모세와 엘리야가 등장하심으로 예수님이 바로 구약의 예언을 성취하는 메시아이시다는 것을 객관적으로 증명해 주고 있다. 예수님이 하나님의 아들이시며, 그리스도이시다는 것을 5절과 함께 보실 때 더 확실해진다. “이는 내 사랑하는 아들이요 내 기뻐하는 자니 너희는 저의 말을 들으라.” 빛난 구름은 이미 말씀드린 것처럼 하나님의 영광스런 임재를 의미한다. 구약성경의 인물 중에 누가 감히 예수님과 거의 동격의 수준으로 대화할 수 있는가? 구약을 대표하는 모세와 엘리야밖에는 없다. 여기서 우리는 한 가지 질문을 던져야 한다. 예수님께서 베드로와 야고보와 요한에게 변화산 사건을 왜 보여주셨을까? 첫째, 하나님 나라가 무엇인지를 깨닫게 하기 위함이다. 둘째, 십자가의 죽으심으로 절망과 낙심에 빠져있는 제자들에게 큰 위로와 새 힘을 주기 위함이다. 셋째, 제자들에게 삼 일 만에 다시 살아난다는 부활이 무엇인지를 알려 주기 위함이다.

모세와 엘리야가 영광 중에 나타나서 그들이 한 이야기가 무엇인가? 4절에 보면 "이에 엘리야가 모세와 함께 그들에게 나타나 예수와 더불어 말하거늘" 그 대화의 주제는 예수께서 별세하신다는 것 즉 십자가의 죽음에 관한 것이다. 누가복음 9장 31절에 보면 "영광 중에 나타나서 장차 예수께서 예루살렘에서 별세하실 것을 말할새." 우리는 '별세'의 의미를 제대로 알아야 한다. 그들이 말한 별세는 단순한 '죽음'이 아니라 '예언의 성취를 가져오는 죽음'임을 알 수 있다. 그래서 '별세'가 헬라어 'exodus'로 되어 있는 것이다. 즉 출애굽 사건과 별세가 같은 의미를 지니고 있다. 예수님은 구약성경의 예언한 대로 제2의 출애굽 사건 즉 자신이 인류를 죄에서 해방시키기 위해서 십자가에 못 박혀 돌아가시고 부활하실 것을 가르치시기 위해 제자들을 데리시고 기도하시러 산에 올라가셔서 변화산 사건을 연출하신 것이다. 성경에 나오는 모든 기적은 예수님께서 우리의 죄를 대신하여 십자가에 못 박혀 돌아가시고 부활하신 그리스도이심을 증거하기 위한 것이다. 따라서 우리가 주의 이름으로 기적을 경험할 때마다 예수님께서 하나님의 나라이시며, 그리스도이심을 깨달아야 하는 것이다. 이것이 바로 변화산을 통하여 주시는 놀라운 교훈이다.

3) 변화산의 주인공은 오직 예수님이시다

변화산 사건 후 제자들은 어떤 반응을 보였는가? 5절 상반절을 보면 "베드로가 예수께 고하되 랍비여 우리가 여기 있는 것이 좋사오니." 베드로는 변화산에서 예수님의 모습이 변형되는 신비한 영적 체험을 했다. 베드로는 모세와 엘리야가 등장하여 예수님과 이야기하는 것이 너무도 신기하고 좋아 보였다. 베드로는 그곳에 초막을 짓고 은혜를 누리며 살고 싶었다. 여기에 세 개의 초막을 짓고 그들과 함께 살 수 있다면 너무도 행복할 것으로 생각하였다. 제자들이 영광스러운 부활, 하나님의 영광스러운 모습에 취하여 있을 때에 하나님께서 나타나사 너희는 예수 그리스도의 말씀을 듣고 순종하라고 말씀하셨다. 신앙은 삶의 현실을 떠나 사는 것이 아니다. 신앙은 산속에서 은둔하는 것이 아니라 일상의 자리에서 말씀대로 살기 위해 치열하게 싸우는 것이다. 변화산에만 머물러 있으면 그것은 하나님이 기뻐하시는 참된 믿음이 아니다. 우리는 문제와 사건이 많이 발생하는 산 아래로 내려와야 한다. 그리고 하나님이 우리에게 맡겨주신 세상 속에 들어가 빛과 소금이 되어야 한다.

베드로는 왜 여기에 초막 셋을 짓자고 했는가? 5절 하반절을 보면 "우리가 초막 셋을 짓되 하나는 주를 위하여, 하나는 모세를 위하여, 하나는 엘리야를 위하여 하사이다 하니." 이런 베드로의 고백에는 두 가지의 문제점을 보여준다. 첫째, 앞서 예수님께서 수난 기사에 대해서 말씀하신 것을 이해하지 못하고 있다는 점이다. 예수님은 세상 죄를 지고 가는 하나님의 어린 양으로서 아직 고난의 때를 맞이하지 않으셨다. 지금 그 고난의 때를 앞두고 기도하시고 계시는 것이다. 그 가운데 하나님의 위로와 장차 얻게 되실 영광을 미리 보여준 것이다. 그런데 베드로는 변형되신 예수 그리스도와 모세, 엘리야를 보고 그만 여기 있는 것이 좋다고 말해 버린 것이다. 일반적으로 초막은 영원한 거처가 아닌 임시적인 거처이기는 하다. 베드로는 영원히 머무르고 싶다기보다는 예수 그리스도와 엘리야, 모세를 존경하는 마음에 말했을 것이다. 따라서 베드로의 의도 자체는 그렇게 나쁜 것이 아니지만 결과적으로 예수 그리스도께서 지셔야 하는 십자가를 지연시키게 되는 결과를 초래할 말을 한 것이다. 그것은 베드로가 아직도 십자가를 지시고 고난당하셔야 할 예수님을 바르게 이해하지 못한 것을 의미하는 것이다. 또 하나는 예수님과 모세, 엘리야를 동일하게 취급함으로 역시 혼란을 드러내고 있다는 것이다. 베드로가 한 말 중에 "여기가 좋사오니 우리가 초막 셋을 짓고 하나는 주를 위하여, 하나는 모세를 위하여, 하나는 엘리야를 위하여"라는 말은 언뜻 보기에 신앙적인 것 같지만 깊이 생각해보면 예수님과 모세와 엘리야가 함께 있어야 구원의 완성이 이루어지는 것으로 착각할 수 있다. 그러나 하나님의 말씀은 오직 예수님만 있으면 된다는 것이다. 그래서 하나님께서 큰 소리로 이렇게 말씀하셨다. "이는 내 사랑하는 아들이요 내 기뻐하시는 자니 너희는 그의 말을 들으라"(5절).

마가는 변화산 사건을 어떻게 종결을 맺고 있는가? 8절을 보면 "문득 둘러 보니 아무도 보이지 아니하고 오직 예수와 자기들 뿐이었더라." 마가는 구름 속에서 예수께서 하나님의 아들이니 그의 말을 들으라는 소리가 나자마자 오직 예수만 보였다고 말씀하고 있다. 제자들이 눈을 들어 보니 모세와 엘리야는 없고 주님만 있었다. 마가가 아무도 보이지 아니하고 오직 예수만 보였다고 강조하는 것은 변화산 사건의 주인공은 오직 예수 그리스도 시라는 것이다. 우리의 구원주는 모세나 엘리야가 아니라 오직 예수님 밖에 없다. 예수님이 신앙의 전부가 되어야 한다. 따라서 어떤 기적이나 표적을 경험에도 오직 예수 그리스도만 보여야 한다. 예수 그리스도보다 더 크게 보이는 기적은 예수님께서 의도하신 것이 아니다. 성경은 마지막 때에 “거짓 그리스도들과 거짓 선지자들이 일어나 큰 표적과 기사를 보여 할 수만 있으면 택하신 자들도 미혹하리라”(마 24:24)고 했다. 변화산 사건은 예수님의 고난과 영광을 함께 보여주는 중요한 사건이다. 예수님은 고난의 과정을 통하여 하나님의 뜻을 완성하시고 영광을 얻으셨다. 우리는 예수님처럼 고난을 통해 하나님의 나라를 경험하고, 하나님의 뜻을 따라 살아가는 삶을 살아야 한다.

B. 하나님 나라를 주도하는 교회

그리스도인은 이 세상에 살면서, 동시에 하나님 나라를 만들어가는 사람들이다. 예수님을 나의 주, 나의 하나님으로 믿고 따르는 사람 안에 하나님 나라가 이미 주어졌기 때문이다. 누가복음 17장 21절에 보면 예수님께서는 하나님 나라가 이미 너희 안에 있다고 말씀하셨다. 즉 예수님은 그들에게 하나님 나라는 볼 수 있게 임하는 나라가 아니요, 여기 있다, 저기 있다고도 못하는 나라요, 너희 안에 있는 나라라고 하셨다. 바리새인들 중에서 이 말씀을 알아들을 수 있는 사람들이 없었을 것이다. 그들은 하나님 나라와 상관이 없는 곳에서 하나님 나라를 찾고 있었기 때문이다. 이 당시에 하나님의 나라를 무력으로 이루겠다는 당시의 혁명가들이나 하나님의 나라를 다윗 왕국 세우는 것으로 생각했던 서기관들과 바리새인들은 예수님이 말씀하신 하나님의 나라를 전혀 이해하지 못하였다. 그들은 잘못된 메시아 사상으로 가득 차 있었다. 다시 말하면 메시아는 다윗왕처럼 강력한 힘으로 유대인들은 로마정권에서 해방시키고, 다윗 왕국을 세우고, 이스라엘 나라가 전 세계를 통치하고 주관하는 것으로 착각하였기 때문이다. 이런 잘못된 메시아관은 결국엔 하나님의 아들이신 메시아를 죽이는 역사의 죄인이 되었고, 역사에 가장 큰 잘못을 범하게 되었다.

예수님은 씨 뿌리는 비유를 통하여 이 땅에 하나님의 나라가 임하였다는 사실을 선포하셨다. 예수님은 하나님 나라를 말씀의 씨와 땅과 연관시키고 있는 것이다. 예수님은 이 비유에서 씨가 자라나서 열매를 맺게 하는 것은 전적으로 땅이라고 말씀하신다. 예수님의 역할은 뒤로 한 채, 땅이 열매를 맺게 하는 과정을 하나하나 설명하셨다. 모든 것은 땅이 스스로(all by itself) 해낸다. '처음에는 싹을 내고, 그 다음에는 이삭을 내고, 또 그 다음에는 이삭에 알찬 낱알을 낸다'(28절). 뿌려진 씨가 열매를 내는 데까지 모든 것은 땅이 한다. 땅을 일구고, 물과 거름을 주고, 잡초를 뽑는 등의 일은 분명 중요한 일이지만 잘 드러나지 않는다. 이 역할은 숨겨져 있다. 예수님이 씨 뿌리는 비유에서 강조하는 것은 그의 나라가 이 땅에 뿌려졌다는 것이다. 그러므로 이 땅은 반드시 천국이라는 열매를 맺을 것이다. 예수 그리스도가 이 땅에 오셔서 뿌린 하나님의 나라는 이 세상에서 자라날 수밖에 없으며, 지금도 자라고 있다. 하나님의 나라는 유대인들이 기다리고 있는 다윗 왕국이 아니다. 그 나라가 이미 도래했다는 것을 받아들이는 사람들이 있을 뿐이다. 그들이 곧 교회이다. 이제 교회의 역할은 분명해진다. 하나님의 나라가 이 세상 속에 뿌려졌음을 믿을 뿐만 아니라 이 시대속에서 하나님의 나라를 가꾸며, 만들어가는 사람들이 되어야 한다.

16세기에 루터의 종교개혁은 "복음으로 돌아가자"는 기치였다면 오늘날 종교개혁은 교회다운 교회를 만들자이다. 오늘날은 교회의 본질을 잃어버리고, 목표를 상실한 교회가 되어져 가고 있다 교회의 목표는 하나님 나라와 그의 의를 추구해야 한다. 하나님의 나라를 만들지 못하는 교회는 변질된 것이요, 하나님의 역사와 능력이 사라지게 될 것이다. 교회가 교회다운 모습이 되려고 하면, 올바른 성경관을 통하여 만인 제사장직 회복, 평신도 사역자가 중심이 되는 교회, 건강한 교회, 주님의 지상명령을 이룰 수 있는 교회로 개혁해 나가야 한다. 오늘날만큼 교회가 오해받고 있는 시대가 없었으리라 생각된다. 이는 우리 교회들이 위기에 처한 이유 중의 하나이다. 그러므로 교회의 본질을 알고 회복해야 할 때이다. 교회는 본래 신앙고백 위에 세워졌다. 예수님이 너희는 나를 누구라 하느냐는 질문에 베드로는 "주는 그리스도시요 살아계신 하나님의 아들입니다"라고 할 때 주님은 이 고백 위에 "내 교회"를 세우리라고 하셨다. 그리고 교회를 통하여 이 땅에 하나님의 나라를 세우며, 확장해 가는 것이 교회의 사명이다. 우리는 이 땅에서 하나님의 나라를 세워가야 할 사명을 받은 자들인데 그 사명을 어떻게 감당해야 하는가? 또한 하나님의 나라를 만들어가는 교회가 되려고 하면 어떻게 해야 하는가?

1. 하나님 나라를 만들어가려면 성령의 권능을 받아야 한다

사도행전 교회를 통해서 "하나님 나라를 만들어 가는 교회"라는 관점에서 말씀을 살펴보고자 한다. 이것은 단순한 표어가 아니라 교회가 세워진 본질적인 목표이며, 교회의 존재 목적이기도 하다. 초대교회는 실제로 하나님 나라를 교회 안에서 이루어 그 나라의 능력을 체험하며 살았다. 하나님의 나라는 하나님의 왕국이다. 하나님이 여러분의 왕이심을 믿는가? 왕이신 증거가 무엇인가? 하나님의 통치앞에 여러분의 주권을 내어 드렸는가? 여러분의 뜻이 포기되고 하나님의 뜻이 이루어지고 있는가? 하나님의 다스리심이 이루어질 때 하나님의 뜻이 이루어지고 하나님의 능력이 나타나기 시작한다. 이렇게 하나님 나라가 온전히 이루어 질 때 성도다운 성도가 되고 교회다운 교회가 되는 것이다. 거기에 내 영광, 내 이름, 내 자랑이 없다. 내 뜻이 없다. 거기서부터 하나님의 나라는 시작되는 것이다. 세상 사람들은 하나님의 뜻을 거역하고 자기왕국을 이루며 살려고 한다. 자신의 뜻이 전부이다. 내 생각이 이루어져야 행복하고 성공했다고 생각한다. 그런데 이 내 왕국을 만들어가려는 욕망이 얼마나 잘못된 것인지 삶을 통해 깨닫는다. 실패를 거듭하고 갈등과 고통과 아픔을 통하여 결국엔 헛되고, 헛되다는 사실을 발견하게 된다. 그때에 우리는 복음의 필요성을 깨닫게 될 뿐만 아니라 복음을 들을 수 있는 마음의 문이 열리게 된다. 복음은 철저하게 나의 왕국이 아니라 하나님의 왕국을 증거하며, 세워가게 한다.

우리가 하나님의 나라를 만들어가는 교회가 되려고 하면 무엇을 받아야 하는가? 먼저 성령의 충만함, 성령의 권능을 받아야 된다. 성령의 권능을 받지 아니하면 하나님의 나라를 경험할 수 없고, 그의 나라를 이 곳에 세워갈 수도 없다. 사도행전 1장 8절에 보면 "오직 성령이 너희에게 임하시면 권능을 받고 예루살렘과 온 유대와 사마리아와 땅끝까지 이르러 내 증인이 되리라 하시니라." 예수를 주로 시인하는 사람은 성령을 받은 사람이다. 성령을 받은 것과 성령의 충만을 받은 것은 조금 다른 의미이다. 성령 충만은 하나님의 통치를 받는 삶을 의미한다. 성령 하나님은 인격으로 우리를 통치하신다. 성령의 통치를 받는 삶이 하나님 나라를 누리게 한다. 예수님께서 약속하신 성령님이 오순절 날에 강림하셨다. 사도행전 2장 2-4절에 보면 "홀연히 하늘로부터 급하고 강한 바람 같은 소리가 있어 그들이 앉은 온 집에 가득하며, 마치 불의 혀처럼 갈라지는 것들이 그들에게 보여 각 사람 위에 하나씩 임하여 있더니 그들이 다 성령의 충만함을 받고 성령이 말하게 하심을 따라 다른 언어들로 말하기를 시작하니라." 성령의 권능을 받을 때 잃어버렸던 하나님의 나라를 회복할 뿐만 아니라 이 땅에서 하나님 나라를 만들어갈 수 있다.

환난과 핍박이 우리에게 무슨 영향력을 주는가? 우리에게 다가오는 환경의 환난과 핍박, 고난과 연단은 하나님의 나라를 세워가는데 걸림돌이 되는 것이 아니라 오히려 우리의 믿음을 더욱 견고하게 하며, 아름다운 하나님 나라를 만들어갈 수 있게 한다. 하나님 나라는 환난과 핍박 속에서 세워져 나가며, 성장한다. 마태복음 5장 10-12절을 보면 "의를 위하여 박해를 받은 자는 복이 있나니 천국이 그들의 것임이라 나로 말미암아 너희를 욕하고 박해하고 거짓으로 너희를 거슬러 모든 악한 말을 할 때에는 너희에게 복이 있나니 기뻐하고 즐거워하라 하늘에서 너희의 상이 큼이라 너희 전에 있던 선지자들도 이같이 박해하였느니라." 그래서 하나님 나라로 들어가는 길은 좁은 길이며, 협착하고 힘든 길이다. 일반적으로 연탄을 만드는 석탄 덩어리와 보석 중의 보석인 다이아몬드는 사실 둘 다 '탄소' 덩어리로 원소가 같다. 하지만 탄소라는 똑같은 재료로 만들어졌어도 어디에 있느냐에 따라서 지형적 차이가 존재하고 압력과 열을 견뎌내는 환경이 다르다. 이때 깊고 깊은 땅 속에 묻혀 오랜 시간 동안 뜨거운 열과 압력을 반복해서 받은 석탄이 마침내 단단하고 투명한 다이아몬드로 변신하게 되는 것이다. 결국에는 환경의 영향에 따라 탄소 덩어리가 석탄이 아닌 전혀 다른 다이아몬드가 될 수도 있다. 우리의 인생도 어떤 고난과 연단의 과정을 통과하는가에 따라 값진 다이아몬드가 되기도 하며, 큰 연단없이 살아온 인생은 별볼일 없는 석탄 같은 인생이 되기도 한다. 그래서 "고난이 내게 유익이라"는 말은 우리가 깊이 되새겨 보아야 할 영원한 진리이다. 하나님 나라는 고난 속에서 순교의 피를 먹고 자라며, 환난과 핍박을 극복하고 그 나라가 결국에는 승리하게 될 것이다.

2. 하나님 나라를 만들어가려고 하면 말씀과 기도하는 일에 전력해야 한다

초대교회 사도들은 무엇에 집중하며, 한마음 한뜻이 되어 추구하는가? 42절에 보면 "그들이 사도의 가르침을 받아 서로 교제하며, 떡을 떼며 오르지 기도하기를 전혀 힘쓰니라." 그들은 오직 하나님의 말씀과 기도하기를 전혀 힘썼다. 하나님의 말씀과 기도는 이 땅에 하나님 나라를 만들어가는 핵심적인 두 기둥이 된다. 하나님의 말씀으로 세워진 나라가 천국이다. 그리고 성도의 간절한 기도로 만들어가는 나라가 하나님 나라이다. 말씀과 기도는 우리의 신앙생활의 두 기둥과 같다. 또한 말씀과 기도는 하나님의 나라를 세우는 핵심 역할을 한다. 하나님의 말씀은 우리 마음의 중심을 잡게 해주고 기도는 우리의 영적 발걸음을 옮길 수 있도록 능력을 더하여 준다. 초대교회는 예수님께서 약속하신 성령을 받으라는 말씀을 믿고, 마가의 다락방에서 열심히 기도하다가 모두가 성령의 충만함을 받았다. 예수님의 말씀을 신뢰하지 않았다면, 주님의 말씀대로 순종하지 않았다면, 어떤 결과가 나타났겠는가? 초대교회는 환난과 핍박 속에서 탄생할 수 없었을 것이다. 그들이 오로지 하나님의 말씀을 믿고 합심하여 기도함으로 예수님이 말씀하신 하나님 나라가 이 땅에 만들어진 것이다. 오늘날 교회는 무엇을 하겠다, 어떤 계획을 세우는 것보다 더 중요한 것은 하나님의 말씀을 잘 듣고 전심으로 기도하는 것이다. 하나님의 말씀과 성령님을 의지하고, 전심전력을 다하여 기도하는 것이 가장 우선적인 일인 것이다.

오늘날 우리가 하나님의 나라를 만들어가려면 무엇에 전심전력을 다해야 하는가? 하나님의 말씀과 기도하는 일에 집중해야 한다. 교회의 힘은 말씀과 기도에 달려 있다. 그러므로 교회가 이 땅에서 하나님의 나라를 만들어가려고 하면 우선순위를 말씀과 기도에 두고 오로지 전무해야 한다. 하나님 나라는 칼이나 돈으로 만들어가는 것이 아니다. 또한 세상의 지식이나 권력, 황제가 만들어가는 것도 아니다. 오직 하나님의 입에서 나오는 말씀과 기도로 만들어가는 것이다. 하나님의 말씀은 하나님을 객관적으로 알아가는 은혜의 수단이라면 기도는 하나님을 주관적인 체험을 통하여 알아가는 은혜의 수단이다. 우리는 기도라는 수단을 통하여 하나님을 아는 지식이 자라갈 뿐만 아니라 기도 응답을 통하여 하나님이 나의 하나님이시며, 나를 사랑한다는 것을 인식하게 된다. 지속적으로 기도생활을 하지 않으면 신앙생활이 재미가 없고, 무기력증에 빠지게 된다. 그러므로 초대교회가 하나님의 말씀과 기도하는 일에 오로지 집중하고 전무하였다. 사랑이 식어지고, 믿음이 없는 이 시대에 우리는 모여서 하나님의 말씀을 배우고, 힘써 기도하는 일에 전심전력을 다해야 한다. 우리가 볼 때에 베드로의 설교는 그다지 논리적이지도 않고 감동적이지도 않고 소위 은혜롭지도 않은 평범한 이야기이다. 그럼에도 사람들이 마음에 찔림을 받아 우리가 어떻게 해야 할까? 통회하며, 자신의 죄를 자복하는 역사가 일어난 것은 베드로가 성령의 감동하심을 입어 말씀을 전하였기 때문이다. 성령의 감동하심을 입을 때 회개의 역사가 일어납니다. 놀라운 충격과 변화되는 역사가 일어나게 된다. 이런 성령의 충만함은 오직 하나님의 말씀을 붙잡고 오로지 기도에 힘쓸 때 가능한 것이다. 우리가 가장 먼저 할 일이 기도이고, 후대에 남겨줄 유산도 기도이다. 기도의 방식이나 형식보다 더 중요한 것은 기도의 일상이 되어야 한다. 즉 기도가 곧 삶이 되어야 한다는 것이다. 그때에 성령의 충만함이 나타나게 되며, 하나님이 함께 하시는 놀라운 표적과 기사가 나타나게 될 것이다.

특별히 말씀과 기도는 균형과 조화를 이루어야 한다. 우리가 말씀을 제대로 알게 될 때에 은사가 중요한 것이 아니고 거룩함이 중요하다는 것을 알 수 있다. 하나님이 원하시는 것이 회개와 순종이라는 사실도 알게 될 것이다. 우리가 하나님의 말씀을 제대로 알게 될 때에 올바른 기도를 할 수 있다. 마치 말씀이 핸들과 같다면 기도는 엔진과 같다. 기도를 아무리 많이 해도 말씀이 없으면 방향을 잃어버리고 그냥 자신의 욕망을 이루는 것, 썩어질 것만을 구하는 것이다. 반면에 하나님의 말씀을 읽는 데는 전심전력을 다하는데 기도하는 것을 소홀히 여기면 하나님의 능력을 체험하지 못할 뿐만 아니라 엔진이 꺼진 자동차와 같이 무기력한 존재가 될 것이다. 이 시대에 기도가 무시당하지만 우리는 기도의 능력이 얼마나 큰지, 기도가 얼마나 중요한 것인지 제대로 알아야 한다. 하나님의 말씀과 기도의 중요성을 잘 알고 있는 사도들은 사도행전 6장 4절에 보면 "우리는 기도하는 것과 말씀 전하는 것에 전무하리라" 했다. 목회자의 사명은 단순히 기계적으로 설교하는 것이 아니다. 사도들이 고백처럼 목회자의 사명은 기도하는 것이며, 하나님의 말씀을 전하는 것이다. 우리는 하나님의 말씀만으로 거룩해질 수 없는 것이고, 기도만으로 거룩해질 수 없는 것이다. 그러므로 우리는 항상 말씀과 기도가 균형을 이루어야 한다. 우리는 말씀과 기도하는 일에 전심전력을 다할 때 하나님 나라를 만들어가는 교회가 될 것이다.

3. 하나님이 주신 말씀에 전적으로 순종하는 자가 되어야 한다

예수님은 이 땅에 하나님의 나라를 어떻게 세우셨는가? 예수님은 친히 순종하심으로 이 땅에 하나님 나라를 세우셨다. 즉 예수님은 하나님의 뜻에 철저히 순종함으로 십자가에 죽으시고 부활하심으로 하나님 나라를 이 땅에 만드신 것이다. 예수님은 하나님께 불순종하신 적은 단 한 번도 없으셨다. 주께서 땅에 계실 때에 단 한 번도 하나님의 권위에 대항하신 적이 없으셨다. 예수님은 처음부터 끝까지 하나님의 말씀에 전적으로 순종함으로 하나님의 의를 이루셨다. 빌립보서 2장 6-8절을 보면 "그는 근본 하나님의 본체시나 하나님과 동등됨을 취할 것으로 여기지 아니하시고 오히려 자기를 비어 종의 형체를 가지사 사람들과 같이 되셨고, 사람의 모양으로 나타나사 자기를 낮추시고 죽기까지 복종하셨으니 곧 십자가에 죽으심이라." 예수님은 하나님의 뜻에 철저히 순종함으로 하나님의 나라를 이 땅에 세우실 것이다. 첫 사람 아담은 하나님의 말씀에 도전하고 거역함으로 저주와 고통과 죽음을 당하게 되었다면, 둘째 아담이신 예수님은 하나님의 말씀에 철저히 순종함으로 영생을 주는 자가 되셨다. 영생은 하나님의 말씀에 순종하는 자에게 주어지는 축복의 통로이다. 우리가 하나님의 권위에 온전히 순종하고 또 그의 말씀에 전적으로 통치와 인도를 받을 때 하나님의 나라는 임하게 될 것이다. 그의 나라의 의와 평강과 희락을 누리게 될 것이다.

초대교회는 하나님이 주신 말씀에 어떻게 반응하며, 하나님의 나라를 만들어 갔는가? 44-45절을 보면 "믿는 사람이 다 함께 있어 모든 물건을 서로 통용하고 또 재산과 소유를 팔아 각 사람의 필요를 따라 나눠 주며" 만들어 갔다. 44절에 "믿는 사람이 다 함께 있어 모든 물건을 서로 통용하고"라 한다. 그 뿐만 아니다. 45절을 보면 "또 재산과 소유를 팔아 각 사람의 필요를 따라 나눠 주며." 자신의 소중한 재산과 소유물로 필요한 사람에게 나눠주기 시작하였다. 특별히 가난한 이웃의 필요에 관심을 갖게 되었다. 여기서부터 천국을 소유한 아름다운 사랑은 시작된 것이다. 옆 사람에게 부족한 부분이 있다면 채워주고, 필요한 것이 있다면 나누어 갖는 것이 거룩한 교회이다. 삶의 아픔을 가진 사람들을 위로하고, 인생의 고통을 겪는 사람들과 함께 짐을 나누어지는 것이 천국 같은 교회이다. "날마다 마음을 같이하여 성전에 모이기를 힘쓰고 집에서 떡을 떼며 기쁨과 순전한 마음으로 음식을 먹고"(46절) 초대교회 사람들은 날마다 모이기를 힘썼다. 그들은 왜 날마다 모였는가? 그 모임이 재미가 있고, 유익할 뿐만 아니라 서로 사랑했기 때문이다. 교회란 하나님을 믿는 사람들이 함께 모여 서로 사랑을 나누며, 섬김과 순종함을 배우는 곳이다. 초대교회 성도들은 세상의 가치관과 다른 방식으로 이 땅에 하나님 나라를 만들어가는 장면을 보여주고 있다. 또한 하나님 나라의 실체를 믿음으로, 삶으로 구체적으로 보여주고 있다.

하나님 나라를 만들어가는 교회속에 주께서 어떻게 역사하시는가? 47절에 보면 "하나님을 찬미하며, 또 온 백성에게 칭송을 받으니 주께서 구원받은 사람을 날마다 더하게 하시니라." 하나님의 나라를 만들어가는 비전을 간직한 교회에는 주께서 구원받은 사람들을 날마다 더하게 해주신다. 그리고 그 천국을 만들어갈 수 있도록 하나님께 함께 하실 것이다. 교회가 존재하는 이유는 바로 여기에 있다. 내가 너와 여기에 함께 모여서 하나님 나라 공동체를 만들어가는 것이다. 하나님이 주신 말씀에 전적으로 순종할 때 하나님의 나라가 세워지게 될 것이다. 우리가 그의 말씀에 전적으로 순종할 때 기적이 일어나며, 하나님의 나라가 온 땅에 밝히 들어나게 될 것이다. 우리가 좋은 것을 많이 먹는다고 천국이 아니다. 인생을 즐겁게 마신다고 천국이 아니다. 성령이 임하시고 의로움과 평강과 희락이 넘치는 곳이 천국이다. 우리 사이에도 이런 천국이 이루어지도록 하여야 한다.

성경에서 말하는 진짜 신앙생활이 무엇인가? 단순히 믿는 것이 아니라 그분이 나의 주인으로, 나의 왕으로 영접하고 그분의 통치를 받는 것이다. 그의 말씀을 듣고 순종하는 것이 참된 믿음이다. 우리가 이 땅에서 믿음으로 천국을 만들어가는 교회가 될 때 행복할 뿐만 아니라 풍성한 삶을 살 수 있게 될 것이다. 마태복음 6장 33절에 보면 "너희는 먼저 그의 나라와 그의 의를 구하라 그리하면 이 모든 것을 너희에게 더하시리라." 이제부터 성경이 무엇을 말하는지를 깊이 씨름하지 않고 앵무새처럼 '오직 믿음, 오직 믿음'을 외친다고 변화되는 것이 아니다. 우리가 주 안에서 천국을 맛보며, 그 말씀대로 순종하며, 살아낼 때 변화되는 것이다. 내 삶 속에서 믿음으로 산상수훈을 실천하는 것이다. 힘들고 어렵지만 십자가의 길을 걸어가는 것이다. 이것이 진짜 기독교인이 되는 것이며, 천국을 만들어가는 사람이 되는 것이다. 하나님은 지금도 하나님 나라와 그의 의를 꿈꾸며, 만들어가는 교회를 찾고 있다. 우리 모두 교회만 왔다 갔다 하는 종교인이 되지 마시고 하나님의 나라를 만들어가는 교회, 진정한 그리스도인이 되시기를 예수님의 이름으로 축복한다.

성경에서 말하는 하나님의 나라는 예수 그리스도의 나라이다. 하나님께서 모든 권세를 예수님께 맡겼기 때문이다. 그리고 예수님께서는 하나님의 나라와 교회의 관계에 대해 명확히 말씀하셨다. "시몬 베드로가 대답하여 이르되 주는 그리스도시요 살아 계신 하나님의 아들이시니이다 예수께서 대답하여 이르시되 바요나 시몬아 네가 복이 있도다 이를 네게 알게 한 이는 혈육이 아니요 하늘에 계신 내 아버지시니라 또 내가 네게 이르노니 너는 베드로라 내가 이 반석 위에 내 교회를 세우리니 음부의 권세가 이기지 못하리라"(마 16:16~18).특히 예수님께서는 '에클레시아(ekklesia)', 곧 하나님의 백성 공동체인 교회를 세우시겠다고 말씀하시며 하나님의 나라와 교회의 관계를 규정하셨다. 교회는 하나님 나라의 백성 공동체다. 따라서 하나님의 통치와 주권, 현재와 미래를 동시에 내포하는 하나님의 나라를 보여줘야 할 사명을 갖고 있다고 볼 수 있다. 물론 교회는 하나님의 나라가 결코 아니다. 하나님의 나라가 하나님의 통치와 주권에 기초해 있다면 교회는 하나님 나라를 성취하신 예수님께서 부르신 제자들로 구성된 공동체이기 때문이다. 따라서 하나님 나라와 교회를 동일한 개념으로 이해하는 오류를 범해서는 안된다. 하지만 하나님의 나라와 교회의 불가분의 관계는 '하나님 나라가 교회를 만들어낸다'는 것에 있다. 하나님 나라는 교회를 통해 확장된다. 따라서 교회는 반드시 하나님 나라를 위해 존재해야 한다. 이런 차원에서 하나님 나라와 교회를 동일시할 수 있다. 존 스토트(John R. W. Stott)에 따르면 교회와 하나님 나라를 올바로 일치시키려면 교회는 하나님 나라의 증표로, 하나님 나라의 봉사자로, 하나님 나라의 '선 경험'이 돼야 한다.

양용의는 하나님 나라를 소유한 제자들의 현재적 삶은 그 자체로서 최종적인 목표가 아니라 장차 예수님께서 다시 오실 때를 기다리며 준비하는 경성된 삶이어야 한다고 강조했다. 예수님께서는 하나님 나라의 현재성을 지극히 강조하시면서도 동시에 하나님 나라의 미래성도 매우 확고하게 드러내 보이셨기 때문이다. 실제로 현재 하나님의 통치를 받고 있는 하나님의 백성 공동체인 교회는 예수님의 다시 오심에 대한 기대를 한 순간도 소홀히 하거나 잊어서는 안되며, 오히려 완전한 그 때의 도래를 늘 기다리며 하나님의 통치에 더욱 철저히 순종해야 한다. '이미' 임한 하나님 나라와 '아직' 임하지 않은 하나님 나라에 실존하는 교회는 하나님 나라를 대망하면서 예수님의 재림 이후 온전한 하나님 나라가 할 때까지 성령의 역사에 힘입어 다양한 사명을 감당해야 할 책임이 있는 것이다. 사도행전은 온 세상에 대한 하나님이 정해 놓으신 구원의 계획과 하나님 나라가 어떻게 사도를 통하여 이루어지는지를 잘 보여주고 있다. 사도행전의 초점은 하나님의 나라에 있다. 사도행전은 하나님의 나라로 시작하여 하나님의 나라로 마치게 된다.

예수 그리스도는 승천하시기 전에 이를 위해서 사도들에게 준비하도록 분부하셨다. 성령의 능력을 받도록 명하셨다. 이것이 하나님 나라 일의 첫 번째로 준비할 사항이다. 누가의 의도와 목적은 하나님의 구원 계획이 어떻게 예수님으로부터 위임받은 사도들을 통해 그리고 초대교회를 통해 실현되고 있는지 긴 지면을 할애해 보여 주고 있다. 특별히 예수님이 시작하신 하나님 나라의 복음이 누가복음에서는 지리적으로 갈릴리에서 시작하여 예루살렘에서 끝난다. 그리고 사도행전에서는 예루살렘에서 끝난 복음이 다시 로마까지 들어간다. 이것은 의도된 것이다. 하나님 나라 운동이 갈릴리에서 시작하여 예루살렘에서 완전히 성취되고, 성취된 후 사도행전에서 하나님 나라 운동이 사마리아와 땅끝까지 전개되는 것을 잘 보여주고 있다.

예수님은 하나님 나라 사역을 어떻게 방법으로 펼쳐 나갔으며, 제자들에게 어떻게 하라고 말씀하셨는가? 예수님은 3대 사역을 하나님 나라의 일을 행하셨다. 마태복음 9장 35절을 보면 "예수께서 모든 도시와 마을에 두루 다니사 그들의 회당에서 가르치시며, 천국 복음을 전파하시며, 모든 병과 모든 약한 것을 고치시니라." 예수님을 친히 제자들에게 하나님 나라 사역의 본을 보여주셨다. 제자들을 데리고 다니면서 가르치시고, 천국 복음을 전파하시며, 각종 병자들과 귀신들을 쫓아내 주셨다. 그리고 마태복음 10장에 보면 예수님은 제자들이 그 사역을 잘 감당할 수 있도록 권세와 능력을 부어주시고, 두 사람씩 짝을 져서 현장에서 실습하게 하셨다. "병든 자를 고치며 죽은 자를 살리며, 나병환자를 깨끗하게 하며, 귀신을 쫓아내되 너희가 거저 받았으니 거저 주라"(마 10:8). 예수님의 명령대로 제자들은 현장에 가서 복음을 전하며 각종 병자나 귀신들린 자가 있으면 예수 이름으로 치유 사역을 통하여 고쳐 주셨다. 누가복음 9장 6절을 보면 "제자들이 나가 각 마을에 두루 다니며 곳곳에 복음을 전하며, 병을 고치더라" 마가복음 6장 12-13절을 보면 "제자들이 나가서 회개하라 전파하고 많은 귀신을 쫓아내며 많은 병자에게 기름을 발라 고치더라." 사도들은 예수님의 사역을 그대로 복제해서 행할 때에 각종 기적과 표적이 나타났다. 예수 그리스도의 복음은 예루살렘와 온 유대와 사마리아와 땅끝까지 전파되며, 수많은 사람들이 하나님께 돌아오는 기적이 일어났다.

4. 예수님으로부터 하나님 나라의 사역을 위임받는 자가 되어야 한다

예수님은 사도들에게 하나님 나라의 사역을 어떻게 행하라고 말씀하셨는가? 하나님 나라와 그의 의를 위임해 주셨다. 마태복음 28장 19-20절을 보면 "너희는 가서 모든 족속으로 제자를 삼아 아버지와 아들과 성령의 이름으로 세례를 베풀고 내가 너희에게 분부한 모든 것을 가르쳐 지키게 하라 볼찌어다 내가 세상 끝날까지 너희와 항상 함께 있으리라 하시니라." 하나님 나라는 예수 그리스도의 손에서 이제는 사도들의 손으로 넘어갔다. 즉 사도들을 통하여 예루살렘과 온 유대와 사마리아와 땅끝까지 하나님 나라가 확장되게 하셨다. 사도행전에 나타난 하나님 나라는 이제 이스라엘의 벽을 넘어 온 세상으로 확장되어 왔다. 하나님 나라의 복음은 더 이상 유대인의 경계에서만 머무를 수 없었다. 하나님 나라는 흘러넘치는 강물처럼 벽을 넘어 이방 세계를 침공했다. 바울은 처음부터 하나님의 나라가 모든 종족과 모든 계층과 성별을 포용함으로써 열국의 영광 가운데 분명히 드러나는 것을 보았다. 바울은 진정한 이방인의 사도였다. 그를 통하여 하나님의 나라가 땅끝까지 전파되게 된 것이고, 그리하여 오늘 우리에게까지 확장되어 온 것이다.

하나님은 사도들이 이 사역을 잘 감당하도록 무엇을 약속하셨는가? "오직 성령이 너희에에 임하시면 권능을 받고 예루살렘과 온 유대와 사마리아와 땅끝까지 내 증인이 되리라 하시니라"(행 1:8). 사도행전에는 성령의 역사가 많이 나타난다. 여러 표적과 이적들이 많이 있다. 그런데 그러한 기적들에는 공통점이 있다. 바로 모두 하나님 나라 복음의 확장과 관련이 있다는 것이다. 성령의 역사가 일어날 때마다 반드시 일어나는 현상이 하나님 나라 복음이 전해지는 것이다. 사도행전이 보여주는 것은 성령이 임하시면 놀라운 비전을 보게 된다. 즉 예수가 하나님이시며, 구원주이시다는 비전을 보게 된다. 천국에 대한 비전을 보게 된다. 하나님의 주된 관심사는 예수님이 깨지고 망가진 세상을 심판하고 회복하려고 이 땅에 오셨고, 그 예수를 통해서만 사람이 구원받을 수 있다는 기쁜 소식을 알리는 것이다. 성령의 주된 관심사는 무엇인가? 성령은 하나님의 영이시니 하나님의 관심사와 동일한다. 예수님이 메시아인 사실을 사람들이 알게 되고, 그래서 인생이 변하고, 건강한 공동체들이 세워지는 것이 성령님의 주된 관심사인 것이다. "오직 성령이 너희에게 임하시면 너희가 권능을 받고 하나님의 나라를 주도적으로 전파하며, 예수가 그리스도이시다는 것을 믿게 될 것이다.

사도행전에 나타난 하나님 나라의 또 다른 특징이 무엇인가? 성령의 권능을 받은 사도들과 모든 무리들이 한마음 한뜻이 되어 하나님 나라의 사역을 주도적으로 감당하였다는 것이다. 예수님을 구주로 영접한 하나님 나라 백성은 반드시 예수님의 명령에 순종해야 한다는 것이다. 사도행전 1장 2절을 보면 "예수 그리스도께서 택하신 사도들에게 성령으로 명하시고 승천하신 날까지의 일을 기록하였노라"고 말한다. 예수님은 사도들에게 제안하거나 권면하지 않으셨다. 예수님은 그들에게 강력하게 명령하셨다. 헬라어로 명령이란 단어는 군대 용어이다. 예수님은 하나님의 명령에 순종하셨을 뿐 아니라 사도들에게 수백번 명령하셨다 하나님의 명령에는 오직 절대적인 순종이 있을 뿐이다. 하나님 나라에 속한 백성들은 군대에서 상관의 명령에 절대 복종하는 군인처럼 주님의 명령에 절대 순종하는 자들이다. 여러분이 하나님 나라의 백성이라면 주님의 명령에 대한 여러분의 반응은 오직 "예, 알겠습니다" 라고 말하고 그대로 행해야 할 뿐이다. 하나님이 주신 명령에 여러분이 동의하든지 동의하지 않든지, 그 명령을 좋아하든지 좋아하지 않든지 여러분은 받은 대로 행해야 하며, 즉시 순종해야 한다.

5. 예수님의 명령대로 하나님 나라를 전파하고, 표적과 기사로 하나님 나라를 보여주어야 한다

사도행전에서 하나님의 나라를 누가 주도적으로 이끌어가고 있는가? 그 내면으로는 성령님께서 하나님 나라를 주도적으로 이끌어가신다. 그러나 실제적으로는 예수님으로부터 하나님 나라 사역을 위임받은 12사도들을 중심으로 교회가 세워지며, 사도들은 자신의 생애와 목숨을 걸고 예수의 복음을 전하며, 가르치며, 주도적으로 이끌어간다. 그래서 누가가 기록한 두 번째 책을 "사도행전"이라고 기록하고 있다. 사도행전의 중심 인물은 사도 베드로와 사도 바울이다. 바울은 로마에서 2년 동안 가택연금 당하였고, 그 후에 바울이 석방되었다고 학자들은 공통적으로 말한다. 바울은 석방되자마자 에베소, 밀레도, 마게도냐, 고린도 지방을 여행하며 더욱 힘써 예수님을 증거한다. 그 후 4년만에 네로가 로마황제로 즉위하자(AD 66년), 바울은 다시 체포되어 참수형을 당하게 되었다. 그 당시에 주치의였던 누가도 바울이 참수형 당하던 날, 그의 곁에 있었을 것이다. 사도행전 9장부터 바울에게 초점을 맞추어 왔던 행전은 바울 인생의 클라이맥스인 순교당한 순간은 기록하지 않았다. 누가가 강조한 바 "담대하게 거침없이"(31절) 형장을 향해가는 바울의 최후가 담긴 사도행전 29장의 기록이 없다. 바울의 유언 정도는 29장이나 30장에서 알려줄 법도 한데 누가는 의도적으로 그 모든 부분을 기록하지 않고 있다. 만약 죽음 앞에서까지 거침없이 복음을 전하는 바울을 사도행전 29장에서 기록했다면 사람들이 바울을 영웅시하거나 그의 삶을 더 미화했을지도 모른다. 누가는 바울의 영웅적인 삶보다 가장 특별하고 존귀한 예수 그리스도의 복음이 드러나며, 주목하는데 더 큰 목적을 가지고 기록하고 있다.

사도들은 핍박과 환난 가운데서도 하나님의 나라를 전파하시고 각종 병자를 고침으로 하나님 나라가 이 땅에 임하였다는 것을 보여주었다. 사도행전 5장 12,14절을 보면 "사도들의 손을 통하여 민간에 표적과 기사 많이 일어나매 믿는 사람이 다 마음을 같이하여 솔로몬의 성전에 모이고,

믿고 주께로 나아오는 자가 더 많으니 남녀의 큰 무리더라." 사도들에 대한 소문을 듣고 사람들이 각종 병든 사람을 메고 거리에 나가 침대와 요에 누이기도 하였다. 사도들이 가는 곳마다 표적과 기사가 많이 일어났다. 예루살렘 부근에 사는 수많은 사람들이 병든 사람과 더러운 귀신에게 괴로움을 받는 사람을 데리고 와서 다 고침을 받게 했다. 참으로 예수님이 행하셨던 기사와 표적을 사도들이 그대로 전수받고, 복제되어서 그대로 행한 것이다. 심지어는 베드로가 많은 기적을 행하자 그가 온다는 소식을 듣고 수많은 사람들이 구름떼처럼 몰려와서 천국 말씀을 들었고, 각종 병자들이 고침을 받을 뿐만 아니라 각종 귀신들이 추방당했다. 그 모습을 보고 수많은 무리들이 열광을 하였고, 예수 그리스도를 구주로 모시며, 하나님의 이름과 영광을 찬양하였다. 또한 사도 바울이 복음을 전파하는 곳마다 하나님이 함께하시는 기적과 표적이 일어났다. "하나님이 바울의 손으로 놀라운 능력을 행하게 하시니 심지어 사람들이 바울의 몸에서 손수건이나 앞치마를 가져다가 병든 사람에게 얹으면 그 병이 떠나고, 악귀도 나가더라"(행 19:11-12). 그 놀라운 치유 사역을 통하여 이방인들이 주께로 돌아오게 되었고, 예수가 하나님의 아들이시며, 우리를 구원해 주실 메시아로 믿고 확신하였다. 그런데 놀랍게도 예수 이름으로 이런 기적과 표적이 일어나서 많은 사람들이 주께로 돌아왔지만 핍박과 고난은 더욱 심하게 일어났다.

사도들은 많은 핍박과 능욕을 받을 때 어떻게 반응하였는가? 41절에 보면 "사도들은 그 이름을 위하여 능욕받는 일에 합당한 자로 여기심을 기뻐하면서 공회 앞을 떠나니라." 사도들은 환란과 핍박을 두려워하지 않고 주도적으로 더욱 담대히 하나님 나라를 전하며, 예수가 그리스도이시다는 것을 증언하였다. 그 사도들의 담대한 모습을 보고 더 많은 사람이 예수 그리스도를 믿으면서 하나님 나라가 확장되어져 갔다. 사도들이 담대하게 하나님 나라를 전파하며, 예수 그리스도를 전할 때에 그 산헤드린 공회를 구성하는 대제사장과 사두개인들은 시기와 분노가 가득했다. 그리고 사도들을 붙잡와 감옥에 가두었다 (19절). 그리도 사도들을 죽이려고 했다.(33절). 그 모습을 보고 가말리엘이라는 랍비는 사도들을 교훈을 하고 채찍질하고, 강력하게 엄포를 한 후에 풀어 주었다. 이에 사도들은 조금도 주눅이 들지 아니하고 오히려 더욱 기뻐하며 예수님 증거하는 일을 멈추지 않았다. 사도들은 주도적으로 하나님 나라와 그의 의를 선포하며, 가르치는 주역이 되었다. 사도들은 '그 이름' 곧 예수님의 이름 때문에 모욕당할 수 있는 특권을 누리게 된 것을 오히려 기뻐했다. 심지어 사도들은 불법으로 감금당하고, 채찍을 맞는 고난을 당했음에도 치욕스럽게 여기거나 의기소침하지 않고 기뻐하였다. 오히려 환란과 핍박을 당연히 오는 것으로 생각하며, 참고 인내하며, 더욱 강력하게 복음을 전하였다.

6. 성전에 있든지, 집에 있든지 예수 그리스도를 전파하며, 하나님 나라를 가르쳤다

사도들은 하나님의 나라 사역을 얼마나 주도적으로 감당하였는가? "그들이 날마다 성전에 있든지 집에 있든지 예수는 그리스도라고 가르치기와 전도하기를 그치지 아니하니라."(42절) 환란과 핍박 가운데에서도 사도들이 무슨 일을 했다고 말씀하는가? 사도들은 날마다 가르치고 전도하였다. 도대체 사도들은 무엇을 가르쳤다고 말씀하는가? 그들은 날마다 하루도 빠짐없이 예수가 그리스도라도 가르치고, 예수님의 부활을 증거하며 사람들을 전도하였다. 사도들은 예수가 그리스도라고 가르친다. 여기서 그리스도는 곧 구원자라는 의미이다. 이스라엘 백성들이 기대하고 고대하던 메시아가 바로 예수님이시라고 증언하고 있다. 당시 이스라엘 백성들은 로마의 압제에서 민족을 구원할 다윗 왕과 같은 메시아를 기대하고 있었다. 성경 어디에도 정치적인 메시아를 언급한 것이 없다. 그럼에도 그들은 성경에서 예언하고 있는 메시아는 안중에도 없었다. 이스라엘 백성들은 자신들이 가지고 있는 모든 문제에서 구원해 주실 분이 나사렛 예수는 아니라고 생각했다. 그리고 그들은 다윗과 같은 강력한 힘과 능력을 가지고 로마제국으로부터 해방시켜 주며, 우리의 소원과 욕구를 만족시킬 수 있는 메시아를 바라고 기다렸다. 그래서 사도들은 나사렛 예수가 하나님의 아들이시며, 우리를 죄에서 구원해 줄 메시아라는 사실을 날마다 가르쳤다. 또한 온 마음과 열심을 다하여 날마다 성전에 있든지 집에 있든지 예수는 그리스도라고 가르치기와 전도하기를 그치지 아니했다.

그렇다면 사도들이 가르치고 전도한 곳이 어디인가? 성전과 가정 집이다. 교회에서 예수가 그리스도라고 가르치는 것이 매우 자연스러운 일이다. 그러나 가정에서 예수님이 그리스도이심을 날마다 끊임없이 가르쳤다는 의미가 무엇일까? 집에서 가르치고 전도했다는 것은 두 가지 의미를 함축하고 있음을 알 수 있다. 첫 번째는 가정이 교회가 되었다는 것이다. 아무리 인원이 작아도 두세 명이 주님의 이름으로 모이면 그곳이 교회이다. 주님께서 임재하시는데 또 다른 조건이 있는 것이 아니다. 마태복음 18장 20절을 보면 “두세 사람이 내 이름으로 모인 곳에는 나도 그들 중에 있느니라”고 명확하게 말씀하신다. 따라서 성도가 2-3명이 모인 곳이라면 전도하고 예수가 그리스도이심을 가르치는 일에 힘썼다는 것이다. 그리고 가정에서 가르치는 것과 전도하는 일을 소홀히 하지 않고 성전에서 하는 것과 동등한 비중으로 행하였다는 것이다. 두 번째 의미는 사도들이 집집마다 다니면서 예수가 그리스도이다는 것을 가르치며 전도했다는 것이다. 이 집에서 저 집으로 다니면서 전도하며 가르쳤다는 것은 오늘날 열린 모임이나 셀 모임과 같다. 사도들이 친히 가정을 open하여 그 가정에서 함께 모여서 찬양하고 예배하며 하나님의 말씀을 가르쳤다. 이미 주님을 영접한 가정을 중심으로 모여서 예배드리는 것 이외에도 아직 예수님을 알지 못하는 가정으로 찾아가서 전도하고 예수가 그리스도이심을 가르쳤다. 집에서 집으로 다니면서 복음을 전하고, 삶의 현장에서 예수님이 그리스도이심을 가르쳤다.

사도들은 왜 멈추지 않고 예수님이 그리스도이심을 가르치는 일과 전도하는 일을 하셨는가? 예수님이 그리스도이심을 가르치는 것과 전도하는 것이 한 영혼을 구원하는 일이며 이 일로 인해서 하나님의 나라가 확장되기 때문이다. 또한 이 일은 예수님께서 제자들에게 주신 사명이다. 사도들은 핍박과 환란 속에서 목숨을 위협하는 순간에도 예수님이 그리스도이심을 가르치는 것과 전도하는 것을 멈추지 않았다. 날이면 날마다 성전에서, 그리고 집에서, 집집마다 다니면서 전도하고 전하였다. 사도들은 교회에서 뿐만 아니라 그들이 살고 있는 집에서, 삶의 현장에서 예수가 그리스도이시다는 것을 담대하게 전하며, 가르쳤다. 바리새인들과 제사장들은 사도들을 핍박하고 예수에 관한 것을 일체 말하지 말라고 협박당했지만 당당하게 성전에 나가서 날마다 복음을 전했다. 예수님을 전하다가 붙잡혀 옥에 갇히고 채찍질을 당하였지만 두려워하지 않았다. 사도들에게 예수 그리스도는 부끄러운 분이 아니라 가장 기쁜 복음이었고, 삶의 목적이었다. 이처럼 예수 그리스도의 복음은 사도들의 삶 전체이며, 유일한 소망과 기쁨이었다.

그런데 오늘날 우리들은 어떠한가? 복음을 전할 때에 눈치 보면서 사정하지는 않는가? 또한 복음을 전하는 것이 부끄러워서 말 한마디 제대로 전달하지 못하고 있지 않는가? 예수님이 그리스도이심을 부끄러워한다면 예수님도 그 사람을 천사들 앞에서 부끄러워하실 것이다. 누가복음 9장 26절에 보면 "누구든지 나와 내 말을 부끄러워하면 인자도 자기와 아버지와 거룩한 천사들이 영광으로 올 때에 그 사람을 부끄러워하리라"고 말씀하신다. 즉 너희가 예수님을 위해서 목숨을 잃는 것을 두려워한다면, 예수님 또한 다시 오시는 그날에 "내가 너희를 도무지 알지 못하니 불법을 행하는 자들아 내게서 떠나가라"(마 7:23) 하실 것이다. 오늘날 예수가 그리스도이시다는 것이 성경에 기록된 활자로 끝나는 것이 아니라 여러분과 가정, 그리고 삶의 현장 속에서 날마다 예수가 그리스도이시다는 것을 전파하며, 가르치는 사명을 감당해야 한다.

누가 이 시대에 하나님의 나라를 만들어가는 사람들인가? 첫째, 하나님의 말씀을 받은 자들이다. 둘째, 하나님을 말씀을 받고 믿음으로 순종하는 자이다. 셋째, 하나님이 주신 비전을 가슴에 품고 뜨거운 열정으로 충성하는 자들이다. 넷째, 자신의 목숨을 기꺼이 주를 위하여, 그의 나라를 위하여 드릴 수 있는 자들이다. 다섯째, 약속하신 성령의 권능을 받은 자들이다. 성령의 인도하심을 받은 사람들은 반드시 그의 나라와 그의 의를 추구하는 자가 될 것이다.

교회, 곧 하나님 나라의 백성 공동체는 하나님 나라를 선포해야 할 사명을 갖고 있다. 비록 하나님 나라가 예수님께서 다시 오시기까지는 완전한 축복의 상태로 실현되어지지 않지만 하나님 나라는 세상에서 역사하고 있으며, 악과의 무서운 싸움 속에서 보증되어지고 있다. 교회는 이러한 투쟁을 감당하는 곳이다. 세상은 하나님에 의해서 창조되었지만 인간의 타락으로 세상은 사단의 지배 아래 있게 되었다. 사단은 인간으로 하여금 죄를 짓도록 강요하고, 그 지은 죄의 결과로 죽음을 가져다줬다(롬 6:23). 결국 하나님 나라는 인간에게 창조자이며, 생명의 근원이신 하나님께로 돌아가야 하는 것을 강조하고 있는 것이다. 이것은 예수님께서 하나님 나라를 선포하신 가장 큰 이유이다. 죄인들로 하여금 사단의 나라에서 벗어나 하나님 나라로 들어가도록 불러내시려고 이 땅에 오신 것이다(막 2:17). '회개'와 '믿음'으로 죄인인 인생이 사단의 나라를 벗어나서 하나님의 나라로 들어오라고 선포하셨고, 친히 십자가에서 그 길을 여셨다.

그러므로 우리는 사단을 왕으로 섬기는 삶의 방식, 곧 타락한 세상의 가치관을 따라 살았던 삶의 모습을 회개하고, 진정한 왕이신 하나님을 신뢰하는 믿음으로 살아야 한다. 즉, 피조물로서의 인생이 가진 궁핍함에서 창조주의 부요함으로 들어가며, 인생의 유한성으로 인해 야기되는 고통의 세상에서 하나님의 무한한 부요함으로 이루어진 생명의 세계로 들어가게 되는 것이다. 결국 교회, 즉 이미 임한 하나님 나라를 살아내며, 앞으로 임하시게 될 하나님 나라를 대망하고 있는 자가 되어야 한다.

이제부터 우리는 하나님 나라를 하나님 나라답게 하기 위해 교회에 소속된 하나님의 백성들은 삶의 모든 영역에서 어떻게 하나님의 통치를 드러내며 그 분을 닮아갈 것인지 고민하며, 하나님 나라 복음을 살아내야 한다.

C. 예수님의 재림으로 완성될 하나님 나라

우리는 성경 전체에 대해 분명한 조망을 가져야 한다. 육십 육 권으로 구성된 성경은 신성한 계시이다. 새 예루살렘은 그러한 거대한 책의 결론이다. 또한 이 광대한 책 안에는 하나님의 경륜, 그분의 영원한 목적, 그분의 영원한 계획이 우주 안의 최고의 목적인 그분의 신성한 목적과 함께 완전히 계시되고 있다. 새 예루살렘은 이러한 목적과 이러한 계획과 이러한 경륜에 대한 결론이다. 새 예루살렘은 성경 전체의 결론일 뿐만 아니라 성경의 모든 항목들의 최종 완성이기도 하다. 삼위일체 하나님, 그분의 경륜, 그리스도의 구속, 하나님의 구원, 믿는 이들, 교회, 왕국 등 이 모든 것이 하나의 항목-새 예루살렘-으로 최종 완성된다.

새 예루살렘의 내용들을 보면 참으로 신기하고 놀랍다. 성의 중앙에 있는 하나님의 어린 양의 보좌로부터 생명수의 강이 흐르며 이 생명강 안에는 생명나무가 자란다. 또한 성 전체는 생명 빛에 의해 비추어진다. 이 세 항목들은 삼위 하나님의 내재적인 본질이다. 삼위일체 하나님의 내재적인 본질은 신성한 생명이다. 신성한 생명은 강이 될 것이고(22:1), 신성한 생명은 나무가 될 것이며(22:2), 신성한 생명은 빛이 될 것이다(22:5). 우리는 그 강을 마실 것이며 그 나물을 먹을 것이며 그 빛 안에 살게 될 것이다. 이 세 항목들은 삼위 하나님의 내재적이고 기본적인 본질에 속한다. 빛은 주로 아버지 하나님을 가리킨다. 요한계시록은 새 예루살렘 안에는 등불이나 햇빛이 필요없을 것이라고 말하는데, 이는 주 하나님이 빛이 될 것이고 어린 양이신 그리스도가 등이 되실 것이기 때문이다(21:23). 생명나무는 아들 하나님과 관련되며 생명수의 강은 영 하나님을 언급한다. 이것은 영원 안에서 우리의 생활과 누림을 위한 신성한 본질 안에 있는 신성한 삼위일체이다. 새 예루살렘의 기본적이고 내재적인 본질은 신성한 생명이다. 신성한 생명은 아버지 하나님께는 빛이고 아들 하나님에게는 나무이고 영 하나님에게는 강이다. 빛은 우리가 살기 위한 것이고 나무는 우리가 먹기 위한 것이고 강은 우리가 마시기 위한 것이다. 이것은 영원토록 삼위 하나님의 내재적인 본질속에 살아가는 것이다. 하나님은 우리 안에 거하실 것이며, 우리는 그분 안에 거할 것이다. 요한복음 15장 4절의… 내 안에 거하라 나도 너희 안에 거하리라"는 말씀이 새 예루살렘 안으로 확대되고 발전될 것이며 새 예루살렘은 신성한 상호 거함의 최종 완성이 될 것이다.

새 예루살렘은 생명 안의 구원(롬 5:10)의 최종 완성이다. God-man이신 예수님이 십자가에서 피 흘리심으로 법적인 구속의 역사를 이루시고, 부활 후 '마지막 아담'이신 그분은 '생명 주는 영'이 되어 사람 안에 들어오시고 사람의 영과 연합되신 것이 유기적인 구원의 시작인 거듭남의 본질이다(롬 5:10; 고전 15:45; 요 3:6; 고전 6:17; 요일 3:9). 거듭남은 생명의 구원의 시작이며 믿는 이들 안에 들어오신 그리스도가 생명으로 자라시고 형상을 이루사 마침내 하나님의 많은 아들들을 맏아들인 자신의 형상과 똑같게 만드는 것이 하나님의 구원의 완성이다. 즉 사람의 영의 거듭남, 혼의 변화됨, 몸의 영화롭게 됨이 하나님의 큰 구원의 내용인 것이다. 그러므로 우리 안에 그리스도의 형상을 이룸을 계시하는 갈라디아서를 포함한 신약의 서신서는 [그리스도]가 [성도들 안에서] [지금] 하고 계신 생명 구원의 역사이다(롬 5:10). 복음서에서는 생명의 씨를, 서신서에서는 씨뿌림과 자람을, 계시록에서는 생명의 수확을 말하며 새 예루살렘은 이러한 생명의 수확물인 것이다(막 4:26-29; 고전 3:1-6; 계 14:4; 15-16). 계시록 21-22장에 있는 새 예루살렘을 구성하는 모든 항목들은 부분적이긴 하지만 지금 체험할 수 있는 것이며 사실 지금 그 실제 안에 살고 계신 분들에겐 이런 말들이 새삼스러울 것이 없다. 왜냐하면 그것이 그분들의 삶의 실제이기 때문이다. "또 내가 보매 '거룩한 성 새 예루살렘'(the holy city, new Jerusalem)이… 그 예비한 것이 신부가 남편을 위하여 단장한 것 같더라"(계 21:2)는 말씀에서 언급된 '거룩'(holy) '새'(new), '예루살렘'(the foundation of peace)이란 말 자체에서 이 성이 물질적인 진짜 금 덩어리가 아니라 하나님의 생명과 본성으로 조성된 한 무리의 사람들임을 보여주고 있다.

하나님이 사도 요한에게 보여준 새 예루살렘이 어떤 모습으로 등장하고 있는가? 하나님의 교회가 얼마나 거룩하고 영광스럽고 존귀한가? 그 장면을 생각하면 정말로 가슴이 떨리며, 흥분되어 미칠 정도로 기쁘다. 지금까지 수많은 고통과 핍박을 당하며 힘도 없고, 능력도 없고, 도살장에 끌려가는 어린 양처럼 반항하지도 못하는 무기력한 교회의 모습에서 180도 달라져 있는 거룩하고 영광스러운 교회의 모습을 보여주고 있다. "하늘에서 내려오는 거룩한 성 예루살렘을 보이니 하나님의 영광이 있어 그 성의 빛이 지극히 귀한 보석 같고 벽옥과 수정같이 맑더라"(계 21:10-11). 우리는 본문에서 드디어 찬란하게 빛나는 새 예루살렘을 보게 된다. 새 예루살렘은 지상에서 가장 아름답고 값진 열두 보석과 황금으로 그 영광을 잘 보여주고 있다. 새 예루살렘은 궁극적으로 완성될 교회 공동체의 영광에 대한 묘사가 담겨 있다. 본문엔 새 예루살렘의 건축물로서, 성곽과 성문의 기초와 그 규모가 나온다. 완성된 교회의 모습을 상징적으로 보여준다. 한마디로 말하면 찬란함 그 자체이다. 새 예루살렘은 하나님이 임재하는 곳으로 하나님의 영광이 가득하다. 그로 인해 교회가 영광스러운 모습으로 변화된다. 본문 속 교회의 찬란한 영광과 아름다움은 천국에서 교회가 받을 축복이 어떤 것인지를 말해준다. 성곽 모습은 완성된 교회의 완전성과 안전성을 보여준다. 이는 완성된 교회가 얼마나 아름답고 영광스럽고 순결하고 존귀하고 완전하고 안전하고, 하나님과의 교제가 얼마나 풍성할지를 보여준다. 새 예루살렘의 핵심은 하나님의 영광과 그로 인한 교회의 영광이다. 그리고 이것은 지금도 교회를 구성하는 성도 한 사람 한 사람이 얼마나 존귀한 보석 같은 존재인지를 보여준다.

창세기에서 시작된 성경의 마지막 요한계시록의 결론이 무엇인가? 구원받은 성도들의 영광과 존귀와 그의 능력을 지닌 새 예루살렘으로 계시록 전체의 막을 내리고 있다. 계시록 21장은 하늘과 땅과 바다가 새 하늘과 새 땅, 새 창조로 변화될 것을 시작하여 하나님께로부터 새 예루살렘이 내려오는 것으로 놀라운 극치, 절정을 이루고 있다. 즉 새 하늘과 새 땅의 주인공이 등장하는 것이다. 하나님의 나라의 주인공이 누구라고 천사들이 외치고 있는가? 9절에 보면 하늘에서 내려오는 새 예루살렘은 어린 양의 신부라고 밝히고 있다. 여기서 하늘에서 내려오는 새 예루살렘은 완성된 교회 공동체를 말한다. 계시록의 주제도, 결론도 모두 교회에 대한 이야기이다. 결국 주님께서는 새 예루살렘을 이 땅에 내려오게 하심으로 구원을 완성하시고, 어린 양의 혼인잔치로 하나님 나라가 완전히 성취되고 있다. 그러므로 환난과 고통의 과정을 통과하는 성도가 이 땅을 살아가면서 가져야 할 비전과 소망은 영광의 나라가 임할 때 나타날 교회의 완성이다. 하나님은 죄악 된 세상을 완전히 새롭게 창조하신 후에 하나님의 나라에 완성된 교회를 세우실 것이다.

1. 어린양의 신부가 된 새 예루살렘

여기서 "하늘로부터 내려오는 거룩한 성 예루살렘"은 무엇인가? 9절 하반절에 보면 "내게 말하여 이르되 이리 오라 내가 신부 곧 어린 양의 아내를 네게 보이리라." 우리는 이 거룩한 성 예루살렘이 바로 어린 양의 신부이며 아내라고 말한 부분에 주목해야 한다. 요한이 여기에서 말하고자 하는 것은 하나님 나라에 있는 거룩한 성 예루살렘이 어떤 모양으로 되어 있는지를 소개하려는 것이 아니다. 어린 양의 신부라고 말한 거룩한 성 예루살렘이 얼마나 아름답고 화려하게 꾸며졌는지를 소개하려는 것이다. 이것은 용이나 짐승, 큰 음녀, 황충, 더러운 개구리들이 악을 상징한 것과 같다. 이런 상징물들을 통해 사단과 악령들에게 속한 세상의 죄에 빠진 자들이 얼마나 무섭고 추한 삶을 살고 있는지를 고발한 것과 마찬가지이다. 요한은 어린 양의 신부인 교회는 말로 형용할 수 없이 아름다운 하나님 나라의 거룩한 성 예루살렘을 소개하고, 그 도성이 바로 어린 양의 신부라고 말하고 있다. 주께서 그의 신부인 주님의 백성들을 얼마나 사랑하며 기뻐하고 계신지를 증거하는 것이다.

하나님이 사도 요한에게 보여주실 하나님의 교회의 모습은 어떠한가? "성령으로 나를 데리고 크고 높은 산으로 올라가 하나님께로부터 하늘에서 내려오는 거룩한 성 예루살렘을 보이니"(10절) 새 예루살렘의 실체가 분명히 드러나고 있다. 하늘에서 내려오는 새 예루살렘은 "신부"라고 기록되어 있다. 더 나아가 요한은 이렇게 기록하고 있다. "일곱 천사 중의 하나가 … 나에게 말하기를 이리 오너라 내가 신부 곧 어린 양의 아내를 너에게 보여 주겠다 그리고 그는 영의 힘으로 나를 크고 높은 산으로 데리고 가서 하나님으로부터 하늘에서 내려오는 거룩한 도시 예루살렘을 보여 주었는데, 그 도시는 하나님의 영광을 가지고 있었다. 그 밝은 빛은 매우 값진 보석과 같고, 수정같이 맑게 빛나는 벽옥과 같았다"(계 21:9-11).

새 예루살렘은 누구의 신부인가? 하나님의 어린 양으로서 인류를 위해 희생의 피를 쏟은 예수 그리스도의 신부이다(계 5:6, 12; 7:14; 12:11; 21:14). 이 신부의 실체는 영광스러운 그리스도인의 모임 즉 교회를 의미한다. 지상의 교회를 그리스도에게 바쳐질 "순결한 처녀"에 비유하고 있다(엡 5:23-25, 32). 하나님으로부터 하늘에서 내려오는 새 예루살렘의 이름과 나의 그 새 이름을 그 위에 써 주겠다고 약속하셨다. 일반적으로 아내는 남편의 이름을 따른다. 그러므로 시온 산에 어린 양과 함께 서 있는 것으로 나타난 14만 4천명에 달하는 자들은 어린 양의 이름과 그 아버지의 이름을 이마에 지니고 있는 거룩한 신부일 것이다. 새 예루살렘은 땅에 있는 지상교회가 아니라 하늘에서 내려오는 거룩한 교회이다. 왜냐하면 새 예루살렘은 "하나님으로부터 하늘에서" 내려오는 것이기 때문이다. 그러므로 새 예루살렘은 AD 70년에 멸망된 고대 도시 예루살렘 자리에 세워 놓은 성전, 돌이나 건물로 구성된 도시가 아니다. 새 예루살렘이 실제로 하늘에 있는 도시라는 사실은 요한이 새 예루살렘에 대해 본 환상으로 한층 더 지지해 주고 있다. 상징적인 도시여야만 새 예루살렘의 규모와 영화에 부합할 수 있을 것이다. 이 도시의 기초는 정사각형으로 한 쪽 길이가 약 555킬로미터이므로 전체 둘레가 약 2220킬로미터인 1만 2000스다디온이었다. 정육면체이므로 이 도시의 높이도 길이와 너비와 같았다. 사람이 만든 도시로는 "우주 공간"으로 그토록 멀리 뻗어 나갈 도시가 없을 것이다. 성벽 자체는 벽옥으로 건축되었고, 이 성벽이 놓여 있는 12기초석은 매우 아름다운 보석들로 벽옥, 사파이어, 옥수, 에메랄드, 붉은 줄마노, 홍옥수, 귀감람석, 녹주석, 황옥, 녹옥수, 히아신스, 자수정이었다. 이 12기초석에는 어린 양의 12사도의 이름이 새겨져 있었다. 이토록 아름다운 성벽 안에 자리 잡은 도시 자체도 영광이 성벽에 뒤지지 않았다. 그 도시는 "맑은 유리와 같은 순금"으로 묘사되었고, 큰 길은 "순금이었는데, 투명한 유리와 같았다"고 증언하고 있다. 새 예루살렘은 영광의 모습으로 변화된 거룩한 천상의 교회를 의미하며, 그 날이 되면 주님과 함께 영광된 부활의 실체를 입고 이 땅에 재림하여 올 것이다.

2. 하나님의 영광이 머물러 있는 새 예루살렘

사도 요한은 새 예루살렘을 어떻게 묘사하고 있는가? 11절에 보면 "하나님의 영광이 있어 그 성의 빛이 지극히 귀한 보석 같고 벽옥과 수정같이 맑더라." 요한은 그 도성이 하나님의 영광의 광채로 둘러싸여 있고, 그 빛이 지극히 귀한 보석과 같았고, 벽옥과 수정처럼 맑다고 했다. 그 문은 커다란 진주로 되어 있고, 성벽에는 열두 개의 기초석이 있는데 그 역시 모두 아름다운 보석들이라고 증거한다. 지극히 값지고 귀한 보석들은 실제로 그러한 보석들이 박혀 있다기보다는 예루살렘 성의 영광스러운 가치를 가장 최고치의 인간의 언어로 표현한 것이다. 새 예루살렘 성의 열두 진주문은 이스라엘의 열 두 지파를, 열 두 기초석은 교회의 열 두 사도를, 동서남북 각각의 세 문은 삼위일체 하나님을 상징한다. 구약과 신약을 통하여 수고한 열 두 지파와 열 두 사도의 사역과 그리고 삼위일체 하나님의 놀라운 구원의 경륜과 일하심을 영원히 기념하는 기념비적인 성전인 것이다.

새 예루살렘에 해나 달의 비침이 쓸데없는 이유가 무엇인가? 23절에 보면 "그 성은 해나 달의 비침이 쓸데없으니 이는 하나님의 영광이 비치고 어린 양이 그 등불이 되심이라." 이 성의 빛이 어떤 빛인가 해와 달의 비침이 쓸데없더라. 성 안에 성전이 없는 것과 마찬가지로 성 안에 햇빛이나 달빛이 있어야 성안을 비출 것이다. 그것을 봤더니 없더라는 것이다. 그럼 무엇이 있느냐? 하나님의 영광이 어린 양을 통해서 비추고 있었다. 하나님의 빛이 비취시니 어린 양이 등이 되시더라는 이 말은 빛과 등이 하나가 되었다는 말이다. "하나님의 영광이 어린 양을 통해 비취더라." 이 성 안에 있는 빛은 영광의 빛이므로 물리적인 빛이 아니라 인격적인 빛이다. 깜깜한 밤이라고 하더라도 영광의 빛은 있을 수 있고, 대낮이라 하더라도 영광의 빛은 없을 수 있다. 하나님 나라의 성전에는 무슨 빛이 가득한가? 성전에는 해와 달의 빛이 아니라 금 등대에서 나오는 빛이 있다. 성전 내부는 자연계의 빛으로 비춰지는 것이 아니고 등잔에서 비춰지는 그 등불로 비춰졌다. 왜 이 새 예루살렘 성 안에는 해와 달이 없는 것인가? 구약에도 이미 벌써 성경 안에서 해와 달이 없었다. 자연의 빛이 없었다는 말이다. 오직 금 등대에서 나오는 신성한 빛이 그 안에 있었지 햇빛이나 달빛이 그 안에 없었다. 당연히 요한계시록에 나오는 이 성은 해와 달에서 나오는 빛이 아니라 금 등대에서 나오는 빛이 된다. 새 예루살렘의 빛은 자연계의 빛이 아니라 금 등대의 빛이다.

오늘날 교회의 빛은 무엇인가? 그것은 자연의 빛이 아니라 금 등대의 빛이 되어야 한다. 자연의 빛만 보고서는 교회를 알 수가 없다. 우리가 교회를 보려면 금 등대의 빛 안에 있어야 교회를 볼 수 있지, 자연의 빛으로는 볼 수 없다. 우리가 사람의 얼굴을 본다는 것은 자연의 빛으로 보는 것이다. 금 등대의 빛으로 보는 것이 아니다. 그 사람의 인격을 보는 것은 금 등대의 빛으로 보는 것이지 자연의 빛으로는 사람의 인격을 볼 수가 없다. 사람의 인격을 보려면 금 등대가 있어야 하며, 그 빛이 있어야 사람의 인격과 성품을 온전히 볼 수가 있을 것이다. 만일 금 등대의 빛이 없으면 사람은 까막눈이다. 물질적 세계에는 눈이 떠있지만 영적인 세계, 인격적 세계는 볼 수가 없을 것이다. 새 예루살렘의 빛은 하나님은 빛이시고 어린 양은 등이 되신다. 하나님에게서 나오는 빛은 영광 그 자체이다. 하나님의 영광이 비취는 그 빛으로 볼 때, 하나님의 영광 안에서 본 사람과 태양빛 아래서 본 사람은 너무나 다르다. 햇빛과 달빛이 쓸데없으니 주 하나님이 빛이시고 어린 양이 등이 되신다는 말씀은 정말로 우리의 가슴을 뛰게 만든다. 우리는 지금 이렇게 신성한 빛 안으로 들어왔다. 하나님의 영광의 빛 속에 들어온 것이다.

새 예루살렘 안에는 무엇이 없는가? 그곳에서 밤이 없다. 하나님의 영광의 빛, 신성한 빛이 있는 곳이다. 밤과 낮은 자연계의 현상이라면 새 예루살렘은 자연계가 아니라 인격 세계이기 때문에 인격을 통해 비치는 하나님의 영광이 비치는 세계이다. 이사야 60장에서 "다시는 낮의 해가 네 빛이 되지 아니하며 오직 여호와가 네게 영영한 빛이 되며 네 하나님이 네 영광이 되리라"(사 60:19-20)라고 이미 예언되어 있다. 이스라엘은 이런 소망을 가진 사람들이다. 새 예루살렘은 그런 해와 달을 따라가는 세계가 아니고, 금 등대에서 비쳐오는 하나님 영광을 따라가는 세계가 될 것이다. 지금 우리의 교회생활이 하나님의 영광을 따라가는 거룩한 생활을 추구하는 것이다. 그 영광의 비침을 보고 나오는 생활이다. 만약 세상의 해와 달을 보고 온다면 이 안에 와서는 늘 깜깜할 수밖에 없다. 왜냐하면 바같에는 해와 달이 비추고 있는데 여기는 해와 달이 아니고 하나님의 영광의 빛이 비추고 있기 때문이다. 하나님 영광의 빛을 안 사람은 해와 달의 비침이 쓸데없다는 것을 알게 될 것이다. 우리는 이 빛이 영원한 빛임을 알아야 된다. 우리는 그 영광을 위해서 부름을 받은 사람들이다. 고린도후서 3장 18절에 보면 "주의 영광을 보매 저와 같은 형상으로 화하여 영광으로 영광에 이르니" 왜 영광에 이르지 못하느냐면 주의 영광을 못 봤기 때문이다. 주의 영광을 못 봤으므로 영광에서 영광을 이룰 수 없는 것이다. 주의 영광을 보면 그분의 영광으로 영광을 이루게 된다. "주의 영광을 보매 저와 같은 형상으로 화하여 영광으로 영광에 이르니" 우리가 주의 영광을 보는 이것이 얼마나 중요한 것인지 모른다. 이 영광의 등불을 보는 것이 그 영광 안으로 우리를 인도하시며, 그와 함께 영광을 받을 것이다. 로마서 8장 30절에 "…의롭다 하시고 의롭다 하신 그들을 또한 영화롭게 하셨느니라." 우리 인생은 전부 하나님의 영광을 위해서 부름 받은 것이다. 하나님의 형상대로 지음 받고, 부름 받고, 구속 받고, 지금 변화되고 있다. 변화시켜 주고 있는 것은 전부 영광을 위해서이다. 하나님 표상은 바로 영광이다. 우리가 예수님을 믿는 순간에 이미 하나님의 영광이 내 안에 내주하며, 우리에게는 하나님의 영광이 머무는 거룩한 성전이 되어진 것이다.

요한계시록 1장 12절에 보면 맨 처음 계시록을 시작할 때 일곱 금 등대가 나온다. 일곱 등대는 교회의 등불에 대한 이야기이다. 그리고 21장에 가니 하나님과 어린 양이 빛이더라고 되어 있다. 즉 교회의 등불은 바로 하나님 자신을 의미하고 있다. 요한복음 8장에 보면 "나는 세상의 빛이니" 라고 되어 있다 마태복음 5장 16절에 보면 "너희는 세상의 빛이니 너희 빛을 세상에 비추게 하라"고 말씀하고 있다. 그렇다고 우리가 전깃회사에 돈을 많이 내서 세상을 비추겠는가? 그렇지 않다. 여기서 세상의 빛은 세상의 전기불이 아니라 우리 안에 있는 신성한 빛, 하나님의 영광의 빛을 의미한다. 그 빛이 없으면 아무것도 비출 수가 없다. 우리가 나가서 하나님 나라를 전한다는 것은 이 빛을 가지고 가는 것이다. 이 빛을 통하여 그 사람이 하나님 나라를 보게 되며, 하나님의 품으로 돌아오게 되는 것이다. 그 빛이 없으면 깜깜한데 보석을 가지고 가서 이게 보석인데 굉장히 중요한 것이고 다이아몬드라고 아무리 소개를 해도 사람들이 믿지 아니할 것이다. 우리 속에 그 빛이 있어야 사람들에게 그것을 보게 할 수 있다. 새 예루살렘이 무엇이냐? 주 하나님과 어린 양이 확대된 것이 새 예루살렘이라는 것이다. 즉 예수 그리스도가 확대된 것이 교회였듯이 전능하신 이와 어린 양이 확대된 것이 새 예루살렘이라는 것이다. 이것은 물질적 개념으로 이해하기가 어렵다. 영적, 인격적 개념으로만 이해하려고 할 때 새 예루살렘이 바로 우리 성전이라는 것을 알 수 있을 것이다. 하나님과 예수님이 하나이듯이. 그리스도와 교회가 하나이듯이 어린 양과 그 백성이 하나가 되기 때문에 예루살렘 성은 우리 자신이 되는 것이다. 하나님 나라에는 성전 따로 있고 성 따로 있는 것이 아니라 성의 확장이 성전이므로 성과 성전은 결국 하나이다. 어린 양이 지성소라면 그의 백성은 성전이 되는 것이다.

3. 열두 문이 있고, 그 문들 위에 각자의 이름을 기록해 놓은 새 예루살렘

새 예루살렘에는 열두 문이 있는데 그 문들마다 누구의 이름이 기록되어 있는가? 12절에 보면 "크고 높은 성곽이 있고 열두 문이 있는데 문에 열두 천사가 있고, 그 문들 위에 이름을 썼으니 이스라엘 자손 열두 지파의 이름들이라" 새 예루살렘에는 열 두 개의 문이 있다. 그리고 그 문들 위에 이름이 써 있는데, 이스라엘 자손 열 두 지파의 이름들이다. 12이라는 숫자는 동서남북 세가지 해서 만들어진 것이다. 즉 삼위 하나님의 숫자에다가 이 땅을 상징하는 동서남북(4) 방위의 사(4)를 곱해서 십이(12)라는 숫자가 된 것이다. 구약의 교회를 상징하는 이스라엘의 지파가 열 두 지파이며, 신약의 교회의 기초를 상징하는 사도들이 열 두 사도가 되는 것이다. 그런데 주의 깊게 보시면 교회를 상징하는 그 거룩한 성, 새 예루살렘의 기초석 위에 십이 사도의 이름이 기록되어 있다. 그러니까 열 두 사도가 교회의 기초석이라는 것이다. 그리고 그 기초석 위에 세워진 성곽에나 있는 그 열 두 문에 구약의 열 두 지파의 이름이 새겨져 있다. 그 말은 구약의 열두 지파로 구성되었던 그 이스라엘은 열두 사도라는 기초 위에 세워진 신약의 교회를 상징하는 것이다.

에스겔의 환상이 보여주는 그 성전은 누구인가? 에스겔서에서 이야기하는 그 처소, 그 성전, 여호와의 영광이 다시 돌아 온 그 성전은 바로 우리라는 것이다. 여호와가 영원히 거하시는 곳, 그것은 히브리 말로 "여호와삼마"라고 한다. 인간의 죄로 말미암아 그 거처를 떠나셨던 여호와께서 다시 새로운 창조를 통해서, 이제는 그 거처를 영원히 떠나지 않고 함께 하시는 그 구속사 전체가 에스겔서에 묵시로 담겨있는 것이다. 거룩한 성 새 예루살렘은 여호와삼마, 하나님께서 영원히 그분의 생명력을 부어 주시며 함께 거하시는 여호와의 처소인 것이다. 우리가 구약을 잘 모르면 열두 진주와 보석을 문자 그대로 해석할 수밖에 없다. 하나님 나라는 기둥이 황금이고, 홍보석이고, 녹보석이고, 길이 다이아몬드라고 말하는 것이다. 열두 사도의 기초석 위에 세워져 있는 그 거룩한 성 새 예루살렘은 하나님이 영원히 거하실 처소인 우리 교회 자신을 상징하고 있는 것이다. 하나님의 성전이 된 우리가 얼마나 영광스러운 존재인지를 보여주는 것이다.

사도 요한은 새 예루살렘의 성전을 어떤 모습으로 그려주고 있는가? 요한계시록 21장 18-21절을 보면 "그 성곽은 벽옥으로 쌓였고 그 성은 정금인데 맑은 유리 같더라(18절)." "그 성의 성곽의 기초석은 각색 보석으로 꾸몄는데 첫째, 기초석은 벽옥이요 둘째는 남보석이요 셋째는 옥수요 넷째는 녹보석이요(19절)." "다섯째는 홍마노요 여섯째는 홍보석이요 일곱째는 황옥이요 여덟째는 녹옥이요 아홉 번째는 담황옥이요 열째는 비취옥이요 열한째는 청옥이요 열둘째는 자정이라 그 열두 문은 열두 진주니 문마다 한 진주요 성의 길은 맑은 유리 같은 정금이더라." 여기서 진주라는 것은 고대시대 때 가장 값비싼 보석이었다. 그런데 문이 한 진주라고 했다. 진주가 얼마나 크면 문이 하나가 되는가? "문이 한 진주요 성의 길은 맑은 유리 같은 정금이더라." 여기 등장하는 보석들은 진주를 포함해서, 당시 고대사회에서 가장 값비싸고 화려한 보석들인 것이다. 지금 요한은 그 보석들을 총동원해서 구원받은 성도의 아름다움과 영광스러움을 표현하고 있다. 우리가 출애굽기 28장 17-21절을 보면 이 보석들은 당시 대제사장들의 흉배에 붙이던 보석이었다. "그것에 네 줄로 보석을 물리되 첫 줄은 홍보석, 황옥, 녹주옥이요(17절)" "둘째 줄은 석류석, 남보석, 홍마노요(18절)." "셋째 줄은 호박, 백마노, 자수정이요(19절)." "넷째 줄은 녹보석, 호마노, 벽옥으로 다 금테에 물릴지니(20절)." "이 보석들은 이스라엘 아들들의 이름대로 열둘이라 매 보석에 열두 지파의 한 이름씩 새겨 넣었다. 여기서 그 보석들이 누구인가? 그 보석에 누구의 이름이 새겨져 있는가? 열두 지파의 이름이다. 즉 하나님의 백성들의 이름이 새겨져 있는 것이다. 그러므로 그 보석은 하나님의 성전이 되는 하나님의 백성들이라는 말이다. 우리는 하나님의 영광이 임함으로 찬란하고 영광스러운 보석인 것이다. 구원받은 성도들의 신분은 정말 가히 상상할 수도 없는 찬란하고 영광스러운 존재라는 것이다. 우리가 주의 재림시에 부활하면 모두 이렇게 열두 보석처럼, 황금처럼 영광스럽게 빛나는 존재가 될 것이다.

하나님 나라를 깊이 이해하게 되면 돈보다 사람을 소중하게 생각하며, 자신의 성공과 출세보다는 주님의 이름으로 다른 사람을 섬기고 도와주는 것이 행복이라는 것을 발견하게 될 것이다. 하나님 나라는 사람에게 초점이 있다. 조금 더 구체적으로 표현하면 하나님 나라는 구원받은 성도들의 모임, 교회에 초점을 두고, 교회를 거룩하고 영광스럽고, 존귀하게 만들어 주는 것이다. 하나님이 왜 하늘과 땅과 바다를 만들었는가? 사람을 위하여 만들었다(창 1:26-28). 예수님이 왜 하늘의 영광과 보좌와 권세를 버리고 이 땅에 인간의 모습으로 오셨는가? 인간을 죄에서 해방시켜 주시고, 하나님의 자녀로 구원해 주시기 위함이다. 예수님이 왜 하늘의 천사들과 나팔소리를 좇아 이 땅에 재림하시는가? 사단과 죄와 거짓 선지자들의 핍박과 고통 가운데 믿음을 지키는 성도들, 교회를 지켜주시고, 거룩하고 영광스러운 교회를 만들어 주기 위함이다. 구원받은 성도들의 눈에서 눈물을 닦아 주시며, 사망과 애통과 고통에서 해방시켜 주어 영생복락을 누리게 하기 위하여 예수님이 이 땅에 재림하신다. 그러므로 주님의 재림은 우리에게 두려움이나 공포감을 주는 것이 아니라 의와 평강과 희락을 주는 기쁜 소식이다.

제 5 장

성경은 하나님 나라와 그의 의를 보여주고 있다

A. 신명기에 나타난 하나님 나라와 그의 의

하나님의 형상대로 지음받은 모든 사람들은 지위고하, 남녀노소를 막론하고 평등하다는 것이 성경의 가르침이다. 모든 만민이 평등하다는 대원칙하에 조화와 균형을 이루며 살 때 평화가 임하며, 인간의 가치와 존엄성을 찾을 수 있을 것이다. 모든 사람은 평등하다는 원칙을 깨뜨리면 조화와 균형이 깨어지며, 치열한 경쟁과 독선이 발생하게 될 것이다. 공정과 정의와 분배의 원리가 깨어진 것이 죄악이다. 즉 공정과 정의와 분배의 원칙을 지키기 아니하는 것이 창조의 목적에서 벗어난 죄이며, 하나님 사랑과 이웃 사랑의 법을 무너뜨리게 될 것이다. 성경에서 강조하는 하나님의 선은 정의와 공정과 분배이다. 그러므로 우리 삶과 사회 속에서 정의와 공정과 분배는 선택 과목이 아니라 반드시 지켜야 할 필수과목이다. 이 원리와 방법을 지키며, 행할 때 이 땅에 하나님의 나라가 임하게 될 것이다.

신명기는 특히 정의와 공정과 분배의 정신과 법을 잘 보여주고 있다. 신명기는 이스라엘 백성의 가나안 정착을 앞두고 하나님이 그들에게 정착된 삶의 기준을 위해 출애굽 시대의 계명에 보완하여 준 계명이다. 그로 인해 신명기를 제2의 법전이라고 말한다. 신명기에 기록된 십계명을 모법으로 근간을 삼고 각종 율례와 법도와 규례를 체계적으로 다루고 있다. 십계명 5-10계명을 보면 하나님이 세우신 정의, 공정, 분배의 정신과 삶을 강조할 뿐만 아니라 각 조항을 만들어 구체적으로 가나안 땅에서 정의와 공정과 분배를 잘 이루어지게 함으로 하나님의 나라를 만방에 보여주고자 한다. 흔히 사람들은 '정의'라는 말을 재판에 의한 처벌로 간주하고 있다. 그러나 정의는 단순한 처벌이나 보복 이상의 의미를 지닌다. 그것은 바로 '분배적 정의'인 것이다. 사람이 마땅히 받아야 할, 그리고 누려야 할 권리를 누리는 것으로 실현된다. 물론 이것이 현대적 의미의 평등한 분배에까지 이르지 못했다는 한계는 있으나 당시 고대근동 사회에서는 이러한 분배적 정의란 혁명적 일에 가까운 일이었을 것이다.

이스라엘은 신명기에서 이스라엘의 주인, 세상의 주인은 오직 여호와 한 분이라고 강조한다. 그 말은 이 세상을 다스리는 사람, 세상이라는 가정의 가장은 오직 여호와 하나님이라는 말이다. 만약 어떠한 집에 방문했을 때 그 집의 집주인이 정의로운 사람인지 알아보고 싶다면, 그 집안을 둘러봄으로써 그 집주인을 판단할 수 있을 것이다. 그 집주인의 자녀들이 평등하게 입을 것, 먹을 것을 해결하고 부모의 보살핌을 받고 있는지 보면 된다. 만약 한 자녀는 풍성히 먹고 잘 입고 지내는 반면, 다른 자녀는 제대로 입지도, 먹지도 못한다면 누가 그 주인을 정의로운 사람이라고 말할 수 있겠는가? 신명기에 나타난 하나님의 정의와 공정과 분배에 대한 이해는 이스라엘의 주인으로, 세상의 주인으로서 정의롭게 나눠주시는 하나님에 대한 이해를 표현하고 있는 것이라고 보인다.

이스라엘은 이러한 하나님의 다스림 안에서 인간, 하나님의 대리자로 세우심을 받았다. 여호와의 축복을 받은 이스라엘은 가나안 땅에서 이스라엘이 해야 할 일과 공정과 정의를 실현해야 한다. 바로 하나님의 백성들에게 돌아갈 몫을 잘 분배하여 나눠주는 것이다. 이러한 역할들을 강조하는 것이 십계명의 안식일 계명, 안식년, 노예법, 여성들에 대한 언급에서 나타나고 있다. 특별히 레위인이나 나그네 등 분깃이 없는 자들과 여성들과 같은 사회적 약자에 대한 법들은 부와 권력을 지닌 자들이 그것을 독점하고 사람들을 노예로 삼지 못하도록 제한해야 한다. 우리가 사는 이 세상에 하나님의 뜻을 실현시킨다는 말은 단순히 천국에 대한 입장표를 제공 받는다는 말이 아니다. 그것은 하나님의 거룩한 성품의 구체성을 인간이 사는 현실 속에 재현 혹은 모방시키는 것이다. 그러므로 공정과 분배와 사회정의에 대한 관심은 미래의 구원에 관계된 가치관보다 미래를 소유한 사람이 살아있는 동안의 의미에서 찾아야 할 중요한 과제일 것이다. 하나님께서는 우리에게 공의(체다카)와 정의(미쉬파트)를 지켜 행하라고 말씀하신다. "내가 그로 그 자식과 권속에게 명하여 여호와의 도를 지켜 의와 공도를 행하게 하려고 그를 택하였나니 이는 나 여호와가 아브라함에게 대하여 말한 일을 이루려 함이니라"(창 18:19). 여기서 공의(체다카)는 하나님께서 선(善)하다고 인정하는 것을 말한다. 하나님을 사랑하고, 이웃을 내 몸과 같이 사랑하며, 긍휼한 마음과 관용을 베푸는 마음이 공의이다.

하나님께서 주장하는 공의는 하나님과 사람 사이의 관계 회복을 공의라고 말씀하셨고, 신명기 24장 13절에서는 가난한 사람의 전당물을 해 질 때에 반드시 돌려주어 그가 추위에 떨지 않고 잘 수 있도록 해주면 그것이 하나님 여호와 앞에서 공의로움이 된다. 정의(미쉬파트)는 하나님께서 사람의 마음에 심어 놓으신 윤리 도덕적 규범이라 할 수 있다. 사람이 살아가는 모든 과정에서 공정하게 실현되는 것을 정의라고 말한다. 아무리 공정한 재판이라 할지라도 어려운 처지에 놓여있는 과부와 고아들에게는 긍휼과 자비를 베풀어야 하는 것이 정의이다. 그러므로 정의는 하나님의 공의 안에서 실현될 때 공정성을 가진다. 그리고 공의와 정의는 모두 하나님의 주권 아래 있으므로, 하나님은 공의와 정의로 심판하신다. 그리스도인은 자신과 자녀들에게 하나님의 공의와 정의를 무엇보다 우선적으로 가르쳐야 한다. “여호와께서는 공의와 정의를 지키며 사는 것을 제사를 드리는 것보다 더 기쁘게 여기시느니라”(잠 21:3). 하나님의 공의(公義)와 정의(正義)는 두 가지로 압축할 수 있는데 즉 하나님 사랑과 이웃 사랑으로 나타나야 한다.

예수님께서 말씀하신 그의 나라와 그의 의가 무엇인가? 마태복음 6장 33절에 보면 “그런즉 너희는 먼저 그의 나라와 그의 의를 구하라 그리하면 이 모든 것을 너희에게 더하시리라.” 이 구절의 전후 문맥을 살펴보면 33절은 ‘염려하지 말라’는 전후 문맥에 들어 있는 구절이다. 더 큰 문맥에서 보면 예수께서 산상수훈을 통해 예수 그리스도의 사건으로 가져오게 되는 하나님의 나라와 그의 삶은 지금 우리가 살고 있는 이 세상 나라와 이 세상 나라의 삶의 원리와는 완전히 다르다는 것을 설명하는 문맥 안에 들어 있다는 사실이다. 그렇다면 사람들이 왜 염려하게 되었는가? 사람이 염려하기 시작한 것은 하나님같이 되기 위해 선악과를 따 먹고부터 시작된다. 인간은 원래 하나님 절대 의존적인 존재로 창조되어 하나님의 풍성한 생명력을 받아 누리며 사는 존재로 지어졌다. 전지전능하신 하나님은 자신의 모든 지혜와 능력으로 창조하시고, 복을 주시고, 그의 의와 공도를 행하라고 말씀하셨다. 그런데 인간이 마귀의 유혹을 받아 피조물 자리를 벗어나 하나님처럼 되기 위해 선악과를 따먹은 후에 하나님의 통치를 거부하고, 자기 왕국, 자기 행복을 추구하는 어리석은 자가 되었다. 그리고 인간은 선악 판단의 주체가 되어, 자신들이 정의해 놓은 가치와 힘을 끌어 모아서 스스로를 보호하고, 세상의 재물, 인기, 권력, 지식, 종교로 자기 왕국을 만들어 가려고 한다. 이것이 죄악이며, 불행과 고통의 시작과 원인이 되는 것이다.

예수님이 말씀하신 '그의 나라와 그의 의'를 구하라는 것은 무엇인가? 그 근원을 창세기의 하나님이 믿음의 조상 아브라함에게 주신 말씀 속에서 찾아야 한다. 하나님 나라에서 가장 중요한 용어는 하나님의 통치라는 단어이다. 하나님의 명령을 듣고 순종할 때 하나님의 나라가 내 속에, 내 교회에 임하게 된다. 창세기 1장에서 가장 많이 반복되며, 강조하는 것은 "하나님이 말씀하시되" 라는 명령어이다. 하나님이 명령하신 대로 그대로 되어지는 곳이 하나님 나라이다. 하나님의 말씀에 대한 순종, 그의 명령을 듣고 순종할 때 하나님의 의와 공도가 이루어지게 되는 것이다. 즉 하나님 나라는 하나님의 통치와 인도함을 받는 나라이다. 하나님이 나의 왕이시다는 것을 고백할 뿐만 아니라 그의 통치와 인도함을 받는 것이다. 그의 나라와 그의 의'의 반대말은 '나의 나라와 나의 의'이다. 선악과 따먹고 하나님같이 된 인간은 모두가 '자기 자신의 영광과 유익과 이름과 행복'만을 위해 사는 자들이다. '자기 나라, 자기 의'에 사는 자들은 단지 이 세상의 물질과 힘만을 추구하는 것만이 아니라 '자기 나라와 자기 의'에 사는 자들은 자신의 자존심을 지키기 위해 자살도 할 수 있고 타인을 죽일 수도 있다. 이렇게 선악과를 먹고 하나님처럼 된 인간의 자기애, 자기 챙기기는 무서운 것이고 이것이 바로 저주 받을 죄의 본질인 것이다. 하나님이 아브라함을 부르신 목적이 무엇인가?

1. 아브라함을 부르신 목적은 천하 만민이 복을 받게 하기 위함

오늘 본문의 배경은 하나님이 아브라함에게 나타나셔서 소돔과 고모라 성이 멸망을 당할 것이라고 알려주셨다. 그 당시에 소돔과 고모라의 죄악이 크고 그로 인한 부르짖음이 크기 때문에 하나님이 이제 그곳을 가서 살피고 심판하실 것이라고 하신다. 소돔은 롯이 사는 곳이다. 그래서 아브라함은 롯을 위해서 소돔이 멸망을 당하지 않도록 중보한다. 중요한 것은 소돔의 멸망을 앞두고 하나님은 아브라함에게 전혀 다른 비전을 말씀하신다. "아브라함은 강대한 나라가 되고 천하 만민은 그로 말미암아 복을 받게 될 것이 아니냐 내가 그로 그 자식과 권속에게 명하여 여호와의 도를 지켜 의와 공도를 행하게 하려고 그를 택하였나니 이는 여호와가 아브라함에게 대하여 말한 일을 이루려 함이니라." 롯이 선택한 소돔은 죄악으로 멸망할 것인데 하나님은 아브라함을 의와 공도를 행하는 가족으로 삼으셔서 그의 민족을 강대한 나라 되게 할 것이라는 것이다. 여기에 우리는 중요한 원리를 볼 수가 있다. 롯이 선택한 소돔은 욕망과 죄악의 도시였다. 그로 인해서 불법과 죄악이 난무한 곳이었다. 하나님은 이 욕망의 도시를 불과 유황으로 심판하셨다.

하나님이 아브라함을 택하시고, 부르신 목적이 무엇인가? 창세기 18장 18절에 보면 "아브라함은 강대한 나라가 되고 천하만민은 그로 말미암아 복을 받게 될 것이 아니냐." 하나님이 아브라함을 부르신 이유와 목적은 그로 강대한 나라가 되게 하고 천하만민이 아브라함으로 말미암아 복을 받게 하기 위함이다. 또한 인간을 창조하신 목적과 구원하신 목적은 매우 긴밀하게 연결되어 있다. 창세기 1장 28절에 보면 하나님이 그들에게 복을 주시고, 생육하고 번성하여 온 땅을 정복하고 다스리라는 것이다. 이 말씀은 창세기 12장 2-3절의 말씀과 매우 긴밀하게 연결되어 있다. "여호와께서 아브람에게 이르시되 너는 너의 고향과 친척과 아버지의 집을 떠나 내가 네게 보여 줄 땅으로 가라 내가 너로 큰 민족을 이루고 네게 복을 주어 네 이름을 창대하게 하리니 너는 복이 될지라 너를 축복하는 자에게는 내가 복을 내리고 너를 저주하는 자에게는 내가 저주하리니 땅의 모든 족속이 너로 말미암아 복을 얻을 것이라." 그때에 아브람의 나이는 75세였고, 아브라함은 175세를 살다 죽었음을 볼 때 그의 인생의 전반기는 죄에 속한 세상에서 의미없이 살아간 기간이라고 말할 수 있다.

그는 조상들이 살아온 대로 땅에서의 소출과 자신의 안위를 위해 유목민으로 땅을 찾아 떠돌며 땀을 흘리는 삶을 살았다. 그러나 하란에서 만난 여호와 하나님의 택하심으로 아브라함은 하나님의 음성을 듣는 자가 되었고, 하나님의 뜻과 목적을 이루어가는 사람이 되었다. 하나님은 아브라함과 그의 자손들에게 이 세상을 향한 여호와의 도를 알려주셨다. 그리고 그들에게 하나님 나라의 의와 공도를 행하라는 사명을 주셨다. 그 말씀대로 순종하며, 살아갈 때 하나님 나라를 만들어갈 수 있으며, 천국의 의와 평강과 희락을 누리게 될 것이다. 하나님의 말씀 그 자체가 천국의 실체이다. 하나님의 나라는 영원한 생명이 있고, 살아 있는 말씀이 통치하는 곳이다. 그 말씀을 믿고 받아들이는 자들에게는 하나님 나라가 허락되었고 천국의 기쁨과 영광을 누릴 수 있게 될 것이다.

2. 아브라함을 부르신 목적은 하나님의 의와 공의를 행하기 위함

하나님께서 아브라함을 부르신 목적이 무엇인가? 창세기 18장 19절에 보면 "내가 그로 그 자식과 권속에게 명하여 여호와의 도를 지켜 의와 공도를 행하게 하려고 그를 택하였나니…" 여기서 의와 공도는 "체데크" 와 "미슈파트" 라는 단어이다. 즉 하나님의 정의를 말한다. 오늘 본문은 하나님께서 아브라함을 택하시고, 부르신 목적을 명확하고 분명하게 밝혀

주고 있다. 첫째는 "너희가 여호와의 도를 지켜 하나님의 의와 공도를 행하게 하기 위함이다. 둘째, 너희가 그의 자식과 권속들에게 여호와의 말씀을 가르쳐 그들로 하여금 하나님의 의와 공도를 행하게 하기 위함이다. 즉 하나님은 구원의 유일한 방법으로 예수 그리스도의 희생을 이루시기 위해 죄의 세상에 있던 아브라함을 택하셨다. 그것은 그의 자식과 그의 권속들에게 하나님의 도를 가르쳐 지키게 하여 하나님의 의와 공도를 행하게 하기 위함이다. 오늘 본문의 말씀은 "구약의 지상명령"이라고 불리우는 매우 중요한 말씀이다.

여기서 그의 의와 공도를 행한다는 것이 무엇인가? 여기서 그의 "의"는 윤리도덕적인 의를 말하는 것이 아니라 그분의 의로우심을 나타내는 '의'(righteousness)를 말하는 것이다. 신자가 정말로 하나님만을 주인으로 삼아 당신의 자녀답게 살고 있다면, 다른 말로 재물을 목표로 살지 않고 재물로 인해 염려하지 않는 삶을 산다면 반드시 하나님께서 입히시고 먹이신다는 것이 본문에서 말하는 그의 의로움이다. 예수님은 제자들에게 '먼저' 그의 나라와 그의 의를 구하라고 하신다. 여기서 하나님 나라의 의를 구하라는 것은 하나님의 통치, 하나님의 다스림을 구하라는 말이다. 그리스도인은 부와 명예와 출세와 성공을 구하기 전에 무엇보다 '하나님의 나라'를 구하며, 그의 공도를 행해야 한다. 또한 너희가 그의 의와 공도를 추구하라는 것은 하나님을 정의로운 심판장으로 알고 있으면서 그분 앞에서 사는 것을 의미한다. 자신의 불의를 하나님이 심판하실 것을 알기 때문에 세상의 불의에 대해서 저항하고 그 불의를 미워해야 한다. 정의의 사람이 되는 것은 하나님의 정의를 두려워하는 경건을 바탕으로 시작한다. 하나님이 없는 사람은 정의로운 사람이 되기 어렵다.

우리가 하나님을 믿는 이유와 목적이 무엇인가? 우리가 하나님을 믿는다는 것은 그의 사랑과 보호 아래서 축복을 누리는 것이지만 우리로 하여금 그의 의와 정의를 추구하기 위한 것이다. 하나님이 왜 아브라함을 택하셨는가? 그 이유는 하나님이 주시는 복을 받고, 그로 말미암아 모든 족속들이 하나님의 나라로 돌아오게 하기 위함이다. 즉 하나님이 아브라함에게 말씀을 주셔서 그 말씀을 전수하고 가르쳐서 하나님의 의와 공도를 행하는 민족과 나라를 만드시기 위한 것이다. 죄와 허물로 죽은 사람들은 하나님의 의와 공도를 알지 못한다. 물론 사람들의 양심에 의와 공도가 있고 사회와 정치에 의와 공도의 시행이 있지만 세상은 부와 권력을 추구하면서 의와 공도에서 떠나게 된다. 그래서 하나님은 아브라함을 불법과 불의의 사회에서 불러내어 그에게 의와 공도를 배우도록 하고 그를 통해 의와 공도가 온 열방에 퍼져 나가도록 하신 것이다. 이것이 구원하시는 목적일 뿐만 아니라 너로 인하여 모든 족속들이 복을 받게 하는 축복의 통로가 되는 것이다. 우리는 예수님의 말씀처럼 세상에 빛으로, 소금으로 존재함으로 불법과 악행이 떠나가며, 어두운 세상을 밝은 세상으로, 사랑과 정의가 중심이 되는 좋은 사회, 건강한 민족을 만들어가야 할 것이다.

3. 아브라함을 부르신 목적은 아브라함으로 말미암아 그 자식과 권속에게 하나님의 도를 전수하기 위함

하나님이 아브라함에게 주신 명령이 무엇인가? 19절에 보면 "내가 그로 그 자식과 권속에게 명하여 여호와의 도를 지켜 의와 공도를 행하게 하려고 그를 택하였나니 이는 나 여호와가 아브라함에게 대하여 말한 일을 이루려 함이니라." 이 말씀에서 "자식과 권속에게 명하여"라는 것은 하나님께서 아브라함을 택하신 이유가 자식과 권속에게 명하여 하나님을 잘 믿고 의와 공도를 행하게 하시려고 택하셨다는 것이다. 그러므로 믿음의 계승은 우리가 택함을 받고 구원받은 목적 중에 중요한 하나이다. 즉 이 택함은 하나님의 말씀을 전수하고 하나님 나라를 만들기 위함이다. 왜 우리가 가족을 인가귀도(引家歸途)시켜야 하는가? 그것은 믿음의 계승을 통해 가족뿐만이 아니라 모든 사람이 구원받기를 원하시는 하나님의 뜻이 담겨져 있기 때문이다. 여기서 "권속에게(household)"란 〈가족, 가정〉을 뜻한다. 즉 자식에게만 아니라 가정의 모든 식구들에게도 하나님의 도(道)를 지켜 〈의와 공도〉를 행하게 해야 한다. 예를 들면 빌립보 감옥을 지키던 간수를 바울과 실라를 통해 구원하신 하나님은 그 간수를 통하여 집에 있는 모든 사람에게도 복음이 전해졌고 온 가족이 구원을 받게 되었다. 따라서 우리 성도들은 자신을 통해 온 가정이 구원을 받을 수 있도록 축복의 통로가 되어야 하며, 하나님의 나라를 전수해 주어야 한다.

아브라함은 일평생 동안 몇 명을 목회하였는가? 그는 놀랍게도 오직 이삭 한 명뿐이다. 그가 몇 만 명씩 모아 큰 목회를 하여 유명해졌는가? 아닙니다. 오직 하나밖에 없는 아들 이삭을 말씀 맡은 자로 잘 키웠기 때문에 하나님께 칭찬받고 자손 대대로 모든 믿는 자들이 '아브라함' 이라하며 열국의 아비가 되는 존귀함을 얻게 된 것이다. 흔히 많은 주의 종들이 강단에서 설교할 때 아브라함의 믿음을 본받자고 설교한다. 그렇다면 아브라함의 무엇을 본받자는 말인가? 아브라함의 인생이 하나님의 말씀대로 믿음의 생활을 하며 살았다는 최종적인 열매는 아브라함이 하나밖에 없는 아들 이삭에게 자신의 믿음과 하나님에게서 받은 말씀들과 자신이 친히 경험한 모든 것들을 철저하게 전수한 것이다. 그리고 후대의 수많은 하나님의 백성들이 아브라함의 믿음 생활의 열매인 이삭을 보고 그가 믿음의 조상임을 확인하게 되었다. 아브라함이 자기의 아들을 말씀의 제자 삼은 것처럼 우리도 자녀들에게 말씀을 가르쳐 말씀의 제자를 삼아야 한다는 것이다. 그렇게 할 때 믿음의 가문의 맥이 끊이지 않고 하나님의 구속의 역사가 계속 이어지게 될 것이다.

하나님 앞에서 아브라함이 감당해야 할 구약의 명령이 무엇인가? 하나님이 자신에게 주신 의와 공도를 그 자식과 권속들에게 가르쳐서 전수하는 것이다. 자녀들에게 하나님 나라의 의와 공도를 가르쳐야 한다. 그리고 다음 세대에게 의와 공도를 가르쳐야 한다. 이것은 부모가 사랑하는 자녀와 가족(household)에게 말씀을 가르쳐 자손 대대로 자녀를 말씀으로 제자 삼으라는 명령이다. 즉 쉐마교육이다. 이 교육법은 그들의 자손들을 위대한 비전의 사람으로 만드는 비결이다. 구약의 지상명령은 가정에서 부모가 자녀에게 말씀을 전수하여 자녀를 제자 삼으라는 것이고(수직 전도), 신약의 지상명령은 타인에게 복음을 전하여 그들을 예수님의 제자 삼으라는 것이다(수평 전도). 성경도 구약과 신약이 짝을 이루어 완벽한 성경이 되는 것처럼, 구약의 지상명령인 가정사역과 신약의 지상명령인 교회 사역이 짝을 이루어야 자손대대로 하나님의 말씀이 전수되어 가정과 민족교회가 살 수 있고 동시에 세계선교도 성공할 수 있을 것이다. 유대인들은 전통적으로 가정에서 부모가 혈통적 자녀에게 율법을 전수시켜 그들을 '말씀 맡은 자'(롬 3:2)로 키워 영적인 말씀의 제자로 삼는 선민교육을 가장 잘 실천한 민족이다. 이것이 그들의 생존의 비밀이다. 그러므로 우리는 부모가 자녀들에게 하나님의 의와 공도를 가르치며, 전수하는 수직적 선민교육과 모든 족속으로 가서 제자 삼으라는 수평적 지상명령을 함께 조화와 균형을 이루어가야 할 것이다.

4. 신명기에 명시된 사회적 약자에 대한 규정들

레위기, 그리고 출애굽기와 신명기에는 스스로 자신을 보호할 수 없는 존재를 사회 공동체가 그들의 권리와 인권에 대하여 보호할 의무가 있음을 명시하고 있다. 하나님께서는 이스라엘 백성이 계약법전 즉 성결법전을 잘 지켜 사회의 정의를 이루어나가는 공동체가 되기를 원했다. 이렇게 사회적 정의를 이루는 공동체가 되기 위해 레위기와 출애굽기 그리고 신명기는 사회적 약자에 대한 배려와 보호를 위한 규례를 만들어 지키도록 하였다. 이스라엘 백성들은 자신의 공동체 안에 있는 사회적 약자인 가난한 자들을 보호하므로 사회정의를 이루어야 할 책임이 있었다. 신명기에서는 고아와 과부를 사회 약자로 언급하고 있다. 뿐만 아니라 신명기에서는 레위인들도 사회 약자로 규정하고 있는 것을 볼 수 있다. 또한 세 권의 책 모두에서는 가난한 자, 나그네, 종을 모두 공통적으로 사회 약자로 보고 있다.

1) 채무자와 노동자에 대한 규정(신 24:6, 10-16)

신명기 24장 6절에서 "사람이 맷돌의 전부나 그 위짝만이나 전집하지 말지니 이는 그 생명을 전집함이니라"라는 표현은 가난한 사람도 생계수단만큼은 보호 받아야 한다는 의미로 그들의 밥줄을 끊을 수 없다는 것이다. 또한 겉옷은 이불을 대용하는 것으로, 저당잡지 말아야 할 품목에 들어 있었다. 밤에 제대로 수면을 취하고 다음에 일할 수 있도록 하려는 배려이다. 특히 신명기 24장 17절에는 "과부의 옷을 전집하지 말라"고 규정하고 있다. 레위기와 출애굽기에서는 발견할 수 없고 신명기에서 독특하게 다루는 것은 채무자의 권익을 존중하는 것이다. 채권자는 채무자가 자신의 저당물을 갖고 나올 때까지 밖에서 기다려야만 한다. 신명기 24장 10-11절에서 "무릇 네 이웃에게 꾸어줄 때에 네가 그 집에 들어가서 전집물을 취하지 말고, 너는 밖에 섰고 네게 꾸는 자가 전집물을 가지고 나와서 네게 줄 것이며"라고 분명히 언급하고 있는 것은 아무리 채권자라 할지라도 과도하게 채무자의 인격을 무시하거나 하나님의 백성으로서 존중받아야 할 기본권을 무시해서는 안 된다는 것이다. 이를 통하여 채권자는 채무자의 자존감과 품위를 존중하는 정서적 민감성을 인정하는 것이다.

2) 약자에 대한 보호규정

신명기에서 약자 보호에 관한 사항 중 특별한 점은 병든 자, 힘없는 자, 장애인에 대한 보호이다. "너는 귀먹은 자를 저주하지 말며 소경 앞에 장애물을 놓지 말고 네 하나님을 경외하라 나는 여호와니라"(레 19:14)에서 "귀먹은 자(cheresh)"와 "소경(iwwer)"에 대한 사회적 보호에 대하여 언급하고 있다. 귀먹은 자에게는 "저주(qlalah)"를 하지 못하게 하였으며, 장님에게는 "장애물(mikshol)"을 놓지 못하게 하였다. 저주라는 의미는 "멸시하다", "보잘것없는", "천하게 여기다"라는 의미도 가지고 있다. 장애인의 인권에 대하여 신명기 27장18절에서도 시각장애인을 엉뚱한 길로 인도하는 사람은 저주가 내려진다고 말하고 있다. 레위기 역시 시각장애인이 다니는 길에 "장애물"을 놓지 말라고 하고 있다. 신약 성서에서 장애인은 죄인으로 인식하였다. 그래서 예수님의 제자들은 "랍비여 이 사람이 소경으로 난 것이 뉘 죄로 인함이오니이까 자기오니이까 그 부모오니이까"(요 9:2)라고 물었다. 신약성서에는 죄인으로 인식되었던 장애인이 사회적 보호를 받을 수 없었다. 그러나 구약의 율법은 그 장애인의 사회적 보호와 책임에 대하여 명확히 하고 있다. 그러므로 레위기와 신명기에 나타난 기록을 보면 장애자와 같은 약자에 대하여 부당한 대우를 하면 하나님께서 심판하신다고 말하고 있다.

3) 공평한 재판에 대한 정의와 약자 보호 규정

신명기에는 사회적 약자에 대한 법률적 보호를 규정하고 있다. 레위기 19장 15절에서 "가난한 자"와 "세력 있는" 자에 대하여 두 단어 모두 소개하고 있는 것은 모든 사람들이 이 법에 적용됨을 말한다. 하나님께서 공정하시므로 이스라엘 백성들도 언약 관계에 근거하여 법정에서 공의를 세워야 한다는 것이다. 또한 레위기 19장 35절에서는 재판할 때 불의를 행하지 말라고 분명히 언급하고 있다. 그리고 출애굽기에서는 고아와 과부 그리고 나그네는 그 자신을 위해 변론해 줄 보호자가 없는 사람들을 말한다. 그래서 법정에서 판결을 선고할 때 결코 "불의(awlah)"를 행해서는 안 된다고 언급하면서, 재판에서 가난하므로 공평하게 판결 받지 못하는 경우가 있어서는 안 된다는 것이 레위기와 출애굽기의 기본적인 취지이다. 그러므로 재판할 때 "너는 뇌물을 받지 말라 뇌물은 밝은 자의 눈을 어둡게 하고 의로운 자의 말을 굽게 하느니라"(출 23:8)라고 기록하고 있는 것이다. 이러한 규정은 부유하고 권력을 가진 자들에게 유리하도록 판결될 수 있는 것으로부터 사회적 약자를 보호하기 위하여 만들어졌다. 재판 규정들은 거짓 선언의 금지, 거짓 증언의 금지, 다수를 따라 불의에 가담하지 말라는 충고, 약자도 법 앞에서 평등하다는 원칙을 내세우고 있다. 또한 허위고발 금지, 무죄한 자의 단죄 금지, 뇌물수수의 금지 등을 열거하고 있다. 이 규례는 사법을 집행하는 자들의 부정부패를 막고, 힘없는 사회의 약자들이 보호를 받지 못하는 일이 생겨나서는 안 된다는 것이다.

신명기에서도 사회 약자인 "객이나 고아나 과부의 송사를 억울케 하는 자는 저주를 받을 것이라 할 것이요"(신 27:19)라는 조항은 이스라엘 공동체가 반드시 이 율법을 지키겠다는 약속으로 만약 사회적 약자를 학대하고 억압하면 하나님께서 심판하신다는 말씀을 강조하고 있다. 신명기에서 약자 보호는 단순한 인도적 차원이 아닌 신학적 신앙윤리와 사회 윤리적 차원으로 발전하였다. 신명기는 법률적 제도에서 법의 공정한 집행과 사회적인 약자에 대하여 기본 생존권의 권리를 보장하고 있다. 레위기나 출애굽기에서 언급한 것과 같이 신명기 역시 사회 약자에 대한 송사를 공정하게 할 것을 규정하고 있다. 특히 신명기에서는 "객이나 고아의 송사를 억울하게 말며"(신 24:17)라고 말하며, 객이나 고아의 사회적 최 하층민의 법률적 보호를 명시하고 있다.

4) 곡식을 거두는 추수에 대한 약자 보호규정(신24:19-22)

레위기에서 사회 약자에 대한 보호 가운데 농토에서 추수한 후 남은 것들은 가난한 자들의 것이라고 규정하고 있다. 추수 때에는 밭모퉁이의 곡식들을 모두 수확할 수 없고 떨어진 이삭도 주울 수 없었다. 이렇게 남겨진 열매나 곡식의 이삭들은 당시 사회적 극빈자였던 고아와 과부, 이방인 혹은 나그네들의 몫이었다. 또한 레위인들의 생존을 위해 남겼다. 그래서 출애굽기 23장 11절에서는 포도원이나 올리브 농장을 갈지 말고 묵혀 두어서 가난한 백성들로 먹도록 하였다. 룻기 2장에 나타난 내용도 당시 사회 약자로 보호받지 못하였던 과부 나오미의 이야기를 기록하고 있다. 나오미의 며느리 룻이 추수하는 농장에서 이삭을 주었는데 이것이 특별한 허물이나 흠이 되지 않았다. “룻이 가서 베는 자를 따라 밭에서 이삭을 줍는데”(룻 2:3)라는 내용을 보면 당시 사회 약자인 가난한자들이 추수하는 다른 사람의 농장에서 자신의 생계를 위하여 이삭을 줍는 행위가 일반적으로 허용되었다는 것을 알 수 있다.

이와 같은 고대 이스라엘의 정착생활에서 약자의 생계를 간접적으로 사회 공동체가 책임지는 것을 레위기에서 구체적으로 기록하고 있는데 다음과 같다. “너희 땅의 곡물을 벨 때에 너는 밭모퉁이까지 다 거두지 말고 너의 떨어진 이삭도 줍지 말며, 너의 포도원의 열매를 다 따지 말며 너의 포도원에 떨어진 열매도 줍지 말고 가난한 사람과 타국인을 위하여 버려두라”(레 19:9-10). “너희 땅의 곡물을 벨 때에 밭모퉁이까지 다 베지 말며 떨어진 것을 줍지 말고 너는 그것을 가난한 자와 객을 위하여 버려두라”(레 23:22). 폰라드(G. Von Rad)는 이는 법이라기보다 풍속에 가까운 것으로 아주 오랜 규칙을 반영한다고 보았다. 이것은 이스라엘이 가나안 정착 이후 사회적 약자들에 대한 복지적 차원이 반영된 것이다. 그리고 땅에서 나는 모든 소출들은 하나님의 것이고 농부는 자기가 얻은 소출의 일부를 가난한 자의 몫으로 돌렸다. 이것은 땅의 근본 소유권이 인간에게 주어진 것이 아닌 하나님의 것으로 하나님께서 이스라엘 백성들에게 베풀었으므로 그 백성들도 사회적 약자들에게 자신의 것을 나누어 주라는 사회 환원의 의미가 있다.

신명기 역시 레위기나 출애굽기에서 언급한 것처럼 추수법을 통하여 사회 약자들을 구휼하고 구제하였던 사회복지의 측면을 명시하고 있다. 신명기 24장 19-21절은 곡식을 추수하거나 포도와 같은 과수 작물을 수확한 후 남은 것은 사회 약자들의 몫으로 돌아가도록 규정하고 있다. 추수 때에는 밭모퉁이의 수확물을 모두 수확할 수 없고 떨어진 이삭도 주울 수 없다. 이는 남겨둔 이삭과 포도송이나 감람열매 등이 당시 사회 약자였던 고아, 과부, 나그네 그리고 레위인의 생존을 위하여 남겨야 했다. 추수법에 나타난 복지적 측면에서 본문은 다음과 같이 기록하고 있다. "네가 밭에서 곡식을 벨 때에 그 한 뭇을 밭에 잊어버렸거든 다시 가서 취하지 말고 객과 고아와 과부를 위하여 버려두라 그리하면 네 하나님 여호와께서 네 손으로 하는 범사에 복을 내리시리라 네가 네 감람나무를 떤 후에 그 가지를 다시 살피지 말고 그 남은 것은 객과 고아와 과부를 위하여 버려두며 네가 네 포도원의 포도를 딴 후에 그 남은 것을 다시 따지 말고 객과 고아와 과부를 위하여 버려두라"(신 24:19-22).

이러한 조항은 고대 근동의 어떤 법조항에서도 찾아볼 수 없는데 이는 고대 근동의 법은 추수한 수확물을 주인의 관점에서 지키는데 초점을 두고 있기 때문이다. 본 저자는 고대 근동에도 약자 보호에 대한 총체적인 규정은 있으나 모두 서문에 상징적으로 기록하고 있다고 본다. 그러나 레위기와 다른 율법서에서는 구체적인 조항을 삽입하여 약자를 보호하였다. 폰라드는 이것이 법이라기보다는 오랜 시간 동안 수집되어 전해 내려오는 가나안의 풍습으로 밭에 남긴 수확물을 신이나 그 밭의 정령에게 바치는 것이라고 주장하기도 한다. 그러나 이러한 복지의 당위성을 신명기 24장 22절에서 언급하며 이집트에서의 노예 생활을 통하여 이스라엘 백성들이 고통 받았던 조상들을 생각하라고 말하고 있다. 그러면서 경제적으로 복지 혜택을 필요로 하는 가난한 사람들에게 추수하고 난 후에 밭에 남겨진 것을 취하는 것은 절도로 간주하지 않았다. 이러한 법은 하나님의 명으로 실천해야할 절대 규범이었지만 그보다 더 계층 간의 벽을 허물고 사회통합을 이루고자 하는 목적도 있었다.

5) 이웃의 지계표를 옮기지 말라는 규정(신 19:14)

이스라엘 나라는 땅은 기업으로 주어진 것임으로 돈으로 사고팔 수가 없다. 땅을 생명처럼 여기며, 하나님이 주시는 선물로 여기는 전통과 문화가 있다. 하나님께서 주신 기업의 땅에서 무엇을 함부로 옮기지 말라고 하셨는가? 신명기 19장 14절을 보면 "네 하나님 여호와께서 네게 주어 차지하게 하시는 땅 곧 네 소유가 된 기업의 땅에서 조상이 정한 네 이웃의 경계표를 옮기지 말지니라." 여기서 경계표는 지계석(地界石)이라고도 불리는데 토지 소유를 구분할 수 있도록 구획을 표시하는 돌을 말한다. 여기서 경계표가 참으로 중요하다. 봄에 논둑을 쌓는데 내 쪽 논둑은 삽으로 깎아 놓고 둑을 쌓는다. 그러면 조금씩 조금씩 논둑이 옆 논으로 밀려간다. 굉장히 예민한 문제이기 때문에 그런 조짐만 보여도 다툼이 심하게 일어난다. 일반적으로 땅은 생활의 터전이다. 요즈음은 상업 지역에서 주로 이런 분쟁이 일어난다. 골목상권이라는 말은 전통시장이나 영세 규모로 자영업을 하는 사람들을 보호하기 위한 권리를 말한다. 그것은 땅은 아니지만 경제적인 땅임에 분명하다. 사람의 생활의 터전은 신성하기까지 하다. 생명과 삶을 지키고 유지할 수 있도록 하는 바탕이 되기 때문에 그렇다. 하나님은 네 이웃의 경계표를 옮기지 말라고 분명히 말씀하셨다.

하나님과 우리 사이의 경계표를 옮기면 안 된다. 우리가 교만한 생각으로 하나님의 영역을 침범하면 안 된다. 하나님과 우리 사이에 경계표가 있다. 그런데 하나님의 영역을 침범하는 사람들이 있다. 우리가 가지고 있는 모든 것이 하나님의 것이다. 우리 인간들은 잠시 하나님의 것을 빌린 청지기이다. 이것이 하나님과 인간과의 경계표이다. 그런데 많은 사람들이 자신이 주인인 줄 착각한다. 그것은 하나님과 우리의 경계표를 옮기는 어리석은 행위이다. 우리가 가진 모든 것이 하나님의 소유인데 그것을 자신의 것으로 생각하는 것도 경계표를 옮기는 행위이다. 남의 것을 내 것으로 만들려고 하는 탐욕, 자신의 욕망을 억제하지 않으면 결국에는 남의 영역을 침범하는 죄악을 범하게 된다. 이것은 하나님이 세워 놓은 정의의 담을 무너뜨리는 나쁜 행위이다.

나와 이웃 간의 분명한 경계표가 있다. 다른 사람에게 줄 것을 안 주고 내가 가지고 있는 것도 경계표를 옮긴 것이다. 하나님 나라에 가보면 내 이름으로 헌금한 것이 다른 사람의 이름으로 되어 있는 경우도 있을 것이다. 그것은 다른 사람의 몫을 가지고 있다가 자신의 이름으로 헌금한 경우다. 하나님이 보시기에 그것은 다른 사람이 헌금한 것이므로 그 사람의 몫으로 계산한 것이라고 생각한다. 우리가 가진 것 중에 남의 것이 있는지 먼저 살펴보아야 한다. 교회 안에서도 자신의 직분에 맞는 경계표를 잘 세워야 하며 서로 침범하면 안 된다. 교회의 돈을 개인의 돈으로 사용하면 절대로 안된다. 하나님이 정해 놓은 경계표를 반드시 잘 지켜야 한다. 또한 인간관계에 있어서도 경계표를 잘 지켜야 한다. 그것이 정직이며, 하나님의 정의를 이 땅에 실현해 가는 것이다.

6) 종과 노예에 대한 배려하는 규정(신 24:17-22)

레위기와 출애굽기의 안식년에 대한 규례는 두 가지의 의미가 있는데 첫째는 같은 동족의 부채를 탕감해주는 것이며, 둘째는 노예를 해방시켜 주는 것이다. 그러므로 출애굽기 21장 2절에서 히브리 종을 이스라엘 백성이 취하면 6년 동안 그 주인을 위하여 섬기지만 7년에는 자유하도록 규정하고 있다. 또한 희년 역시 핵심적인 내용이 자유를 선포하는 것이다. "제오십 년을 거룩하게 하여 전국 거민에게 자유를 공포하라 이 해는 너희에게 희년이니 너는 각각 그 기업으로 돌아가며 각각 그 가족에게로 돌아갈지며"(레 25:10)라는 내용에서 "자유(deror)"라는 뜻은 노예 상태로부터 자신들이 상속 받은 땅으로 복귀하는 계약직 노예의 해방을 지칭하는 것이다. 이것은 예레미야서 34장 8절과 14절에도 나타나는데 시드기야 왕은 히브리인 남녀 노예들의 해방을 선포하였다. 즉 희년의 법률은 동족 노예를 소유하는 주인의 소유권을 인정하지 않았다. 이것은 이스라엘 백성들이 모두 하나님의 종으로 소유개념이 하나님께 있었기 때문이다. 이스라엘 백성이 가난으로 인하여 자신의 동족에게 팔리게 되는 경우라도 그 몸 전체를 파는 것이 아니라 그의 노동력만을 파는 것을 전제로 한다. 주인은 그에게 속한 같은 동족의 종에게 노동력을 요구할 수는 있었지만 그들의 인격과 삶의 권리는 보장을 해주어야 했다. 그러므로 이스라엘 안에서 같은 동족의 종은 고대 다른 근동사회에서 보는 전쟁 노예나 이방인을 노예로 삼아 착취하는 개념이 아니었다 품꾼이나 식객처럼 대우하고 희년까지 함께 생업에 봉사하다가 희년이 오면 그들을 본래의 기업으로 되돌아가게 하였다.

신명기의 노예 해방은 레위기 25장 39-55절까지와 출애굽기 21장 1-11절에 나타난 노예에 관한 율법에 비하여 아주 독특하게 변형되었는데 두 가지를 말할 수 있다. 첫째로, 노예에 관한 신명기의 율법의 독특성은 자유를 잃은 자들과 동족이 아닌 자들의 매매가 아니라 과거에 자유인이었던 이스라엘 백성들 중에 스스로 노예가 되는 경우였다. 이 법률적인 규정은 부인이 노예가 되는 경우까지 고려하고 있다는 점에서 옛 율법과 완전히 다르다. 이 율법은 여자도 토지를 소유할 수 있다는 것과 그러므로 여자도 채무 노예가 될 수 있다는 점이다. 그래서 여자도 남자처럼 평생 노예가 될 것인가 아닌가에 대해서 독자적으로 결정할 수 있었다. 이 경우 출애굽기 21장 6절에서 "상전이 그를 데리고 재판장에게로 갈 것이요 또 그를 문이나 문설주 앞으로 데리고 가서 그것에다가 송곳으로 그 귀를 뚫을 것이라 그가 영영히 그 상전을 섬기리라"라는 내용으로 성소에서의 절차를 미리 고려한 반면, 모든 제의가 중앙집권화 되었던 신명기는 이 노예에 관한 내용에서 종교적 성격을 제거하였다. 둘째로, 자유를 얻는 노예에게 보상의 개념이 있다는 점이다. 출애굽기나 레위기에서 노예 해방에 대한 율법의 기준은 단순한 자유를 주어 그의 기업으로 돌아가는 것이었다. 즉 두 율법은 회복의 기능을 말하고 있다. 그러나 신명기의 노예 해방은 회복뿐만 아니라 보상의 기능도 함께 말하고 있다. 그래서 "그를 놓아 자유하게 할 때에는 공수로 가게 하지 말고"(신 15:13)라고 말하고 있으며 "네 양 무리 중에서와 타작마당에서와 포도주 틀에서 그에게 후히 줄지니"(신 15:14)라고 규정하고 있다.

위 본문에서 언급한 바와 같이 사회적 약자 중 하나였던 노예가 6년을 주인에게 봉사한 후에 주인은 그가 가난을 대물림하지 않도록 그 삶의 기반을 도와줘야 했다. 그런데 신명기는 특별한 보상 규정을 가지고 있지 않았으며 단지 "네 하나님 여호와께서 네게 복을 주신 대로 그에게 줄지니라"(신 15:14b)라는 표현처럼 주인의 경제적 능력에 따라 최선을 다하라는 것이다. 신명기는 노예 해방의 보상 규정의 정당성을 출애굽 기사에서 찾았다. 이스라엘 민족이 이집트에서 해방될 때 하나님은 그들을 구속해주셨을 뿐만 아니라 이집트인들로부터 선물까지 받아 나오게 하셨다(출 12:35-36). 그러므로 너희는 종이나 노예를 함부로 대하거나 그들을 학대하지 말고 자비와 긍휼을 베풀어 주며, 그들에게 올바른 정의와 사랑으로 대우해 줄 것을 명령하고 있다. 그 종이나 노예에게 사랑을 베풀며, 그들의 송사를 억울하게 하지 아니하며, 그들을 도와줄 때 하나님은 그 모습을 보시고, 복을 내려 주시며, 함께하실 것을 말씀하고 있다.

5. 신명기에 나타난 공정성

우리 사회에서 "모든 사람이 열심히 일하면 성공한다"는 보편적인 생각을 가지고 있을 때 공정한 사회가 만들어질 수 있다. 땀 흘리고 노력한 만큼 보상을 얻는 것, 누구에게나 공평한 기준을 적용하는 것이 공정성의 기본 요소이다. 그런데 문제는 이것이 능력지상주의가 됨으로 구조적 불평등, 되물림, 환경적 요소를 반영하지 못한다는 것이다. 오늘날 우리 사회의 심각한 논란거리는 바로 '공정성'에 대한 문제이다. 잘못된 관행과 비리에 대한 공정성 요청도 있지만 불평등과 격차가 커지는 사회시스템에 대한 공정성 논란도 있을 수 있다. 즉 대학입시, 교육, 고용, 의료, 소득과 복지 모든 곳에서 공정성 시비가 일고 있다. 공정성의 문제는 코로나19 사태로 더욱 거세져가고 있다. 사회가 불공정하기에 이런 논란이 나오는 걸까? 물론 자본주의 사회에서 경쟁과 도태는 분명하게 나타나고 있는 사회적 현상이다. 공정성이 경쟁과 능력주의를 바탕으로 생각하기 때문에 공정성의 문제는 항상 발생할 수밖에 없을 것이다. 4차 산업혁명과 새롭게 도래할 미래는 더욱 빈부격차가 심각해질 것이며. 경제적 불균형으로 심각한 문제들이 많이 발생하게 될 것이다. 우리가 깊이 생각해야 할 것은 공정성의 본질이, 경쟁과 능력주의가 정말 공정한가에 대한 의문이다. 저마다 처한 가정·성장환경, 안정성과 경제력 등 공정한 경쟁을 위한 출발선과 경쟁력 자체가 다르기 때문에 공정성의 문제는 항상 대두하게 될 것이다.

기독교는 경쟁이나 능력지상주의가 아니라 하나님의 말씀에 따라 공동체와 이웃 사랑을 공정성을 위한 가장 중요한 바탕으로 선포해야 할 것이다. 즉 공정성은 재화의 보편적 목적인 나눔, 약자를 좀 더 배려하는 마음과 우선적 선택, 함께 협력하자는 연대성, 공동체를 지향하는 공동선의 원리를 소중하게 여기며, 인간의 존엄성이 바탕이 될 때 이루어지게 될 것이다. 특히 사랑의 이중 계명인 하나님 사랑과 이웃 사랑이 바탕이 될 때 모든 사람에게 공정성이 이루어지게 될 것이다. 세계적인 부호 빌 게이츠가 성공에 대한 질문을 받고 "다만 운이 좋았을 뿐이고 나에겐 불평등을 줄일 책임이 있다"라고 했다. 현대사회에서 경쟁은 분명 불가피한 것이다. 하지만 경쟁과 함께 인간 본연의 형제애, 성숙함, 겸손함을 갖춰야 한다. 겸손함이란 나보다 운이 좋지 않았던 사람을 무시하면서 사회 연대와 공동체를 무시하는 오만함이 아니라 약자를 책임지려는 공동의 선을 추구하는 것이다. 예수님을 닮아가는 겸손함은 사회를 갈라 놓고 있는 가혹한 성공 윤리에서 돌아서게 하며 관대한 공동체의 삶으로 우리를 이끌어 가게 될 것이다.

1) 십일조 제도의 공정성(신 14:22-29)

십일조의 근본정신을 더듬어 보면, 결코 율법으로 시작한 것이 아니라 하나님이 베풀어주신 은혜에 대한 보답으로 시작한다. 아브람이 조카 롯을 구출하고 전쟁에서 승리한 전리품을 갖고 돌아올 때에 마중을 나온 살렘 왕 멜기세덱에게 그것을 바쳤다. 이는 승리의 공로가 사람에게 있지 않고 천지의 주재이신 하나님께 있음을 깨달은 후에 승리를 주신 하나님께 감사의 행위로 얻은 것에서 십분의 일을 드린 것이 십일조의 기원이 되기 때문이다. 생명 있는 모든 자의 공급자이신 하나님께 감사함으로 드리는 것이 법도와 규례이다. 또한 십일조는 산술적 개념으로 십분의 일을 낸다는 개념이 아니라 이 모든 재물이 하나님의 것임을 인정하는 믿음의 자세와 이웃 사랑의 정신속에서 자원하는 마음으로 드리는 헌물이다. 십일조는 모든 것을 상징하는 숫자에 불과하고 또 첫 것을 먼저 하나님께 드린다는 의미이다. 따라서 온전한 십일조는 정확한 셈을 통한 십분의 일의 의미가 아니다. 얻은 것의 최소한의 개념으로 십분의 일을 드리지만, 물질을 주신 하나님을 향한 진정한 사랑과 감사와 천지의 주재이심을 고백하는 행위와 함께 삶에서도 모든 일을 하나님의 기쁨과 영광을 위해 살아가는 것이 온전한 십일조를 드리는 것이다.

십일조는 율법이 아니라 구원받은 자의 마땅한 신앙의 도리이다. 십일조의 제도를 만드신 근본정신은 첫째, 하나님을 경외하며, 그의 통치에 순종하는 차원에서 십분의 일을 떼어 드리는 것이다. 둘째, 이웃 사랑의 정신을 실천하는 차원에서 즐거운 마음으로 드리는 것이다. 셋째, 하나님이 원하시는 공정성을 지키는 차원에서 드리는 것이다. 십일조는 모든 사람들이 자신의 수익의 십분의 일을 드림으로 공정한 것이다. 많이 번 사람은 더 많은 액수를 드리고, 적게 번 사람은 적은 액수를 드림으로 큰 부담감이 없이 하나님이 주신 재물에서 십분의 일을 드리면 된다. 그리고 그 십일조는 공동체를 위하여 사용될 뿐만 아니라 가난한 자, 약한 자, 나그네를 돕고 섬기는데 사용함으로 하나님의 공정성을 이룬다. 신명기 14장 28-29절을 보면 "매 삼년 끝에 그 해 소산이 십분의 일을 다 내어 네 성읍에 저축하여 너희 중에 분깃이나 기업이 없는 레위인과 네 성 중에 거류하는 객과 및 고아와 과부들이 와서 먹고 배부르게 하라 그리하면 네 하나님 여호와께서 네 손으로 하는 범사에 네게 복을 주시리라."

십일조는 모든 것이 하나님의 것이고 따라서 우리의 전부를 십분의 일이라는 상징적 의미로 바치는 것인데 결국 그 십일조는 백성에게 다시 돌아와 우리를 먹이고 즐거워하며 특별히 약하고 소외된 자들을 돌보는데서 그 의미와 정신을 찾을 수 있을 것이다. 십일조는 하나님의 주권을 인정하는 믿음의 고백인 동시에 이웃을 향한 긍휼의 마음을 포함하고 있다. 즉 십일조는 하나님께 드려지는 것과 동시에 가난하고 소외된 이웃에게 나눠지는 것이다. 이것이 하나님께서 우리에게 요구하신 십일조의 정신과 삶이다. "십일조 정신은 1/10을 바치고 10/10을 받으려는 게 아니다. 하나님을 상대로 남는 장사를 하려는 게 아니다. 하나님은 십일조를 통해 하나님의 공동체가 균등케 되는 것을 원하신다"고 했다. 십일조는 고아와 과부, 나그네 등 당시의 가난한 자를 위해 쓰였고, 재산이 없는 레위인의 생계비이기도 했다. 하나님은 뭐가 부족하거나 아쉬워서 십일조를 달라고 한 게 아니라, 하나님의 공동체가 부족함 없이 균등하게 살기 위해 십일조를 만들었다.

2) 도피성 제도의 공정성(신 19:1-13)

과학 문명과 기술이 급속도로 발달하고, 경제적으로도 많은 발전을 거듭하여 풍요로운 세상이 되었다. 그런데 이상한 것은 세상이 이렇게 살기 좋아지는데 갈수록 많은 문제들이 생긴다는 것이다. 그 중에서도 사회 문제들이 심각하다. 마음을 정하지 못하고 방황하는 청소년들이 늘어가고 있다. 많은 사람들이 술과 마약, 그리고 도박에 빠져 헤어나지를 못하고 있다. 요즘에는 성폭력이 큰 문제가 되고 있다. 많은 사람들이 정신없이 바쁘게 살아가다가 문득 삶의 의미를 잃어버리고 허무해 하는 것을 볼 수 있다. 심지어는 삶을 포기하고 스스로 목숨을 끊어 버리는 사람들도 있다. 왜 그럴까? 한 마디로 말해서 평안과 행복을 얻을 수 있는 도피처가 없기 때문이다. 세상에서 지치고 실망한 사람들이 피할 곳이 없다. 도피처가 없기 때문에 술이나 마약, 그리고 도박과 퇴폐적인 쾌락으로 빠져 들어가는 것이다. 그런데 가장 심각한 것은 죄인이 죄를 해결 받을 수 있는 도피처가 없다는 것이다.

그렇다면 인간에게는 정말 도피성이 없는 것일까? 오늘 신명기19장 4-6절에 보면 도피성에 대해서 말씀하고 있다. “살인자가 그리로 도피하여 살 만한 경우는 이러하니 곧 누구든지 본래 원한이 없이 부지중에 그의 이웃을 죽인 일, 가령 사람이 그 이웃과 함께 벌목하려 삼림에 들어가서 손에 도끼를 들고 벌목하려고 찍을 때에 도끼가 자루에서 빠져 그의 이웃을 맞춰 그를 죽게 함과 같은 것이라 이런 사람은 그 성읍 중 하나로 도피하여 생명을 보존할 것이니라 그 사람이 그에게 본래 원한이 없으니 죽이기에 합당하지 아니하나 두렵건대 그 피를 보복하는 자의 마음이 복수심에 불타서 살인자를 뒤쫓는데 그 가는 길이 멀면 그를 따라 잡아 죽일까 하노라." 도피성은 살인의 동기와 그 과정을 본 후에 공정하게 그 생명을 다루기 위해 만들어진 곳이다. 살인자라고 무조건 죽이거나 보복하지 못하도록 법으로 보호해 준 제도이다. 모세는 하나님의 말씀에 따라 요단 동편의 세 성읍 베셀과 길르앗 라못과 바산 골란에 도피성읍을 설치했다. 하나님께서 도피성을 만드신 이유를 분명히 밝히고 있다. 3절에 보면 "네 하나님 여호와께서 네게 기업으로 주시는 땅 전체를 세 구역으로 나누어 길을 닦고 모든 살인자를 그 성읍으로 도피하게 하라." 도피성을 정할 때 몇가지 기준이 있다. 첫째, 모든 사람들이 쉽게 보고 찾을 수 있는 곳에 정하라 둘째, 가나안 땅을 세 구역으로 나누어 살인자가 안전하게 피할 수 있는 곳을 정하며, 길을 잘 닦아 놓아라. 셋째, 하나님께서 주신 기업으로 주시는 땅 전체에서 살인자가 도망하기 가장 쉬운 곳에 정하라. 도피성이 살인자가 도망하기에 가장 쉬운 곳에 위치했다는 것은 구원의 길이 쉽고 가깝다는 것을 보여준다.

도피성에는 이스라엘 사람만이 아니라 타국인도 피할 수 있었다. 이것은 도피성 제도의 공정성을 잘 보여줄 뿐만 아니라 예수 그리스도께로 오면 누구나 아무런 차별 없이 구원을 얻게 되는 것을 의미한다. 누구든지 예수 그리스도를 믿는 자는 신분과 종족과 그 어떤 차별도 없이 구원을 받는다.

도피성 제도는 알지 못하는 중에 오살한 사람의 생명을 지켜주기 위한 제도이다. 당시 이스라엘에서는 개인적인 보복이 엄격히 금지되어 있었지만 수사관 제도가 확립되지 못한 상황의 특수성 때문에 피살자의 가장 가까운 친척에게는 살인자에 대한 피의 보복을 할 수 있는 권리와 의무가 주어져 있었다. 하지만 보복자는 감정에 치우쳐 원한 없이 살인하게 된 자에게도 복수를 행할 위험이 있었는데 도피성은 이 같은 위험에서 살인자를 구해주기 위한 제도이다. 이것은 율법의 한 축인 사랑과 긍휼의 정신을 잘 보여주고 있다. 하나님이 제정하신 도피성은 오직 부지중에 살인한 자의 생명만 보호할 뿐이며 고의적인 범죄자는 비록 그곳에 피했다 하더라도 공의의 심판을 벗어날 수 없었다. 이것은 율법의 다른 한 축인 공의의 정신과 공정성을 잘 보여 준다,

참으로 행복한 사회가 되려면 사랑과 공의, 공정성이 시행되어야 한다. 죄가 난무한 인간 사회에는 공정과 정의가 없으면 행복한 사회는 만들어지지 않는다. 그래서 하나님은 이스라엘 백성들에게 정의의 법칙을 만들어 그 법칙을 지키게 하셨다. 공의의 하나님은 사람이 또 다른 사람을 계획적이며, 의도적으로 죽이면 어떻게 하라고 했는가? 그 사람은 반드시 죽이라고 하셨다. 하나님은 더 이상 살인죄를 막기 위하여 사형제도를 공식적으로 인정해 주었다. 신명기에서는 "다른 해가 있으면 갚되 생명은 생명으로, 눈은 눈으로, 이는 이로, 손은 손으로, 발은 발로, 데운 것은 데움으로, 상하게 한 것은 상함으로, 때린 것은 때림으로 갚을지니라"(출 21:23-25). 그런데 가나안 땅을 다 주시고 이제 그곳에 참으로 젖과 꿀이 흐르는 삶을 살게 하기 위해서 주신 제도는 이것보다 도피성을 강조하고 있다. 도피성 제도는 살인한 자들에게 예외 규정을 통하여 공의의 하나님이시지만 사랑의 하나님, 공정한 하나님이시다는 것을 강조하고 있는 것이다.

3) 재판에 대한 공정성(신 16:18-20)

제사장과 재판장들이 율법의 뜻을 따라 판결하면 순종하고 그 판결을

어겨서 좌로나 우로나 치우치지 말라고 했다(10-11절). 만약 제사장이나 재판장이 내린 중앙 성소의 판결에 불복하는 것은 하나님의 권위에 대한 도전이었기에 죽이라고 했다(12-13절). 사람의 판결은 아무리 공정하게 내려도 잘못될 수 있다. 또한 사람은 다 자기에게 유리한 판결을 원하기에 정당한 판결도 잘못된 판결로 여기고 억울하게 느낄 수 있다. 때로는 정말로 잘못된 판결의 희생자가 될 수 있다. 그때 마음의 한과 상처와 억울함은 쉽게 풀리지 않는다. 그래도 그 판결로 인한 한과 상처에 너무 매여 살지 말고 하나님의 공정한 최종 심판이 있음을 믿고 한이 자기 영혼을 무너뜨리지 않게 해야 한다. 사실상 선하신 하나님으로부터 내버려지는 것은 세상에서 가장 큰 불행과 저주이다. 악인의 형통을 보며 너무 실망하지 말고 하나님으로부터 버려진 존재의 불행을 느끼며 안타까워하십시오. 재판에서 억울한 일을 겪거나 다른 억울한 일을 당하면 언젠가 하나님의 공의로운 심판이 반드시 있을 것이다.

공공장소에서는 정의를 이야기하면서 보이지 않는 장소에서는 자신의 자식을 위해 하나라도 더 챙기는 정의감 없는 정치가가 겪는 말로를 대한민국의 소시민들이 목격하고 있는 셈이다. 최근에 진행된 의료파업에 대해 일반 소시민들은 아무 감흥이 없는 이유를 의사들이 이해할 수 있었으면 하는 바람이다. 정의에 대한 경계를 나 자신에 대한 문제에서 나의 대물림의 문제까지 확장시켜 해석하지 못하면 정의의 숲을 보지 못하고 나무만 보고 대응하는 꼴이 될 것이다.

6. 신명기에 나타난 분배의 원칙

흔히 사람들은 '정의'라는 말을 재판에 의한 처벌로 간주하고 있다. 그러나 정의는 단순한 처벌이나 보복 이상의 의미를 지닌다. 그것은 바로 '분배적 정의'인 것이다. 사람이 마땅히 받아야 할, 그리고 누려야 할 권리를 누리는 것으로 실현된다. 물론 이것이 현대적 의미의 평등한 분배에까지 이르지 못했다는 한계는 있으나 당시 고대근동 사회에서는 이러한 분배적 정의란 혁명적인 일에 가까울 것이다. 신명기에 나타난 신 이해를 '정의의 하나님'으로 이해했고, 그 정의란 바로 '분배적 정의'라고 규정하였다. 이것이 현대의 정의를 말하기에는 턱없이 부족한 부분이 있을 것이다. 그러나 지금 우리의 관점으로 보기에 턱없이 부족한 정의라는 개념이 그 당시에는 엄청난 충격을 가져다 줄 만한 법이다. 시간의 간격을 무시하고 결과만을 놓고 보는 것은 역사를 바르게 조명하는 일은 아닐 것이다.

비록 부족한 부분이 있음에도 불구하고 신명기는 우리에게 많은 것을 시사해준다. 땅에 대한 분배이다. 부동산 투기와 과도한 토목공사로 망가져가는 한국 사회의 경제와 환경은 신명기가 말해주고 있는 분배적 정의와 하나님이 땅의 주인이라는 선포는 우리가 나아가야 할 방향성을 제시해주고 있다. 신명기는 당시 이스라엘 사회에서 가난한 자들과 소외된 자들의 생존을 위해 함께 고민했다. 그러나 한국사회는 승자독식체제 속에서 오로지 자신의 생존을 위해 타인의 생존은 아무런 의미를 가지지 못한다. 이러한 문제를 고민하는 교회에서조차 세상의 논리에 함몰되어 교회성장주의에 빠지고, 교회의 규모가 큰 교회는 성공한 교회, 축복받은 교회라고 자랑스럽게 이야기하고 있다. 그러나 신명기의 눈으로 오늘날 교회를 본다면 하나님의 정의와 분배에서 심각한 문제가 발견된다.

1) 가나안 땅에 대한 분배(신 12:10-12)

신명기는 모세가 하나님의 말씀을 이스라엘 백성들 앞에서 선포한 내용을 담고 있는데, 그들이 하나님께 약속받은 가나안 땅에 들어가기 전의 상황 속에서 선포되었다. 따라서 신명기의 내용은 자연히 가나안 땅에 대한 언급이 많고, 땅의 개념에 초점이 맞추어져 있다. 신명기 12장 5절과 10-11절에 보면, 여호와 하나님께서 이스라엘 백성들이 가나안 땅으로 들어가게 될 때, 한 곳을 택하시어 그의 이름을 두실 것이라는 내용이 나온다. 즉, 하나님의 성전이 가나안 땅 안에 있게 된다는 의미이다. 훗날 솔로몬 왕에 의해서 예루살렘에 성전이 세워지고 이 성전은 이스라엘의 하나님을 섬김에 있어서 구심점 역할을 하게 된다. 이렇게 중요한 성전이 위치할 장소인 가나안 땅은 같은 맥락으로 그 중요성이 강조되어야 할 것이다. 신명기에 나오는 많은 내용들 가운데 이스라엘 백성들이 앞으로 차지하게 될 땅에 대한 언급이 유난히 자주 나오고 있다. 이스라엘의 하나님 명령들(=규례들)에 대한 준수는 이 땅에 들어간 이후에 반드시 행해져야 하는 것으로 기록되어 있다(12:1).

이 규례들이 땅과 가지는 불가분의 관계는 이스라엘이 약속의 땅에 들어가기 전에는 어떤 생활을 했는지에 관심을 갖게 한다. "우리가 오늘날 여기서는 각기 소견대로 하였거니와 너희가 거기서는 하지 말지니라"(신 12:8). 따라서 규례들과 땅의 관계는 땅이 우선권을 가지면서 규례들을 관장하는 것으로 볼 수 있다. 즉, 땅이 없는 규례들은 의미가 없다는 것이다. 땅의 개념을 제외하고는 신명기의 내용을 이해할 수 없으며, 그렇기 때문에 신명기에 나타난 땅의 개념에 대한 심도 있는 연구는 그 자체가 신명기의 가장 핵심적인 주제를 다루는 셈이 된다. 또한 이스라엘의 역사를 통해서 보면 약속의 땅은 언제나 그 자리에 있는데, 그곳에 사는 사람들이 바뀌는 것을 볼 수 있다. 처음에는 그 땅에 가나안 족속들이 살고 있다가 이스라엘 백성들이 들어가서 살았고, 그후에는 북왕국의 경우처럼 이방족속들이 이주해서 사는 것(왕하 17장) 등이 그것이다. 이렇게 보면 땅은 그대로인데, 사는 사람들만이 변하는 것이라고 결론지을 수 있을 것이다.

2) 십일조의 정신을 통한 분배(신 14:22-29)

십일조의 원어의 뜻은 '십분의 일이다'라는 의미를 가지고 있다. 십일조에 대하여 농산물, 가축, 전리품 등 기타의 소유의 십분의 일을 하나님께 드리는 관습은 고대부터 행해졌다. 토지의 소유주이신 하나님께 헌물을 하는 것은 땅의 소산을 주신데 대한 감사와 동시에, 다음해의 풍년을 기원하는 뜻도 포함되었다. 레위기는 본문 27장 30~33절까지에서 십일조에 대하여 기록하고 있지만 출애굽기에는 십일조에 대하여 언급하고 있지 않다. 반면 민수기 18장 21~24절까지에는 십일조에 대하여 그 기능과 함께 기록하고 있다. 그런데 레위기에서는 십일조가 어떤 용도인지를 정확하게 설명하고 있지 않고 단지 십일조를 "여호와의 성물"이라고 기록하고 있다. 반면 민수기에서는 "내가 이스라엘의 십일조를 레위 자손에게 기업으로 다 주어서 그들의 하는 일 곧 회막에서 하는 일을 갚나니"(민 18:21)라고 기록하며 십일조의 사용 용도에 대하여 말하고 있다. 즉 레위인들은 기업을 받지 못하였기 때문에 백성들의 십일조가 그 기업을 대신하였다. 십일조는 이스라엘 공동체의 종교적 제의를 담당했던 레위인들의 생계 수단으로 사용되었던 것이다.

그러나 신명기에 나타난 십일조의 개념은 레위기나 민수기에서 언급한 십일조 개념과 차이를 보이고 있다. 민수기는 십일조를 모두 제사장의 몫으로 돌리고 있다. 하지만 신명기의 십일조는 매년 드리는 십일조(신 12:6-9, 14:22-27)와 3년마다 드리는 십일조가 있는데(신 14:28-29, 26:12-13) 사용 용도가 달랐다. 신명기에서 말하는 3년마다 드려지는 십일조는 당시 사회 약자였던 "레위인과 성중에 거류하는 객과 및 고아와 과부"들을 보호하기 위한 것이었다. 신명기의 십일조 개념이 레위기와 민수기에서 명시하고 있는 개념과 다른 이유는 남유다의 요시야 왕 때에 지방 성소를 폐지하고 모든 제의가 중앙 성소에 집중되었기 때문이다. 당시 지방 성소의 제의를 담당하고 있었던 레위인들은 요시야 왕의 지방 성소 폐지로 생계수단을 위협 받게 되었다. 그들을 중앙 성소가 있는 예루살렘에 올라올 것을 종용하였으나, 원래 예루살렘에 있던 제사장들이 그들에게 제사권을 주지 않았다. 그래서 열왕기하 23장 9절에는 "산당의 제사장들은 예루살렘 여호와의 단에 올라가지 못하고 다만 그 형제 중에서 무교병을 먹을 뿐이었더라"라고 증언하고 있다.

드보(R. DeVaux)는 지방의 제사장들이 지방 성소의 파괴로 수입이 원천적으로 봉쇄되어 이스라엘 백성들의 부양을 받게 되었는데 바로 이러한 기능에 십일조가 사용되었다고 주장한다. 신명기 12장 19절에서 "너는 삼가서 네 땅에 거하는 동안에 레위인을 저버리지 말지니라"라고 말하고 있다. 이는 매년 드리는 십일조 역시 지방 성소 폐지 이후 생계의 위협을 받던 레위인들의 구제를 위한 것이었다. 또한 3년마다 드리는 십일조는 사회적 약자를 위한 사회 보장성 세금 수입과 같은 것이었다. 이 십일조는 레위인, 고아, 과부, 나그네 등을 위하여 비축되었고, 그들을 위하여 전적으로 사용되었다. 3년마다 드리는 십일조는 중앙 성소보다 지방 성읍에서 거두어들였는데 당시 중앙 성소로 올라가지 않고 남아 있었던 생활 기반을 잃은 레위인들도 사회 약자로 분류되어 이 십일조의 혜택을 받게 되었다. 그러므로 신명기의 십일조는 이스라엘 공동체 안에서 생계수단이 없는 사회 약자들을 위하여 마련된 생존권과 관계된 법제였다. 이스라엘 공동체의 구성원들은 법이 정한 대로 십일조를 드려 가난한 사회 약자를 도와주었다.

3) 각종 절기를 통한 분배(신 16:1-17)

하나님께서는 모든 사람이 서로의 마음을 헤아리면서 아름다운 공동체를 이루며 살기를 바라신다. 가난한 자, 나그네, 약한 이웃에 대한 하나님의 관심이 매우 크시다. 신명기 16장에는 절기를 통한 부의 분배에 관한 내용이 이어지고 있다. 이스라엘의 모든 남자는 1년에 세 번 곧 유월절, 칠칠절, 초막절에 하나님께 나아가야 한다. 하나님께서 이러한 절기를 명령하신 이유는 그들을 정기적으로 신앙훈련을 통한 공동체성을 회복시키며, 하나님의 백성답게 살아가도록 하기 위함이었다. 또한 이스라엘에게 명하신 절기들은 약한 이웃과 함께 하나님 앞에서 즐거워하는 잔칫날이다. 하나님께서는 누군가가 지원하는 물질을 통해 종과 나그네, 레위인 및 약한 이웃들이 함께 기뻐하는 잔치가 일어나길 바라시는 것이다.

애굽에서 종노릇했던 이스라엘이 이제는 가나안 땅의 주인이 되었다. 더 나아가 그들은 거룩한 백성, 제사장 나라로서 사명을 감당해야 한다. 하나님께서는 이스라엘에게 과거 그들의 조상이 애굽에서 종이었다는 사실을 잊지 말고 반드시 기억하면서 나그네와 가난한 자와 약한 자를 돌아보며, 사랑과 자비를 베풀어 주라고 말씀하신다. 하나님은 이스라엘의 백성들에게 1년에 세 번, 곧 유월절, 칠칠절, 초막절에 하나님께 나아갈 뿐만 아니라 이웃 사랑을 실천하도록 하셨다. 더 많이 가진 자들이 자원하는 마음으로 약한 자와 나그네를 배려하기를 원하셨다. 그들의 필요를 섬김과 적절한 분배의 제도를 통하여 가난한 자와 약한 자와 나그네를 먹이시고 입혀 주셨다.

4) 안식일, 안식년, 희년을 통한 분배(신 15:1-18)

안식년과 희년의 규례는 고대 법전들뿐만 아니라 어떤 사회에서도 그 유례를 찾아보기 힘든 매우 독특한 사상이다. 경제 분배의 정의를 통한 사회 정의 실현의 원형을 보여주는 동시에 오직 하나님만이 이 땅의 영원한 주인이시며 여호와만이 땅에 대한 주권이 있으심을 분명히 깨닫게 해준다. 1~7절에 안식년에 대한 규정이 나오는데 이스라엘 백성들이 가나안 땅에 들어가서 사는 동안 그들은 매 7년이 되는 해를 안식년으로 지켜야 한다. 이때에는 농경지를 개간치 아니하고 땅에서 저절로 나는 소산은 가난한 자, 나그네, 심지어 짐승들의 양식이 되게 했다. 이렇게 하시는 것은 온 땅의 주인이 오직 여호와 하나님이심을 선포하는 것이다. 그렇게 함으로 땅도 쉼을 얻게 하여 지력을 높이는 것이다. 또한 백성들로 하여금 영적 생활에 보다 많은 정열과 시간을 할애하도록 만든다. 그리고 안식년에도 휴경지에서 저절로 자라난 곡물을 가난한 자들이 취할 수 있도록 하심으로써 가난한 자, 약자에 대한 이스라엘의 관심을 환기시키고, 언제나 하나님을 신뢰하는 가운데 살도록 말씀하시는 것이다.

마지막으로 이 안식년을 통해서 하나님께서는 진정으로 당신의 영광을 위하여 애쓰는 자들에게 필요한 것을 적절한 때에 공급해 주신다는 사실을 우리에게 보여주신다. 이 제도는 점점 확대되어 신명기 15장에서는 빚을 위해 잡힌 저당을 청산하는 해로 확장이 된다. 8절 이하에서는 희년이 선포된다. 어원적으로 희년에 해당하는 히브리어는 요벨인데 숫양의 뿔이라는 뜻을 갖고 있다. 이것은 숫양의 뿔로 만든 나팔을 불어 희년을 시작을 알린 데서 유래한 명칭이다. 이 희년은 안식년이 7회 반복된 그 이듬해 곧 50년째 되는 해를 말한다. 이 희년에는 안식년의 성격이 더욱 확장되고 보완되었는데 일단 안식년에 적용되는 규례, 노동의 금지와 땅의 휴경이 그대로 지켜졌다. 그리고 몇 가지 규례가 첨가되었다. 먼저, 이스라엘 백성 중 종 되었던 자들이 해방되어 자기 가족에게 돌아갔다. 둘째, 채무자의 빚이 모두 탕감되었다. 셋째, 타인에게 팔렸던 토지나 가옥 등이 본래 주인에게로 되돌려졌다. 이것은 23절에 "토지를 영영히 팔지 말 것은 토지는 다 내 것임이라"고 말씀하신 하나님의 뜻이기 때문이다. 또 하나 주목할 만한 규례가 있는데 만약 어떤 사람이 친족이 아닌 사람에게 빚을 지고 종이 되었으면 책임이 온 친족에게 지워졌다. 그들은 책임지고 그 사람을 속량하여 전체 가족의 손실을 막아야 했다. 그들에게는 또한 이스라엘이 아닌 채권자라도 이스라엘 채무자에게 하듯이 대하게 하고 또 결과적으로 희년의 규정이 적용되도록 감시할 의무가 있었다.

이와 같은 속량의 주된 목적은 일족의 땅과 사람들을 보존하는데 있다. 반면에 희년의 주된 혜택을 보는 쪽은 대가족, 즉 아버지의 집이다. 그래서 희년은 땅이 소수의 부자에게 집중되는 것을 막고 또 상대적 평등과 땅을 가진 최소 단위의 가족 생존권을 유지하면서 여러 가족이 토지를 보유하게 하는 사회 경제 조직을 보존하는 장치이다. 이 희년을 통해 이스라엘은 첫째, 땅은 온전히 여호와께 속한 것으로 인간이 자기 마음대로 또는 영구히 소유하거나 처분할 수 없으며 인간은 하나님께서 대여해 주신 땅 위에서 잠시 살다가는 나그네에 불과하다는 것을 보여 준다. 둘째, 희년은 언약 백성을 향한 하나님의 긍휼과 공의의 정신이 극명하게 나타난 것이다. 타인에 대한 착취와 억압이 없이 모든 사람이 사회 경제적으로 평등한 삶을 누리는 것이 하나님의 기뻐하시는 뜻임을 보여 주고 있다. 셋째, 희년의 주제는 안식과 자유의 선포이다. 이것은 신약의 성도들이 예수 그리스도로 말미암아 죄와 사망의 상태에서 해방되어 영원한 자유와 기쁨, 영생을 누리게 될 것을 상징한다.

우리는 우리의 친족이 되어 우리를 구속하신 사랑과 우리에게 죄와 사망에서 해방시켜 주시고 자유를 주신 하나님을 찬양해야 할 것이다. 부동산 투기와 과도한 토목공사로 망가져가는 한국 사회의 경제와 환경은 신명기가 말해주고 있는 분배적 정의와 하나님이 땅의 주인이라는 선포는 우리가 나아가야 할 방향성을 제시해 주고 있다. 신명기는 당시 이스라엘 사회에서 가난한 자들과 소외된 자들의 생존을 위해 함께 고민했다.

신명기의 핵심 내용은 "약자에 대한 보호"가 이스라엘 사회의 공동의 책임이라는 것이다. 그래서 "가난한 사람, 나그네, 종들" 더 나아가 "고아와 과부, 레위인"들을 보호하고자 하는 내용들이 들어 있었다. 그러나 시대적 배경이 다른 레위기와 신명기에서 나타난 사회적 약자를 보는 시각과 그 실천 양식에는 현격한 차이가 있었다. 레위기와 출애굽기에서는 단순히 가난한 사람을 도와주라고 말하고 있지만 신명기에서는 구체적으로 그 방법을 언급하고 있다. 즉 신명기에서는 이스라엘 백성들에게 약자 보호에 대하여 "그에게 식물과 의복을 주라"(신 10:18), "나그네를 사랑하라"(신 10:18, 19), "먹어 배부르게 하라"(신 14:29), "그 요구하는 대로 쓸 것을 넉넉히 꾸어 주라"(신 15:8), "구제할 때에는 아끼는 마음을 품지 말 것이니라"(신15:10)라는 내용을 담고 있는 것이다. 또한 "땅에는 언제든지 가난한 자가 그치지 아니하겠는고로 내가 네게 명하여 이르노니 너는 반드시 네 경내 네 형제의 곤란한 자와 궁핍한 자에게 네 손을 펼지니라"(신 15:11)라는 규례는 사회 구조로 인하여 발생하는 가난한 자들과 상시적으로 발생할 수 있는 사회 약자에 대한 공동체의 지속적인 책임을 강조한다.

B. 하나님 나라를 보여주는 산상수훈

신약성경의 첫 번째 책인 마태복음에서 5-7장을 산상수훈(山上垂訓)이라 한다. 예수께서 산에서 베푸신 가르침이어서 산상수훈이라 부른다. 마태복음 5-7장에 나오는 이 산상수훈은 예수님의 가르침의 요약이요 성경 전체의 요약이라고 할 수 있다. 산상수훈에는 예수님 가르치심의 진수가 담겨져 있기에 하나님 나라의 헌법이라 일컫기도 한다. 한국에는 한국 헌법이 있고 미국에는 미국 헌법이 있듯이 하나님 나라에도 헌법이 있을 것이다. 천국에 헌법이 있다면 산상수훈이 하나님 나라의 헌법이 될 것이란 뜻에서 그렇게 말한 것이다. 이런 말은 산상수훈의 내용이 그만큼 값지다는 의미일 것이다. 마태복음 5-7장에 기록되어 있는 예수의 가르침은 예수님이 친히 작은 산 위에서 제자들과 군중에게 행한 설교로서, 윤리적 행위에 대한 예수의 가르침을 집약적으로 잘 드러내고 있다. 산상수훈은 초대 그리스도교 시대부터 오늘날까지 그리스도교도들의 윤리 행위의 지침이 되고 있으며, 내용은 팔복(八福)을 서두로 하여 사회적 의무, 자선 행위, 기도, 금식(禁食), 이웃 사랑 따위에 관한 가르침이 중심축을 이루고 있다.

세상 속에서 제자삼는 사역을 어떻게 해야 하는가? 그 해답을 산상수훈이 제공해 주고 있다. 교회 내에서 탁상의 제자 훈련이 아니라 삶이 바탕이 된 산상수훈은 제자 훈련의 중심 축이 될 것이다. 예수님이 제시한 8복의 원리와 방식을 그대로 세상 속에서 적용할 때 세상에 큰 도전을 주며, 신선한 바람이 일어나게 될 것이다. 산상수훈은 예수의 복음을 세상 속에서 적용하며, 세상을 바꾸는 핵심 원리가 된다. 인도의 마하트마 간디는 자신은 힌두교 신도이면서도 성경의 산상수훈을 높이 평가하면서 다음과 같이 말하였다. “산상수훈에 담긴 그리스도의 가르침은 종교 중의 종교이요 경전 중의 경전이다. 이 지구상에 있는 모든 경전 중에서 최고의 금자탑이다.” 간디의 이 말을 들은 한 서양 선교사가 간디에게 물었다. “선생님께서는 힌두교 신도이신데 어떻게 산상수훈을 그렇게 높이십니까?” 그때에 간디는 말하기를 “저는 예수님을 정말로 존경한다. 또한 그의 산상수훈을 최고의 가치요, 탁월한 윤리도덕으로 평가한다.”

인도의 간디가 영국에서 유학을 하는 중에 성경을 읽다가 보니 산상수훈에 큰 도전을 받아 예수님을 믿기 위하여 교회를 스스로 찾아갔다고 한다. 간디는 큰 기대를 가지고 교회에 가보니 세상과 별 차이가 없었고, 산상수훈을 추구하는 교회를 만날 수가 없었다. 그래서 교회에 대한 실망을 한 후에 교회를 다니지 않았다고 한다. 그런데 어느 날 기자가 간디에게 “왜 당신은 예수 그리스도를 구주로 영접하지 않으십니까?”라고 물었다. 그때에 간디는 이런 유명한 말을 남겼다. “유럽의 기독교 속에는 예수님이 없기 때문에 당신들의 전한 복음에 동의할 수가 없소. 장미처럼 하십시오. 사람들이 장미를 왜 좋아합니까? 높은 향기 때문이지요. 기독교 신도들이 예수님이 가르친 산상수훈을 몸으로 살고 향기를 발하면 힌두교 신도들도, 불교 신도들도 산상수훈을 받아들이게 될 것입이다. 당신네 크리스천들이 산상수훈에서 가르친 대로 사세요. 그러면 인도인들이 당신들의 모습을 보고 예수님을 믿게 될 것입이다.” 간디의 이 대답이야말로 오늘을 살아가는 크리스천들에게 큰 감명을 주며, 우리가 어떻게 전도해야 할 것인지에 대한 해답을 찾을 수 있다. 우리가 이 세상 속에서 어떤 모습으로 살아야 하는가? 세상 속에서 예수님을 보여주는 삶이 되어야 하며, 그리스도의 향기가 되어야 한다. "우리는 구원 받는 자들에게나 망하는 자들에게나 하나님 앞에서 그리스도의 향기니"(고후 2:15). 우리들 크리스천들이 지금 자신이 살고 있는 자리에서 그리스도의 향기를 발하게 된다면 이 세상이 훨씬 더 살 만한 세상으로 바뀌게 될 것이다.

1. 산상수훈의 역사적 배경과 흐름

예수님께서 공생애 사역을 하시는 때에 많은 무리를 가르치기 위하여 산에서 하나님 나라의 복음을 설교하신 이 내용을 산상설교 혹은 산상수훈이라고 한다. 그 귀한 진리의 내용이 마태복음 5장과 6장 7장에 걸쳐서 기록되어 있다. 이 내용은 기독교 복음의 가장 정수가 되는 내용을 가지고 있다. 산상설교의 첫 번째 내용이 팔복이다. 심령이 가난한 자로부터 의를 위하여 박해를 받은 자까지 이르는 8개의 복을 나열하고 계시는데, 그 표현이 이러이러한 자는 복이 있나니 라고 되어 있다. 마태복음 5장에 시작하는 그 팔복을 이해하기 위해서 그 앞에 있는 마태복음 4장을 보면 예수님의 사역을 이렇게 소개하고 있다. 마태복음 4장 12-16절에 보면 "예수께서 요한이 잡혔음을 들으시고 갈릴리로 물러가셨다가 나사렛을 떠나 스불론과 납달리 지경 해변에 있는 가버나움에 가서 사시니 이는 선지자 이사야를 통하여 하신 말씀을 이루려 하심이라 일렀으되 스불론 땅과 납달리 땅과 요단 강 저편 해변 길과 이방의 갈릴리여 흑암에 앉은 백성이 큰 빛을 보았고 사망의 땅과 그늘에 앉은 자들에게 빛이 비치었도다." 예수님의 사역을 이사야 선지자의 예언의 성취로 보면서 16절에 있는 바와같이 예수님은 흑암에 앉은 백성들에게 빛이 찾아오셨고, 사망의 땅과 그늘에 앉은 자들에게 빛이 비취었다고 하셨다. 그러니까 사망에 앉아 있었던 자, 흑암에 앉아 있었던 자들에게 빛이 찾아온 것이다. 사망에 있는 자들이 빛을 찾아 온 것이 아니다.

마태복음 4장 23-25절을 보면 "예수께서 온 갈릴리에 두루 다니사 그들의 회당에서 가르치시며 천국 복음을 전파하시며 백성 중의 모든 병과 모든 약한 것을 고치시니 그의 소문이 온 수리아에 퍼진지라 사람들이 모든 앓는 자 곧 각종 병에 걸려서 고통 당하는 자, 귀신 들린 자, 간질하는 자, 중풍병자들을 데려오니 그들을 고치시더라 갈릴리와 데가볼리와 예루살렘과 유대와 요단 강 건너편에서 수많은 무리가 따르니라." 누가 흑암에 있는 자들, 병든 자들을 찾아가는가? 나사렛 예수님이시다. 그 무리들은 그 예수님의 복음전파에 호응하여 왔는데, 그 온 사람들이 어떤 사람들이냐, 그 복음이 필요했던 사람들이요, 고침을 받기를 원하는 자들이다. 즉 병든 자, 앓는 자, 곧 각종 병에 걸려서 고통당하는 자, 귀신 들린 자, 간질하는 자, 중풍병자들이다. 앞에 있던 흑암의 세력 아래 있던 자, 사망의 그늘진 땅에 앉았던 자들을 위한 복음이 선포되고 있는 것이다. 그래서 이 팔복은 어떤 자격과 조건을 가지고 가는 것이 아니라 예수님의 부르심을 받은 자들이 받는 복이다.

2. 산상수훈을 주신 목적

마태복음에서 예수 그리스도가 제2의 율법 부여자 즉 모세와 같은 분으로 묘사된 것은 사실이지만 비교의 요체는 대부분 대조의 영역에 있다. 마태복음 5장 안에서만 예수께서는 여섯 번씩이나 "너희가 …을 이미 들었으나 나는 너희에게 이르노니…"(21,27,31,33,38,48절)라고 말씀하신 것으로 구조가 되어 있다. 이는 그의 더 크고 독자적인 권위를 암시하며,

5장의 마지막 자체가 구원의 수단으로서 인간의 의를 내세우려는 모든 노력을 부정하는 가장 확실한 용법이다. 마태복음 5장은 "그러므로 하늘에 계신 너희 아버지의 온전하심과 같이 너희도 온전하라"(48절)는 말씀으로 종결되고 있다. 이것은 율법주의나 구약 율법의 재판이 아니다. 이것은 율법주의로서 하나님을 기쁘시게 하려는 어떤 노력도 정죄하는 의미를 가지고 있으며, 이것은 인간이 예수 그리스도를 믿음으로써 하나님께 다가가고 하나님이 요구하시는 것을 행할 수 있는 새 생명을 받기 위한 길을 열기 위해서 이다. 만약 산상수훈을 율법주의와 동일시한다면 이는 주님이 하신 말씀의 심오한 뜻을 전혀 깨닫지 못하는 것이다.

예수님의 산상수훈은 모세의 율법을 넘어서는데 이는 우리를 복음 앞에 완전히 무릎 꿇도록 하기 위해서이다. 그래서 산상수훈은 우리가 도저히 감당할 수도 없고, 지킬 수도 없는 엄청난 수준 높은 말씀을 강조하고 있다. 마태복음 5장 38-42절에 보면 "또 눈은 눈으로 이는 이로 갚으라 하였다는 것을 너희가 들었으나 나는 너희에게 이르노니 악한 자를 대적하지 말라 누구든지 네 오른편 뺨을 치거든 왼편도 돌려 대며, 또 너를 고발하여 속옷을 가지고자 하는 자에게 겉옷까지도 가지게 하며, 또 누구든지 너로 억지로 오 리를 가게 하거든 그 사람과 십 리를 동행하고 네게 구하는 자에게 주며, 네게 꾸고자 하는 자에게 거절하지 말라." "또 네 이웃을 사랑하고 네 원수를 미워하라 하였다는 것을 너희가 들었으나 나는 너희에게 이르노니 너희 원수를 사랑하며 너희를 박해하는 자를 위하여 기도하라"(마 5:43-44). 과연 인간의 힘으로 이 말씀을 현실 속에서 지킬 수 있겠는가? 아무도 이 말씀을 지킬 수가 없다. 그래서 예수님은 우리에게 약속하신 성령님을 보내 주시는 것이다. 내 힘으로는 산상수훈을 지킬 수 없지만 성령의 권능을 받으면 점차적으로 산상수훈에 접근하는 삶을 추구할 수 있으며, 하나님 나라가 내 안에서 이루어지면서 그 말씀을 가지고 세상의 빛이 될 수 있을 것이다. 산상수훈은 내가 철저히 손해보는 삶, 섬기는 정신과 목적을 가지고 살아가면 하나님의 능력으로 산상수훈을 지키는 은혜를 경험하게 될 것이다. 그 산상수훈대로 살아가는 것이 세상의 빛과 소금이 된 자세이며 그 모습을 보고 세상 사람들이 하나님을 믿게 되며, 전도의 기회가 될 것이다.

그렇다면 예수님은 이런 말씀을 왜 제자들에게 주신 것인가? 첫째, 하나님 나라를 소유한 자들의 삶을 가르쳐 주기 위함이다. 하나님 나라는 눈에 보이지 않지만 그의 정신과 삶을 통하여 하나님 나라를 보여주는 제자가 되게 하기 위함이다. 둘째, 인간의 힘으로, 노력으로 할 수 없다는 한계상황을 느끼기 위함이다. 즉 자신의 연약함과 죄악을 깨닫게 하기 위함이다. 여러분들 중에 산상수훈의 기준에 따라 살고 있다고 주장하는 사람이 있는가? 그런 사람이 있다면 그는 분명코 산상수훈을 한 번도 읽어본 적이 없거나 그 가르침을 이해하지 못하거나 아니면 거짓말을 하고 있는 것이다. 산상수훈은 사람들에게 그리스도를 떠나서 의로워질 것을 권하지 않는다. 그것은 하나님의 의에 미치지 못한다는 이유로 인간을 정죄하고 그런 다음 그를 십자가 앞으로 맹렬히 몰고 가는 것이다. 바울은 우리가 믿음으로 의로워질 수 있도록 우리를 그리스도께 데려가는 몽학선생이 바로 율법이라고 말한다(갈 3:24). 대체로 외형적인 구약의 율법이 몽학선생이라고 한다면, 이 산상수훈의 경우는 더 당연히 몽학선생이라고 부르지 않을 수 있겠는가? 산상수훈은 거듭난 마음에서 흘러나오는 순수한 하나님의 의를 요구한다.

셋째, 우리로 하여금 이 말씀을 지킬 수 있도록 약속하신 성령님을 전적으로 의지하며 살게 하기 위함이다. 산상수훈에서 발견되는 엄청나게 높은 기준들을 인식하고는 있으나 그리스도인들은 바로 불가능한 기준에 부르심을 받았다는 사실, 또는 그들이 그 같은 기준을 달성하도록 도우시기 위해 그들에게 성령이 주어졌다는 사실을 깨닫지 못하고 있다. 우리는 이 말씀을 지킬 수 있도록 성령님을 전적으로 의지해야 한다. 성경에 "모든 성경은 교훈과 책망과 바르게 함과 의로 교육하기에 유익하니"(딤후 3:16)라고 하였는데 이는 산상수훈에도 똑같이 적용된다. 넷째, 산상수훈은 그리스도인들이 세상 속에서 빛과 소금이 되는 길을 구체적으로 보여준 것이다. 그리스도인은 세상의 기준이 아니라 이 산상수훈의 원칙을 따라서 행복을 찾는 것이다. 복된 사람으로 불리고 있는 사람들은 가난한 자(오만하지 않은 자), 온유한 자(교만하지 않은 자), 긍휼히 여기는 자(잔인하지 않은 자), 화평하게 하는 자(선동하지 않는 자) 등이다.

산상수훈의 서문이 무엇인가? 세상과 구별된 하나님 나라의 8복이다. 예수님은 제자들에게 하나님 나라의 8복의 원리를 가르쳐 주셨다. 8복은 진정한 복이 무엇인지를 새롭게 정의해 주고 있다. 예수님이 가르쳐주신 8복은 제자들에게 세상의 복의 개념이 아니라 복의 혁명적인 메시지이다. 8복은 산상수훈 첫머리에 나오는 예수님의 가르침이 핵심이다. 우리가 먼저 알아야 할 것은 '복'에 대한 바르고 정확한 이해이다. 산상수훈을 통하여 예수께서 말씀하시는 복은 헬라어로 "마카리오이"인데 그 복은 4가지 의미를 담고 있다. 첫째는 하나님 자신이 복이시기에 하나님을 알고 믿고 경외하는 자체가 복이다. 우리는 무엇을 받아서 소유하는 것이 복이 아니라 하나님 자신이 바로 복이다. 둘째는 하나님의 형상대로 지음받은 인간을 사랑하고 섬기며, 도와주는 것이 복이다. 다른 사람들의 삶을 도와주는 것이 복있는 삶이다. 우리는 복에 대하여 잘못 생각하고 있다. 내가 무언가를 소유하고 누리고 있는 것, 내가 받는 것을 복으로 여긴다. 그러나 예수님께서 가르쳐주신 복은 내가 누릴 것을 내려놓고 다른 사람에게 베풀고 섬겨주는 것이다. 세 번째는 섬김을 받는 자보다 섬기는 자가 복있는 자이며, 받는 자보다는 주는 자가 복이 있다는 것이다. 예수께서 '복이 있도다' 말씀하실 때의 언급한 복의 의미는 받는 복을 말하는 것이 아니다. 사도행전 20장 35절에 이르기를 "예수께서 친히 말씀하신 바와 같이 주는 것이 받는 것보다 복이 있다"고 하였다. 크리스천이 누리는 복은 무엇을 많이 받아서가 아니라 남에게 베풀고 나누는 데서 오는 복이다.

"주는 자가 복있다" 라는 예를 들면 미국의 John. D. Rockefeller의 경우이다. 그는 20대에 기업을 일으켜 33세에 미국 제일의 부자가 되었다. 43세 때에는 세계 제일의 부자가 되었다. 그러나 53세 때에 병들어 잠을 못자고 먹지를 못하여 하루에 고작 우유 한 잔에 비스킷 몇 조각 먹을 정도였다. 그의 병이 위중한 것이 소문이 나서 뉴욕의 한 신문은 "Rockefeller 사망하다"는 기사를 써두고 그의 죽음을 기다릴 정도였다. 그는 머리카락이 다 빠져 문어머리처럼 되었다. 그러던 어느 날 밤 그가 잠을 이루지 못하고 침실과 응접실을 오가다가 응접실 탁자 위에 놓여 있는 성경을 들었다. 그가 성경을 펼쳐 읽은 순간 다음의 구절이 눈에 들어왔다. "주라 그리하면 너희에게 줄 것이니 곧 후히 되어 누르고 흔들어 넘치도록 하여 너희에게 안겨 주리라"(눅 6:38). 이 말씀을 읽는 순간 그에게 큰 깨달음이 왔다. "아하 나는 평생토록 수단방법을 가리지 아니하고 모으는 일에 열중하여 왔지만 주는 일에 너무나 인색하였구나! 이제는 이 물질을 필요한 사람들에게 주는 일에 나서야겠다!"라는 결심을 하게 되었다. 그래서 그 다음 날로 "Rockefeller Foundation"을 설립하여 나누고 베푸는 일에 전심을 기울였다. 그 뒤로 건강이 날로 좋아져 98세까지 장수하였다고 한다.

예수님께서 산상수훈을 베푼 동기와 목적이 무엇인가? 예수님께서 이런 설교를 하신 까닭은 하나님의 백성들이 세상 사람들의 태도나 방법을 본받지 않고 하나님의 법을 따라 살도록 하기 위해서였다. 산상 설교는 예수의 선교활동 초기에 갈릴리의 작은 산 위에서 제자들과 군중에게 행한 설교로서, '성서 중 성서'로 일컬어지며, 그리스도교 신자들에게 가장 중요한 기도인 '주기도문'도 이 산상수훈과 연결되어 있다. 일반적으로 이 산상수훈은 윤리적 행위에 대한 예수의 가르침을 집약적으로 잘 드러내고 있다는 점에서 초대 그리스교 시대부터 오늘날까지 그리스도 교도들의 윤리 행위의 지침이 되고 있다. 그 내용은 유명한 '팔복(八福)'을 서두로 하여 사회적 의무, 자선행위, 기도, 금식(禁食), 이웃사랑 등에 관한 예수의 가르침인데, 유대인들의 옛 율법 전통과는 잘 대조되어 나타나고 있다.

이 산상수훈은 중세 가톨릭에서는 수도생활의 전형적 규범으로 해석되기도 하였다. 그리고 문제의 산(山)의 위치에 관해서는 성서에 나타나 있지 않으나 전통적으로 갈릴리 호수 북쪽 타브가와 가파르나움(가버나움) 사이에 있는 한 야산이었다고 전해져 온다. 고대의 많은 주석가들은 예수께서 일부러 산에 올라가셨으며 그것은 시내산에서 율법을 받은 모세와 새로운 계명을 가르치는 자신과의 유사함을 나타내시기 위함이라고 주장한다. 그런 점에서 본문의 산을 흔히 '신약의 시내산'이라 일컫기도 한다. 실로 예수의 메시지는 율법의 완성으로서의 복음이었고, 예수님은 시내산에서 율법을 받은 모세보다 위대하신 새로운 모세의 실체이시며, 더 큰 권위자이시다.

산상수훈은 신앙의 본질이 무엇인가? 천국을 소유한 자들이 어떻게 살 것인가? 삶의 윤리와 철학을 분명하게 제시해 주고 있다. 산상수훈은 인간의 이성과 경험으로 볼 때는 어리석게 보이며, 너무 현실상황에 맞지 아니하게 보일 뿐만 아니라 도저히 그렇게 살 수 없다는 결론에 도달하게 된다. 그러나 산상수훈의 말씀대로 살게 되면 예수님을 닮아가며, 거룩함이 내 속에서 이루어져가는 것을 체험하게 될 것이다. 또한 나를 철저히 십자가에 못박아 죽이면 예수의 사람이 되어지고, 하나님이 주시는 능력으로 살면 가능하다는 결론에 도달하게 된다. 산상수훈은 구원받은 자들에게 주신 신앙의 목표이며, 우리의 신앙의 방향성을 잘 보여주고 있는 것이다. 산상수훈의 말씀을 우리의 현실이 맞지 아니한다고 땅에 묻어 버리는 것이 아니라 그의 말씀대로 살아내도록 몸부림치며, 하나님의 은혜를 붙잡고 전적으로 순종하는 마음과 자세를 가져야 한다. 산상수훈에서 하나님의 의도는 기독교 진리를 가르치려는 것뿐만 아니라 바리새인들의 잘못된 신앙을 폭로하고 어긋난 율법주의로 살아가는 청중의 양심을 깨우치려는 의도가 숨어 있다.

3. 예수님이 가르쳐 주신 팔복

예수님은 8복(八福)을 제자들에게 가르치며 축복의 혁명으로서의 설교를 시작한다. 세상에서 말하는 복의 개념과 180도 다른 영원한 복을 설명하고 있다. 우선 기록을 통해 먼저 알아야 할 것은 이 '산상수훈'은 예수의 대중집회가 아니라 그의 앞에 있는 자들은 모두 예수의 제자와 그들 중 선별된 12명의 사도들에게 주시는 메시지이다. 따라서 이 날에 예수님의 강의는 모두가 알아듣기 쉬운 수준의 강의라기보다는 어느 정도 공감을 형성하고 있는 제자들을 위한 가르침, 즉 땅의 것이 아니라 하나님 나라의 복을 집중적으로 가르치고 있다. 이 산상수훈은 구원받은 하나님의 백성들 즉 하나님 나라를 소유한 제자로서 지켜야 할 윤리이며, 새 명령, 새 율법이라고 볼 수 있다. 우리가 팔복을 제대로 이해하기 위해서는 시내산에서 받은 "십계명"과 비교하는 것이 가장 좋은 방법이다. 그 중에서도 가장 바르게 이 '팔복'을 바라봐야 하는 관점은 '말씀하시는 대상'이 일반 백성이 아니라 주님의 제자들이라는 것이다. 산상수훈은 율법이나 행위보다 그 내면의 생각이나 정신을 더 중요하게 다루고 있으며, 그 사람 내면 속에서 하나님과의 관계, 이웃과의 관계, 물질과의 관계를 집중적으로 교훈하고 있다.

첫째, "심령이 가난한 자가 복이 있나니 천국이 저희 것임이요."

예수님은 팔복을 통하여 축복의 혁명을 일으키며, 새로운 시대, 하나님 나라를 선포하고 있는 것이다. 팔복은 십자가의 정신과 그 길을 바탕으로 형성되어 있으며, 팔복의 목표는 세상적인 것이 아니라 영원한 천국을 지향하고 있다. "천국으로 가는 길은 넓은 길이 아니라 좁고 협착한 십자가의 길이다." 십자가의 길은 겉으로 볼 때 힘들고 어려운 것같지만 그 속에는 생명이 흐르고 있으며, 세상이 줄 수 없는 의와 평강과 희락이 가득차 있다. 그래서 예수님은 골고다 언덕 위에 십자가의 죽음을 향하여 인자가 영광을 얻을 때가 되었다고 선포한 후에 십자가를 짊어지고 죽음의 길로 가셨다. 주님은 우리에게 말씀하시기를 자기 십자가를 짊어지고 나를 따르라고 말씀하신다. 그 십자가를 짊어지고 가는 것이 천국의 길이요, 인생 승리자의 길이다. 우리는 이제 십자가를 벗어 던지려고 하지 말고, 그 십자가를 믿음으로 굳게 붙잡고, 예수님이 걸어가는 그 발자취를 따라갈 때 이 세상에서 천국을 누리게 되며, 축복의 통로가 되는 인생이 될 것이다.

심령이 가난하다는 말이 무슨 뜻인가? 3절에 보면 "심령이 가난한 자는 복이 있나니 천국이 그들의 것임이요"라고 했다. 여기서 '가난'이란 말의 히브리어 의미는 "결핍, 부족, 의존"인데 이것은 가난한 자들이 다른 사람을 의지하지 않을 수 없음을 가리킨다. 그러므로 여기서 '심령이 가난한 자'란 '영적으로 하나님을 의지할 수밖에 없음을 자각한 사람들'이며 종교적인 표현으로 겸손한 자들을 말한다. 헬라인들의 가난은 '페네스'인데, '페네스'라는 가난은 우리가 현실 사회에서 느끼는 가난한 사람들 즉, 초라하고 궁핍한 생활을 하는 사람들을 말한다. 현실적으로 먹을 것, 마실 것, 입을 것이 없는 자, 소유가 없는 자를 의미한다. 자신의 것이 아무것도 없는 자는 정말로 가난한 자이다. 첫 사람 아담은 하나님만을 의존하며, 그의 말씀대로 순종하는 심령이 가난한 자였지만 죄의 유혹을 받고 선악과를 따먹으면서 자기 중심적으로. 독립적으로 인생을 살려고 하며, 자기 의를 추구하는 영적으로 교만한 자가 된 것이다. 자기가 하나님의 자리, 주인의 자리에 앉으려고 함으로 그는 하나님과의 관계가 단절되어 창조의 목적을 잃어버린 자가 되었다. 반면에 둘째 아담이신 예수님은 처음부터 끝까지 자신이 모든 것을 내려놓고 오직 하나님의 뜻대로, 하나님의 영광을 추구하는 심령이 가난한 자가 되려고 하셨다. 심령이 가난한 자가 복있다는 말씀만 하시지 않고 친히 가난한 자의 모델의 삶을 추구하셨다. 우리가 심령이 가난한 자가 되려고 하면 첫째, 나의 생각을 내려놓고 주님의 말씀으로 내 마음속에 채워야 한다. 둘째, 나의 주인됨을 내려놓고 오직 예수님을 나의 주인으로 인정할 뿐만 아니라 그의 통치와 인도하심을 전적으로 받아들이며, 순종할 때 가난한 자가 되어진다. 셋째, 나의 이웃을 사랑하며, 섬기며, 도와주며, 구제하는 삶을 추구할 때 가난한 자가 되어진다. 이렇게 살아갈 때 세상의 빛이 되고, 소금이 되어 결국에는 나의 증인이 되는 삶을 보고 세상이 바뀌게 될 것이다.

심령이 가난한 자가 왜 복있는 자인가? 첫째, 우리는 심령이 가난할 때 겸손해지며, 낮은 자, 작은 자가 되기 때문이다. 우리가 겸손하며, 낮은 자가 될 때 하나님의 은혜가 우리 안에 머물게 된다. 하나님의 음성을 들으며, 하나님과 동행하는 자가 된다. 마음이 높아지거나 교만해지면 하나님의 대적자가 된다. 하나님의 귀한 것을 다 잃어버린다. 그래서 심령이 가난한 자, 통회하는 자가 복있는 자이다. 둘째, 심령이 가난할 때 천국을 얻을 수 있기 때문이다. 우리는 심령이 가난할 때 영적인 것을 찾고 추구하게 된다. 예수님께서 말씀하신 가난은 헬라어 '프토코스'의 상태로서의 가난을 말씀하시며 팔복의 말씀을 전하셨다. 이들은 살아갈 희망이 없는 사람들이다. 인간으로서 살아가기 힘든 이들에게 예수님은 심령이 가난한 자가 복이 있음을 선포하셨다. 이사야 61장 1-3절을 보면 "주 여호와의 영이 내게 내리셨으니 이는 여호와께서 내게 기름을 부으사 가난한 자에게 아름다운 소식을 전하게 하려 하심이라 나를 보내사 마음이 상한 자를 고치며 포로된 자에게 자유를 갇힌 자에게 놓임을 선포하며 여호와의 은혜의 해와 우리 하나님의 보복의 날을 선포하여 모든 슬픈 자를 위로하되 무릇 시온에서 슬퍼하는 자에게 화관을 주어 그 재를 대신하며 기쁨의 기름으로 그 슬픔을 대신하며 찬송의 옷으로 그 근심을 대신하시고 그들이 의의 나무 곧 여호와께서 심으신 그 영광을 나타낼 자라 일컬음을 받게 하려 하심이라." 마태복음 11장 5절에 보면 "맹인이 보며 못 걷는 사람이 걸으며 나병환자가 깨끗함을 받으며 못 듣는 자가 들으며 죽은 자가 살아나며 가난한 자에게 복음이 전파된다 하라." 여기서 주목할 것은 가난한 자에게 복음이 전파된다는 부분이다. 예수님께서 말씀하신 이들은 가난한 자들이었다. 하나님의 은혜를 부어주시기 전에 먼저 나의 심령이 비어 있어야 한다. 세상의 정욕과 욕심, 온갖 불의, 추악한 것으로 가득한 마음을 버리고 심령이 깨끗해야 한다. 우리의 심령이 가난하지 않으면 천국에 들어갈 수 없다. 심령이 가난한 자는 천국이 저희 것임이요. 우리로 하여금 천국을 얻게 한다.

둘째, 애통하는 자는 복이 있나니 저희가 위로를 받을 것임이요.

일반적으로 웃는 자, 가진 자, 부유한 자가 복이 있다고 하면 쉽게 이해하고 받아들일 수 있을 것이다. 그런데, 가난한 자, 우는 자, 애통하는 자가 복이 있다는 것은 도저히 이해할 수 없는 메시지이다. 애통하는 자가 복이 있다는 논리는 세상의 논리와는 완전히 모순된다. 사람들은 언제, 어디서나 부유하고 쾌활한 자를 행복한 자로 여기지만 그리스도께서는 애통하는 자가 행복하다라고 말씀하신다. 여기서 애통하는 자라는 말은 우리의 본성의 부패성과 우리의 행위의 엄청난 죄를 느끼는 가운데서 하나님의 거룩함과 선함을 깨달은 결과이다. 애통하는 마음이 일어나는 것은 심령이 가난한 과정을 통과하면 지난날의 삶을 후회하며, 내 죄악된 모습을 바라보면서 통곡하며 우는 마음을 얻게 된다. 애통은 바로 죄 때문에 나오는 자연스러운 결과이다. 예수님은 자기의 의를 자랑하며, 자신있게 기도하는 바리새인들과, 가슴을 치면서 기도하는 세리의 기도 중에 어떤 자를 더 의롭다 하셨는가? 그것은 애통하며 가슴을 치는 세리의 기도를 더 의롭다고 인정하셨다.

오늘 본문에는 "애통하는 자가 복이 있다."라고 말씀하고 있다. 예수님이 말씀하시는 '애통하는 자'란 말은 대단히 강한 의미를 가지고 있다. 여기서 애통이라고 하는 말은 진정한 마음으로 죄를 슬퍼하는 것을 의미한다. 여기서 "애통하는 자" "우는 자"는 어떤 사람일까? 고 옥한흠 (사랑의교회) 목사님은 "심령이 가난한 자가 토하는 영혼의 거룩한 탄식"이라고 한다. 이동원 (지구촌교회) 목사님은 "하나님의 안목으로 자신의 깊은 내면을 성찰하면서 자신의 죄를 아파하고 늘 하나님 앞에 참회하는 사람"이라고 말한다. 유명한 영성신학자 유진 피터슨(Eugene Peterson)은 "가장 소중한 것을 잃었다고 느끼는 자가 복이 있나니 가장 소중한 자의 품에 안길 수 있기 때문이다"라고 말한다. 세 분의 해석에서 공통적으로 느낄 수 있는 것은 무엇인가? 팔복에서 말하는 "애통함"과 "우는 것"은 단순한 슬픔이나 눈물이 아니라는 것이다. 오늘 성경 본문에서 말하는 "애통함"이나 "우는 것"은 이런 우울감이나 비애가 아니라는 것이다. 죄에 대한 깨달음에서 나오는 애통이며, 자신의 연약함을 발견하고 하나님께 도움을 요청하는 간절한 눈물을 의미한다.

참된 그리스도인은 바로 죄의 본질 그 자체 때문에 애통한다. 왜냐하면 죄가 세상에 들어와서 그로 인하여 이런 무서운 결과들이 생겨났기 때문이다. 그리스도인은 또한 과연 하나님이 죄를 어떻게 대하시는지를 어느 정도 알고 있기 때문에 애통한다. 하나님은 죄를 철저하게 혐오하시고 미워하신다. 할 수만 있다면 하나님의 마음까지도 찌르고자 철저하게 하는 그런 무서운 죄와, 사단에게 귀를 기울인 결과로 나타난 인간의 반역과 오만함 때문에 애통하는 것이다. 그것 때문에 마음이 아프고 그 때문에 애통하는 것이다. 우리가 인정해야 할 죄는 바로 이것이다. 단순히 내가 시기했다, 내가 음란했다는 그런 죄의 결과보다 먼저, 내가 하나님을 의지하기 싫어한다는 본질적인 죄, 내가 하나님을 주인으로 모시기 싫어 한다는 본질적 자아를 인정해야 한다. 그래서 우리는 죄로 인하여 울 수밖에 없다.

우리가 무엇 때문에 애통하며, 울며 통곡해야 하는가? 성경에서 말하는 애통은 하나님과의 관계가 단절됨을 의미하고 있다. 하나님과의 관계가 단절됨으로 시기와 질투, 분쟁과 다툼, 각종 죄를 범하는 것을 보면서 애통이 일어나야 한다. 애통은 죄에 대한 통곡이며, 창조의 목적에서 빗나가는 것에 대한 통곡이다. 넓은 의미의 애통은 첫째, 자신의 죄악, 연약함, 교만함을 놓고 하나님께 울며 기도하는 자가 복있는 자이다. 우리는 자기 자신에 대해서 너무나 비탄에 빠져서 고통 중에 부르짖는 사람, 자신의 연약함을 놓고 통곡하고 기도하는 자들이 되어야 한다.

애통하는 자가 왜 복이 있는가?

첫째, 애통하는 자는 하나님의 놀라운 위로함을 받기 때문이다. 애통하는 자의 눈물을 닦아주는 하나님의 다정한 손길이 있기 때문이다. 상한 마음을 어루만져주시는 하나님의 사랑이 있기 때문이다. 그래서 성경은 잔칫집에 가는 것보다 초상집에 가는 자가 더 지혜롭다고 말씀하고 있다. 하나님은 애통하는 자를 그냥 버려두시는 것이 아니라 위로해 주시기 때문에 복이 있는 사람이다. 여기서 위로는 사죄의 은총과 회복의 은혜를 말하는 것이다. 요한계시록 6장 9-11절에 보면 하나님의 보좌 앞에서 먼저 천국에 들어간 자는 엎드려 애통하며 기도하는 장면이 있다. "우리의 피를 신원하여 주지 아니하시나이까?" 간절하게 호소하는 기도를 드린다. 그 애통하는 기도를 들으시고 하나님은 저희에게 흰 두루마기를 입혀 주신다. 이것은 위로함을 받는 모습이다. 자기의 오라비가 갑자기 죽는 고통 앞에 통곡하는 마리아를 보시고 예수님은 함께 우시며, 통분이 여기시고 죽은 나사로가 누워있는 무덤 앞에 가서 "나사로야 무덤속에서 나오너라" 외칠 때 죽은 나사로가 다시 살아나는 기적의 역사가 일어난다. 죽은 나사로가 다시 살아나는 것은 마리아에게 큰 위로와 기쁨이다. 애통하는 자가 복이 있는 이유는 주님으로부터 우리가 위로를 받기 때문이다.

둘째, 하나님께서 애통하는 자의 고통의 상황을 기쁨이 넘치는 상황으로 바꾸어 주시기 때문이다. 애통하는 자는 하나님의 도우심을 받을 수 있다. 하나님의 역사하심을 체험할 수 있는 기회가 주어지게 된다. 하나님이 "이런 사람이야말로 복되다"고 하시면서 우리의 눈물을 씻어주시고 진정한 기쁨과 만족의 은총을 주실 것이다. 그것이 바로 오늘 본문에서 말하는, 애통하는 자가 받는 "위로"이다. 시편 51편은 다윗이 밧세바와 동침하고 그것을 숨기기 위해 밧세바의 남편이자 다윗 자신의 가장 충직한 장군 중 한 사람인 우리아를 죽게 하는 엄청난 범죄를 저지르고 난 후에, 선지자 나단이 자기에게 왔을 때 불렀던 노래라고 한다. 여기에 "애통하는" 다윗의 마음이 잘 나타나 있다. "하나님께서 구하시는 제사는 상한 심령이라 하나님이여 상하고 통회하는 마음을 주께서 멸시하지 아니하시리이다"(시 51:17). 하나님이 기뻐 받으시는 제사는 많은 액수의 헌금이나 요란한 찬양이 아니라 심령속에 통회하는 마음, 애통하는 마음이라는 것이다. 비록 우리가 순간의 실수로 심각한 죄를 저질렀더라도 정말로 가슴을 쥐어뜯으며 회개하면 하나님은 우리를 용서해 주신다는 것이다.

셋째, 애통하는 자에게 하나님의 마음과 시선이 집중되기 때문에 복이 있다. 우리의 하늘 아버지께서는 슬픔을 당한 자들을 결코 무시하지 않으신다. 다윗이 감람산에 올라가 "머리를 가리우고 맨발로 울며 행"(삼하 15:30)할 때, 주께서는 동정 어린 눈으로 그를 보고 계셨다. 다윗은 베옷을 입었으며, 심한 양심의 가책을 느꼈다. 겉으로 나타난 그의 겸비(謙卑)는 그의 회개를 증거해 주었다. 그는 울먹이는 말로 자기의 사정을 하나님께 고백했다. 다윗이 무한한 사랑이신 하나님께 가장 사랑스러워 보인 때는 생명을 구하기 위해, 그의 아들에게 선동되어 반역에 가담한 원수들을 피해 도망가면서 마음에 찔림을 받은 때였다. 주님께서는 "무릇 내가 사랑하는 자를 책망하여 징계하노니 그러므로 네가 열심을 내어 회개하라"(계 3:19)고 말씀하신다. 그리스도께서는 통회하는 마음에 힘을 주고 슬퍼하는 심령을 고결하게 하심으로 마침내 당신께서 거할 수 있게 만드신다. 하나님께서는 상처를 입은 모든 사람을 찾아 치료해 주신다. 하나님은 우리가 말 못할 슬픔과 아프고 상한 마음으로 짓눌려 있도록 버려두시지 않으신다. 팔복은 십자가의 관점에서 볼 때 웃는 자, 많은 것을 소유한 자가 복있는 것이 아니라 애통하는 자가 정말로 복있는 자이다. 애통하는 자는 인생의 맛을 아는 자이다. 애절한 눈물과 고통의 과정을 통과한 자만이 인생을 논할 수 있을 것이다.

셋째, "온유한 자가 복이 있나니 저희가 땅을 기업으로 얻을 것임이요."

우리가 알아야 할 온유한 자는 천부적으로 타고난 성품을 말하는 게 아니라 예수 안에서 거듭난 성품을 말한다. 즉 온유한 자는 구원 받은 사람에게만 나타나는 하나님이 주신 복의 성품이다. 우리 주변에도 보면 천성적으로 온유해 보이는 사람이 있지만 세상에서 말하는 온유와 성경이 말하는 온유는 절대 같은 것이 아니다. 예수님은 성전에서 대제사장들과 한패거리가 되어 장사하는 장사꾼들의 판을 뒤엎으시면서 채찍을 휘둘렀고 독사의 자식들이라는 욕까지 퍼부으셨다. 자기 주관이 없이 나는 이것도 좋고 저것도 좋고 이리저리 흔들리는 것이 온유함이 아니라 비록 손해가 있을지라도 오직 하나님 중심으로 살아가고 진심으로 하나님을 경외하는 자가 바로 온유한 자이다. 성경에 나오는 모세나 바울이나 베드로 외에도 수많은 선지자나 제자들 중에 거친 성품의 사람들이 많았지만 이들이 온유한 사람들이 된 것은 오직 하나님이 주신 선물이었다.

우리의 마음이 온유해지려면 어떻게 해야 하는가?

첫째, 예수님의 십자가를 본받고, 자신을 날마다 십자가에 죽여야 한다. 예수님의 온유의 절정은 십자가 사건이다. 로마의 군인들이 십자가에 달린 예수님에게 침을 뱉고 욕설을 퍼붓고 저주를 했다. 만약 예수님이 원하시기만 하면 자기를 못 박고 침을 뱉은 그 사람들을 혼내줄 능력이 없겠는가? 아니다. 원하시기만 하면 무엇이든지 하실 수 있는 전지전능하신 하나님이시다. 그러나 예수님은 그렇게 그의 뜻을 사용하지 않았다. 십자가가 하나님의 뜻이고 이 길만이 전 인류를 구원할 수 있었기에 그 십자가를 피하지 아니하시고 감당하셨다 이러한 예수님을 가리켜 600년 전부터 이사야 선지자가 예언하기를 이사야 53장 7절에 "그가 곤욕을 당하여 괴로울 때에도 그 입을 열지 아니하였음이여 마치 도수장으로 끌려가는 어린 양과 털 깎는 자 앞에 잠잠한 양같이 그 입을 열지 아니하였도다."

둘째, 온유한 마음은 단순히 인간의 수양이나 노력으로 되어지는 것이 아니라 성령의 열매이다. 성령께서 그 마음을 주관하고 다스리지 않으면 절대로 온유한 마음을 소유할 수 없다. 온유는 성령의 9가지 열매 중에 하나이다(갈 5:22-23). 예수님이 말씀하는 팔복의 세 번째 복인 이 온유는 태어나면서부터 타고난 부드러운 성격이 아니고 성령을 마음에 모시고 주님을 내 구주로 고백하는 변화된 마음을 말한다. 즉 성령 하나님께서 마음을 다스려 주시면서 나를 통제해 주고 이끌어 주실 때 주님이 말씀하시는 온유가 가능하다는 뜻이다.

셋째, 하나님 나라의 비밀을 깨닫고 하나님을 닮아가려고 할 때 온유한 자가 된다. 원래 모세는 성미가 급하고 화를 잘 내는 다혈질의 사람이었다. 그는 그 성질로 애굽에서 사람을 죽였다. 그런 그가 40년의 광야생활에서 많이 깨어졌지만 출애굽의 영웅이 되어서도 그의 혈기가 죽지 않은 것을 볼 수 있다. 모세가 하나님의 부르심을 받아 시내 산에 올라가 40일을 금식하면서 십계명을 받았다. 백성들은 모세가 없는 사이 금으로 송아지 우상을 만들어 경배하고 그 앞에서 춤추고 뛰놀았다. 화가 난 모세는 십계명이 새겨진 두 돌 판을 금송아지 우상에 내리 던졌다. 그래서 돌 판이 깨지고 말았다. 비록 이스라엘 백성들이 우상을 만들고 죄를 범했다 해도 하나님의 율법이 새겨진 돌 판을 던질 수 있겠는가? 그는 경솔하고 성격이 급했다. 화를 잘 냈고 과격했다. 한마디로 온유하지 못했다. 그 후 모세는 하나님 앞에서 피나는 회개를 했고 그의 믿음이 성장했다. "이 사람 모세는 온유함이 지면의 모든 사람보다 승하더라"(민 12:3) 고 친히 하나님이 말씀하셨다. 민수기 12장에서 보면 모세가 형 아론과 누나 미리암으로부터 공격을 받고 비난을 받았다. 왜냐하면 모세가 구스 여인을 아내로 얻었기 때문이다. '세상에 어디 여자가 없어서 검둥이 여자를 데리고 사느냐?' 아론도 미리암과 함께 모세를 비방했다. 미리암과 아론의 반대와 비방 속에서도 모세는 아무 소리 없이 침착하게 행동을 한다. 이것이 온유함의 표본이다.

마음이 온유한 자가 받은 복이 무엇인가? 땅을 기업으로 받는 것이다. 이 시대나 옛날 시대나 많은 사람들이 이 말씀을 잘못 해석해서 이 땅의 부동산을 많이 차지하는 것이 하늘의 복이라고 무리한 해석을 통해서 사람들을 혼란스럽게 한다. 오늘날에도 복부인과 기복주의 목회자들이 당시 유대인들이 문자적으로 생각한 것 같이 땅을 준다는 이 복을 가장 좋아한다고 한다. 사실 성경에서 말하는 땅은 그런 부동산이 아닌데도 불구하고 많은 교회들이 이 말씀을 잘못 해석해서 무리하게 각종 건물이나 교육관을 짓고 땅을 많이 소유하려는 오류를 범하였다. 예수님이 말씀하시는 땅을 기업으로 얻는다는 것은 이 세상에서 천국을 얻게 된다는 다른 표현법이다. 즉 예수님께서 팔복을 말씀하셨는데. 팔복은 흔히 말하는 세상적인 물질이나 번영의 복에 대한 이야기가 아니다. 하나님 나라에서 누리게 될 영광의 복을 의미하며, 기업으로 상속받는 복을 의미한다. 여기서 땅을 기업으로 얻는다는 말은 이 세상에서 천국을 얻게 된다는 다른 표현법이다. 즉 하나님의 복의 상징으로 이 세상에서 천국을 소유할 뿐만 아니라 그 영광과 풍성함을 더 많이 소유하고 누리게 된다는 것이다.

넷째, "의에 주리고 목마른 자는 복이 있나니 저희가 배부를 것임이요."

성경에서 의라는 말은 하나님 자신을 말하며, 하나님께 향하는 것, 창조의 목적대로 사는 것이 "의"라고 정의한다면 창조의 목적에서 벗어나 자기 생각대로, 자기 중심적으로 사는 것이 불의함이라고 정의할 수 있을 것이다. 여기서 의에 주리고 목마른 자라는 것은 십자가의 정신, 즉 제자도를 추구하는 삶을 의미한다. 제자도의 정신을 가장 잘 보여주는 것이 주고 섬기고 베풀어 주는 행위이다(눅 6:38). 팔복은 인간이 무엇을 소유하기보다는 어떤 존재가 될 것인가를 가르쳐 주고 있다. 인간의 행복은 소유에 있는 것이 아니라 존재에 있음을 말씀하고 있다. 그리고 팔복의 결론은 예수 잘 믿는 존재가 되면 행복한 사람이 된다는 것이다. 오늘은 팔복 중 네 번째 복인 "의에 주리고 목마른 자는 복이 있나니 그들이 배부를 것임이요."이다. 이 복은 매우 역설적인 표현법으로 의에 주리고 목마른 자가 복있다는 것이다. 우리는 세상의 것, 물질적인 것에 주리고 목마른 것이 아니라 의에 주리고 목마른 자가 되어야 한다.

예수께서 말씀하신 "의" 가 무엇인가? 우리 삶 전체에서 하나님의 뜻, 하나님의 창조의 목적에 맞게 사는 것이 "의"이다. 즉 거룩하고 의로운 하나님을 목표로 삼는 것이 진정한 의이다. 하나님의 뜻이 무엇인지를 아는 것을 추구하는 것이 믿음으로 사는 것이며, 세상과 구별된 거룩함이다. 예수님의 말씀을 주의 깊게 연구하면 우리는 하나님의 의가 무엇인지를, 하나님의 뜻이 무엇인지를 잘 알 수 있다. 우리가 왜 예수 그리스도를 믿어야 하는지, 왜 우리가 십자가의 길을 걸어가야 하는지를 깨달아야 한다. 성경은 의에 주리고 목마른 자가 누구인지를 명확하게 밝혀주고 있다. 의에 주리고 목마른 자의 모범은 바로 예수님이시다. 예수님은 일평생 의에 주리고 목마른 자로 삶을 사셨다. 예수님은 하나님의 뜻대로 사는 것에 자신의 전 생애를 바치셨고, 그 하나님의 뜻을 행하는데 자신의 목숨을 걸었다. "내가 하늘에서 내려온 것은 내 뜻을 행하려 함이 아니요 나를 보내신 이의 뜻을 행하려 함이니라"(요 6:38). 예수님은 겟세마넷 동산에서 밤이 맞도록 기도하면서 "하나님이여 내 뜻대로 하지 마옵시고 아버지의 뜻대로 되어지기를 원하나이다."라고 간구하셨다. 그러므로 우리가 의에 주리고 목마르게 사는 방식은 예수님처럼 생각하고 예수님의 발자취를 따라가는 것이며, 예수의 정신으로 사는 것이 바로 의이다.

여기서 주림과 목마름이라는 것은 하나님을 찾는 거듭난 영혼의 갈급함을 말한다(시 42:1). 주와 더 가까이 동행하고자 하는 열망, 하나님의 아들의 형상을 닮아가려는 갈망을 뜻한다. 이런 의에 대한 갈망과 사모함은 자신의 무가치함과 무의미함을 철저히 깨닫고, 자신의 죄를 철저히 인식할 때 예수 그리스도를 더욱 갈망하게 된다. 사도 바울은 율법을 통하여 하나님의 의에 도달하려고 몸부림쳤던 대표적인 인물이다. 그러다가 다메섹 도상에서 부활하신 예수님을 만난 후에 하나님의 의에 도달하는 것이 바로 예수 그리스도를 통하여 이루어진다는 것을 깨달은 후에 그는 지금까지 의지해 왔던 배경, 학문, 율법, 시민권을 모두 배설물로 여겼다. 그리고 더욱 예수 그리스도 안에 있는 비밀을 발견하려고 노력을 했다. 바로 이것이 의에 주리고 목마른 자의 모습일 것이다.

의에 주리고 목마른 상태는 어떤 상태를 말하는가? 목마른 사슴이 시냇물을 찾기에 갈급하듯, 배가 고파서 음식을 찾듯이 내 마음속에서 의가 되시는 주님을 간절히 찾고 부르짖는 것이다. 생명의 말씀에 대한 갈급이 가득 찬 것을 의미한다. 즉 하나님 나라와 그의 의를 구하는 것에 우선순위를 두고, 하나님께 모든 소망과 기대를 두고 살아가는 상태를 말한다. 사람이 왜 의에 목마르고 주리지 않는 삶을 살까? 의에 대한 가치를 제대로 모르기 때문이다. 마치 밭에 감추인 보화를 발견한 농부는 보화에 대한 가치를 알고 있기 때문에 자신의 모든 재산, 소유물을 팔아 그 밭을 샀다. 하나님의 의가 내 생명보다 더 가치가 있다는 것을 깨닫게 될 때 의에 목마른 자가 된다.

의에 주리고 목마른 자에게 주어지는 복이 무엇인가? "저희가 배부를 것임이요." 여기서 "배부르다" 는 것은 의에 대한 갈망을 하나님께서 친히 채워주신다는 약속이다. 여기서 '배부르다'는 단어는 헬라어로 '코르타조'(χορταζω)인데, 동물에게 먹이를 잔뜩 줘서 배부르게 만들어 주는 것을 의미한다. 말하자면 실컷 먹여서 포만하게 만드는 것이다. 이 말씀은 목자가 가축을 베불리 먹여 살을 찌우듯이 주님의 양식과 음료를 먹여 살찌우게 하시겠다는 말씀이다. 이것은 육신적인 것으로는 채울 수 없는 영적인 충만이다. 여기에서 시제를 보면 배부름에 쓰여진 동사는 미래형이다. 이것은 완전한 배부름은 한순간에 이루어지는 것이 아니라 계속해서 이루어지는 것을 말씀한다. 에스겔 47장 1-12절에 보면 저희가 배부를 것임이요 라는 내용을 넓게 풀어주고 있다. 성전 문지방 밑에서 생수가 흘러 나오는데 발목, 무릎, 허벅지, 허리까지 차올라 헤엄칠 정도로 많은 물이 흘러 넘침으로 그 강물이 흐르는 곳마다 죽은 생명이 살아나며, 모든 만물이 풍성함을 얻고 누리는 것을 그림언어로 보여주고 있다. 하나님의 약속이 무엇인가? 이 땅에서 의에 주리고 목말라 하는 사람은 장차 모든 것이 충만하며 부족함이 없는 영적인 만족감을 받게 된다는 것이다.

다섯째, "긍휼히 여기는 자는 복이 있나니 저희가 긍휼히 여김을 받을 것임이요."

우리가 남의 허물과 죄를 용서하지 않으면 하나님께서도 나의 죄를 용서하지 않으신다. 여기서 용서라는 것은 가능, 불가능의 차원이 아니다. 용서하는 자에게 용서가 있는 것이다. 용서는 자유지만, 용서하는 자에게 놀라운 하나님의 용서가 있다 용서는 내가 가진 권리를 포기하는데 있다. 나를 낮추고 희생하는데 있다. 우리가 남을 용서한 분량만큼 하나님께서 우리를 용서해 주신다. 마태복음 18장 35절을 보면 "너희가 각각 마음으로 형제를 용서하지 아니하면 나의 하늘 아버지께서도 너희에게 이와같이 하시리라"(마 18:21-35; 눅 17:3-4). 용서에는 제한도, 한계도 없다. 우리가 남의 죄를 용서해 준 만큼 평안함을 얻게 되며, 나의 인격과 신앙이 완전해지는 것이다. 아무리 기도를 열심히 해도 긍휼을 베풀지 않으면 하나님의 긍휼이 없다. 긍휼이라는 단어는 주님의 제자들이 가져야 할 성품이다. 천국을 은혜로 거저받았으면 이제는 이웃에게 긍휼을 베풀어 주는 삶을 살아야 한다. 이것이 바로 신앙생활이다. 우리가 첫 사랑을 잃어버리면 하나님께서 교회의 촛대를 옮기신다(계 2:4-5). 이제 하나님으로부터 의를 얻어 그리스도 안에서 배부른 자의 삶은 어떠한가라는 문제에 대한 답이 긍휼이다. 예수 그리스도 안에서 죄 사함을 받고 구원을 받은 사람은 긍휼이 여기는 사람이다. 예수 그리스도 안에서 의롭다함을 얻고 하나님과 올바른 관계 속에 있는 사람은 긍휼이 여기는 사람이다.

"긍휼"이라는 말은 무슨 의미인가? 긍휼이라는 말은 "용서하는 마음"이다. 이것은 "자비"라는 말로 이해할 수 있다. 긍휼은 악 대신에 선으로, 미움 대신에 사랑으로 갚는 심령이며, 내가 받은 대로 보복하지 않는 부드러운 마음이다. 어떤 면에서 긍휼이라는 말은 우리의 힘과 결심으로 이루어지는 것이 아니라 먼저 하나님의 긍휼에 내 자신이 사로잡힐 때, 성령충만할 때 자연스럽게 흘러나오는 하나님의 은혜의 선물이다. 우리가 하나님과 원수되었을 때에 나를 십자가의 사랑과 은혜로 구원해 주신 예수님의 긍휼을 바라볼 때 어떤 사람도 용서해 줄 수 있고, 그 사람을 있는 모습 그대로 너그럽게 받아 들일 수 있다. 구약적 표현에는 두 가지가 있는데 하나는 히브리어로 "헤세드"라고 한다. 헤세드는 "인자, 자비, 긍휼, 인애" 라는 말로 번역을 한다. 또 하나는 "라함"이라는 말인데, 이 말은 긍휼, 자비라고 번역된다. 하지만 라함의 본래의 뜻은 사람의 내장을 의미한다. 히브리 사람들은 내장이 남을 동정하거나 남을 측은히 여기는 심정이 나오는 자리라고 생각했다. 이 말이 나중에는 "긍휼"이라는 말로 사용되었다. 여기서 "긍휼이 여긴다" 는 것은 비참한 형편에 처한 사람을 측은히 여기는 마음으로 바라보는 것이요, 비참한 형편에서 그 사람을 어떻게 해서라도 도와주고, 위기상황에서 건져 주려는 애쓰는 행동을 일컫는 말이다.

성경적 의미의 "긍휼"이 무엇인지를 잘 이해하려고 하면 특별히 구약의 호세아서를 연구해 보아야 한다. 호세아서에는 구약성경 가운데 '긍휼'(라함, 헤세드)이란 단어가, 가장 빈도 높게 나오고 최고의 긍휼을 보여주고 있다. 호세아서는 하나님의 역할을 맡은 '호세아'와 이스라엘 백성의 역할을 맡은 창녀 고멜의 이야기이다. 호세아의 헬라식 이름은 '예수'이며, 둘 다 '구원자'란 뜻이다. 하나님은 호세아에게 음탕한 여인인 창녀 고멜과 결혼하라고 명하셨다. 그래서 자식을 낳는데, 그 자식들의 이름에 하나님의 저주가 담겨있다. 호세아 2장 5절에 보면 그런 패역한 창녀와 그의 자손, 그게 바로 이스라엘인데 내게 그들은 no mercy(로루하마)이며, not my people(로암미)라는 것이다. 그럼에도 불구하고, 하나님의 긍휼이 그 창녀에게 임해서 그 용서 받을 수 없는 창녀가 하나님의 신부가 되는 것이 '구원'이고, 그에게 부어진 것이 '긍휼'이다. 이것은 휴머니즘에서 말하는 긍휼과는 차원이 다른 하나님의 성품에서 나오는 참된 긍휼이다.

긍휼이 무엇인지를 가장 잘 설명해 주는 실례가 있다. 왕에게 만 달란트를 빚진 자가 빚을 독촉받자 다 갚을 것이라고 왕에게 애원한다. 그래서 왕은 그 종을 불쌍히 여겨서 빚을 탕감해 준다. 그런데 이 종이 나가서 일백 데나리온 빚진 친구를 만나 멱살을 잡고 빚을 갚으라고 하였다. 그런데 이 친구는 조금만 참아달라고 했으나 그는 그를 옥에 가둔다. 이것을 보고 있던 동료들이 이 사실을 왕에게 알린다. 왕은 이 비정한 종을 불러 내가 너를 불쌍히 여겨 빚을 탕감하여 주었거늘, 너도 네 동료를 불쌍히 여기는 것이 마땅하지 않느냐고 말하고 그 종이 빚을 다 갚기 전에 옥에 가두라고 하였다. 이 말씀에 나오는 이 비정한 종처럼 우리는 죄인임에도 불구하고 하나님의 커다란 자비를 받았으면서 우리에게 실수한 형제들에게 자비를 베풀지 않는다. 이것이 참으로 어리석은 짓이며, 하나님의 뜻을 잘 알지 못하는 행위이다. 우리는 살다가 맺힌 한을 해결하지 못하는 경우가 많다. "나를 절대로 이 사람만은 죽어도 용서 못해, 나는 그를 절대로 받아들일 수 없어." 우리가 마음을 닫고 용서하는 마음을 갖지 못하면 스스로 큰 손해이다. 우리가 긍휼을 베풀지 않고 용서하지 않고 있으면 기도가 막히고, 하나님의 은혜가 임하지 않는다. 결국에는 하나님의 긍휼하심을 받지 못함으로 실패하게 되며, 하나님 앞에서 닫혀진 마음으로 어리석게 살게 된다.

긍휼이 여기는 자들에게 어떤 복을 약속하고 있는가? 마태복음 5장 7절에 보면 "긍휼히 여기는 자는 복이 있나니 그들이 긍휼히 여김을 받을 것임이요" 초대교회는 주님의 말씀에 따라 고아와 과부, 가난한 자, 병든 자를 선정하여 교회가 그들을 구제하며, 생활비를 지급하는 아름다운 기관이 있었던 것 같다. 사도행전 4장 32-32절을 보면 그들이 하나님의 말씀을 따라 자신의 재산이나 물건을 사도들의 발 앞에 내어 놓고 각 사람의 필요에 따라 구제함으로 가난한 자가 없는 놀라운 역사를 체험하였다. 사도행전 6장 1-2절에 보면 그 근거로 초대교회는 가난한 자, 고아와 과부를 매월마다, 혹은 매일 구제하였고, 그 사역을 효과적으로 감당하기 위하여 일곱 집사를 뽑아 장려함으로 교회가 더욱 견고히 든든하게 세워졌다. 디모데전서 5장 8-12절에 보면 과부를 선정하는 기준, 고아를 돌봐주는 기준이 마련된 것을 보면 바울이 복음을 전하여 세운 교회에는 이런 공식적인 구제 기구가 만들어져 있음을 짐작할 수 있다. 그래서 초대교회는 가난한 자를 구제하며, 이웃 사랑을 베푸는 것을 선택과목이 아니라 반드시 교회가 실행해야 하는 법과 규칙으로 여기고 실천하였던 것이다.

여섯째, "마음이 청결한 자는 복이 있나니 저희가 하나님을 볼 것임이요."

인간의 영역 가운데 가장 문제가 많은 곳은 사람의 마음인 것이다. 예레미야 17장 9절에 보면 "만물보다 거짓되고 심히 부패한 것은 마음이라 누가 능히 이를 알리요마는" 사람의 마음이 새로워져야 문제가 해결된다. 그래서 예수님은 환경이나 제도를 바꾸려고 하지 않고 가장 먼저 사람의 마음을 바꾸는데 모든 관심을 집중하셨다. 사람의 마음속에는 죄의 뿌리고 인하여 1) 탐욕 2) 자기 주장 3) 이기적인 생각으로 가득 찬 상태에 있다. 이 모든 죄악들을 하나님의 말씀과 성령의 능력으로 깨끗하게 씻을 때 마음이 청결한 자가 될 수 있다. 산상수훈에서도 예수님은 사람의 마음을 집중적으로 다루고 있는데 마음이 청결한 자는 복이 있다고 하셨다. 하나님은 마음이 청결한 자를 좋아하신다. 또한 마음이 깨끗한 자와 하나님은 함께하신다.

마음이 탐욕으로 가득 차 있으면 그 인생은 병들고, 지옥과 같다. 그러나 마음에 천국이 임할 때 의와 평강과 희락이 넘치게 된다. "마음이 청결한 자는 복이 있나니 저희가 하나님을 볼 것임이요." 읽으면 읽을수록 하나님을 볼 수 있다는 이 말씀이 신비하고 아주 특별하다는 생각까지 든다. 마음이 청결한 자는 복이 있나니 저희가 하나님을 볼 것이라는 말씀은 정말로 가슴을 뭉클하게 만든다. 이런 사람은 정말 행복한 사람이고, 세상이 아무리 미워한다고 해도 그 누구도 감당할 수 없는 사람이다. 하나님이 쓰시는 사람은 어떤 사람일까? 어떤 실력이나 자격증을 가지고 있는 자가 아니다. 또한 세상에서 성공한 자나 출세한 자를 사용하지 않으셨다. 예수님은 오직 마음이 깨끗한 자를 부르시고 그를 사용하셨다. 큰 집에는 금그릇, 은그릇, 질그릇, 나무그릇이 있지만 주인의 쓰기에 합당한 그릇은 깨끗한 그릇이다(딤후 2:20-21). 좀 실력이 부족하고, 여러 가지 조건이 남들보다 뛰어나지 못하여도, 마음이 청결한 자는 하나님의 손에 붙들여 멋지게 쓰임받을 것이다. 이 세상에서 뛰어난 실력과 능력을 갖추는 것보다 더 어려운 것은 바로 깨끗한 마음, 정직한 인격을 다듬는 것이다.

일반적으로 "마음"이란 무엇인가? 기독교 철학자들은 사람의 마음을 '작은 우주'라고 불렀다. 인간의 마음은 너무나도 오묘하고 신비로우며 파악할 수 없기 때문이다. 일반적으로 마음은 지성과 의지와 감정을 포함한다. 사람의 전 인격이 여기에 자리한다. 그러므로 마음은 우리 모든 문젯거리들의 중심 자리이다. 인간의 탐욕이나 모든 죄가 어디서 나오는가? 마음에서 나온다. 또한 사랑과 미움과 두려움과 용기도 마음에서 나온다. 마음은 한 인간의 양심과 삶의 자리이기도 한다. 성경에서 마음은 인격의 중심을 의미한다. 예수님께서는 마음이 청결한 자는 복이 있다고 말씀하셨는데 청결이라는 말은 무슨 뜻인가? 청결(淸潔)이란 말은 헬라어로 '카타로스($\kappa\alpha\theta\alpha\lambda o\sigma$)'라고 한다. '카타로스'는 우리가 잘 아는 카타르시스(catharsis)의 어원(語原)이 되는 말이다. '카타르시스'란 "마음에 쌓인 응어리와 상함을 깨끗이 씻어낸다"는 의미로 사용하는 말이다. 여기서 청결이라는 말은 더러움과 혼란된 정서가 없는 상태를 말한다. 그것은 아담과 하와가 타락하기 전에 가졌던 순전한 마음, 흠과 티가 없는 온전한 마음을 말한다. 여기서 마음이 청결한 자라는 말은 죄가 없는 삶을 뜻하는 것이 아니라 내적 성향과 마음이 새롭게 바뀌어지는 것을 말한다. 즉 내 마음속에 옛 욕망과 성품을 새롭게 변화시키고, 하나님의 영광이 내 속에 다시 임하는 것을 말한다.

또한 마음이 청결하다는 것은 두 마음이 아니라 한 마음을 뜻한다. 예수님께서 마태복음 6장 24절에서 말씀하신 것처럼, 세상과 돈과 명예가 우리의 목적이 된다면 우리는 두 마음을 품은 것이 된다. "한 사람이 두 주인을 섬기지 못할 것이니 혹 이를 미워하고 저를 사랑하거나 혹 이를 중히 여기고 저를 경히 여김이라 너희가 하나님과 재물을 겸하여 섬기지 못하느니라." 이러한 마음은 하나님 앞에서 청결한 마음이 될 수 없다. "하나님을 가까이 하라 그리하면 너희를 가까이 하시리라 죄인들아 손을 깨끗이 하라 두 마음을 품은 자들아 마음을 성결하게 하라"(약 4:8). 마음이 깨끗하다는 것은 아무런 거짓도 찾아 볼 수 없으며, 완전하고 흠 없이 순결하고 온전하신 예수 그리스도를 닮는 것이다. 이것은 '마음을 다하고 목숨을 다하고 힘을 다하고 뜻을 다하여 주 너의 하나님을 사랑하라'는 첫째 계명을 지키는 것이다. 우리는 '마음이 청결하다'는 말을 세 가지로 생각해 볼 수 있다. 첫째, 두 마음을 품지 않는 것이다. 한 남자가 두 여자를 사랑할 수 없듯이 하나님과 세상을 동시에 사랑할 수 없다. 둘째, 욕심이 없는 깨끗한 마음이다. 물질에 대한 욕심을 가진 사람은 자기 자신은 물론 부모 형제 친구, 심지어 하나님도 볼 수 없다. 셋째, 정직과 성실이다. 마음이 죄로 더러워져 있고 불성실한 사람을 어찌 청결한 마음을 가졌다고 할 수 있겠는가?

마음이 청결한 자에게 주시는 하나님의 복은 어떤 것일까? 첫째, "저희가 하나님을 볼 것임이요." 여기서 하나님을 본다는 말은 현재와 미래의 성취를 담고 있는 귀중한 말씀이다. 여기서 하나님을 본다는 것은 그의 성품과 뜻을 알아가게 된다는 의미이다. 또한 믿음의 눈으로 그를 인지하고 그의 마음을 알아가며, 깨닫게 되는 것을 의미한다. 자연현상이나 인간의 관계를 통하여 하나님을 만나게 될 것이며, 하나님의 임재의 역사를 체험하게 되는 것이 하나님을 본다는 말로 정의할 수 있다(요 14:9). 에덴동산에서 아담과 하와가 타락한 이후로 인간은 하나님을 볼 수 없게 되었다. 그런데 이렇게 타락한 우리가 하나님을 볼 수 있다는 말은 굉장히 충격적인 말이 아닐 수 없다. 죄인은 하나님을 볼 수 없으며, 죄인의 신분으로 영광 중에 계시는 하나님을 대면하면 죽을 수밖에 없기 때문이다.

그렇다면 우리가 하나님을 본다는 것은 무엇을 의미할까? 욥은 큰 고난을 겪고 난 이후에 이렇게 고백하였다. "내가 가는 길을 그가 아시나니 그가 나를 단련하신 후에는 내가 정금같이 되어 나오리라." 이 말은 욥이 고난의 과정을 통하여 자신의 마음이 더욱 청결하여졌다는 것이다. 이제는 마음이 하나님의 마음처럼 순결하며, 정금같이 깨끗하여져서 하나님의 임재를 느낄 수 있으며, 하나님이 함께하심을 체험할 수 있다는 고백이다. 욥이 고난의 과정을 통과하기 전에는 '하나님의 음성을 귀로만 들었으나 이제는 눈으로 보나이다' 라고 고백하고 있다. "내가 주께 대하여 귀로 듣기만 하였사오나 이제는 눈으로 주를 뵈옵나이다"(욥 42:5). 이 말은 욥이 하나님을 인격적으로 더욱 깊이 만났다는 뜻이다. 마음 깊은 곳에서 하나님의 임재를 느끼기 시작하고, 하나님의 음성이 들리기 시작하고, 하나님의 뜻이 자신에게 전달되기 시작하는 것이다.

장래에 우리는 천국 들어가서 하나님을 아는 지식이 더욱 강해져서 하나님과 교제가 더욱 친밀해질 것이고, 하나님을 직접 육안으로 볼 수 있는 그 날이 다가올 것이다. 고린도전서 13장 12절에 보면 "우리가 이제는 거울을 보는 것같이 희미하나 그때에는 얼굴과 얼굴을 대하여 볼 것이요 이제는 내가 부분적으로 아나 그 때에는 주께서 나를 아신 것같이 내가 온전히 알리라." 요한계시록 22장 3-4절에 보면 "다시 저주가 없으며 하나님과 그 어린 양의 보좌가 그 가운데 있으리니 그의 종들이 그를 섬기며, 그의 얼굴을 볼 터이요 그의 이름도 저희 이마에 있으리라." 우리는 그때에 마음이 청결한 자는 하나님을 볼 것이라는 말씀을 완전히 이해하게 될 것이다. 마음이 청결한 자는 이 땅에서뿐만 아니라 하나님 나라에서도 하나님을 뵈오며 하나님과 영원히 함께 살게 된다(계 21:3.)

일곱째, 화평케 하는 자는 복이 있나니 저희가 하나님의 아들이라 일컬음을 받을 것임이요.

우리가 살아가는 세상에는 분쟁과 투쟁, 시기와 질투가 얼마나 많은지 모른다. 우리는 동서분쟁과 남북분쟁으로 한이 맺혀있는 아픔이 있다. 이 문제를 누가 풀어야 하는가? 이것은 정치적으로 해결될 수 있는 것이 아니요, 인간의 지식이나 경험으로 해결되는 것이 아니요, 경제적으로 해결되는 것이 아니요, 오직 화평케 하는 사명을 받은 그리스도인들의 책임이다. 화평하게 하는 것은 성령의 역사이며, 하나님의 아들에게 주신 사명이다. "그가 그리스도로 말미암아 우리를 자기와 화목하게 하시고 또 우리에게 화목하게 하는 직분을 주셨으니 곧 하나님께서 그리스도 안에 계시사 세상을 자기와 화목하게 하시며, 그들의 죄를 그들에게 돌리지 아니하시고 화목하게 하는 말씀을 우리에게 부탁하셨느니라"(고후 5:18-19). 이 땅에 화평이 이루어지게 못했다는 것은 우리가 소금과 빛의 역할을 감당하지 못하고 있다는 증거이다. 화평을 만드는 자가 될 때 우리는 세상 사람들에게 하나님의 자녀라고 인정받게 된다.

성경에서 말하는 화평이란 〈화목〉, 〈평강〉이라고도 한다. 히브리어로는 〈샬롬〉, 헬라어로는 〈에이레네〉, 영어로는 〈Peace〉라고 한다. 또 본문의 화평케 하는 자는 영어로 "Peacemaker"라고 한다. 즉 Peace Maker는 하나님의 아들이라는 말이다. 그리고 "화평을 만드는 자", 또는 "화평하도록 일을 하는 자"는 복이 있다고 선언하고 있다. 성경에 보면 평화라는 말이 무려 400회 정도 나온다. 그 만큼 성경은 평화를 중요시하고 있다. 보통 평화를 어떤 것으로 알고 있는가? '갈등이나 다툼, 전쟁이 없는 상태'로 이해한다. 그런데 잘 생각해 보면 이것은 온전한 평화가 아니다. 그런 게 평화라면 어디에 가면 확실하게 발견할 수 있을까? 공동묘지이다. 그곳에는 아무런 갈등이나 다툼이 없다. 고요한다. 참 평화는 올바른 관계에서 나오는데 오직 하나님에게서 나온다. 평화라는 말은 신약 헬라어로 '에이레네'(ειρηνη), 구약 히브리어로 '샬롬'이란 단어인데, 이것은 인간이 만드는 게 아니라 하나님이 부어주시는 '하나님의 선물'이다.

구체적으로 어떤 사람이 화평케 하는 자일까? 그 모습이 어떠한가?

(1) 하나님과 화목한 사람 : "우리가 원수 되었을 때에 …"(롬 5:10) 그것은 또한 모든 관계, 즉 인간과 인간 사이의 관계, 더 나아가 인간과 주변 환경과의 관계에까지 악영향을 끼친다. 그렇다. 예수님만이 평화의 회복자이시다. 이사야 9장 6절에서 이사야 선지자는 예수님을 가리켜 '평강의 왕'이라 예언했다.

(2) 다른 사람들과 화목한 사람 : 성경은 우리가 죄를 회개하고 예수를 믿음으로 하나님과 화목하게 될 뿐 아니라 더 나아가 사람들하고도 화목해지라고 명령한다. "할 수 있거든 너희로서는 모든 사람으로 더불어 평화하라"(롬 12:18). 앗시시의 프란시스가 드린 유명한 '평화의 기도'이다. "주여! 나를 평화의 도구로 써주소서! 미움이 있는 곳에 사랑을, 상처가 있는 곳에 용서를, 분열이 있는 곳에 일치를, 의혹이 있는 곳에 믿음을 심게 하소서. 위로 받기보다는 위로하며, 이해받기 보다는 이해하며, 사랑받기 보다는 사랑하며 … 자기를 온전히 줌으로써 영생을 얻기 때문이니 주여! 나를 평화의 도구로 써 주소서."

(3) 만물과 화목을 이루는 사람 : 우리는 만물을 정복하고 다스리는 사명을 받는 자들이다. 우리가 자연세계를 통치하고 다스림으로 아름다운 세상, 좋은 사회를 만들어내는 사명을 감당해야 한다.

화평케 하는 자에게 주어진 축복이 무엇인가? 하나님과 화평을 이루면 우리에게는 놀라운 축복이 오는 것이다. 내 마음에 평안이 깃든다. 하나님과 화평을 누리지 못한 사람에게는 이런 평화가 없다. '악인에게는 평강이 없다'고 했다(사 48:22). 하나님과 화평을 이룬 사람은 하나님과의 새로운 관계가 이루어지는데 원수의 관계에서 아들의 관계로 새로워지는 것이다. 그리고 그리스도 안에서 하나님의 기업의 후사가 되어 천국 백성이 되는 것이다. 마태복음 5장 9절에 보면 "저희가 하나님의 아들이라 일컬음을 받을 것임이요." 일컬음을 받는다는 것은 그렇게 인정되고 칭찬받는다는 의미이다. 그리고 여기서 '자녀'(테크나)라는 말을 쓰지 않고 특별히 '아들'(휘오스)이란 말을 썼다. 히브리 문화권에서 아들이란 말은 '상속자'라는 뜻이다. 하나님 아들로서의 존엄과 영예를 포함한다. 하나님의 아들이라 일컬음을 받게 될 것이다. 여기서 일컬음을 받는다는 말은 승인됨을 말하며, 자기 아들로 인정하게 되신다는 말이다. 화평케 하는 자의 복에 대하여 '저희가 하나님의 아들이라 일컬음을 받을 것임이라'고 하셨다. 여기서 하나님의 아들이라 일컬음을 받을 것이라는 말은 무슨 의미인가? 많은 사람들로부터 하나님의 아들이란 영광스러운 칭호를 받을 것이란 뜻이다. 또 하나님의 실질적인 자녀로서의 자격을 갖춘 것을 의미한다.

여덟 번째, "의를 위하여 핍박을 받는 자는 복이 있나니 천국이 저희 것임이요."

팔복에서 이야기하고 있는 하나님 나라는 인간의 이성으로는 도저히 이해가 안 되지만 영적인 안목이 열린 자는 팔복이 얼마나 가치 있는 것인지를 깊이 이해할 수 있다. 산상수훈 팔복의 처음과 마지막 복은 천국으로 결론짓고 있다. 산상수훈 팔복의 처음에 "마음이 가난한 자는 복이 있나니 천국이 저희 것임이요"라고 하였고, 마지막에 "의를 위하여 핍박을 받는 자는 복이 있나니 천국이 저희 것임이라"라고 하였다. 그러므로 산상수훈의 팔복은 천국으로 시작해서 천국으로 결론짓고 있는 것이다. 우리가 팔복 가운데 의를 위하여 핍박을 받는 자가 복있다는 말씀은 제일 받아들이기가 어렵고, 우리의 신앙과 마음에 혼돈을 일으킨다. 자신이 잘

못함으로 핍박을 받는다는 것은 어느 정도로 이해할 수 있지만 의를 위하여 살고, 좋은 일을 하다가 핍박을 받는다는 것은 정말로 참기 어렵고, 견디기 힘든 과정이다. 인간의 이성으로 생각하면 욕을 먹는 자, 핍박을 받는 자, 비방을 받는 자가 복이 있다는 결론을 누가 내릴 수 있겠는가? 정신 나간 사람의 소리처럼 들릴 것이다. 그러나 예수님과 그의 제자들은 한결같이 고난을 당하는 자, 의를 위하여 핍박을 받는 자가 복이 있다고 간증하고 있다.

성경에서 말하고 있는 의란 무엇인가? 하나님과 올바른 관계 회복을 말한다. 즉 우리가 창조의 목적에 따라 하나님의 말씀대로 순종하며, 하나님의 영광을 위하여 사는 것이 바로 의라고 볼 수 있다. 그 내용을 좀 더 구체적으로 분석해 보면 1) 우리가 예수 그리스도로 말미암아 하나님께 의롭다 하심을 받은 칭의(稱義)를 말한다. 우리는 스스로 의롭지 않는다. 로마서 3장 10절에 보면 "기록한 바 의인은 없나니 하나도 없다"라고 못박고 있다. 갈라디아서 2장 16절에 보면 "사람이 의롭게 되는 것은 율법의 행위에서 난 것이 아니요 오직 예수 그리스도를 믿음으로 말미암는 줄 아는고로 우리도 그리스도 예수를 믿나니 이는 우리가 율법의 행위에서 아니고 그리스도를 믿음으로서 의롭다 함을 얻으려 함이라." 의롭다 칭함을 받은 것이다. 로마서 3장 24절을 보면 "그리스도 예수 안에 있는 구속으로 말미암아 하나님의 은혜로 값없이 의롭다 하심을 얻은 자 되었느니라." 2) 칭의를 얻은 자가 날마다 더욱 더 예수 그리스도를 닮아가는 성화(聖化)를 말한다. 베드로후서 3장 14절에 보면 "그러므로 사랑하는 자들아 너희가 이것을 바라보나니 주 앞에서 점도 없고 흠도 없이 평강 가운데서 나타나기를 힘쓰라." 즉, 하나님이 거저 주신 의로 말미암아 의롭게 되어, 의를 이루고자 노력하는 성화를 말하는 것이다. 믿음의 사람 다니엘은 하나님의 계명을 지키므로 당하는 고통을 받아 의를 지켰고, 느헤미야는 고통당하는 백성을 위하여 금식하며 기도하는 믿음의 의를 이루었다.

"의를 위하여 핍박을 받는다"라는 것은 무슨 뜻인가? '의'라는 것은 쉽게 말해서 하나님과 바른 관계성을 맺고 사는 것을 말하는데 주님은 이런 '의'를 위하여 박해를 받는 자가 행복하다고 하신다. 왜냐하면 천국이 저희 것이기 때문이라고 했다. '의' 때문에 핍박을 받는다는 것은 그 자체가 하나님의 통치를 받고 있다는 증거이다. 그러므로 '의를 위하여 핍박을 받는 자'는 현재 행복한 자인 것이다. 예수님께서는 이렇게 핍박당하는 자가 복이 있다고 말씀하셨다. "의를 위하여 박해를 받는 자는 복이 있나니 천국이 그들의 것임이요 나로 말미암아 너희를 욕하고 박해하고 거짓으로 너희를 거슬러 모든 악한 말을 할 때에는 너희에게 복이 있나니"(10-11절). 이 얼마나 이상하고도 충격적인 말씀인가? 선하고 의롭게 살아가는 그리스도인들이 세상에서 칭찬과 갈채를 받는 것이 아니라 미움과 박해를 받는다는 사실도 충격적이지만 이렇게 핍박을 당하는 자가 복이 있다는 말씀은 더욱 충격적인 말씀이 아닐 수 없다. 그러나 이 말씀이야말로 그리스도인의 특징을 가장 잘 나타내 주는 말씀이다.

의를 위하여 핍박을 받는 자가 받는 복이 무엇인가? "천국이 저희 것임이요" 의를 위하여 핍박을 받는데 왜 복이 있다는 것인가? 11-12절에 보면 주님은 계속해서 "나를 인하여 너희를 욕하고 핍박하고 거짓으로 너희를 거스려 모든 악한 말을 할 때에는 너희에게 복이 있나니 기뻐하고 즐거워하라"고 했다. 예수님 때문에 욕을 당하고 핍박을 당하고 거짓말로 중상 모략을 당할 때 기뻐하고 즐거워하라고 하신다. 왜냐하면 하늘에서 상이 크기 때문이다. 예수님 때문에 욕먹고 핍박받고 모함을 받는 자는 하늘의 상이 크기 때문에 계속적으로 즐거워하고 참으로 행복의 기쁨 가운데 도취해 있어야 한다는 것이다. 사람이 욕을 얻어먹고 핍박을 당하고 중상 모략을 당할 때 어떻게 즐거워하고 기쁨에 도취되어 살 수 있는가? 이것은 인간적으로는 불가능한 일이다. 그러나 이런 자가 기뻐하고 즐거워할 수 있는 것은 하늘의 상이 얼마나 큰지 알기 때문이다. 주님의 나라가 완성될 때 받을 '하늘의 상'이 얼마나 큰가를 깨달을 때 기뻐하고 즐거워할 수 있을 것이다.

의를 위하여 핍박을 받는 자에게 주어지는 복은 첫째, 하나님의 영광과 천국을 얻게 될 것이다. 그러면 여기서 말하는 '하늘의 상'이란 무엇일까? 하나님과의 깊은 관계를 누리는 것이 곧 천국에서 누리게 될 영광과 즐거움이다. 천국의 의와 평강과 희락을 누리는 것이 하늘의 상이며, 우리가 바라보아야 할 영광이다. 여기서 말하는 '하늘의 상'을 물질적인 개념이나 계급으로 생각하면 큰 오해가 일어나게 될 것이다. 하나님의 통치로 말미암아 이루어질 모든 복, 즉 하나님과의 풍성한 관계를 누리는 것을 의미한다. 그러므로 '의를 위하여 핍박을 받는 자'가 복이 있는 것이다. 고난과 핍박 받는 것에 낙심하고 절망할 것이 아니라 기뻐하고 즐거워해야 한다. 여러분들은 주님 때문에 어떤 박해를 받고 있는가? 주님 때문에 어떤 욕을 얻어먹고 있는가? 주님 때문에 어떤 중상 모략을 당하고 있는가? 주님의 복을 바라볼 수 있기를 바란다. 하늘의 상을 바라볼 수 있기를 바란다.

둘째는 주님을 위하여 핍박과 고난을 받는 것이 복된 것은 "환난은 인내를 인내는 연단을 연단은 소망을 이루는 복을 얻게 된다. 핍박은 나의 믿음을 정금같이 빛나게 만든다. 핍박은 나로 하여금 더욱 기도하는 사람으로, 성령충만한 사람으로 만들어가며, 순수하고 깨끗한 신앙인으로 만들어간다. 요즘 우리 주변에 고난과 핍박이 없으니 너무 세속화된 신앙, 기복주의 신앙으로 빛과 소금의 맛을 잃어버린다. "고난이 내게 유익이라." 고난은 장차 비교할 수 없는 영광의 면류관이다. 그러므로 나에게 다가오는 고난을 억지로 피하려고 하지 말라. 하나님은 감당할 수 있는 만큼의 고난을 주신다. 또한 감당할 수 있는 능력과 권능을 풍성하게 주신다(고전 10:13). 하나님의 백성과 함께 받는 고난은 긴 것 같아도 그것은 잠깐이며, 그 후에는 영원한 영광이 있다. 십자가의 고난이 없으면 면류관의 영광도 없다는 것이다. 고난을 피하려고 하지 말고 아무리 견디기 힘든 고난일지라도 "나는 이제부터 예수님 때문이라면 모든 고난을 기쁘게 받겠다"라고 생각하라. 그리고 감사함으로 받아들일 때 하나님께서 반드시 갚아주실 것이다.

4. 세상의 빛과 소금

예수님은 자신을 믿고 영접한 자들을 향하여 너희는 세상의 소금이라, 세상의 빛이라고 선포하고 있다. 그렇다면 왜 예수님은 제자들을 향하여 너희는 세상의 소금이라고 선포하셨을까? 제자들의 신분과 역할을 알려주기 위함이다. 여기서 "너희는 세상의 소금이다, 세상의 빛이다"라는 말은 윤리도덕적으로 탁월하거나 선하기 때문이 아니라 내 안에 빛이신 예수님을 모시고 있기 때문이다. 즉 하나님의 통치가 내 안에 이루어지고 있음으로 거룩한 존재가 되었으며, 세상의 소금과 빛이 된 것이다. 예수님께서 너희는 세상의 빛이라, 세상의 소금이라고 말씀하실 때에는 우리가 어떠한 신분과 존재라는 것을 가르치는 말씀이다. 주님은 “너희는 세상의 소금이다” 라고 말씀하는데 사단은 우리에게 유혹하기를 “너희는 세상의 소금이 되라”고 말하고 있다. 즉 너 자신도 아직 소금이 되지 않았는데 소금의 역할을 어떻게 감당할 수 있겠느냐? 소금이 되려고 노력하는 것이 우선이라면 지금도 유혹하고 있다. 그러므로 우리는 빛이 되려고 몸부림치거나 노력하는 것이 아니라 빛의 자녀이다는 것을 인식하고 빛의 자녀처럼 사는데 초점을 맞추어야 한다. 세상의 소금처럼 살아야 한다. 너희는 세상의 소금이다는 그 자체는 세상과 구별된 거룩한 의식이다. “너희는 세상의 소금인데 만일 소금이 그 맛을 잃으면 무엇으로 짜게 하리오 후에는 아무 쓸데없어 다만 밖에 버려져 사람에게 밟힐 뿐이니라.” 소금은 그 맛을 잃어버리면 안 될 뿐만 아니라 그 역할을 감당하기만 하면 소금으로서 가치가 있는 것이다. 사람들에게 귀중히 여김을 받고, 사랑을 받게 될 것이다.

헨리 나우웬은 ‘오늘날 기독교인들이 세상 사람들과 똑같이 살아가는 이유는 신앙의 정체성을 잃었기 때문’이라고 했다. 자신의 정체가 누구인지, 어떤 목적과 이유로 어떤 가치관을 가지고 왜 사는지 모르는 사람은 남들을 흉내 내며 살 수밖에 없다. 나는 누구인가? 성도는 어떤 사람인가? 예수님은 우리를 향해 ‘너희는 세상의 소금’이라 말씀하셨다. 소금이 바로 성도의 본질이다. 조지 바나 리서치 센터의 자료에 의하면 “그리스도인들이 사회에 영향력을 가진 존재가 되기 위해서는 도덕성에 있어서 예수 안 믿는 사람들에 비해 40퍼센트 이상의 격차가 있어야 된다”라고 말한다. 예를 들면 불신자 백 명 가운데서 정직한 사람이 20명이 나왔다고 하면 신자 백 명 가운데서 정직한 사람이 적어도 60명 이상이 나와야 한다는 것이다. 그래야만 예수 믿는 사람들이 사회에서 영향을 줄 수 있다는 것이다. 그런데 실제로 조사를 해보니 예수 믿는 사람과 믿지 않는 사람이 10퍼센트 밖에 차이가 없다고 한다. 이것이 사실이라면 이 정도 차이를 가지고는 도무지 세상에서 큰 영향력을 행사할 수가 없고 그리스도인들이 도덕적인 면에서 세상 사람들과 큰 격차를 보이지 않는다면 자신이 하나님의 자녀라고 아무리 떠들어도 빈 수레에 지나지 않을 것이다.

오늘날 사람들의 생각은 인간의 지식과 과학의 발달을 통해 오늘보다는 내일이, 내일보다는 모레가, 더 살기 좋은 세상이 될 것이라고 말한다. 사실 이 세상이 점점 낙원으로 변화되어간다는 것은 인간이 자신을 속이고 있는 것이다. 세상은 경제와 문화, 사회 전체가 발전하면 발전할수록 더욱 타락과 부패의 수준은 높아져만 간다. 왜냐하면 신구약 성경에서 가르치는 이 세상은 시간이 흐를수록 죄악이 넘쳐날 것을 말하고 있기 때문이다(마 24:12). 사실 세상은 날로 썩은 생선이나 고기같이 부패해 가고 있다 그러면 이렇게 썩고 부패한 세상에 무슨 소망이 있는가?(롬 8:24) 세상은 죄악이 넘실대고 악이 성행하며 전쟁과 재난의 위험이 언제나 도사리고 있다. 이렇듯 세상이 죄로 가득하여 부패의 과정에 놓여 있기 때문에 예수님께서 "너희는 세상의 소금이다"라고 말씀하신 것이다. 여기서 '너희는 세상의 소금이다'라는 말은 "세상에서 너희들만이 유일한 소망이다. 너희들마저 없다면 이 세상에는 소망이 전혀 없다"라는 의미를 가지고 있다.

여기서 "착한 행실"이 무엇인가? 16절에 보면 "저희로 너희 착한 행실을 보고 하늘에 계신 너희 아버지께 영광을 돌리게 하라." 이것 때문에 오늘날 강단마다 "내가 빛이다." 라는 말씀보다 "우리가 빛이 되어야 합니다"

라고 외치고 있다. 즉 빛은 발하는 것이다. 희생하는 것이다. 내 몸을 불사르게 내어주는 것이다. 등등. 도덕적 행위 즉 착한 행실로 이해하고 있다. 바꾸어 말하면 아직 빛이 아니기 때문에 빛이 되어 보자고 호소하는 것이다. 성경이 말하는 '착한 행실'은 어떤 도덕적 행위가 아닌 우리 안에 있는 보물을 등경 위에 두는 것이다. "착한 행실"(καλαἔργα)은 빛되신 예수님을 모시고 있는 그 "빛을 비추는 것"이다. 즉 내 안에 있는 보물이신 주님을 나타내는 일이 세상에서 가장 큰 "착한행실"이 될 것이다. 우리가 비추는 빛을 세상 사람들이 보고 "하늘에 계신 아버지께 영광을 돌리게 하라." 사람이 죽을 죄악에서 영생으로 인도하는 일 이상 더 큰 착한 행실이 어디 있겠는가? 그러므로 주님은 "너희는 세상의 빛이라"고 했으며 "빛처럼 살아라." "빛이 되어라"라고 말씀하신 적이 없다. 그저 우리는 빛이기 때문에 빛을 발하는 것이요 나로 말미암아 보배이신 예수 그리스도가 비췸으로 이것을 보고 세상 사람들이 예수님을 믿고 구원을 얻게 되는 것이다.

여기서 세상의 빛은 구체적으로 무엇인가? 그것은 "하나님 나라"이다. 하나님의 나라는 세상과 근본적으로 다른 천국이다. 하나님의 통치와 인도하심을 받는 거룩한 나라이다. 그 나라는 의와 평강과 희락이 넘치는 영원한 나라이다. 이렇게 땅 위에 있어서 구체적이고 현실적인 하나님 나라의 현현은 무엇보다도 빛이라는 점에서 그 특색을 가진다. '너희들이 이 지상에서 세상 사람과 사회와 인류와 함께 섞여 있을 동안에는 소금으로 존재해서 자기 고유의 맛을 늘 유지하는 것이지만 너희들이 세상을 향해서 빛을 비출 때 좋은 세상이 만들어지게 될 것이다. 하나님 나라는 구체적으로 땅 위에 구현해 나가는 거룩한 교회로서 세상사람들이 볼 때는 착한 행실과 의로움과 선행으로 나타나야 한다. 우리는 "거룩한 교회이지만 하나님의 나라라는 관점으로 볼 때에는 택하신 족속이고 왕 같은 제사장들이고 하나님의 거룩한 나라"(벧전 2:9)이다. 여기서는 왕이신 예수님께서 당신의 나라의 대강령을 선언하실 때에 '내 나라는 세상에서 빛이다. 그리고 내 나라의 구성원은 너희들이며, 너희들은 어두운 세상을 변화시키는 빛이라고 말씀하신 것이다. 우리가 하나님의 말씀대로 살면 단번에 세상 사람들과 구별이 되고 차별이 된다. 그러면 그것이 온 세상을 비추는 빛이 되어 세상에 드러나게 될 것이고 그와 같은 삶을 통하여 우리는 하나님의 영광을 드러내게 될 것이다. 그리고 그것을 통하여 우리는 이 세상에 하나님의 나라를 더 널리 확장할 수 있을 것이다.

빛의 자녀가 된 성도들이 세상 속에서 무슨 열매를 맺어야 하는가? 16절에 보면 "이같이 너희 빛을 사람 앞에 비취게 하여 저희로 너희 착한 행실을 보고 하늘에 계신 너희 아버지께 영광을 돌리게 하라." 빛의 행실이라는 것이 물론 착한 행실을 의미하기도 하겠지만 빛을 비춘다는 것이 또한 착한 행실이다. 이렇게 해서 너희가 빛의 열매를 가지고 살아가야 할 것이라는 말씀이다. 교회와 개인의 삶에 있어서 빛의 열매가 어떻게 나타나는가? "너희는 이방인 중에서 행실을 선하게 가져 너희를 악행한다고 비방하는 자들로 하여금 너희 선한 일을 보고 권고하시는 날에 하나님께 영광을 돌리게 하려 함이라"(벧전 2:12). 우리 자신 속에 하나님의 나라가 있다면 자연스럽게 모든 착함과 의로움과 진실함이 있어야 한다는 것이다. 우리가 하나님의 칭의 즉 "예수 그리스도의 의를 입었다"는 사실은 그 의가 내 안에서 아름다운 인격으로 반응해야 하며, 그 인격이 삶으로 나타날 때 착한 열매를 맺어야 한다. 착한 행실이나 의로움, 진실함은 어디에 감추어 둘 수 없는 것이며, 반드시 필연적으로 나타나게 될 것이다.

5. 나의 이웃 뿐만 아니라 원수까지 사랑하라

산상수훈에서 예수님은 세상 사람들이 도저히 생각할 수도 없고, 이해할 수도 없는 이웃 사랑을 베풀어야 한다는 것이다. 이것은 하나님 나라를 소유한 우리가 감당해야 될 책임이다. 레위기 19장 18절의 말씀을 보면 "원수를 갚지 말며 동포를 원망하지 말며 네 이웃 사랑하기를 네 몸과 같이 하라 나는 여호와이니라." 또한 잠언 25장 21절에 보면 "네 원수가 배고파하거든 음식을 먹이고 목말라하거든 물을 마시게 하라." 악한 자를 네 힘으로 대적하라는 것은 성경의 가르침이 아니다. 원수에게 보복하는 것은 하나님의 뜻이 아니다. 도리어 원수까지라도 사랑해 주어야 한다. 이것이 하나님이 우리에게 원하시는 뜻이다. 예수님은 말씀하시기를 네 원수를 네가 갚지 않을 뿐만 아니라 너를 핍박하고 고발하는 자에게 무엇까지 주라고 하셨는가? 마태복음 5장 40절을 보면 "또 너를 고발하여 속옷을 가지고자 하는 자에게 겉옷까지도 가지게 하라." 예수님은 너를 고발하는 자가 속옷을 가지고자 하면 겉옷까지 가지게 하라고 말씀하셨다. 속옷을 달라면 겉옷까지 주고, 노동력을 징발하는 군인들에게 봉사하고, 구걸하는 사람들을 거절하지 말라고 예수님은 명령하신다(40-42절). 이것은 당시 사람들에게 분노를 일으킬 만큼 급진적인 요구였다. 특별히 유대인들에게 있어서 겉옷은 밤중에 잠을 잘 때 덮고 자는 담요와 이불의 역할을 했다. 그래서 율법에 의하면 겉옷을 전당 잡더라도 해지기 전에는 반드시 그 주인에게 돌려주도록 되어 있다. 그 만큼 겉옷은 중요한 역할을 했다.

그런데 예수님은 무엇이라고 말씀하셨는가? 누가 네 속옷을 빼앗고자 하면 그것 때문에 맞붙어 싸우려고 하지 말고 겉옷까지 주어버리라는 것이다. 빼앗기는 삶을 살지 말고 주면서 살라는 것이다. 마태복음 5장 41절의 말씀을 보면 "또 누구든지 너로 억지로 오 리를 가게 하거든 그 사람과 십 리를 동행하고" 그 당시에는 이러한 법이 있었다. 로마의 군인들은 군수물자를 운반하기 위해서 피지배국의 사람들에게 강제부역을 시킬 수 있었다. 오 리에 해당되는 거리만큼은 임의로 동행하게 하고 그 이상을 넘으면 대가를 지불하도록 되어 있었다. 그런데 예수님은 누가 억지로 오 리를 가게 하거든 그것 때문에 괴로워하지 말고 기꺼이 십 리까지 가주라고 말씀하셨다. 역시 자기 욕망이나 자기 유익에 사로잡히지 말고 이웃사람들에게 너그러운 마음을 가지라는 뜻이다. 마태복음 5장 42절에는 "네게 구하는 자에게 주며 네게 꾸고자 하는 자에게 거절하지 말라." 내가 가진 물질이라고 해서 내가 주인이 아니다. 내가 가진 모든 것의 주인은 하나님이시고 우리는 청지기에 불과하다. 따라서 누가 나의 도움을 필요로 하면 인색하게 굴지 말고 너그러운 마음으로 베풀면서 도와주는 삶을 추구하라는 것이다.

우리가 추구해야 할 하나님 나라의 백성의 삶이 무엇인가? 천국 백성의 이 땅에서의 삶의 원리는 이 세상과 다르다. 천국 백성의 삶의 원리는 이 세상 사람들의 눈으로 보면 바보처럼 보이기도 한다. 예수님께서 오른 뺨을 맞거든 왼뺨을 내어 주어라고 하셨다. 사람들로부터 바보라고 놀림을 받은 적이 있는가? 모든 사람들이 다들 들로 산으로 놀러 가는데 주일날 교회에 나오는 우리를 보고 바보라고 손가락질을 한다. 소득의 십일조를 떼어 하나님께 드린다. 세상 사람들 눈에는 바보처럼 보이다. 인간 역사는 복수의 역사이다. 복수혈전이 주제이다. 그 복수의 장면을 보고 대리 만족을 느낀다. 그러나 복수는 복수를 낳을 뿐이다. 예수님은 자신을 십자가에 못 박고 찌르는 원수들을 향해 용서해 달라고 기도하셨다. "아버지여! 저들이 하는 짓을 모릅니다. 저들의 죄를 용서하옵소서." 십자가 사랑은 원수를 용서하고 축복하는 사랑이다. 이 사랑으로 우리는 주님으로부터 용서함을 받아 천국 백성이 되었다. 친구가 죄를 범하면 몇 번이나 용서해 주어야 할까? 라는 베드로의 질문에 예수님은 일흔 번을 일곱 번 하라고 하셨다. 무한으로 용서하라는 말씀이다. 용서와 축복은 하나님의 성품이다. 어떻게 하나님 나라를 이 세상 사람들에게 보여 줄 수 있을까? 저주와 복수함으로써가 아니라 사랑함으로써 악을 선으로 이기는 것이다.

누가 천국에 들어가기에 합당한 자인가? 마태복음 7장 21절에 보면 "나더러 주여 주여 하는 자마다 다 천국에 들어가는 것이 아니요 다만 하늘에 계신 내 아버지의 뜻대로 행하는 자라야 들어가리라." 여기서 "주여 주여"라는 말은 예수님에 대한 신앙고백이다. 신앙고백이 매우 중요하지만 다 천국에 들어가는 것이 아니다는 말은 신앙고백은 그럴듯하게 하지만 아버지의 뜻대로 행하지 않는 자가 있다는 것을 암시한다. 우리가 "주여 주여" 신앙 고백을 하였으면 내 마음대로, 내 생각대로 사는 것이 아니라 아버지의 뜻대로 행해야 한다. "주여 주여" 라는 말은 예수님이 내 인생의 주인이다라고 고백하는 것이다. 그런데 왜 네 마음대로 살아가고 있느냐? 왜 자기 소견에 옳은 대로 살아가느냐? 라는 이중적인 삶을 지적하고 있다. 예수께서는 "주여! 주여! 하는 자마다 천국에 다 들어갈 것이 아니요 다만 하늘에 계신 내 아버지의 뜻대로 하는 자라야 들어가리라(마 7:21)"고 말씀하신다.

여기서 내 아버지의 뜻이 무엇인가? 내 아버지의 뜻은 하나님이 보내신 자 예수 그리스도를 믿는 자마다 영생을 얻는 것이다. "내 아버지의 뜻은 아들을 보고 믿는 자마다 영생을 얻는 이것이니 마지막 날에 내가 이를 다시 살리리라 하시니라"(요 6:40). 하나님 아버지의 뜻대로 행하는 자는 참 믿음이 있는 자이다. 입만 "주여 주여" 하는 자가 아니라 참 마음으로 믿는 자이다. 그런 사람은 자연히 하늘에 계신 하나님 아버지의 뜻대로 행하는 삶을 살게 된다. 참 믿음에서 올바른 행함이 나오고 착한 삶이 나오는 것이다. 행함은 믿음의 열매이며 믿음의 결과이다. 내 아버지의 뜻은 하나님을 사랑하고 나의 이웃을 내 몸처럼 사랑하는 것이다(요일 4:21). 이런 이웃 사랑이 없다면 하나님의 사랑이 내 안에 없는 자이며, 그 안에 영생이 없는 자이다. "형제를 사랑하지 아니하는 자는 하나님을 알지 못하나니 이는 하나님은 사랑이심이라." 사도 요한은 강조하기를 우리가 형제를 사랑함으로 사망에서 옮겨 생명으로 들어가며, 심판을 받지 아니할 것이라고 분명히 선포하고 있다. "우리는 형제를 사랑함으로 사망에서 옮겨 생명으로 들어간 줄을 알거니와 사랑하지 아니하는 자는 사망에 머물러 있느니라 그 형제를 미워하는 자마다 살인하는 자니 살인하는 자마가 영생이 그 속에 거하지 아니하는 것을 너희가 아는 바라"(요일 3:14-15). 하나님이 보내신 예수 그리스도를 믿고 그의 말씀대로 형제를 사랑하며, 섬기는 것이 하나님의 뜻이며, 우리에게 행하신 하나님의 구원의 계획이다. 우리는 하나님 나라를 소유한 자로서 세상 사람들과 구별되고 거룩하게 살아가야 한다.

여기서 하나님의 나라와 그의 의는 무엇일까? 하나님의 나라는 바로 하나님의 통치와 주권, 영역, 그리고 그의 백성을 포함하는 것이다. 특히 하나님의 통치가 이루어지는 곳, 즉 하나님의 공의와 정의가 하수같이 흐르는 곳이 하나님의 나라이다. 하나님께서는 우리에게 하나님 나라의 공의(체다카)와 정의(미쉬파트)를 지키라고 말씀하신다. "내가 그로 그 자식과 권속에게 명하여 여호와의 도를 지켜 의와 공도를 행하게 하려고 그를 택하였나니 이는 나 여호와가 아브라함에게 대하여 말한 일을 이루려 함이니라"(창 18:19). 여기서 공의(체다카)는 하나님께서 선(善)하다고 인정하는 것을 말한다. 하나님을 사랑하고, 이웃을 내 몸과 같이 사랑하며, 긍휼한 마음과 관용을 베푸는 마음이 공의이다. 하나님은 하나님과 사람 사이의 관계 회복을 공의라고 말씀하셨고, 신명기 24장 13절에서는 가난한 사람의 전당물을 해 질 때에 반드시 돌려주어 그가 추위에 떨지 않고 잘 수 있도록 해주면 그것이 하나님 여호와 앞에서 공의로움이 된다. 정의(미쉬파트)는 하나님께서 사람의 마음에 심어 놓으신 윤리 도덕적 규범이라 할 수 있다. 사람이 살아가는 모든 과정에서 공정하게 실현되는 것을 정의라고 말한다. 아무리 공정한 재판이라 할지라도 어려운 처지에 놓여 있는 과부와 고아들에게는 긍휼과 자비를 베풀어야 하는 것이 정의이다. 그러므로 정의는 하나님의 공의 안에서 실현될 때 공정성을 가진다. 그리고 공의와 정의는 모두 하나님의 주권 아래 있으므로, 하나님은 공의와 정의로 심판하신다. 그리스도인은 자신과 자녀들에게 하나님의 공의와 정의를 무엇보다 우선적으로 가르쳐야 한다. "공의와 정의를 행하는 것은 제사 드리는 것보다 여호와께서 더 기쁘게 여기시느니라"(잠 21:3). 하나님의 공의(公義)와 정의(正義)는 두 가지로 압축할 수 있는데 즉 하나님 사랑과 이웃 사랑으로 나타나야 한다.

하나님 나라를 소유한 자들이 추구해야 할 규례와 법도가 무엇인가? 공의와 공정과 분배는 하나님의 나라를 소유한 자들이 마땅히 행할 법칙이며, 교회가 교회다운 모습으로 드러나게 만드는 이웃 사랑과 섬김으로 반드시 행할 규례와 제도이다. 하나님의 형상대로 지음받은 모든 사람들은 지위고하, 남녀노소를 막론하고 평등하다는 것이 성경의 가르침이다. 모든 만민이 평등하다는 대원칙하에 조화와 균형을 이루며 살 때 평화가 임하며, 인간의 가치와 존엄성을 찾을 수 있을 것이다. 모든 사람은 평등하다는 원칙을 깨뜨리면 조화와 균형이 깨어지며, 치열한 경쟁과 독선이 발생하게 될 것이다. 공정과 정의와 분배의 원리가 깨어진 것이 죄악이다. 즉 공정과 정의와 분배의 원칙을 지키기 아니하는 것이 창조의 목적에서 벗어난 죄이며, 하나님 사랑과 이웃 사랑의 법을 무너뜨리게 될 것이다. 성경에서 강조하는 하나님의 선은 정의와 공정과 분배이다. 그러므로 우리 삶과 사회 속에서 정의와 공정과 분배는 선택 과목이 아니라 반드시 지켜야 할 필수과목이다. 이 원리와 방법을 지키며, 행할 때 이 땅에 하나님의 나라가 임하게 될 것이다.

C. 하나님 나라를 보여주는 실례들

예수님은 눈에 보이지 않는 하나님 나라, 손으로 만질 수 없는 하나님 나라를 설명하고, 가르쳐주기 위하여 최선을 다하셨다. 각종 비유를 통하여, 표적과 기사를 통하여 하나님 나라가 이 땅에 임한 것을 설명해 주셨다. 그 중에 하나님 나라를 보여주는 실례로서 구약의 희년제도이며, 또한 어린아이의 모습을 통하여 하나님 나라를 보여주셨다. 천국은 내 것이 없는 세상이다, 천국은 어린아이와 같다는 말씀은 세상 나라와 구별된 모습을 보여줄 뿐만 아니라 어린아이와 같이 순전하게 믿는 자들이 천국에 들어갈 수 있다는 것을 교훈해 주고 있다.

1. 하나님 나라와 어린아이

우리가 어떻게 천국에 들어갈 수 있는가? 인간의 구원이 어떻게 이루어지는가? 전적인 하나님의 주권과 오직 그의 은혜로 말미암아 구원이 이루어진다. 사람이 구원에 대하여 할 수 있는 것은 또 꼭 해야 할 것은, 자신의 '전적 무능력'을 인정하는 가운데 오로지 전능하신 하나님께 모든 것을 의지하는 어린아이의 자세일 뿐이다. 사람에 대하여 그 어떤 의무나 책임이 없으시면서도 오직 당신의 크신 은혜와 한없는 자비를 보이시고 그 전능하신 능력으로 구원 얻을 믿음을 우리에게 선물로 주시는 하나님만을 전적으로 의지함으로써 '하나님의 나라'에 들어갈 수 있다. '내가 무엇을 하여야 영생을 얻으리이까?'라는 질문은 꽤 진지하고 열성적인 '성숙한 종교인'의 생각 같지만 실은 '어린아이 신앙인'에게 다시 배워야만 한다. '하나님의 나라'는 사람이 거기에 들어갈 만큼 인격적으로 고상하게 변화된 까닭에 자격을 획득하게 되는 것이 아니다. '하나님의 나라'는 사람이 거기에 들어갈 만큼 스스로 이루어 놓은 것이 충분한 까닭에 그 보상으로 얻게 되는 것도 절대로 아니다. 구원 얻을 만한 조건이 '나'에게 있다고 생각하는 사람, 자기가 무엇을 함으로써 구원이 주어져야 마땅하다고 주장하는 사람은 아직도 구원의 비밀을 알지 못할 뿐만 아니라 하나님께 전적으로 의지할 마음이 생길 여유조차 없어진다. 즉 그런 사람은 하나님 앞에서 교만해질 뿐이지 하나님을 전적으로 사랑할 수 없게 되는 것이다. "그런즉 누가 구원을 얻을 수 있나이까?"라는 말대로 사람은 자신의 구원에 대하여 자신의 지식이나 힘, 도덕이나 선행으로 구원받을 수 없음을 깨달아야 한다. 자기가 해 놓은 것을 하나님 앞에 보상을 바라는 식이 아니라 그저 자기는 무기력한 존재일 뿐임을 자각하고 하나님께 도움을 요청하는 '어린아이의 마음'이 참된 구원의 길로 인도해 준다.

마가복음 10장 13~16절을 보면 세 단락의 순서로 전개된다. 첫째, 사람들은 어린아이들을 데리고 예수께로 나온다. 예수님이 아마 그들을 만져주시며 축복해 주시길 원했기 때문이다(16절). 부모들은 예수님께서 자식에게 축복해 주면 자식의 미래가 밝아질 것을 믿었을 것이다. 그래서 예수님의 축복을 받기 위해 아이들을 데리고 나아갔을 것이다. 13절을 보면 아이들을 예수님께 데리고 나아간 이유를 분명히 밝히고 있다. 만져 주심을 바라고이다. 여기서 만져준다는 것은 단순히 손으로 어루만져 주는 것이 아니다. 마태복음 19장 13절에는 "사람들이 예수의 안수하고 기도하심을 바라고 어린아이들을 데리고 오매"라고 기록하고 있다. 그러니까 예수님으로부터 축복 기도를 받기 위해 아이들을 데리고 온 것이다. 둘째, 하나님 나라가 이런 자의 것이니라. 하나님의 나라에 들어갈 수 있는 자격 조건을 다루고 있다. 셋째, 하나님 나라를 어린아이와 같이 받들지 아니하는 자는 결단코 천국에 들어가지 못하리라. 즉 하나님 나라를 어린아이처럼 받아들이고, 그의 통치를 받아야 천국에 들어간다는 것이다. 자신의 이성과 상식으로 인하여 하나님의 나라를 받아들이지 않으면, 즉 예수님을 나의 주, 나의 하나님으로 받아들이지 아니하면 결단코 구원을 받을 수 없다는 것이다.

예수님과 제자들은 어린아이를 대하는 태도와 자세가 왜 이렇게 차이가 나는가? 제자들은 하나님 나라에 대하여 잘 알지 못하였기 때문이다. 사람들은 예수님이 자신의 어린아이들을 만져주시기를 원했고, 제자들은 그들을 꾸짖었지만, 예수님은 오히려 제자들을 꾸짖으시며(13, 14) 어린아이를 안아 주시고 안수하시고 축복까지 해 주셨다(16절). 이는 세상에서 천하고 낮은 자인 어린아이가 하나님의 나라에서는 고귀하고 축복의 대상이라는 것을 만천하에 드러내는 행동이셨다. 하나님의 나라는 분명히 낮고 천한 자로 자신을 낮추고 그런 위치에서 하나님의 나라를 떠받드는 자에게 주어지는 선물이다. 자기 자신을 하나님 앞에 중요하게 생각하고 높이는 사람에겐 하나님의 나라가 주어지지 않는다. 어린아이를 떠받드는 우리 사회에서 이 표현은 이제 새로운 문화 변역을 요구한다. 하나님의 나라에 들어갈 자격으로 어린아이는 낮고 무기력한 자의 상징이다. 요즘에 해외 이민을 가려고 하면 여러 가지 조건을 따진다. 학력도 대졸은 몇 점, 고졸은 몇 점, 나이도 30대가 최고 점수, 40대가 넘으면 낮은 점수, 말하자면 원기 왕성할 때 와서 일을 해야지 나이가 많은 사람이 자기 나라에 오면 짐이 된다는 것이다. 조금 우리 나라보다 살기 좋다고 하는 그런 나라로 옮겨 가는 데도 아무나 가지 못하고 일정한 자격을 갖추어야 갈 수 있는 것이다. 하물며 천국은 아무나 갈 수 있는 곳이 아니다. 천국은 들어 갈 수 있는 여건을 갖춘 사람만이 갈 수 있는 곳이다. 그렇다면 천국에 누가 들어 갈 수 있는가? 성경은 어린 아이같은 사람이라고 했다. 다시 말하면 어린 아이와 같은 사람이 천국에 들어 갈 수 있는 자격이 있다는 말씀이다. 하나님 나라와 어린아이는 무슨 관계가 있는가?

1) 예수께서 만져주심을 바라고 어린아이들을 데리고 온 사람들

사람들은 왜 자기 자녀들을 데리고 예수님께 나왔는가? 예수님께서 자기 자식에게 축복해 주면 자식의 미래가 밝아질 것을 믿었기 때문이다. 그래서 아이들을 예수님의 축복을 받기 위해 데리고 나아갔을 것이다. 13절을 보면 아이들을 예수님께 데리고 나아간 이유를 분명히 밝히고 있다. 마가는 "만져 주심을 바라고"라고 기록하고 있다 .여기서 만져준다는 것은 단순히 손으로 어루만져주는 것이 아니다. 마태복음 19장 13절에는 "사람들이 예수의 안수하고 기도하심을 바라고 어린아이들을 데리고 오매"라고 기록하고 있다. 그러니까 예수님으로부터 안수 기도를 받기 위해 아이들을 데리고 온 것이다. 아이도 하나님 나라의 백성이 될 수 있다. 예수님 만나는 것이 무엇보다 중요하다.

사회학자들은 18세기에는 민중을 발견했고, 19세기에는 여자를 발견했고, 20세기에는 어린이를 발견했다고 한다. 18세기에는 시민혁명으로 무시되어 왔던 백성들의 주권을 찾았다. 19세기에는 여자들의 참정권이 생겼다. 그리고 20세기에는 어린이의 인권이 다뤄지기 시작했다. 그러나 조금 문명화되고 교양화되었을 뿐이지 여전히 가난한 자, 여성, 어린아이를 자신의 수단이나 도구로 취급하는 것은 마찬가지이다. 아직도 세계 곳곳

에서 힘없는 대중과 여성과 아이들의 인권이 무참하게 짓밟히고 있다. 그러나 우리 예수님은 진정으로 어린아이들을 사랑해 주시고, 안아주셨다. 어떤 죄인일지라도, 아이들처럼 사람취급 받지 못하는 사람일지라도, 예수님께 나아가면 사랑해 주시고, 품안에 안아주신다. 어른이나 아이들이나 할 것 없이 우리 모두가 돌아가서 안겨야 할 품은 하나님의 품이요, 예수님의 품이다. 예수님은 지금도 우리에게 선포하고 계신다. "수고하고 무거운 짐진 자들아 다 내게로 오라 내가 너희는 편히 쉬게 하리라." 우리는 새벽마다 하나님의 품에 안기고 밤마다 예수님의 품에 안겨야 한다. 우리 어린아이들을 데리고 갈 곳은 예수님의 품이다. 힘들고 어려운 자들이 참된 안식을 누릴 품은 예수님의 품이다. 세상에서 방황하는 탕자가 안겨야 할 품은 아버지의 품이다. 우리 모두 하나님의 사랑, 예수님의 사랑 안에 거하는 복된 자들이 되어야 한다.

2) 어린아이들이 예수께 가까이 오는 것을 싫어했을 뿐만 아니라 쫓아 버리는 제자들

예수님의 제자들은 잘못된 고정관념의 족쇄에서 벗어나지 못했다. 이 당시에 어려운 문제를 해결받고 필요를 채움받기 위해 수많은 사람들이 예수님께 모여든 것이다. 이때 부모들이 어린아이들을 데리고 예수님께 축복기도를 받게 하기 위해 왔다. 제자들은 그 아이들을 보고 어떻게 했는가? 13절을 보면 어린아이들을 예수님께 데려오는 것을 꾸짖었다. 사람들이 많이 모이니까 제자들의 마음이 분주하고 예수님께 달려드는 사람이 많으니까 질서를 잡기 위해 짜증도 났을 것이다. 그러다 보니 아이들까지 데려오는 것을 보고 꾸짖었다. 아이들은 질서를 지킬 줄도 모르고 시끄럽게 하기 때문에 방해가 된다고 생각했을 것이다. 그러나 제자들의 그런 행동은 잘못된 고정관념 때문이다. 결국 어린 아이들은 예수님께 나올 자격이 없다는 것이다. 회사도 청와대도 들어가려면 자격이 있어야 하는데 어린아이들은 자격 미달이라는 것이다. 그들의 잘못된 고정관념 때문이다. 아동은 부모의 소유로 생각한 것이다. 부모의 의존자이거나 부속물로 생각한 것이다. 한 인격자, 구원받아야 할 천국 백성으로 생각하는 것이 아니었다. 어린 아이는 부모의 의존자 또는 부속물처럼 취급하였다. 어린아이는 성인보다 열등하다고 생각하는 것이다. 하나님 나라에 대하여 아이들은 몰라도 된다는 생각이다.

예수님은 제자들을 책망하신 후 제자들에게 무엇이라고 말씀하셨는가? 14절을 보면 첫째, 어린 아이들이 내게 오는 것을 용납하고 금하지 말라고 말씀한다. 용납하라는 말은 허용하라는 말씀이다. 금하지 말라는 것은 걸림돌 역할을 하지 말라는 말이다. 둘째는 하나님의 나라는 어린 아이와 같은 자들의 것이라는 것이다. 셋째는 하나님의 나라를 어린아이와 같이 받들지 않는 자는 결단코 들어가지 못한다는 것이다. 어떤 조건을 갖춘 자가 하나님 나라에 들어가느냐를 말씀하는 것이다. 이 말씀을 보면서 오해할 수 있다. 아이들은 모두가 천국에 들어간다는 말로 받아들이는 것이다. 천진하고 순수하고 단순하고 겸손하여 다 천국에 들어간다고 생각하는 것이다. 그러나 그런 말씀이 아니다. 어린이는 무조건 천국에 간다는 말씀이 아니다. 하나님의 나라에 들어가려면 마음이 어린아이처럼 순수해야 한다는 말이다. 사실 어린아이라면 보통 천진무구한 순수함을 생각하기 쉽다. 천진무구란 눈과 같이 희고 한 점의 때도 없는 순진함을 말하며, 이것이야말로 천국에 갈 수 있는 중요한 요소일 것으로 보인다. 어른

이 되면서 험악한 세상살이를 하다 보니 세상의 때가 많이 묻게 되고 속을 일도 많다 보니 쉽게 믿지 못하고 의심하는 것을 배우게 된다. 그런 어른들에겐 본문이 순수하고 단순하게 그저 가르쳐 주는 대로 믿는 어린아이로 돌아가야 천국에 들어갈 수 있다는 교훈으로 들릴 수 있다. 어린아이들을 보면 세속에 찌들지 않아 티 없이 맑고 곱다. 어린아이처럼 되어야 예수의 사람이 된다는 생각이 들기도 한다.

3) 어린아이를 하나님 나라에 들어가는 모델로 제시하신 예수님

예수님은 천국에 들어가는 자격 조건으로 누구를 내세웠는가? 14절 하반절에 보면 "하나님의 나라가 이런 자의 것이니라." 예수님은 하나님의 나라는 이런 자의 것이니라 즉 어린아이가 천국에 들어가는 기준이다는 충격적인 말씀을 하셨다. 그러면 이런 자는 누구인가? 어린아이이다. 15절을 보면 좀 더 상세하게 설명하고 있다. "내가 진실로 너희에게 이르노니 누구든지 하나님의 나라를 어린 아이와 같이 받들지 아니하는 자는 결단코 그 곳에 들어가지 못하리라." 여기서 "어린 아이와 같이 받들지 않는 자는"이라는 말이 나오는데 믿음의 다른 표현이다. 받들다란 말은 섬기고 모신다는 뜻이 아니다. 헬라어 "데코마이", 영어로 번역하면 "receive"이다. 받아들이다, 취한다는 뜻이다. "영접하는 자 곧 그 이름을 믿는 자들에게는 하나님의 자녀가 되는 권세를 주셨으니(요 1:12)"라는 말씀에서 "영접하는 자"이다. 믿음은 하나님의 말씀을 받아들이고 예수 그리스도를 받아들이는 것이다. 받아들이지 못하면 신앙은 시작되지 않는다. 하나님의 나라에 들어갈 수 있는 자는 어린아이와 같은 자라야 들어갈 수 있다는 말씀이다. 제자들의 고정관념 속에는 어린 아이는 하나님의 나라와 아무런 관련이 없다고 생각하는 것이다.

바리새인들은 특히 자신들이 하나님 나라의 백성이라고 생각하면서 교만하였다. 그들의 잘못된 고정관념을 깨뜨리기 위해서 주시는 혁명적인 말씀이다. 천국은 들어 갈 수 있는 여건을 갖춘 사람만이 들어 갈 수 있는 곳이다. 그렇다면 천국은 누가 들어 갈 수 있는가? 성경은 어린 아이같은 사람이라고 했다. 다시 말하면 어린 아이와 같은 사람이 천국에 들어 갈 수 있는 자격이 있다는 말씀이다. "심령이 가난한 자는 복이 있나니 천국이 저희 것이요"(마 5:1)라는 말씀과 일맥 상통하고 있다.

그렇다면 하나님의 나라는 어린아이와 같은 자의 것이라는 말이 무슨 의미일까? 오늘 본문에서 어린아이는 이런 순수함, 가식이 없는 상태를 의미하지는 않는다. 그러면 이 당시에 어린아이는 어떤 의미일까? 고대사회에서 어린아이는 그리 존중받지 못했는데 본문은 당시 어린아이의 낮은 사회적 위치를 예로 든 것이다. 여기서 어린아이의 의미는 전체 문맥인 8장 22~10장 52절에서 이해해야 한다. 예수님에게 다가올 고난과 십자가의 죽음, 그리고 제자들에게 요구되는 낮아짐의 상황에서 그들은 자신들의 사회적 신분 상승에만 관심이 있었다. 그러나 어린아이처럼 무력하고 공격당하기 쉬운 천한 자의 위치로 낮아지는 자세가 오히려 높아지는 길이다. 하나님 나라는 낮고 천한 자의 겸손과 섬김을 요구하기 때문이다. 마가복음 10장 15~16절은 이런 맥락에서 볼 때, 제자들은 무기력하고 사회에서 소외된 자의 자세로 하나님의 나라를 받들어야 한다는 의도를 지닌다. 하나님 나라는 진정 자신을 천하게 낮추는 겸손한 자에게 임하기 때문이다. 그래서 어린아이가 의미하는 비교의 중점이 어린아이의 순수한 마음이 아니라 어린아이의 순수한 "수용적인 자세", 그리고 타인들의 보살핌과 도움 없이 살아갈 수 없는 "절대 의존 상태"로 보았다. 하지만 이는 하나님의 나라에 들어가는데 필요한 성품인 것이 틀림없음에도, 본문이 진정 말하려는 바는 아니다. 오히려 본문의 의도는 어린아이를 "무기력하고 낮은 자의 위치"로 보았다.

이 당시의 어린아이는 어떤 사회적 위치에 있었을까? 어린아이는 여성과 가난한 자, 부정한 자와 같은 무력함과 소외된 계층의 사람으로 이해해야 한다. 이 당시에 어린아이는 사람의 숫자에도 들지 못할 뿐만 아니라 가정에서 사회에서 가장 작은 자였다. 또한 어린아이들은 어른에게 종속되었기에 쉽게 군림당하고 착취당했다. 우리나라에서도 어린아이가 대접받기 시작한 것은 그리 오래된 일이 아니었다. 소파 방정환 선생님은 당시 아이들을 인격적으로 대하지 못한 우리 사회에 분개하셨다. 그 분이 "어린이를 내려다보지 마시고 쳐다보아 주십시오!"라고 호소하고 다니신 것만 보아도 우리나라 사람들도 얼마나 어린아이들을 하대하였는지 알 수 있다. 신학자들은 마가복음 10장 15절을 어린아이의 "낮은 위치"를 말하는 마가복음 9장 23~27절을 통해 읽어나감으로 아이의 성품이 아니라 당시 어린아이의 낮은 사회적 지위에 초점을 맞추기 시작했다. 마가복음10장 43-44절에서 예수님은 제자들에게 하나님 나라에서 큰 자가 되기 위해, 그리고 하나님 나라에 들어가기 위해서는 반드시 섬기는 자가 되어야 하며, 모든 사람들보다 낮아져야 함을 강조한다. 예수님은 어린아이의 예를 통해 낮은 자를 영접하는 것이 곧 하나님을 영접하는 것임을 교훈하고 있다. 그리고 무력하고 천한 자의 자리까지 낮아짐이 진정으로 천국에서는 높아지는 길이라는 사실을 보여 주고 있다. 이런 관점에서 어린아이가 사회에서 가장 낮은 신분과 소외된 자를 의미하는 것은 분명한다. 천국은 작은 자, 어린아이처럼 낮은 자가 들어가는 나라이다. 그 나라에 들어가기 위하여 우리는 스스로 높은 자가 아니라 낮은 자가 되어야 한다. 넓은 길이 아니라 좁은 길, 성공의 길보다는 십자가의 길을 추구해야 한다.

2. 하나님 나라와 희년

구약에서 하나님 나라를 가장 잘 보여주는 것이 무엇인가? 그것은 안식일, 안식년, 희년 제도이다. 안식일, 안식년, 그리고 희년은 하나님의 언약이 완성이 되고 완료되어 하나님의 안식과 하나님 백성들의 안식이 성취가 되었을 때를 보여주는 천국 모형인 것이다. 희년이 되면 사람들이 일을 해서는 안 되고, 모든 땅은 원 주인에게로 돌아갈 뿐만 아니라 모든 종들이 풀려나서 자유와 해방을 얻는 것이다. 성경을 연구해 보면 하나님의 은혜로 이루어진 하나님 나라의 모습이 안식일과 안식년과 희년 속에 들어있다. 특히 희년은 이 땅에 임한 하나님 나라의 꽃이다. 희년은 하나님이 모든 것의 주인이라는 사실을 인정할 뿐만 아니라 삶의 모든 영역에서 드러내는 것이다. 그리스도인들은 하나님이 주인이시라는 고백을 하지만 그것을 구체적으로 보여주는 것이 희년제도이다. 하나님이 모든 것의 주인이라는 것이 현실적으로 드러나야 될 뿐만 아니라 종교적인 영역을 넘어 우리 삶의 모든 영역에서 하나님의 주인 되심이 드러나야 한다. 그것을 요구하는 정신이 바로 희년이다. 구체적으로 말하자면, 하나님이 우리가 갖고 있는 땅, 자원의 주인이시고, 우리의 몸과 재능의 주인이시기 때문에 하나님이 공동체의 주인 되심을 인정한다면 우리는 이 땅에서 나그네, 거류민으로 살아야 한다.

레위기 25장 23절의 "토지는 하나님의 것이다"라는 말씀에 근거한다.

미국의 경제학자이자 사회철학자인 헨리 조지가 이를 설파했고, 국내에서는 예수원 설립자인 대천덕 신부가 희년제도를 크게 확산시켰다. 강원도에 있는 〈예수원〉에는 "토지는 하나님의 것이라"(레 25:23)라는 말씀이 적힌 돌비를 볼 수 있다. "물질적인 것과 영적인 것은 분리될 수 없다"라고 했던 대천덕 신부는 살아생전 줄기차게 성경적 토지법을 전파해 왔다. 토지는 모든 인간 생활의 근거이자 생산의 본질적 요소로서 대부분의 사회문제의 배경에 이 토지문제가 있기 때문이다. 대천덕 신부는 '토지는 하나님의 것이며 모든 사람은 평등한 토지권을 갖는다'는 성경적 토대 위에 토지와 경제정의를 외쳤다. 희년 실천은 자신도 모르게 원주인에게 돌아가야 될 기업, 땅을 다시 돌려주는 운동일 뿐만 아니라 모든 사람들에게 자신의 존엄을 누릴 수 있는 직장, 집 등 사회 안전망을 나누자는 운동이다. 우리 개개인의 입장에서는 욕심을 내려놓고 무소유를 추구하며, 탐욕적이고 배타적인 소유욕을 극복하는 것이 희년의 시작이 될 것이다.

우리 스스로 너무 많이 소유함으로 말미암아 다른 사람의 행복의 터전을 빼앗아 가고 있지 않은가 돌아보아야 한다. 부유한 자는 가난한 자, 힘없는 자들을 돌아보며, 구제해야 한다. 부를 하늘에 쌓아 놓는다는 것은 가난한 자들, 병든 자들, 힘없는 자들을 구제하며, 나누어주는 선행을 실천하는 것이다. 자신에게 우상이 되어 있는 부를 십자가에 못 박고 하나님께 드리는 것이다. 다시 말하면 부자가 재산을 팔아 가난한 사람에게 주는 것이 가장 큰 희년을 삶 속에서 실천하는 것이다. 그런데 이것은 성령이 충만해야만 할 수 있다. 희년운동이 곧 성령운동이라는 말이 그래서 나온 것이다. 희년운동이 성령운동이기에 하나님 주도적인 운동인 것이다. 2000년 교회사를 되돌아보면 개인적인 차원에서 희년을 실천한 사람이 아주 많다. 우리 교회사에는 자기 재산을 바쳐서 가난한 사람을 도왔던 미담이 끊임없이 이어졌다. 그리고 교회는 헌금을 삶의 터전을 잃은 사람들을 위해 삶의 터전을 마련하고 사용해야 한다.

성경에서 말하는 희년이 무엇인가? 가나안 땅 전역에 숫양 뿔의 나팔을 불므로써 희년이 시작되었는데, 그 희년은 속죄일, 곧 제7월(에다님 ;9·10월) 10일에 시작했다. 레위기 25장 10절을 보면 "너희는 오십 년째 해를 거룩하게 하여 그 땅에 있는 모든 주민을 위하여 자유를 공포하라 이 해는 너희에게 희년이니 … 각각 자기의 소유지로 돌아가며… 가족에게로 돌아갈지니라." 희년은 진정한 자유와 해방이 선포되는 역사적인 날이다. 희년의 시작은 고대 이스라엘에서 준수된 안식년 주기에서 50년째 되는 해이다. 희년은 히브리어로 '요벨'인데, '뿔 나팔 소리'란 뜻이다. 나팔을 불어 자유의 기쁨을 선포하는 해라고 해서 이런 이름이 붙여진 것이다. 50년마다 돌아오는 해방의 해로서 모든 노예가 자유를 얻고, 모든 소유가 원주인에게로 되돌려지며 모든 땅은 휴경한다(레 25:10). 현대 영어에서 '환희', '축제'를 뜻하는 '주빌리(jubilee)'란 말은 희년의 제도에서 유래하였다. 희년은 안식년(7년)이 7번 행해지고 난 다음에 찾아오는 50번째 해이다. 다른 말로는 '대안식년'이라고도 부른다. 안식일이 7일을 의미하는 것처럼, 7은 하나님의 완전 수이다. 7년씩 7번이 지나고 나면 그 다음에 희년이 찾아온다. 희년은 쉽게 말해 '리셋(Reset)', 즉 모든 소유의 원상 복귀가 핵심인 것이다. 희년이 되면 가난을 모면하기 위해 넘겨 주었던 땅이 원소유주에게 되돌려졌고, 종된 이스라엘 사람이 풀려나게 되었다. 레위기 25장에 희년이 되면 땅이 다시 본래의 주인에게 돌아오고 사람도 희년마다 다시 돌아와서 땅의 자유와 사람의 자유가 이루어졌다. 땅과 사람의 자유는 하나님 나라 백성으로 살아갈 가장 기본적인 틀이다. 즉 경제적인 자유와 정치적인 자유, 시간적인 자유가 이루어질 때 이 땅에서 진정한 하나님 나라가 이루어지는 것이다.

하나님 나라와 희년은 어떤 관계가 있는가? 희년은 성경 전체를 관통하는 중요한 하나님 나라의 핵심적인 가르침이다. 예수님께서도 공생애를 시작하면서 전하신 첫 번째 설교가 바로 희년 설교였다. "주의 은혜의 해를 전파하려 함"이라는 주님의 사명선언문을 볼 때 희년은 성경 전체의 중요한 중심 주제임을 알 수 있다. 예수님께서 하나님 나라를 증거하셨고, 공평과 정의에 기초한 하나님 나라의 통치원리의 근간이 바로 희년에 있다. 또한 성령 강림 사건 이후에 초대교회에 희년이 꽃을 피우고 열매를 맺는 아름다운 모습을 보여주고 있다. "믿는 사람이 다 함께 있어 모든 물건을 서로 통용하고 또 재산과 소유를 팔아 각 사람의 필요로 따라 나눠 주며, 우리 가운데 가난한 자가 하나도 없더라"(행 2:44-45, 4:34-35). 그런 면에서 볼 때 희년을 오늘날 우리 시대가 밝히 드러내야 할 하나님 나라의 본질로 이해해야 한다. 하나님 나라는 눈에 보이거나 손으로 잡을 수 있는 것이 아니기 때문에 여기에 임한 하나님 나라는 희년을 통하여 보여주어야 한다. 현대사회는 하나님이 주신 희년을 잃어버리고 큰 위기 상황을 맞고 있는 실정이다. 희년이 이 땅에 이루어지면 가정과 교회, 사회와 민족이 다시 살아나게 될 것이다. 희년은 하나님 나라를 가장 잘 보여주는 대 축제이다. 예수님이 선포한 희년은 이스라엘 백성들에게만 필요한 것이 아니다. 세상 만민이 예수 그리스도의 희년 선포로 인하여 당면한 생존의 문제를 해결받고 온전한 자유와 해방을 누려야 한다. 희년은 영적인 자유뿐만 아니라 경제의 자유, 정치의 자유, 환경으로부터 자유,

탐욕으로부터의 자유와 해방을 선포하는 메시아의 날이다. 그런데 이런 모든 자유와 해방은 영적인 자유에서부터 시작되어진다. 즉 사단과 저주로부터의 자유가 이루어질 때 점차적으로 가난으로부터의 자유, 정치로부터의 자유, 환경으로부터의 자유가 이루어진다.

1) 회당에서 하나님 나라의 희년을 선포하시는 예수님

예수님은 회당에서 하나님 나라의 희년을 선포하고 있다. 누가복음 4장 18-19절을 보면 "주의 성령이 내게 임하셨으니 이는 가난한 자에게 복음을 전하게 하시려고 내게 기름을 부으시고 나를 보내사 포로된 자에게 자유를, 눈 먼 자에게 다시 보게 함을 전파하며 눌린 자를 자유롭게 하고, 주의 은혜의 해를 전파하게 하려 하심이라." 여기서 주의 은혜의 해는 희년이다. 이스라엘 사람들은 숫양의 뿔로 나팔을 만들어서 희년이 될 때에 나팔을 불었다. 희년이 되면 자신이 빼앗겼던 땅들을 다시 찾을 수 있고, 내가 혹시 돈이 없어서 종이 되었으면 자유인이 되며, 또 돈이 없어서 빚을 진 사람이면 빚을 탕감받아 모든 것이 원래의 모습대로 돌아가는 은혜의 해이다. 하나님 나라는 이러한 진정한 희년을 선포하는 아름다운 곳이다. 진정한 쉼이 있고 모든 것으로부터 해방되고, 오직 하나님 한분만에게 우리가 종속되며 그 분의 통치를 받는 곳이 하나님 나라이다. 희년은 땅만 아니라 사람의 구원에 관한 것인데 그 과정에게 종의 신분의 사람들에게는 자유로움을 주는 기쁜 소식인 것이다. 희년 제도는 이 땅에 임한 하나님의 나라를 가장 잘 보여준다. 천국은 영광스러운 복지국가를 의미하는 것이 아니라 하나님이 다스리시는 나라로, 사람들은 그분의 자녀답게 사는 곳이다. 심령이 가난한 자란 하나님의 다스림을 받는 사람들이며, 하나님 나라의 참된 시민인 것이다. 이 세상에 살면서 심령이 가난한 자로 사는 것이 정말로 큰 축복이다. 왜냐하면 자신의 생각이나 마음이 탐욕의 노예가 되지 않았기 때문이다. 세상의 가치관이나 욕망에서 벗어나 예수님의 마음을 소유하였기 때문이다. 천국은 죽은 후 다음 세상에서 사는 것만이 아니고, 세상과 다른 지금 여기에 임한 나라이다.

초대교회는 하나님 나라를 어떻게 꽃피웠는가? 32절 상반절에 보면 "믿는 무리가 한마음과 한뜻이 되어 모든 물건을 서로 통용하고 자기 재물을 조금이라도 자기 것이라 하는 이가 하나도 없더라." 이 세상이 타락하고 부패하였지만 희년이 남아있는 곳은 가정이다. 가정은 남녀노소를 막론하고 모두 평등하며, 함께 모든 물건을 공유하며, 유무상통 한다. 즉 하나님이 세우신 가정은 하나님 나라의 상징물과 같다. 세상이 죄로 말미암아 타락하여 하나님 나라를 볼 수 없지만 하나님 나라의 흔적이 가장 많이 남아 있는 곳이 가정인 것이다. 즉 가정은 하나님 나라의 가치를 가장 잘 보여주는 작은 공동체이다. 그러므로 하나님 나라는 가정에서 꽃을 피우고 열매를 맺어야 한다. 하나님의 나라는 하나님이 다스리시기에 가장 평화스런 나라이다. 이사야 11장 6-9절을 보면 "그때에 이리가 어린 양과 함께 거하며 표범이 어린 염소와 함께 누우며 송아지와 어린 사자와 살찐 짐승이 함께 있어 어린아이에게 끌리며, 암소와 곰이 함께 먹으며 그것들의 새끼가 함께 엎드리며 사자가 소처럼 풀을 먹을 것이며, 젖 먹는 아이가 독사의 구멍에서 장난하며 젖뗀 어린아이가 독사의 굴에 손을 넣을 것이라 나의 거룩한 산 모든 곳에서 해됨도 없고 상함도 없을 것이니 이는 물이 바다를 덮음같이 여호와를 아는 지식이 세상에 충만할 것임이니라." 이 구절은 하나님의 나라를 매우 중요하게 보여주고 있다. 하나님 나라는 그야말로 평화가 넘치는 모습이 아닐 수 없다. 하나님의 나라는 가장 평화스런 나라로 분쟁과 다툼이 없고 나눔과 섬김이 있고, 사랑이 넘치는 곳으로 우리가 꿈꾸는 나라인 것이다. 그런데 하나님께서 이 하나님의 나라를 실현할 수 있는 두 개를 주셨는데 하나는 교회요 또 하나는 가정이다. 가정은 하나님이 주신 희년이 이루어질 뿐만 아니라 천국을 잘 보여주는 곳이다. 예수를 믿으면 부부는 하나가 되고 가정이 하나가 된다. 구원의 열매로서 부부의 회복, 가정의 회복이 일어나야 한다. 하나님이 만드신 창조 원형으로 가정이 회복되어야 한다.

2) 하나님 나라를 소유한 자들의 마음과 자세

인간의 결핍함과 부족함이 근본적으로 어디에서 오는가? 인간이 풍성하신 하나님을 떠나고 탐욕의 노예가 되면서 결핍함이 온 것이다. 즉 인간이 하나님께 불순종하여 타락함으로써 하나님께 심판을 받아 인간은 하나님과 관계가 단절된 영적인 죽음과 근본적인 결핍에 이르게 되었다(창 3:18-19). 성경적인 관점에서 "부요함"은 불순종으로 에덴동산에서 쫓겨난 이후 인류가 갖게 된 소망인 것이다. 성경에 나타난 "부요함"의 의미는 예수 그리스도의 구원을 기점으로 크게 변화되었다. 고린도후서 8장 9절을 보면 "우리 주 예수 그리스도의 은혜를 너희가 알거니와 부요하신 자로서 너희를 위하여 가난하게 되심은 그의 가난함을 인하여 너희로 부요케 하려 하심이니라." 예수 그리스도는 근본적으로 하나님의 본체이셨으나, 하늘의 영광을 잠시 유보하시고 낮고 천한 육신을 입고 오셔서 희생적인 고난의 삶을 사셨고, 결국 십자가에서 죽으심으로 절대적 가난한 모습을 보여주셨다. 그리고 예수 그리스도가 세상에 오셔서 대속의 죽음을 당하셔서 모든 성도들을 영적으로 부요케 하셨다. “자기를 위하여 재물을 쌓아 두고 하나님께 대하여 부요치 못한 자가 이와 같으니라”(눅 12:21). 인간이 직면하고 있는 결핍의 문제는 단지 인간의 타락과 하나님의 심판에 따른 물질의 부족뿐만이 아니라 하나님과 단절에서 비롯되었다고 말씀하고 있다.

왜 이 땅에 하나님 나라가 무너졌는가? 탐욕이라는 죄가 들어왔기 때문이다. 이 세상의 모든 것은 하나님이 만드신 것일 뿐만 아니라 하나님의 주권하에 있음을 인정하지 않고 자신의 것이라고 주장하면서 하나님 나라가 파괴되었다. 하나님은 당신의 나라를 다시 세우기 위하여 누구를 부르셨는가? 믿음의 조상 아브라함을 부르셨다. 하나님은 아브라함을 갈대아 우르에서 부르시고 자식과 권속에게 명하여 정의와 공의를 행하라고 말씀하셨다. 이 땅에서 정의와 공의를 행하기 위해서 아브라함에게 자손을 주신다 약속하셨고, 그것을 행할 공간이 필요하니까 땅을 주신다고 약속하셨다. 그래서 땅과 자손의 약속은 아주 중요한 약속이고, 이 땅에 천국을 보여주는 것이다. 하나님 나라의 가치를 알고 있는지, 아직도 모르고 있는지를 그의 가치관과 삶의 모습을 보면 알 수 있을 것이다. 첫째, 자기의 것이라고 주장하는 것을 보면 알 수 있다. 둘째, 자신의 것을 내어 놓고 함께 나누는지를 보면 알 수 있다. 셋째, 그의 삶에 우선순위를 보면 알 수 있다. 그 나라와 그의 의를 구하는데 초점을 두는가? 아니면 땅의 것, 먹고 사는 것에 우선순위를 두는가를 보면 분명하게 알 수 있을 것이다.

우리가 다시 부요함을 얻으려면 어떻게 해야 하는가? 하나님과 이웃 관계가 회복되어야 부요한 자가 된다. 하나님은 본래부터 부족함이 없는 부요한 자이다. 모든 것을 가지고 계실 뿐만 아니라 하늘과 땅과 모든 재물을 주관하시는 주인이시다. 하나님이 인간의 몸을 입고 이 땅에 오신 이유 중에 하나는 죄로 말미암아 영적으로, 육적으로 부족하고 결핍한 상태에서 해방시켜 주기 위함이다. 따라서 신약의 관점에서 볼 때, 부요함은 오직 예수 그리스도의 은혜와 성령의 도우심에 힘입은 성도들이 하나님 나라 "사랑의 공동체"(Community)를 이룸으로써만 가능한 일이다. 예수 그리스도의 은혜로 우리의 죄를 사하시고 성령의 도우심으로 하나님 나라인 교회를 이루셨다. 그 결과로 예수 그리스도를 믿는 자마다 하나님 나라의 사랑의 공동체의 일원으로 죽음에서 영생으로 그리고 결핍에서 풍성으로 구원함을 받는다. 그뿐만 아니라 "영접하는 자 곧, 그 이름을 믿는 자들에게는 하나님의 자녀가 되는 권세"를 주셨으며, 아울러 그리스도와 함께 하나님의 상속자가 되게 하셨다. 따라서 부요함은 오직 예수 그리스도의 은혜와 성령의 도우심에 힘입은 성도들이 하나님의 자녀이며, 상속자로서 하나님 나라의 "사랑 공동체"를 이룸으로써만 가능한 것이다.

3) 결핍과 가난한 자가 없는 하나님 나라 공동체

하나님 나라의 가치를 지닌 희년이 어떻게 이루어졌는가? "사도들이 큰 권능으로 주 예수의 부활을 증언하니 무리가 큰 은혜를 받아…각 사람의 필요를 따라 나누어 줌이라"(33절) 희년의 정신은 이러한 사람들에 대한 하나님의 사랑과 관심의 표현이며, 결국 그것은 어려운 사람들과 함께 나누라는 것이다. 그러므로 우리는 희년의 정신을 이 땅 가운데 실천함으로 어려움에 처해 있는 사람들이 그 어려움에서 벗어날 수 있도록 함께 해야 하는 것이다. 희년은 강자가 약자를 섬기고, 약자가 억울한 일이 없도록 하는 것이다. 레위기 25장에 따르면 희년은 땅과 집이 원주인에게 돌아가고 노예가 해방되며 부채가 면제되는 해다. 초대교회는 어떤 특징을 지니고 있는가? 그들 가운데 가난한 자가 하나도 없었다. 34절에 보면 "그 중에 가난한 자가 없으니 이는 밭과 집 있는 자는 팔아 그 판 것의 값을 가져다가 사도들의 발 앞에 두매 그들이 각 사람의 필요에 따라 나누어 줌이라." 그것은 공동체 가운데 가난한 사람이 없다는 사실이다. 이것이 가능하였던 것은 자발적 불편을 감당하는 성도들의 삶이 있었기 때문이다. 자신들의 필요를 넘는 것은 가난한 성도를 위하여 나눔을 가졌다. 희년은 한 나라 전체에서 백성들이 함께 맞이하는 큰 축제이다. 50년 만에 한 번 돌아오는 큰 행사인데 이 날은 안식일로부터 시작되는데 빚 탕감과 노예의 해방으로 연결되는 구원의 대사건이다. 그래서 이 희년은 가난한 자들, 힘없는 자들에게 기쁜 소식이며, 하나님 나라가 이 땅에 이루어지는 날이다.

당시의 가난의 지표가 어느 정도인지 정확하게 알 수 없지만 누가의 기록은 교회의 본질을 다시금 생각하게 한다. 특별히 두 사람의 이름이 대조적으로 나타난다. 한 사람은 정직하고 자신의 것을 기꺼이 나눠주기를 기뻐하였던 구브로 사람 요셉이다. 사도는 그 이름을 바나바, 즉 위로의 아들이라고 불렀다. 성도들에게 위로를 주는 사람이었다. 그러므로 교회가 건강하게 세워졌다. 반면에 아나니아와 삽비라 부부이다. 이들은 거짓으로 의로움을 얻고자 하였다. 크게 헌신을 하지 않고 남들에게 인정받고 싶었다. 말은 잘 하는데 실제의 나눔은 없다. 마치 교회의 문제를 잘 지적하면서 헌신하지 않는다. 말과 행함이 일치되지 않는 신앙인 것이다. 사도들은 이들을 책망하였고 하나님은 심판을 행하셨다. 이들은 교회를 허무는 사람들이다. 초대교회는 탐욕과 거짓말을 심판하시는 하나님의 공의로움을 보여주고 있다. 이것이 건강한 교회를 세우는 일이다. 오늘도 교회에는 가난한 사람이 존재한다. 이들을 존중히 여길 수 있어야 한다. 가난한 사람이 인정받고 공동체의 일원이 되는 교회가 하나님 나라의 실제이다. 부활하신 주님을 선포하는 교회가 되는 것은 삶의 능력이 나타나야 한다. 부활 신앙은 자기 욕망을 죽이고 가난한 성도와 이웃을 향하여 재능과 시간과 물질 등을 흘려 보내야 한다. 이것이 하나님 나라를 소유한 자들이 하나님을 경외하고, 이웃 사랑을 실천함으로 천국을 보여주는 것이다.

예루살렘에 하나님의 나라가 어떻게 임하였는가? 그 사람들 중에 가난한 사람, 결핍한 자가 없는 평화로운 나라, 행복한 나라로 임하였다. 하나님의 나라는 결핍이 없고, 개인의 유익을 좇을 이유가 없으며, 사유재산이 필요 없는 곳이다. 따라서 "그중에 핍절한 사람이 없으니 이는 밭과 집 있는 자는 팔아 그 판 것의 값을 가져다가 사도들의 발 앞에 두매 저희가 각 사람의 필요를 따라 나눠 줌이러라"(행 4:34-35)라는 말씀은 신명기 15장 4절을 보면 "너희 중에 가난한 자가 없으리라"라는 하나님의 약속이 이루어진 것으로 하나님 나라의 실현이요, 성취인 것이다. 예루살렘 교회 공동체에서 일어난 성령의 역사는 예수 그리스도의 부활을 담대히 선포하는 것과 유무상통의 실천으로 나타났다(행 4:33-34). 유무상통은 인위적이고 강제적인 것이 아니라 하나님의 통치에 대한 삶이었다. 초대 교회 공동체에서의 유무상통의 모습은 다음과 같은 차이점에서 공산주의와 다르다. 첫째, 예루살렘 성도들은 기쁜 마음과 자발적으로 나누었고 둘째, 모든 사유재산을 공유하는 것이 아니라 오직 필요한 만큼만 공유했으며 셋째, 재산을 교회에 바치는 것이 교회의 지체가 되는 조건이 아니었다.

그럼에도 불구하고 하나님 사랑에 근거하여 자신의 재물이나 토지를 기쁨으로 교회에 드리는 역사가 일어났다.

마르크스가 선언했던 공산주의, '역사의 경제법칙'은 성경적 종말론에 뿌리를 두고 있다. 마르크스주의는 '과학'이라는 이름으로 스스로 포장하였지만, 과학이라는 거대한 껍질 안에 감추어져 있었던 것은 '기독교'였다. 이런 이유로 Murray Rothbard는 마르크스주의를 무신론으로 변장한 기독교 이단이라고 했다. 그리스도인들이 예수 그리스도에 의해 지상에 천국이 임한다고 믿었듯이, 마르크스와 공산주의자들은 인류가 지상에 천국을 건설할 수 있다고 믿었다. 예루살렘 교회공동체의 구제는 다른 사람들에게 칭송을 받았고, 그 영향으로 많은 사람이 그리스도인이 되었다(행 5:13-14). '누가'는 자기 소유를 팔아 사도들 앞에 놓은 바나바를 공동체의 본으로 삼고 있다(행 4:36). 바나바는 '요셉'이란 이름의 레위인으로 사도들은 이 사람을 "위로의 아들"이라 불렀다. 성도들이 공동체 안에서 나누는 친교는 단순히 인간적 차원에서 이루어지는 우정이 아니라 하나님 나라에서 오는 우정으로 육체적으로 함께하는 것도 중요하지만, 영적으로 한마음 한뜻으로 함께하는 것이다. 자기 재산을 자기 것이라 주장하지 않으려면 같은 마음, 같은 생각, 같은 비전을 소유하고 있어야 한다. 사도행전은 강력한 성령의 역사로 예수 그리스도의 사랑을 체험하고 부활 신앙으로 무장한 성도 개인과 교회 전체가 자연스럽게 봉사와 섬김의 삶을 실천하였음을 보여주고 있다. 교회의 성장과 발전에 따라 점점 조직화 되고 체계화 된 형태로 다양한 내용의 봉사와 섬김을 실천하게 되었음을 알려준다. 그들은 말씀과 성령으로 하나가 되어 마음뿐만 아니라 물질과 삶까지 함께 공유하며, 나누는 하나님 나라가 이루어진 것이다.

D. 하나님 나라를 설명해 주는 비유들

하나님의 나라는 신구약 전체에 가득 찬 중심사상이다. '하나님 나라'는 이미 구약 창세기를 시작으로 하여 그 나라의 통치와 영역을 말씀하면서 각 시대마다 선택되어진 종들을 통해 선포되었다. 이 하나님 나라에 대한 말씀은 특히 공관복음에 와서 절정을 이룬다. 공관복음에 나타난 그리스도의 메시지의 핵심이 바로 '하나님 나라'이다. 예수님의 가르침의 중심 메시지인 하나님의 나라는 주로 비유를 통하여 설명되었다. 예수님은 눈에 보이지 않는 하나님 나라, 손으로 만질 수도 없고, 귀로 들리지 않는 영적인 하나님의 나라를 어떻게 알려줄까? 많은 고민을 하신 후에 비유법을 사용하셨다. 즉 예수님은 각종 다양한 비유를 통하여 이 땅에 임한 하나님 나라를 구체적으로 설명해 주셨다. 공관복음서에 기록된 예수님의 가르치심의 1/3이상이 비유로 구성되어 있다는 사실로도 비유의 중요성을 인식할 수 있을 것이다.

비유란 일반적으로 천상의 의미를 가진 지상의 이야기라고 말하며, 사전에서는 "어떤 진리나 도덕적인 교훈을 전달하기 위한 짤막한 풍유적 이야기이다." 또는 "도덕적 혹은 영적 진리를 예증하기 위해 일상생활의 사건들을 사용하는 간단한 이야기이다."라고 설명했다. 어떤 도덕적 또는 영적진리를 나타내기 위해서 일상 중의 흔히 일어나는 사건이나 사실들을 사용한 일종의 이야기 형태로 알려진 예화, 비교, 유추를 말하는 것으로 되어 있다. H. Dodd는 "비유란 진리를 추상적으로 생각하기보다는 구체적인 모습으로 보는 마음의 자연스러운 표현이다"라고 했으며, A.M. Hunter 는 "비유란 한 영역에서 명백한 것이 다른 영역에서 명백하다는 가정 아래서 자연과 일상 생활로부터 이끌어 낸 비교"라고 했다. G.E. Ladd는 "비유는 도덕적이며 종교적인 진리를 전달할 목적으로 일상생활 속에서 소재를 이끌어 낸 이야기"라고 정의하고 있다. 결론적으로 종합해서 비유의 정의를 내린다면 비유란 일상생활이나 상상적인 사건을 통해서 도덕적이고 영적인 진리를 비교하여 전달하기 위한 길거나 간결한 여러 가지 말의 표현이라고 할 수 있을 것이다.

1. 혼인잔치의 비유

마태복음 22장 1-10절은 하나님 나라에 대한 비유이다. 예수님은 하나님 나라를 여러 곳에서 잔치로 비유하고 있다. 특히 마태복음에는 천국을 보여주는 비유가 가장 많이 등장하는데 그중에 하나가 "천국 혼인 잔치의 비유"이다. 이 비유는 일반적인 혼인잔치를 배경으로 해서 천국의 잔치를 베풀고, 사람들을 초청했다가 사람들이 거절하는 특이한 혼인잔치의 비유이다. 천국 혼인잔치의 비유는 매우 복잡한 구조로 형성되어 있을 뿐만 아니라 그 내용을 해석하고 이해하기가 어려운 부분이 많이 있다. 천국 혼인잔치의 비유는 몇 가지의 메타포로 형성되어 있는데 유대 전통적인 관습으로 이어온 혼인잔치를 배경으로 하고 있다. 또 반역 사건, 하나님의 심판으로 AD 70년에 디도 장군에 의한 예루살렘성의 멸망 사건, 유대인의 거부로 복음이 이방인에게로 넘어가는 사건, 어린 양 혼인잔치 사건, 최후의 심판의 사건까지 다양하게 배경 속에서 네러티브로 이루어져 있다. 이런 다양한 메타포로 구성되어 있지만 큰 주제는 예수 그리스도의 초림으로 시작하여 이 땅에 천국의 잔치를 실시하여 유대인 뿐만 아니라 이방인들까지 택함 받는 자들을 초청한 후에 주의 재림으로 구원의 완성을 이루는 내용이다. 오늘 천국 혼인잔치 비유는 예수님이 말씀하신 모든 비유에 대한 최종적인 완성이며, 예수님이 이 땅에 오신 이유와 목적을 천국잔치를 통하여 잘 보여주고 있다.

마태는 왜 오늘 본문에서 하나님 나라를 혼인잔치의 비유로 설명하고 있는가? 일반적으로 잔치라고 하면 "평강과 희락이 넘치는 곳, 함께 즐거워하며, 노래와 춤이 있는 축제"가 있는 곳이다. 하나님 나라는 혼인 잔치처럼 의와 평강과 희락이 넘치는 곳이다. 세상의 근심걱정이 없는 곳이다. 잔칫집에는 웃음이 넘치며, 먹고 마시는 풍성한 곳이다. 본문에 보면 왕이 그 아들의 혼인을 맞이하여 풍성한 잔치를 베푼다. 왕에게서는 자기 아들의 혼인 잔치만큼 기쁜 일도 없을 것이다. 잔치에는 온갖 먹을 것으로 풍성하다. 4절에 보면 왕이 소와 살진 짐승을 잡았다고 한다. 왕이 친히 다 준비해 놓으시고 모든 사람을 잔치에 초청하셨다. 그런데 이 잔치를 앞두고 이상하게도 기쁨보다는 긴장감이 흐른다. 초대를 받은 자들이 한결같이 바쁘다는 핑계로, 자신의 해야 할 일로 인하여 그 잔치에 참여할 수 없다고 거절하는 것이다. 왜 초대받는 사람들이 이 잔치를 거부하는가? 이는 왕의 초청을 거부하거나 왕의 초청의 의미를 잘 모르기 때문이다. 여기에서 천국 잔치를 베풀고 초청하신 분은 만왕의 왕이신 하나님, 그리고 혼인잔치의 신랑은 예수님을 상징한다. 하나님 나라는 하나님이 인간들을 위하여 친히 준비한 잔치이며, 모든 사람들과 함께 즐기는 나라이다. 즉 태초에 창조주 하나님을 반역하여 에덴으로부터 쫓겨났던 인간이 그리스도의 은혜로 용서받고 잔칫집같이 모든 것이 풍성한 에덴으로 회복되어 즐기는 것이다. 예수님은 혼인잔치의 비유를 통하여 하나님의 나라에 대한 무엇을 보여주려고 하셨는가?

1) 하나님 나라는 혼인 잔치와 같다

오늘 본문의 문맥이 어떻게 구성되어 있는가? 오늘 본문을 올바로 해석을 하기 위해서는 이 혼인잔치의 비유가 어디서부터 출발하여 서술되고 있는지를 먼저 살펴야 한다. 이 혼인잔치의 비유는 마태복음 21장의 예수님이 예루살렘 입성에서부터 이어지고 있는 것이다. 마태복음 21장에는 드디어 예수님께서 나귀를 타고, 예루살렘에 입성하시는 것을 시작으로 해서, 성전을 뒤엎으시고, 열매 맺지 못하는 무화과나무를 저주하셨다. 그런 주님의 모습과 또 두 아들의 비유와 패역한 포도원 농부의 비유가 이어지고 있다 이런 비유는 서로 긴밀한 가운데 내러티브의 문장 구조로 구성되어 있다. 우리는 이러한 내러티브를 통해서 마태가 그 일련의 사건들과 비유들을 통하여 일관성 있는 한 가지 메시지를 던지고 있음을 알 수 있다. 오늘 혼인잔치의 비유를 좀 더 정확하게 해석을 하기 위해서는 먼저 마태복음 21장의 그 사건들과 비유들을 이해하는 것이 우선적으로 필요하다. 유대인들은 하루에 두 번만 식사를 했다고 한다. 첫 번째 식사는 오전 10시 경에 먹는 늦은 조반이고, 두 번째 식사는 더 이상 일하기가 곤란한 어두운 저녁 때 먹게 되는 석식이다. 관례적으로 유대인들의 잔치는 저녁때에 베풀어졌는데, 오늘 본문 4절에 보면, '오찬'을 준비했다고 되어 있다. 다른 성경에는 '잔치' 혹은 '저녁식사'로 번역되어 있다. 관습에 의하면 귀한 손님 초청을 위해서는 두 번 초청을 하게 되어 있다. 누가복음 14장에 보면 본문의 내용과 유사한 큰 잔치에 대해 기록하고 있다. 먼저 손님을 초청하고, 나중에 잔치할 시간에 그 청하였던 자들에게 종을 보내어 모든 것이 준비되었다고 알려주는 장면이 나온다. 실제로 잔치가 벌어질 때에 다시 종을 보내어 청하는 것이 예루살렘 상류 계급에서 실행되던 특별한 예의였다고 한다. 이상의 내용으로 볼 때, 혼인잔치 비유는 예수님 당시 유대인들의 생활과 풍습으로부터 나왔다는 것은 분명하다.

예수님은 하나님 나라를 무엇에 비유하는가? 2절을 보면 "예수께서 다시 비유로 대답하여 가라사대 천국은 마치 자기 아들을 위하여 혼인 잔치를 베푼 어떤 임금과 같으니." 이 말씀에서 '혼인잔치'는 예수 그리스도로 말미암아 사람들을 구원할 구원의 잔치를 말하는 것이다. 예수님께서 혼인집 잔치의 비유를 통하여 천국을 소개해 주시고 계신다. 예수님은 천국이 바로 이와 같다고 말씀하신다. 즉 하나님 나라는 바로 왕의 혼인잔치와 같다는 것이다. 우리가 예수님의 말씀을 듣고 순종하면 왕의 혼인잔치에 참여하는 것과 같고, 그렇지 않은 자는 왕의 혼인잔치에 참여하지 않는 자와 같다는 것이다. 구약 시대에 하나님의 선택된 백성이라 자부했던 유대인이 예수님을 거부하고, 그 말씀 듣기를 거절했다. 그러므로 유대인들이 바로 왕의 혼인잔치의 참여를 거부한 악한 자들이다. 예수님과 제자들이 3년이나 유대의 온 지역을 돌아다니며 하나님 나라를 선포하시며, 각종 기사와 표적을 통하여 천국을 보여주셨지만 유대인들은 그 나라를 받아들이지 않았다. 그리고 하나님의 아들이신 예수님을 십자가에 못박아 죽이는 악행을 범하였다. 그래서 하나님 나라는 유대인에게서 이방인에게로 넘어가게 되었고, 이방인이 하나님의 백성들이 되는 놀라운 사건이 일어나게 되었다. 이런 사건이 일어날 것을 예수님은 미리 하나님 나라 혼인잔치의 비유를 통하여 제자들에게, 유대인들에게 암시하고 있는 것이다.

오늘 본문 스토리는 임금이 자기 아들의 혼인 잔치를 위해 귀빈들을 초청했으나 초청을 받은 자들이 이 초청에 응하지 않은 내용을 중심으로 하여 엮어져 있다. 임금님이 자신의 아들의 혼인 잔치에 신하들이나 귀족들을 초청했는데도 초청장을 받은 자들이 오지 않았다는 것은 반역행위이다. 왕이 베푸신 혼인 잔치에 종들을 보내어 초청 받은 귀빈들을 오라 하였으나 오지 않으므로 참고 인내하면서 다시 다른 종들을 보내셨다. 그리고 이르기를 오찬을 준비하되 소와 살진 짐승을 잡고 모든 것을 갖추었으니 혼인 잔치에 오라고 했다. 그러나 초대받은 자들은 그런 기쁜 소식을 받고도 돌아보지도 않고, 하나는 자기 밭으로, 하나는 자기 상업 차로 떠나 버렸다는 것이다. 그리고 심지어는 종들을 잡아 행패를 부리고 또 죽였다고 소개하고 있다. 이 소식을 들은 임금이 노하여 군대를 보내서 그 살인한 자들을 진멸하고 그 동네를 불살랐다. 이런 일은 비유 속에서만 또 2천년 전 예수님께서 살아계셨을 때에만 일어났던 사건이 아니다. 오늘날에도 이런 유사한 일들이 일어나고 있다. 하나님은 오늘날에도 말씀하시고 부지런히 초청하신다. 이 초청을 가볍게 대하지 말기를 바란다. 이것을 거부하는 것은 곧 천국을 거부하는 것이며, 하나님께 대한 반역행위로 영원한 형벌과 심판을 받는 것이다.

2) 자신의 일과 세상의 쾌락에 바빠서 거절하는 사람들

하나님이 천국을 만들어 놓으시고 초청을 하였지만 사람들은 어떻게 반응하였는가? 3절에 보면 "그 종들을 보내어 그 청한 사람들을 혼인잔치에 오라 하였더니 오기를 싫어하거늘." 참으로 이상하게도 사람들은 오기를 싫어했다. 첫 번째 부류의 사람들은 자신의 생계나 사업 등 세상의 일에 바빠서 초청을 거절한 사람들이다. 어떤 이들은 밭을 샀기 때문에 밭을 돌보느라고 잔치에 참석 못하고, 어떤 이들은 장사에 바빠서 잔치에 못

갔다고 했다. 세상의 육신적인 삶에서 인간을 유혹하는 것들에 마음을 빼앗겨, 가장 중요한 생명을 생각지 못하고 영원한 가치를 잃어버리는 것이다. 우물 안의 개구리처럼 눈에 보이는 좁은 세계에 갇혀서 바깥의 넓은 세계를 보지 못했기 때문이다. 요한복음 1장에 "자기 땅에 오매 백성이 영접지 아니하였으니"라고 기록되어 있다. 하나님이 아들을 보내 천국 잔치를 알렸지만, 세상의 지위와 명예, 물질과 향락으로 배부른 사람들은 하나님의 잔치에 별로 관심이 없었다. 육신의 정욕과 안목의 정욕과 이 생의 자랑을 우선순위에 두고 살면서 세상의 기득권을 계속 지키겠다고 하나님의 초대를 거절한 것이다. 오늘날도 많은 사람들이 먹고 마시고 즐기는 세상의 우상들을 섬기느라 하나님의 말씀을 외면하고 하나님의 초청을 거절하고 있다. 그리스도의 복음을 믿지 못하고 육신의 쾌락을 좇으며 잠깐 있다 없어질 허망한 것들에 집착하기 때문이다. 누가복음 6장에 보면, 이처럼 하나님의 초청을 거부하는 자들에게 예수님이 "화 있을진저, 너희 이제 배부른 자여 너희는 주리리로다 화 있을진저, 너희 이제 웃는 자여 너희가 애통하며 울리로다."

둘째 부류의 사람들은 "천국이 가까웠다"고 천국 잔치에 초대하신 예수 그리스도를 핍박하고, 복음전파를 방해한 악한 자들이다. 하나님은 그들을 천국의 잔치에 초청하시려고 성경의 계시를 통해서, 선지자들을 통해서 메시아의 오심을 알리셨다. 그 예언에 따라 예수님이 마침내 이 세상에 오셨습다. 그런데 이상하게도 바리새인들과 유대인들은 그토록 오랫동안 기다려온 메시아를 거절했다. 그들은 예수님이 세리 삭개오도, 간음한 여인도 용서하시는 것을 보고 예수님이 죄인과 가까이한다고 예수님을 비난했다. 심지어 유대인들은 오히려 메시아 되신 예수를 십자가에 못박아 죽이는 씻을 수 없는 세기적인 큰 범죄를 저질렀다. 그래서 하나님은 그들을 강력하게 심판하시고 징벌하셨다. 7절에 보면, 임금이 노하여 군대를 보내어 핍박하고 살인한 자들을 진멸하고 동네를 모조리 불살랐다고 했다. 이 말씀대로 예수님을 학대하고 십자가에 매달았던 예루살렘 도시는 그로부터 40년이 지난 후 멸망해 버렸다. 주후 70년에 로마의 타이터스 황제가 파견한 군대들이 들어와서 예루살렘 성을 돌 하나 남기지 않고 무너뜨리고, 도시 전체를 불살라 버렸다.

왕의 아들의 혼인잔치에 초대받은 것은 무엇을 의미하는가? 아들의 혼인 잔치에 초청을 받은 것은 천국에의 초청을 말하는 것으로 예수 그리스도를 구원자와 심판자로 믿고 영접하는 일이다. 하나님께서는 일찍이 유대인들을 선택하시고 그들을 통해 이방에까지 하나님을 알리어 그의 구원의 계획을 이루기를 원하셨다. 세상에서 유대인들처럼 복을 받은 민족이 어디 있는가? 이 복음은 유대인들의 특권이었다. 하나님의 사랑과 보호를 받았고 공급과 인도하심이 있었으며 무엇보다도 메시아 예수 그리스도께서 유대인이었다. 그러나 주님은 자기 땅에 오매 자기 백성이 영접치 아니하였다. 만일 유대인들이 예수님을 영접했다면 구원의 기회가 우리에게 오지 않았을 것이다. “내가 이방인인 너희에게 말하노라 내가 이방인의 사도인만큼 내 직분을 영광스럽게 여기노니 이는 곧 내 골육을 아무쪼록 시기케 하여 저희 중에서 얼마를 구원하려 함이라”(롬 11:13-14). 이스라엘 민족을 구원하기 위해 이방인들을 더 구원했다고 말씀하고 있다. “약속의 언약들에 대하여 외인이요 세상에서 소망이 없고 하나님도 없는 자이더니 이제는 전에 멀리 있던 너희가 그리스도 예수 안에서 그리스도의 피로 가까워졌느니라.”(엡 2:12).이방인들에게는 이 잔치에 참여

할 수 있는 기회나 특권이 전혀 없었다. 그런데 유대인들이 거부함으로 이 복음의 은총이 이방인을 향하게 되었다. 이것이 하나님의 놀라운 구원의 섭리이다.

3) 혼인잔치에 새롭게 초청을 받은 약한 자, 병든 자, 소외된 자들

주인은 종들에게 무슨 명령을 하는가? 8-9절에 보면 "이에 종들에게 이르되 혼인잔치는 준비되었으나 청한 사람들은 합당하지 아니하니 네거리 길에 가서 사람을 만나는 대로 혼인잔치에 청하여 오라 한대." 여기서 '네거리 길'이란 만나는 대로 초청하라는 만민 초청의 의미가 있는 것이다. 귀인을 만나면 귀인도 초청하고 천한 자를 만나면 천한 자도 초청하고 부한 자나 가난한 자나, 유대인이나 이방인이나, 도덕적인 사람이나 비도덕적인 사람이나, 자유 자나 종이나, 몸이 불편한 자나 몸이 성한 자나 그들의 신분이나 형편에 상관없이 다 초청하라는 것이다. 물론 본래 이들은 임금님의 아들 결혼 잔치에 초대되리라고 전연 기대하지 못했던 자들이다. 혼인잔치 초대를 거절당한 왕은 종들을 다시 보내 악한 자나 선한 자나 만나는 대로 모두 데려다 잔칫집을 채우게 한다. 초청을 받은 사람들은 길거리에서 우연히 이 행운을 잡은 사람들이다. 누가복음에서는 그들이 가난한 자들이요, 불구자들이요, 맹인이요, 발을 저는 자들이었다고 전한다. 청함을 받는 유대인들이 예수님을 영접하지 아니하고 복음을 받아들이지 않았을 때, 하나님은 이방인들에게 복음이 전파되게 하셨다. 이 복음은 차츰 유럽과 아프리카와 땅 끝까지 퍼져 나갔고 현재 전 세계의 수많은 사람들이 복음을 듣고 천국 잔치의 초대에 응하고 있는 것이다. 선한 사람이나 악한 사람이나 누구든지 만나는 대로 오라고 했다. 천대

받는 과부나 불구자나 가난하고 못 배운 사람을 데려오라고 했다. 주님이 부르신 사람들은 세상에서 멸시받는 사람들, 예정에 전혀 없던 사람들이었다. 이 구원이 오늘날 이곳 대한민국까지 온 것이다. 그러므로 우리는 오직 하나님의 은혜로 구원받았다고 할 수 있다.

그런데 예복을 입지 아니하는 자는 혼인잔치 집에서 어떻게 되는가? 13절에 보면 "임금이 사환들에게 말하되 그 수족을 결박하여 바깥 어두움에 내어 던지라 거기서 슬피 울며 이를 갊이 있으리라." 이 당시 팔레스타인 지방에서 혼인잔치에 초청 받은 사람들은 잔칫집 입구에 준비해 둔 예복을 입고 잔치에 참여하게 되어 있었다고 한다. 이때에도 임금님의 초청을 받은 손님들은 궁중에서 그들에게 입고 들어오도록 예복을 나눠주었다고 한다. 그런데 그 예복을 입지 아니하고 자기가 평소에 입었던 옷을 그대로 입고 혼인 잔치에 나왔으니 임금님의 눈에 금방 띌 수밖에 없었을 것이다. 왕은 예복을 입지 아니하는 사람을 그 잔치 자리에서 내쫓았다. 예복을 준비하지 않은 자는 왕의 초청을 거부하고 그 종들을 죽인 자들과 같이 똑같은 운명에 처하게 된다. 우리가 값없이 은혜로 구원받았다는 것이 아무렇게나 살아도 된다는 뜻은 아니다. 우리에게 성결의 삶이 필요한다. 죄를 멀리해야 하고 하나님의 뜻을 좇아 선을 행하도록 노력해야 한다. 우리는 죄인으로 있을 때 부름을 받았다. 그러나 그 사실이 우리로 하여금 여전히 죄 가운데 있어야 한다는 뜻은 아니다. 우리 생활을 바꾸어야 한다. 우리가 하나님의 초대에 응하여 천국 잔치에 들어갈 때 입어야 하는 그 예복은 하나님 앞에 설 수 없는 죄인들에게 그리스도가 주시는 예복이다. 여기서 "예복을 입는다"는 것은 하나님의 은혜로 의롭다 하심을 입은 후에 그 하나님의 은혜에 대한 감사와 감격으로 새로운 삶, 즉 거룩한 삶을 살아가는 것을 말한다. 즉 인간의 뜻과 생각과 방법을 벗어버리고, 하나님의 뜻과 말씀을 따라 사는 것이고, 성령의 인도하심을 따라 남을 용서하고 사랑하고 섬기는 마음으로 사는 것을 말한다. 구원의 은총을 입은 자들은 자신의 생각이나 의지를 내려놓고 하나님의 말씀대로 순종하며, 의의 예복을 준비해야 한다. 하나님의 자녀답게 거룩하게, 구별되게 사는 것이 구원의 표지가 될 것이다.

2. 용서할 줄 모르는 종의 비유

마태복음 18장 21-35절은 "용서할 줄 모르는 악한 종의 비유"를 가르치셨다. 이 비유는 예수님이 우리를 용서하셨기 때문에 우리도 다른 사람을 용서해야 한다고 가르친다. 여기서 비유의 중요한 포인트는 우리가 하나님으로부터 용서함을 받은 것처럼 다른 사람들을 용서해야 한다는 것이다. 우리가 용서해 줄 때에 하나님 나라가 임하며, 그 나라의 본질을 깨닫게 될 것이다. 당시 유대관습과 구약의 가르침에 익숙했던 베드로는 나름 용서에 대해서 최선의 기준을 잡은 것이다. 당시 랍비들은 용서는 세 번까지면 충분하다고 가르쳤다. 일곱 번이면 꽤 높은 기준이다. 아마도 베드로는 예수님이 "그거면 충분하다."고 칭찬하실 줄 알았을 것이다. 그러나 예수님은 "일곱 번을 일흔 번이라도 하라"고 하심으로써 용서에 관한 패러다임 자체를 바꾸셨다. 즉, '얼마나 용서를 해야 하는가?'라는 물음을 "네가 얼마나 많이 용서를 받았느냐"로 바꾸신 것이다. 나는 잘못도 없고, 내게 죄를 범한 상대가 분명히 잘못했는데, 무한히 용서하는 것은 누구라도 불가능하다. 내가 잘못이 없다고 생각하면 그건 불가능하다. 그래서 예수님은 입장을 바꿔버리신다. 나와 나에게 잘못을 저지른 상대방이라는 관계에서, 나와 나의 엄청난 잘못을 면제해주신 하나님과의 관계로 나아가야 한다.

오늘 비유의 배경이 무엇인가? "주여 나의 형제가 내게 죄를 범하면 몇 번이나 용서해 주어야 합니까? 일곱 번까지 용서해 주리이까?"라는 질문으로 시작한다. 그때에 예수님은 일곱 번 뿐만 아니라 일곱 번을 일흔 번까지 용서해 주리라고 말씀하셨다. 이 말은 네 형제의 잘못을 계산하지 말고 끊임없이 용서해 주라는 것이다. 이 당시 유대 랍비들은 이스라엘 백성들에게 세 번까지는 참으라고 교훈했다. 랍비 요세 벤 예후다는 "사람이 한 번 과실을 범하면 용서된다. 사람이 두 번 과실을 범하면 용서된다. 사람이 세 번 과실을 범하면 용서된다. 그러나 네 번째는 용서되지 아니한다."고 하였다. 그러니 베드로가 여기에 두 배를 곱하고 하나를 더해 일곱 번까지 참으리이까 하고 말한 것은 대단한 고백이 아닐 수 없다. 이 정도 인내와 용서라면 그 사람은 가히 성인의 경지에 들어선 사람이라 할 것이다. 그런데 주님은 이런 베드로를 향하여 일흔 번씩 일곱 번이라도, 즉 70×7=490번까지 참으라고 말씀하신다. 누가복음 17장 3-4절에서는 이렇게 말씀하신다. "만일 네 형제가 죄를 범하거든 경계하고 회개하거든 용서하라 만일 하루 일곱 번이라도 네게 죄를 얻고 일곱 번 네게 돌아와 내가 회개하노라 하거든 너는 용서하라." 주님은 하루에 일곱 번씩 자기에게 불의한 일을 할지라도 회개하면 용서하라고 말씀하신다. 우리에게 하루 일곱 번씩이나 참을 수 있는 인내가 있는가? 예수님의 말씀은 도무지 실천하기 어려운 말씀처럼 보이다. 우리에게서 가장 어려운 명령이 용서의 명령이 아닐까 생각한다.

1) 하나님으로부터 일만 달란트 빚을 탕감받은 사람

하나님 나라는 어떤 나라인가? 23절에 보면 "그러므로 천국은 그 종들과 결산하려 하던 어떤 임금과 같으니." 하나님 나라는 상대방의 잘못과 실수를 너그럽게 용서해 주는 나라이다. 세상은 상대방의 잘못과 허물을 보면 공격하고 넘어뜨리는 기회로 삼지만 하나님 나라는 자비와 용서를 베풀어주는 나라이다. 그래서 하나님 나라는 가치가 있을 뿐만 아니라 큰 감동을 준다. 예수님의 비유는 우리가 용서해야 할 빚은 백 데나리온이지만, 우리가 용서받은 빚은 만 달란트라고 말씀한다. 달란트라는 말이 우리에게 익숙해서 그렇지 사실은 이 액수는 어마어마한 액수이다. 달란트는 원래 금의 무게를 재는 단위이다. 오늘날 달란트를 화폐 단위와 금 단위로 환산했을 경우 액수는 상당한 차이나 나지만 두 경우 다 엄청난 액수이다. 한 달란트는 당시 유대의 화폐단위인 데나리온으로 6,000데나리온에 해당한다. 당시 노동자의 하루 임금이 한 데나리온이었다고 한다. 6천 데나리온은 6천 일에 해당하는 임금이다. 6천 일은 약 17년의 기간이다. 그러니까 노동자 17년의 연봉에 해당하는 것이 한 달란트인 셈이다. 오늘날 연봉 2천만 원의 근로자에 비교하니 한 달란트는 약 3억 4천만이다. 3억 원이란 돈도 엄청나게 큰 액수이다. 그런데 만 달란트는 어마어마한 액수가 된다. 대략 3조원이다. 달란트를 금 단위로 환산을 하면 이보다 훨씬 많아진다. 요즘 금시세가 1그램에 41,000원이다. 금 한 달란트는 약 34kg이다. 금 34kg는 요즘 시세로 약 14억 정도 된다. 한 달란트가 14억이라는 말이다. 그러면 만 달란트는 정말로 어마어마한 액수인 14조나 되는 돈이다. 이처럼 어마어마한 액수로 보아 예수님의 비유는 그 용서의 가치를 설명하기 위해 과장한 것이거나 아니면 비유 속의 빚진 종은 단순한 종이 아니라 큰 은혜를 입은 자이다.

우리가 하나님으로부터 탕감받은 액수가 얼마나 될까? 일만 달란트의 빚을 탕감받았다. 여기서 1달란트는 6,000데나리온으로 6,000일, 즉 16년간의 품삯에 해당하는 금액이다. 우리나라의 화폐 가치로 환산한다면 하루 품삯을 70,000원 정도로 계산할 때 4억 2천만 원쯤 된다고 볼 수 있다. 1달란트만 해도 이 정도인데 6,000만 데나리온에 해당하는 일만 달란트의 가치는 어느 정도겠는가. 일만 달란트는 16만 년을 매일 벌어서 한 푼도 쓰지 않고 모아야 하는 어마어마한 액수이다. 오늘날 우리나라 일용직 노동자들이 하루 품삯으로 50,000원을 받는다고 했을 때, 일만 달란트는 3조가 되는 돈이다. 참으로 어마어마한 부채임을 알 수 있다. 당시 갈릴리 지방의 1년 세입금의 총액이 300달란트였고, 유대 전국이 로마에 바친 세금이 800달란트였다고 하니, 당시로서 일만 달란트라는 돈은 가히 천문학적인 액수에 해당되는 것이다. 이처럼 엄청난 부채를 안고 있는 이 사람의 모습이, 바로 오늘날 하나님 앞에서의 모든 인간들의 모습이다. 인간이 안고 있는 죄라는 부채가 이처럼 크고 엄청나다. 하나님께서 우리의 구원자 예수 그리스도를 이 땅에 보내신 까닭이 바로 이것이다. 이 비유를 통해 알 수 있는 것은 우리가 스스로의 힘이나 능력으로는 도저히 갚을 수 없는 일만 달란트의 빚을 진 것처럼 하나님께 큰 죄를 지은 죄인들이었다는 사실이다. 하나님께서는 그런 우리를 불쌍히 여기셔서 너무나 큰 죄를 아무 조건 없이 모두 용서해 주셨다.

어느 영국 사람이 뉴욕으로 가는 여객선을 타고 대서양을 건너서 미국으로 가게 되었다. 그런데 그에게는 식사 시간이 되면 한 가지 걱정거리가 생겼다. 다른 사람들은 모두 식당에 들어가서 맛있는 음식을 먹는데,

그는 가진 돈이 없기 때문에 음식을 사먹을 수 없었던 것이다. 그래서 그는 혼자 슬그머니 갑판으로 나와서 싸 가지고 온 비스킷과 치즈를 먹곤 하였다. 어느 날 선장은 식사 시간만 되면 혼자 갑판 위에 앉아있는 그에게 "왜 당신은 식사 시간만 되면 여기서 비스킷만 잡수십니까?" 라고 물었다. 그러자 그는 "선장님, 저에겐 식당에 가서 음식을 사먹을 돈이 없기 때문에 그렇습니다." 라고 힘없이 대답하였다. 그때에 선장이 하는 말이 "당신이 이 배를 탈 때 사둔 승선비 속에는 이미 식사 대금이 모두 포함되어 있습니다. 마음 놓고 가서 잡수십시오."라고 알려주었다. 그제야 비로소 그는 식당을 이용했고, 겨우 한 끼의 음식을 먹으니 미국에 도착하였다는 일화가 있다. 우리가 반드시 알아야 할 것은, 우리가 예수 그리스도를 영접하는 순간, 이미 우리의 죄는 예수님의 십자가의 피로 용서함을 받았다는 확신이 있어야 한다.

2) 남에게 일백 데나리온의 빚을 탕감해 주지 못하는 사람

오늘 이 비유가 어떻게 시작되는가? 베드로가 "스승님 우리가 용서를 몇 번이나 해야 합니까? 일곱 번까지만 하면 됩니까?" 라고 물었다. 그때에 주님이 일곱 번씩 일흔 번이라도 하라고 하신다. 그러면 491번째는 용서 안 해도 된다는 말인가? 히브리 사람들에게 있어서 7이라는 숫자는 완전수이다. 일곱 번씩 일흔 번이라는 것은 7×7×10 즉 완전한 용서를 말하는 것이다. 7×7 하면 생각나는 건 바로 희년이다. 이스라엘의 모든 채무가 변제가 되고 노예가 풀려나 안식의 절정을 이루게 되는 희년. 그 희년의 완성자로 예수께서 오신 것이다. 그러니까 예수님은 몇 번이나 용서를 해야 합니까? 라고 묻는 베드로에게 "너는 용서를 할 수 있는 존재가 아니

라 '용서를 받아야' 하는 존재다" 라는 것을 가르치고 계시는 것이다. 마치 선한 사마리아인의 비유에서 '누가 내 이웃인가?' 라고 묻는 율법사에게 '누가 강도 만난 자의 이웃이냐?'를 물으신 것과 같다. 그 후에 예수님은 자비를 베푸는 자가 선한 이웃이라고 규정해 주신다. 우리가 누구를 사랑해서 영생을 얻는 존재가 아니라 예수님을 영접한 자는 자연스럽게 자비와 긍휼의 마음이 흘러 나온다. 이런 사랑과 용서가 나오지 않는다면 하나님이 없는 자이며, 천국이 존재하지 않는 사람이다.

천국은 세상 나라와 무엇이 다른가? 33절을 보면 "내가 너를 불쌍히 여김과 같이 너도 네 동료를 불쌍히 여김이 마땅하지 아니하냐?" 천국은 우리가 하나님으로부터 일만 달란트를 탕감받은 것처럼 형제의 일백데나리온의 빚을 과감없이 탕감해 주는 나라이다. 자신은 16만 년 동안 한 푼도 쓰지 않고 벌어야 모을 수 있는 일만 달란트를 탕감받았으면서도 자신에게 겨우 100일 정도의 품삯에 해당하는 100데나리온 빚진 사람을 용서하지 못한다면 얼마나 민망한 일이겠는가? 우리가 형제의 잘못을 용서해 주는 것은 상식적으로 보거나 이성적으로 볼 때에 마땅한 일이다. 이 종은 용서받은 바와 같이 행하지 않고 그의 동료 종을 억압했다. 그들의 작은 부채에 대한 "정의"가 이루어지길 바랐으나 정의가 그에게도 적용된 것이다. 그러므로 은혜와 정의를 오해하지 말아야 한다.

하나님께서는 이 둘 모두를 존중히 여기며, 지키시는 분이시다. 우리가 진심으로 회개하면 우리는 은혜를 받는다. 그러나 우리가 용서하지 않으면서 우리에게 잘못하는 자들에 대한 심판을 요청하면 자신의 잘못도 반드시 하나님께 심판을 받게 될 것이다. 하나님께서는 우리에게 용서와 자비로운 삶을 살기를 원하신다. 일만 달란트에 달했던 우리의 죄악에 비한다면 형제의 허물은 아무것도 아니기 때문이다. 형제의 허물을 용서치 못하는 사람은 하나님으로부터 일만 달란트의 빚을 탕감받고도 자기에게 일백 데나리온 빚진 동료를 괴롭히는 악한 종인 것이다. 남에게 자비롭지 못한 자에게는 하나님도 자비롭지 않으신다. 그것은 하나님이 자비롭지 않아서가 아니라, 자비롭지 않은 그 사람이 자초한 일이다. 남에게 자비롭게 행하지 않은 것은 하나님께로부터 받은 큰 자비를 스스로 걷어차 버리는 것과 같다. 하나님께 자비를 얻기 원한다면 우리 자신도 자비로워야 한다. 은혜를 받기 원한다면 우리 자신도 남에게 은혜를 베풀어야 한다.

하나님은 왜 용서하지 않는 자를 향하여 악한 자라고 하는가? 32절에 보면 "악한 종아 네가 빌기에 내가 네 빚을 전부 탕감하여 주었거늘 내가 너를 불쌍히 여김과 같이 너도 네 동관을 불쌍히 여김이 마땅치 아니하냐?" 하고 하나님이 그 종에게 진노하신다. 그 종이 나가서 자기에게 1백 데나리온 곧 우리 돈으로 환산하면 5백만 원 정도 빚진 동료를 만나 목을 잡고 "당장 내 돈 내놔!" 하면서 재촉하였다. 그러자 동료는 엎드려 "조금만 참아 주게. 반드시 갚겠네." 하고 간청하였다. 그러나 그 종은 그 사람의 간청을 들어 주지 않고, 그 빚을 다 갚을 때까지 감옥에 가둬 버렸다. 이런 행위가 악한 모습이다. 어떻게 많은 은혜를 입은 자가 조그만한 자비와 긍휼도 베풀수 없다면 그는 악한 자이다. 하나님의 형벌을 받아도 변명할 수가 없을 것이다. 그 소식을 듣고 다른 종들이 그가 한 짓이 너무도 괘씸하여 임금에게 가서 그 모든 사실을 알렸다. 그래서 임금이 그 종을 다시 불렀다. 그리고 말하되 "악한 종아, 네가 간청하기에 내가 네 빚을 전부 탕감하여 주었거늘 내가 너를 불쌍히 여김과 같이, 너도 네 동료를 불쌍히 여기는 것이 마땅하지 아니하냐?"하고 노발대발하며 그 악한 종을 옥졸들에게 넘겼다. 이 말씀은 물론 비유이긴 하지만 3조라는 엄청난 빚을 탕감받은 종이 동료의 5백만 원을 탕감해 주지 않고 감옥에 가도록 했다는 것은 정말 인간적으로도 있을 수 없는 일이다. 이러한 무자비한 종의 모습이 오늘날 다른 사람을 용서하지 못하는 우리의 모습이라는 것이다. 우리가 하나님께 용서를 받은 만큼 다른 이들의 허물과 잘못을 용서해 주어야 한다. 에베소서 4장 32절을 보면 "서로 인자하게 하며 불쌍히 여기며, 서로 용서하기를 하나님이 그리스도 안에서 너희를 용서하심같이 하라."고 말씀하고 있다.

그 종이 자신의 형제의 잘못을 용서하지 않자 어떻게 되었는가? 32절에 보면 "주인이 그를 불러다가 말하되 이 악한 종아!" 강력하게 책망을 하셨다. 만약 우리가 용서하지 않으면, 형제의 적은 빚을 탕감해 주지 않으면 악한 종으로 취급받을 뿐만 아니라 엄한 형벌을 받게 된다. 결국에는 이 악한 종은 옥졸에게 잡혀 감옥에 갇히게 되었다. 그 악한 종은 사실상 평생 옥에 갇혀 지내는 신세가 되고 말았다. 왜냐하면 일만 달란트라는 엄청난 돈은 평생 갚아도 갚을 수 없는 거액이었기 때문이다. 만약에 그 종이 동료의 빚을 탕감해 주었다면 하나님께서도 그의 과실을 탕감해 주고 용서하실 것이다. 그러나 어리석게도 자신의 탐욕에 사로잡혀 그 동료를 감옥에 집어 넣었기 때문에 자신도 죄수가 된 것이다. 오늘날에도 우리가 남의 과실을 용서하지 않으면, 하나님께서도 우리들의 과실을 용서하지 않으실 것이다. "너희가 각각 중심으로 형제를 용서하지 아니하면, 내 천부께서도 너희에게 이와 같이 하시리라."고 했다. 그러므로 용서는 우리의 선택 사항이 아니다. 주님의 절대적인 명령이요 당부인 것이다. 물론 우리의 인지상정으로는 용서하기가 어렵다. 그러나 용서해야만 한다.

용서하는 자만이 하나님의 귀한 용서를 체험할 수 있다. 그러나 용서하지 못한 사람은 자신의 올무에 스스로 얽매어 지옥 같은 인생을 살아갈 뿐만 아니라 결국에는 하나님께도 용서를 받지 못하게 될 것이다.

3) 형제의 잘못을 용서해 준만큼 하나님의 사랑과 용서를 누리게 된다

천국은 어떤 특징이 있는가? 천국은 서로의 잘못과 실수를 비난하고 공격하는 것이 아니라 하나님의 사랑으로 덮어 주고 용서해 주는 곳이다. 천국은 형제의 잘못을 용서하지 아니하면 하늘에 계신 아버지께서도 잘못을 용서하지 아니하는 나라이다. 결국, 100데나리온 빚진 동료를 용서하지 못한 종은 옥에 갇히는 신세가 되고 말았다. 예수님의 마음에 용서하는 마음이 있었기에 우리와 더불어, 함께하실 수 있었던 것이다. 따라서 용서하는 마음은 빚을 탕감해주는 마음이이다. 그것은 자신의 입장을 고수하고 완고해서는 불가능하다. 그것을 유연하게 하고 내려놓을 줄 알 때, 즉 자신의 고집을 강요하는 대신에 상대의 입장을 헤아리고 불쌍히 여길 때 가능하다. 용서는 바로 남을 불쌍히 여기는 마음이다. 하나님이 나를 불쌍히 여기신다는 사실을 믿을 때, 우리는 남을 불쌍히 여길 수 있다. 따라서 용서는 도덕의 문제가 아니라 믿음의 문제이다. 우리가 누군가와 더불어 살기 위해서는 용서하는 마음이 필수적이다. 하나님은 자신의 기준과 성결함과 완전함을 여러분에게 고집하거나 주장하지 않고 자비롭게 대하시고 은혜를 베푸셨다. 또한 하나님은 우리들에게 각각 중심으로 형제를 용서하라고 하셨다. 그래야만 하나님께서도 우리들에게 그렇게 해주시는 것이다. 사람들은 흔히 속마음을 숨기고 용서하는 척한다. 그러나 우리 성도들은 그런 식의 용서를 해서는 안 된다. 마음 중심으

로부터 진정한 용서를 해야 한다는 것이다. 우리가 그렇게 용서를 베풀면 주님께서도 우리들에게 그런 용서를 하여 주실 것이다.

천국을 보여주는 용서의 복음은 악한 영혼의 심장을 변화시키는 능력이 있다. 모든 사람은 다 죄인이다. 또한 용서함을 받기 원한다. 용서를 받을 때 자유함과 평강을 누릴 수 있다. 그러나 용서하는 것은 쉬운 일이 아니다. 더구나 나의 삶과 인격을 무참하게 짓밟아 버린 사람을 용서하는 일은 결코 쉽지 않다. 창세기 50장의 말씀을 보면 용서하는 것과 용서를 받아들이는 일이 얼마나 어려운지를 잘 보여주고 있다. 요셉의 형제들은 아버지의 편애를 받는 요셉을 미워했다. 야곱은 요셉을 지나치게 사랑하였고, 그에게 채색옷을 만들어 입혔다. 채색옷을 입혔다는 것은 요셉을 상속자로 삼겠다는 야곱의 의도가 담겨져 있는 것이다. 거기에다 요셉은 형들에게 꿈 이야기를 하면서 형들이 자신에게 절하며, 섬기게 될 것이라고 선포했다. 그 말을 들은 형들은 요셉 때문에 큰 상처를 입었다. 그 상처는 분노를 일으켰고, 복수심을 갖게 했다. 형들의 시기심과 복수심에 의하여 요셉은 사랑하는 아버지와 생이별을 해야 했고, 아는 사람이 하나도 없는 애굽 땅에서 노예가 되어 엄청난 고생을 하였다. 거기에 누명까지 받아 죄수가 되어 죽을 고비를 수없이 넘기게 된다. 그런 가운데 요셉은 하나님의 은혜로 애굽의 총리가 되어 기근으로 죽어가는 아버지와 형제들과 애굽을 구원하는 메시아 역할을 한다. 요셉은 그 모든 아픔과 고통의 과정을 통과하면서 자신을 이곳에 판 자는 형들이 아니라 하나님이시다는 것을 깨닫게 된다. 그리고 형들을 진심으로 용서한다. 사랑으로 감싸주며, 형들의 생명을 먹여 살려 준다. 우리가 용서의 복음을 깨닫고 확신할 때 하나님의 축복 속에 거할 수 있다. 진정한 감사와 찬양을 부를 수 있다. 용서의 복음을 발견하지 못하면 예수님을 믿으면서도 항상 죄책감에 사로잡혀 기쁨을 누리지 못한다. 하나님이 주신 복을 누리지 못한다. 율법은 좋은 법이지만 용서가 없다. 율법은 죄인을 정죄하고 심판한다. 그래서 율법 아래 있으면 두려운 것이다. 율법 아래 있으면 죄가 드러나고 죄가 폭로된다. 그러므로 예수님이 율법 아래 태어나셔서 우리를 대신하여 율법의 의를 이루시고 십자가에서 죽으셨다. 그리고 우리를 그의 피로 덮어 주셨다. 율법이 할 수 없는 용서를 베풀어 주시고, 죄를 덮어 주신 것이다. 어떤 죄인도 정죄하지 않으시고 어떤 실패와 실수도 정죄하지 않으시고 불쌍히 여겨주는 것이 바로 용서의 복음이다.

바울도 스데반을 죽이는데 협력한 살인범이다. 그런데 하나님은 그를 용서해 주실 뿐만 아니라 용서의 복음을 전파하는 사람이 되게 하셨다. 수제자 베드로도 예수님을 세 번이나 부인하고 저주하였다. 그런데 예수님은 그의 과거를 묻지 아니하고 용서의 복음을 선포하였다. 우리가 이 자리에 나와서 성전에서 예배를 드릴 수 있는 것도 용서의 복음 때문에 가능하다. 하나님은 예수 그리스도의 보혈의 피로 나의 모든 죄를 다 깨끗하게 용서해 주셨다. 우리의 죄가 용서받았다는 것은 내 자신에 근거하는 것이 아니라 하나님의 성품에 근거한다. 십자가의 사랑에 근거한다.

우리가 남을 용서하지 못하면 결국에는 나 자신을 죄악으로 얽어매어 결국에는 참된 기쁨과 평안을 얻지 못하게 된다. 남을 용서해 주는 것은 자신이 그 문제에서 해방되며, 참된 자유을 얻게 된다. 그러므로 우리는 남을 용서하라는 주님의 말씀에 따라 용서해 주어야 한다. 우리는 용서의 복음을 이해하고 용서를 누려야 한다. 예수님이 용서를 베풀기 위하여 이 땅에 오셨듯이 우리는 용서의 복음을 가지고 교회생활을 해야 한다. 또한 용서의 복음을 가지고 이 세상에 나아가야 한다. 또한 우리가 남을 용서해 주려면 먼저 하나님의 큰 사랑과 용서의 은혜를 체험해야 한다. 그런 자만이 다른 사람을 진심으로 용서해 줄 수 있다. 용서의 은혜를 받은 사람, 용서의 은혜를 누린 사람, 그리고 죄사함의 은총이 무엇인 줄을 깨달은 자만이 용서의 기쁨을 누릴 수 있을 것이다. 용서는 축복의 통로이다. 용서는 자유케 하는 것이다. 우리가 남을 용서할 때 예수님을 닮아가며, 하나님의 거룩하신 성품에 도달해 가는 것이다. 주변 사람들은 나의 과거를 기억할 수도 있다. 우리가 지은 죄 값에 대한 응당한 보응을 요구할지도 모른다. 그러나 하나님은 우리의 죄를 기억하지도 않으신다. 나의 모든 죄를 그의 보혈의 피로 깨끗하게 씻어 주셨다. 예수님 안에 있는 우리는 더 이상 정죄함이 없다. 죽음도, 심판도 없다. 어떤 저주와 고통도 없다. 예수 안에 있는 우리를 기다리고 있는 것은 아름다운 천국이다.

3. 포도원의 악한 농부 비유

우리가 함께 나눌 예수 그리스도의 비유는 악한 포도원 농부의 비유이다(막 12:1-12). 이 비유는 '소작인의 비유'로도 잘 알려진 것으로서 공관복음인 마태, 마가, 누가복음 모두에 다 기록되어 있는 비유이다. 이 비유는 하나님 나라의 주인이신 예수님을 쫓아내려고 하는 악한 음모를 잘 보여주고 있다. 인간의 근본적인 죄가 무엇인지를 정확하게 보여주는 내용이다. 이 비유의 역사적 배경은 창세기 3장에서 첫 사람 아담이 하나님에게 반역하고 나의 보좌에서 하나님을 쫓아버리는 악한 행위에서 시작된다. 그 악한 행위는 첫 사람 아담의 사건으로 끝나는 것이 아니라 인류 역사 속에서 다양하게 반복되어지는 악한 행위이다. 이스라엘 백성들에게는 가나안 땅, 예수님 당시에는 예루살렘 성전에서 일어나는 배경을 근간으로 예수님은 포도원의 악한 비유를 하게 된 것이다. 예수님 당시의 갈릴리 지역의 대부분의 토지가 부유한 지주들의 소유였고, 그들은 대개의 경우 로마의 점령세력과 결탁한 상류층 사람들이어서 갈릴리에 거주하지는 않으면서 땅만 소유하고 있는 지주가 대부분이었다. 그리고 거의 대부분의 농민들은 소작인들이었다. 그래서 소작료를 내고, 세금을 바치고 나면 근근히 입에 풀칠하기도 어려운 형편이었다. 그래서 농민들은 그들에게 항거하는 반란에 가담하곤 하였던 것이다. 그리고 어떤 사람들은 고향땅을 떠나버리기도 하고, 어떤 이들은 도적떼가 되기도 하고, 의분이 있고 정의감이 있는 사람들은 맞서 싸우는 단체를 조직하여 조직적으로 투쟁하며 싸우기도 했다. 이 당시에 예수님은 갈릴리 나사렛에서 삶의 대부분을 보내셨다. 그래서 이런 유사한 사건들을 직접 또는 소문으로 들어서 익히 알고 있었을 것이다. 예수님의 비유들은 대부분 사실적인 근거를 두고 있음직한 일들을 비유로 말씀하신 것이다.

구약성경은 포도원을 일반적으로 하나님 나라로 규정하며, 소작인은 이스라엘 백성으로 표현하고 있다. 그리고 포도원 주인은 하나님이시다. 이사야 5:1-7, 27:1-6, 예레미야 2:21, 에스겔 15:1-6절을 보면 포도원 주인이신 하나님께서 극상품 포도나무를 심어서 그 포도원을 이스라엘에게 맡겨주신 것이다. 그런데 그 포도원이 좋은 열매 맺기를 기대한 주인의 뜻을 거스리는 경우가 너무도 많았다. 그때마다 하나님은 그들을 진멸하는 것이 아니라 이스라엘 백성들을 향하여 끊임없는 사랑으로 참고 인내해 주셨다. 오늘 본문에 나온 포도원 주인은 농부의 잘못에 대하여 오래 참고 또 참았다. 세 번이나 종들을 계속해서 보냈다. 그리고 회개할 기회를 주시는데도 불구하고 그 기회를 계속 놓쳤다. 농부들은 하나님의 인내를 만홀히 여겼다. 하나님의 사랑을 악용했다. 멀리서 종만 보내니까 주인을 우습게 본 것이다. 그리고 주인의 아들, 상속자를 보내었을 때에 농부들은 유업을 무를 자인 아들마저 죽여버리고 완전히 그 포도원을 불법으로 차지해 버리려고 했다. 이런 악한 행위는 예수님 당시에도 그러했다. 하나님이 말씀이 육신되어 우리 가운데 거하시매 유대인들이 영접하고 환영하는 것이 아니라 거짓 선지자와 성전 훼방죄로 낙인찍어 예수님을 십자가에 목 박아 버리고 하나님의 나라를 자신의 것으로 삼아버리려고 했던 것이다. 요한복음 3장 36절에 "아들을 믿는 자는 영생이 있고 아들을 순종치 않는 자는 영생을 보지 못하고 오히려 진노가 그 위에 머물러 있느니라"고 말씀하셨다. 이 비유는 "그러면 포도원 주인이 올 때에 이 농부들을 어떻게 하겠느뇨?"라는 말로 끝난다. 사실 이 악한 포도원 농부의 비유는 구약에 익숙한 유대인들은 쉽게 이해되는 내용들이다(사 5:1~2,7). 결국 소작인들은 죽임을 당할 것이고 포도원은 다른 자들에게 주게 될 것이라는 것이 비유의 결론이다. 예수님은 무슨 의도와 목적을 가지고 이 비유를 말씀하시는 것인가? 이 시대를 살고 있는 우리에게 이 비유를 통하여 주는 교훈이 무엇인가?

1) 하나님의 통치를 거부하고 탐욕에 사로잡힌 악한 농부

여기서 포도원의 주인은 누구를 말하는 것일까? 창조주 하나님이시다. 여기서 그의 아들은 메시아 되신 예수님이시요, 종들은 선지자들이며, 악한 농부들은 유대 종교 지도자들을 비유하신 것이다. 주인이 "포도원을 만들었다"는 것은 농부에게 할 일을 주셨다는 뜻이며, "산울로 둘렀다"는

말은 하나님께서 일꾼들을 보호하기 위해 보호 울타리를 만들어 주었다는 뜻이다. 또한 '즙을 짜는 구유를 팠다'는 말은 일할 여건을 만들어 주시고 일할 능력이 되는 달란트를 주셨다는 뜻이다. '망대를 지었다'는 것은 하나님께서 철저히 감찰하셔서 어떤 원수도 접근하지 못하도록 지켜 주셨다는 의미이다. 포도원 주인이신 하나님께서 그렇게까지 배려하셨음에도 불구하고 주인 되시는 하나님을 경외하지 아니하고 오히려 배반하였다. 그들은 포도원을 통째로 차지하고 세도 내지 않고 자기들 마음대로 관리하고자 했다는 것이다. 역사적으로 보면 하나님은 이스라엘 백성들을 애굽에서 인도해 내셨으며, 젖과 꿀이 흐르는 기름진 좋은 땅을 주셨고 훌륭한 하나님의 선지자들을 보내주셨다. 하나님은 그들에게 맡기신 모든 과업을 충분히 해낼 수 있도록 모든 환경을 조성해 주었다. 그런데 유대인들은 하나님이 맡기신 임무를 일꾼의 위치에서 잘 해내지 아니하고 오히려 하나님을 배반하여 하나님의 지배받기를 거절하였다. 또한 하나님은 그들이 잘못을 회개하고 돌아올 수 있도록 선지자들을 많이 보내었지만 그들은 선지자들을 죽이고, 핍박했다. 심지어 하나님은 자기의 독생자이신 예수님을 이 땅에 보내셨지만 그들은 예수님을 영접하지 아니하고 도리어 예수님을 십자가에 못박아 죽였다. 그 악한 모습을 보시고 하나님은 AD 70년에 로마의 디도 장군을 보내어 하나님을 배반한 유대인들과 종교 지도자들을 다 진멸하고 오히려 순종하는 백성들에게 하나님의 나라를 상속해 주셨다.

포도원의 농부들이 범한 잘못이 무엇인가? 이들은 자신들에게 포도원을 맡긴 본래의 주인을 인정하려고 하지도 않았고, 소작인으로서 마땅한 의무를 행하지도 않았다. 오히려 하나님이 보내시는 선지자들마저 능멸하고 돌로 쳐죽이는 일을 했다. 마태복음 23장 37-38절에 "예루살렘아 예루살렘아 선지자들을 죽이고 네게 파송된 자들을 돌로 치는 자여 암탉이 그 새끼를 날개 아래 모음같이 내가 네 자녀를 모으려 한 일이 몇번이냐 그러나 너희가 원치 아니하였도다. 보라 너희 집이 황폐하여 버린 바 되리라"고 하셨다. 이처럼 반역을 거듭하는 이들에게 예수님은 최종적으로 하나님의 아들로 온 자신마저 거부하지 않도록 경고를 하고 있다. 그리고 예수님은 결국 자신도 그들의 손에 잡혀서 건축자의 버린 돌처럼 그렇게 수난을 당하시고 십자가를 지시고 죽임을 당하실 것을 미리 말씀하신 것이다. 여기서 이 악한 포도원 농부는 당시를 살아가는 전 유대인들을 일컫는 것이다. 포도원은 영원히 주인의 것이다. 이스라엘은 영원히 하나님의 것이다. 그러나 이스라엘 백성들은 하나님의 주권을 인정하지 않았다. 그래서 사무엘 시대에는 "우리에게도 이방인들과 같이 왕을 주셔서 다스리게 하옵소서. 우리는 하나님의 다스림이 싫습니다."라며 왕을 요구했다. 그런 그들에게 예수님은 하나님의 최후의 사자마저 거부하지 않도록 조심하라는 의미로 이 말씀을 하신 것이다. 또한 이 악한 포도원 농부는 우리 한 사람, 한 사람을 말하기도 한다. 사실 모든 인생의 주인은 창조주 하나님이시다. 그런데도 사람들은 하나님의 창조성을 부인하고, 하나님의 소유권과 하나님의 주권을 인정하지 않으려고 하며, 하나님의 하나님 되심을 부정하려고만 한다. 그리고 하나님의 통치를 거부할 뿐만 아니라 하나님의 뜻은 뒷전이고 자신이 주인이 되어서 자기 마음대로 행세를 하려고 한다.

2) 포도원을 자신의 것으로 만들려는 악한 생각과 행위들

포도원을 짓는 농부는 왜 악한 자들인가? 3-4절에 보면 "그들이 종을 잡아 심히 때리고 거저 보내었거늘 다시 다른 종을 보내니 그의 머리에 상처를 내고 능욕하였거늘" 포도원 농부들은 마땅히 내놓아야 할 세는 주지 않고 주인 대신 보냄을 받은 종을 때리고 능욕하여 그냥 돌려 보낸다. 도대체 이들이 때리고 능욕하는 목적이 어디에 있는가? 이들은 이렇게 함으로써 두려운 소문이 나게 해서 다시는 못 오게 관계가 끊어질 것을 계산한 악한 속셈에서인 것이다. 그러나 주인은 계속하여 다른 종을 보내신다. 그럴 때마다 이들은 두 번, 세 번 똑같은 방법으로 능욕하여 그저 돌려 보낸다. 이제 주인은 마지막으로 생각하기를 지금까지는 아마도 종들이 가서 그럴 터이니 최후의 수단으로 내 아들을 보낸다면 아들의 말은 들을지 모른다는 바람으로 사랑하는 아들을 보내게 된다. 그런데 이들 악한 농부들은 오히려 주인과는 정반대의 생각을 하는 것이다. 이 사람은 주인의 상속자인 하나뿐인 아들이니 이를 죽이면 그 유산의 전부가 자신들의 것이 될 수 있겠다는 것이다. 그리하여 그 아들을 포도원 밖으로 내어쫓아 죽였다는 이야기이다.

오늘 본문처럼 포도원을 이스라엘에 비유한 내용은 구약성경에 많이 있다. 이사야 5장 47절을 보면 "내가 내 포도원을 위하여 행한 것 외에 무엇을 더할 것이 있었으랴 내가 좋은 포도 맺기를 기다렸거늘 들포도를 맺힘은 어찜인고 이제 내가 내 포도원에 어떻게 행할 것을 너희에게 이르리라 내가 그 울타리를 걷어 먹힘을 당케 하며 그 담을 헐어 짓밟히게 할 것이요 내가 그것으로 황무케 하리니 다시는 가지를 자름이나 북을 돋우지 못하여 질려와 형극이 날 것이며 내가 또 구름을 명하여 그 위에 비를 내리지 말라 하리라 하셨으니 대저 만군의 여호와의 포도원은 이스라엘 족속이요 그의 기뻐하시는 나무는 유다 사람이라 그들에게 공평을 바라셨더니 도리어 포학이요 그들에게 의로움을 바라셨더니 도리어 부르짖음이 었도다." 비유의 요점은 하나님이 포도원의 주인이시라는 것이다. 그리고 그 포도원을 이스라엘에게 맡겼다는 것이다. 하나님이 온 우주를 창조하시고 그 속에 사람을 지으시고 우주만물을 사람에게 다 맡겨주셨다. 창세기 1장 28절을 보면 "하나님이 그들에게 복을 주시며 그들에게 이르시되 생육하고 번성하여 땅에 충만하라, 땅을 정복하라, 바다의 고기와 공중의 새와 땅에 움직이는 모든 생물을 다스리라 하시니라." 창조주 하나님은 인간에게 그 모든 것을 내어주셨다는 말씀이다. 이는 참으로 하나님이 인간에게 주신 복이며, 인간을 자신의 형상대로 창조하신 목적이다. 그리고 오늘 본문에 의하여 창조주이신 하나님, 그 주인이신 하나님께서는 인간의 범죄와 타락을 오래 오래 참으신다는 것이다. 잘못하는 일, 악한 행동을 다 아시면서도 두 번, 세 번 계속 종을 보내시고 마지막에는 아들까지 보내시는 하나님의 사랑을 보게 된다. 우리는 하나님의 사랑과 그 참으심에 민감해야 한다.

이 비유에는 하나님의 심판이 담겨져 있다. 인간이 악하다고 할 때 그때 그때마다 심판하면 어떻게 되겠는가? 도대체 살아남을 사람이 어디에 있겠는가? 그러기에 하나님은 길이 참고 인내하시는 것이다. 심지어는 사랑하는 아들을 보내시기까지 참으셨다. 그러나 포도원 농부는 어리석게도 그 사실을 알지 못하고 그 아들까지 십자가에 못박아 죽인 것이다. 오늘 본문에서 가장 문제되는 것이 무엇이냐? 할 때에 그것은 이스라엘의 불순종과 악한 죄이다. 이스라엘의 죄는 하나님의 주권을 인정하지 않은 것이다. 즉 하나님의 주권을 거부하고 자기가 친히 주인이 되려고 하는 욕망이다. 하나님이 주신 포도원을 자신의 것으로 만들겠다는 착각을 하고 있다. 놀랍게도 인간의 죄의 뿌리는 여기에 있다. 창조주를 일부러 부인한다. 하나님의 소유됨을 거부한다. 그리고 자신의 생명도, 자식도, 재산도, 자신에게 속한 모든 것을 자기의 것으로 착각한다. 그리고 자기 생각대로, 자기 마음대로 살려고 한다. 이것을 성경은 죄라고 규정하고 있다. 우리가 가지고 있는 모든 것들은 내 것이 아니라 하나님의 것들이며 우리는 일시적으로 맡아 관리하는 청지기에 불과하다. 그러므로 우리는 하나님의 주권을 철저히 인정하며, 하나님의 통치를 받으면서 살아가야 한다. 자신의 주인됨을 철저히 내려놓고 오직 하나님이 정해 놓으신 법과 규례와 제도에 따라 살아가는 것이 의로운 행위이며, 믿음으로 사는 것이다.

3) 주인의 아들까지 죽인 악한 농부의 모습들

예수님께서는 비유를 들려주시고 3가지의 경고를 주셨다. 첫째는 건축자들의 버린 돌이 모퉁이의 머릿돌이 되었다는 경고였다. 이 경고의 배경은 시편 118편으로 사울 왕과 그를 추종하는 자들이 다윗을 버리고 죽이려 했지만 하나님께서는 다윗에게 기름을 부으시고 왕으로 삼으셨다. 예수님 경우에도 유대 종교 지도자들이 건축자의 위치에서 예수님 돌은 쓸모없다고 버렸지만 하나님께서는 예수님 돌을 택하셔서 교회를 세우시고, 즉 천국의 머릿돌이 되게 하시고 그 돌 위에 모든 교회들이 세워지도록 하셨다. 요셉은 그의 형들에 의해 버림을 받은 돌이었으나 하나님께서는 그를 머릿돌로 삼으시어 애굽의 총리 대신이 되게 하시고 요셉의 가족들을 구원시키는 좋은 돌이 되게 하신 것과 같은 것이다. 무릇 하나님의 뜻대로 살고자 하는 자는 사람들에 의해 버린 돌이 될 수 있으나 하나님께서는 그를 머릿돌로 삼으신다는 진리를 믿으시기 바란다. 두 번째 경고는 "하나님의 나라를 너희는 빼앗기고 그 나라의 열매를 맺는 백성이 받으리라"는 것이다. 여기서 너희는 이스라엘 백성들과 종교 지도자들이다. 이스라엘의 종교 지도자들은 성경을 알고 남을 가르치면서 자기들은 실천하지 않는 위선자들이다. 예수님은 하나님이 보내신 메시아임을 많은 증거를 통해 충분히 알면서도 자기들의 명예와 이익을 위해 모른다고 거짓말을 하고 오히려 약점을 잡아 예수를 잡아 죽인 살인자들이다. 그들은 예수님이 제시한 하나님 나라는 거절하고 세상의 부귀영광을 택했던 자들이다. 그런 자들은 결국에는 하나님의 나라를 빼앗기고 그 나라의 열매 맺는 자들이 받게 될 것이다. 여기서 그 나라의 열매 맺는 자가 누구일까? 놀랍게도 약한 자들, 소외된 자들, 병든 자들, 세리들, 죄인들, 이방인들이다. 즉 육적 이스라엘 백성이 아니라 영적으로 거듭난 이방인들이 하나님의 자녀가 된다. 유대인들이 교만하여 잃어버린 하나님 나라를 이방인이 차지하게 된다.

세 번째 경고는 이 돌 위에 떨어지는 자는 깨어지겠고 이 돌이 사람 위에 떨어지면 저를 가루로 만들어 흩으리라고 하셨다. 예수님은 돌로 표현되어지고 있는데 이미 앞에서 언급했던 건축자들의 버린 돌, 부딪히는 돌, 또는 거치는 반석으로 표현되어져 있음을 보게 된다. 예수를 믿고 순종한 자에게는 예수님이 살려주시는 산 돌이 되시고, 구원의 반석이 되시지만 믿지 아니하고 반항하는 자들에게는 예수님께서 걸려 넘어지게 하시는 부딪히는 돌이요, 거치는 반석이 될 것이다. 심판 날에는 그 거치는 돌이 불신자들에게 떨어져 그들을 가루로 만들어 버린다는 심판의 경고인 것이다. 예수님이 이렇게 세 가지 경고를 하시는 이유는 하나님의 나라를 차지하던지 아니면 하나님의 나라를 빼앗기는 자가 될 것이라는 교훈을 주고 있다. 하나님 나라를 빼앗기는 자는 주인되신 예수님을 거부하고 불순종하는 자이다. 반면에 예수님을 나의 주, 나의 하나님으로 믿으며, 그의 통치와 인도함을 받으면 하나님 나라를 차지하게 될 것이다. 즉 하나님께서는 우리 성도들에게 예수님을 머릿돌로, 산 돌로 영접하므로 하나님의 나라를 차지하는 자가 되게 하실 것이다.

이 비유를 들은 유대인과 종교 지도자들의 반응이 어떠한가? 이 비유는 누구를 향한 것인가? 12절에 보면 "그들이 예수의 이 비유가 자기들을 가리켜 말씀하심인 줄 알고 잡고자 하되 무리를 두려워하여 예수를 두고 가니라." 대제사장들과 바리새인들은 주님의 비유와 경고를 듣고 이 비유와 경고가 자기들을 가리켜 말씀하신 줄을 알고 예수님을 잡고자 하나 무리들이 예수님을 선지자로 알고 있기 때문에 무리들을 무서워하여 잡지 못했다는 것이다. 즉 예수님께서 비유로 농부들이 종들과 주인의 아들까지 때리고 죽였다고 했는데 바로 악한 농부란 이스라엘의 종교 지도자들인 대제사장과 바리새인을 가리킨 것이요, 또 그들의 불신과 불순종으로 인해 그들은 하나님의 나라를 빼앗기게 될 것이며, 예수님이 거치는 반석이 될 것이다. 부딪히는 돌 되시는 예수님 때문에 그들은 넘어지고 깨어질 것이다. 예수님께서 심판 때에는 그들을 가루로 만들어 흩으시겠다고 말씀하신 의도를 알아차리고 화가 나서 예수님을 잡고자 하였다. 그러나 그들은 예수님을 선지자로 알고 있는 백성들이 무서워서 예수님을 잡지 못했다. 하나님을 두려워해야 할 그들은 하나님을 두려워하지 아니하고 오히려 사람들을 두려워한 것이다. 대제사장과 바리새인들은 비유를 통해 자기들이 저지른 죄를 지적 받고 또 심판에 대해 경고를 받았으니 마땅히 자신들의 죄악과 불의를 회개했어야 마땅한 대도 회개하지 아니하고 예수님을 잡고자 한 그들의 죄는 더 큰 심판을 자초하고 있는 것이다. 즉 산돌에 의해 가루가 될 수밖에 없는 길만 걷고 있는 것이다. 하나님께서는 우리를 신뢰하시고 우리에게 귀중한 사명을 맡기셨다. 그리고 우리가 하나님께서 바라시는 삶을 살 수 있도록 망대도 세워 주시고 즙 짜는 구유도 파주신다. 우리가 포도원의 주인 되시는 하나님을 생각하며 그분에게 모든 영광을 돌려야 한다. 또한 포도원 주인 되시는 하나님의 간섭을 받아 내 마음대로 살지 않는 것이 가장 복된 삶임을 믿으시기 바란다. 하나님의 은혜에 감사하고 보답하는 길은 그의 말씀대로 순종하며 사는 길이며, 하나님 나라의 백성답게 사는 것이다.

4. 포도원의 품꾼 비유

포도원의 품꾼 비유는 유대인이나 부자들에게는 정말로 충격적인 메시지이지만 이방인이나 어린아이들에게는 새로운 위로와 희망을 주는 메시지이다(마 20:1-16). 유대인의 전통이나 신학의 고정관념에 매여 있는 종교지도자들은 하나님 나라를 이해할 수도 없고, 쉽게 받아들일 수도 없다. 왜냐하면 율법을 철저히 지키고, 선행을 쌓아야 천국에 들어갈 수 있다는 사고방식으로 가득차 있기 때문에 하나님의 은혜로 천국에 들어갈 수 있는 예수님의 말씀은 정말로 받아들이기가 힘들었을 것이다. 그래서 잘못된 사고방식과 고정관념을 풀어 주기 위하여 예수님은 포도원의 품꾼 비유를 하신 것이다. 이 비유는 하나님 나라의 원리와 정신을 잘 보여주고 있다. 하나님 나라는 자신의 노력이나 수고한 대로 대가를 받는 것이 아니라 하나님의 전적인 주권과 은혜로 누리는 곳이다. 포도원의 품꾼 비유는 쉽고 단순한 이야기처럼 보이지만 신학적으로 매우 복잡하고 해석하기가 어려운 비유 중에 하나이다. 즉 이 비유를 구원의 관점에서 바라보아야 하는가? 아니면 하나님 나라의 상급의 관점에서 바라보아야 하는가? 또한 하나님 나라와 포도원 품꾼의 비유는 어떤 관계가 있는지를 알아보아야 한다.

이 비유를 말씀하기 전에 앞의 내용을 보면 어린아이는 천국에 들어가고 부자 청년은 들어가지 못하고 예수를 떠나게 된다. 부자 청년은 어린아이보다 먼저 하나님을 믿고 하나님의 나라에 대한 관심을 가졌지만 자신의 공로와 재물로 인하여 천국에 들어가지 못하지만 어린아이는 나중된 자로서 천국을 소유하는 주인공이 된다. 이 사건 후에 예수님은 "먼저 된 자로서 나중 되고 나중 된 자로서 먼저 될 자가 많으니라"(30절)의 시작과 "나중 된 자가 먼저 되고 먼저 된 자가 나중 되리라"(16절)는 마지막 말씀으로 비유를 마감한다. 이 비유에서 포도원은 하나님의 나라를 의미한다. 여기서 품꾼은 천국 일꾼을 의미한다. 주인이 아침 일찍부터 일꾼을 부르듯이 하나님께서도 천국 확장을 위해 각자의 시간에 맞게 구원받은 백성들을 부르신다.

오늘 본문은 포도원 주인이 포도원에서 일할 일꾼을 장터에 나가서 불러와 일을 시키고 해질녘에 포도원 주인이 하루의 품삯을 그들에게 나누어 주는 것을 소개해 주고 있다. 포도원 품꾼 비유는 부자 청년의 이야기와 관련해서 볼 때 구원관에 대한 정확한 정의를 밝히시기 위한 것이다. 이 비유는 인간의 깊은 곳에 자리 잡은 자력 구원에 대한 오인을 지적한다. 자기 힘으로 무언가를 해서 구원에 도달한다는 것이다. 사람들은 전적인 하나님의 은혜로 구원받는다는 것보다는 행위를 통해 구원을 받는다는 것이 사실 더 잘 이해되고 더 잘 받아들여진다. 불교에서처럼 속세를 다 포기하고 도를 닦아서 구원에 이른다는 것에 큰 반감을 갖지 않는다. 덕을 쌓아야 복받는다는 것을 쉽게 받아들인다. 아무것도 하지 않고 남이 해놓은 십자가의 구속을 믿어서 구원받으라는 것처럼 인간에게 황당하게 들리는 게 없다. 아마 이런 저런 조건을 다 지키면 구원을 받는다고 했다면 기독교의 문을 두드리는 사람이 훨씬 많았을지 모른다. 예수님께서 구원에 대해 절대적인 진리를 지금 말씀하시는 것이다. 구원은 절대적인 하나님의 주권이고 인간의 노력이나 공로가 눈곱만큼도 개입할 수 없다는 것이다. 포도원 품꾼의 비유는 율법을 지키지 않는 것은 멸망이란 공식을 갖고 있던 유대인에겐 졸도할 만한 선언이다. 다시 말하면 지금까지 잘못된 구원관이나 자기 의를 추구하는 유대인들에게 매우 충격적인 메시지이다.

예수님은 왜 먼저 된 자가 나중이 되기도 하며, 나중 된 자가 먼저 된다는 말씀을 하셨는가? 전통적으로 내려오는 잘못된 구원관에 대한 오해를 풀어 주기 위함이다. 즉 마태복음 19장 30절과 마태복음 20장 16절에 "나중된 자가 먼저 되기도 하며, 먼저 된 자가 나중이 된다는 것"은 구원에 대한 문제를 다루는 것이다. 포도원 품꾼의 비유는 마태복음에만 기록되어 있는 것으로, 마태복음 19장 마지막절의 "먼저 된 자로서 나중 되고, 나중 된 자로서 먼저 될 자가 많으니라."는 말씀을 설명해 주는 연속적인 내용이라고 할 수 있다. 이러한 문맥을 반영하여 Living Bible은 본문을 "여기에 또 다른 천국의 예증이 있다"로 번역하였다. 어떤 사람들은 이 비유를 근거로 하여 천국의 상급에는 차별이 없다고 주장하기도 한다. 그러나 '포도원의 품꾼' 비유는 천국의 상급에 관한 교훈이 절대로 아니다. 하나님 나라에 들어가는 구원의 문제에 대한 하나님의 사랑과 자비를 교훈하여 주시는 것이다. 즉 이 비유에는 예수 그리스도의 구원관이 분명하게 나타나 있다. 사도 바울이 구원은 인생의 노력이나 수고의 대가가 아니라 전적인 '하나님의 주권적인 은총'임을 역설한 것이 이 비유의 중심 사상이다. 구원은 열심히 했다고 해서 더 많은 것을 주는 것이 아니다. 구원은 남녀노소를 막론하고 모든 사람들에게 동일하게 주시는 것이다. 예수님께서 포도원 품꾼의 비유를 하신 목적이 무엇인가?

1) 하나님 나라는 품꾼을 포도원에 들여보내는 집주인과 같다

예수님은 천국을 포도원 품꾼의 비유로 설명하신다. 1절에 보면 '천국은 마치 품꾼을 얻어 포도원에 들여보내려고 이른 아침에 나간 집주인과 같다'고 하신다. 포도원에 아침부터 할 일이 많았던 것처럼 하나님 나라에도 할 일이 많다. 그리고 주인이 아침 일찍부터 일꾼을 부르듯이 하나님께서도 천국 확장을 위해 각자의 시간에 맞게 일꾼을 부르신다. 오늘 이 비유의 배경을 살펴보면 부자가 천국에 들어가기 힘들다고 예수님이 말씀을 하시니 제자들은 혼란스러웠다. 그래서 베드로는 자신들은 예수님을 위하여 모든 것을 다 버리고 좇아 왔는데 그런 자신들은 무엇을 얻을 것인지에 대하여 예수님께 질문을 했다. 그 질문에 대하여 예수님은 세상이 새롭게 되어 인자가 자기 영광의 보좌에 앉을 때에 나를 좇는 너희도 열 두 보좌에 앉아 이스라엘 열 두 지파를 심판하리라 또 내 이름을 위하여 집이나 형제나 자매나 부모나 자식이나 전토를 버린 자마다 여러 배를 받고 또 영생을 상속하리라(마 19:28-29)라고 말씀하셨다. 그리고 나서 이어진 말씀이 바로 포도원 품꾼의 비유이다. 천국은 마치 포도원 주인

이 포도원에 일할 사람을 구하기 위하여 일찍 나간 집 주인과 같다는 것이다. 여기서 집 주인은 구원받을 백성들을 불러 와서 하나님 나라에 참여하게 한다. 구원은 사람의 뜻과 의지로 결정되는 것이 아니라 하나님의 절대 주권하에 이루어지는 하나님의 작품이다. 하나님이 창세전에 택하시고 부르시고 구원을 이루게 하시는 것이 하나님의 뜻에 의하여 되어지는 것임을 이 비유가 잘 보여주고 있다.

여기서 포도원 주인은 누구인가? 포도원을 만드신 창조주 하나님이시다. 여기서 포도원은 삶의 현장인 교회와 하나님 나라를 비유하는 것이다. 이 비유는 주인이 포도원에서 일을 하게 하기 위해 장터에서 일꾼들을 불러온 것을 소개하고 있다. 포도원 주인은 일꾼을 부르려고 장터에 다섯 번이나 나갔다고 소개해 주고 있는데 맨 처음에는 이른 아침에, 두 번째는 3시, 세 번째는 6시, 네 번째는 9시, 그리고 맨 마지막은 11시에 나갔다고 했다. 그 당시에는 해뜰 때부터 해질 때까지를 12등분하여 시간을 정했는데 해뜰 때란 우리의 시간으로 본다면 아침 6시경이며 해질녘이란 저녁 6시쯤이다. 이 비유를 보면 아침 6시부터 나와 일한 일꾼, 9시, 12시, 3시에 나와 일한 일꾼이 있다. 심지어 일이 거의 끝날 즈음에 와서 일한 일꾼도 있다. 그런데 우리의 상식이나 이성으로 이해가 안 되는 것은 주인이 왜 포도원의 일을 위하여 다양한 시간에 부른 것인가? 또한 주인은 왜 1시간 일한 자에게 똑같이 한 데나리온을 주는 것인가? 이런 집 주인의 행위는 우리 인간의 생각을 완전히 뒤집어 놓는다. 보통, 사람들은 일의 질과 양을 통해 평가한다. 그러나 하나님은 우리가 행하는 일에 근거해 우리를 평가하시지 않고 구원의 은총을 베풀어 주신다. 다시 말하면 포도원의 일이 목적이 아니라 포도원에 동참하게 하는데 목적이 있음을 알 수 있다. 포도원 주인은 그들에게 포도원에 참예할 수 있는 기회를 주기 위하여 5차례에 걸쳐 품꾼을 불러 온 것이다. 즉 천국에 들어가는 구원의 기회를 주는데 목적이 있는 것이다.

그렇다면 포도원 주인은 왜 임금을 똑같이 주었을까? 이것은 하나님께서 일찍 부름 받은 사람이나 늦게 부름 받은 사람이나 동일하게 귀하게 여기신다는 것을 의미한다. 어떤 사람은 일찍 부름을 받는다. 그러나 어떤 사람은 뒤늦게 부름을 받는다. 그러나 뒤늦게 부름을 받았다고 해서 그것 때문에 자신을 비하하거나 자책감을 가질 필요가 없다. 비록 늦게 부름을 받았을지라도 주님께 그의 헌신을 귀하게 보신다. 일찍 부름을 받았느냐, 늦게 부름을 받았느냐가 중요한 것이 아니다. 하나님께서는 일찍 부름 받은 사람이나 늦게 부름 받은 사람이나 모두 귀하게 보신다. 문제는 부름 받은 후 지금 주님께 충성하고 있는가? 하는 것이다. 우리는 육신의 정욕이나 탐욕을 제어하지 못하고, 분노를 삭이지 못하고, 다른 사람에 대한 원망에 시달리며, 하나님을 제대로 섬기지 못하는 이것이 나의 모습이다. 그러나 놀랍게도 주님은 나를 행위로 대하시지 않고 자비로 대하신다. 이 비유가 의도하고 있는 교훈은 포도원에 오게 된 것은 하나님께서 초청하였기 때문에 왔다는 것이다. 하나님께서 인간들을 교회 안으로 불러들이기 위해 지속적으로 나가시어 부르셨다는 점이다. 길거리에 놀고 있는 자들에게 '너희는 어찌하여 종일토록 놀고 여기 섰느뇨 너희도 포도원에 들어가라'고 강권하시어 포도원에 들어간 것이다. 이 비유의 내용을 깊이 연구해 보면 포도원에 일이 많아서 일을 시키려고 일꾼을 부르셨다기보다는 일꾼들을 위하여 일거리를 주기 위하여 부르신 것이다.

2) 포도원 주인은 품꾼들에게 약속하신대로 보상해 주었다

포도원 주인은 나중에 온 품꾼들에게 어떻게 보상해 주는가? 8절부터 15절까지를 보면 "날이 저물매 포도원 주인이 청지기에게 품꾼들을 불러 나중에 온 자들부터 시작하여 먼저 온 자까지 삯을 주라고 지시하시니 나중 온 자부터 임금을 주기 시작했는데 맨 나중에 온 자에게도 한 데나리온을 주었다는 것이다. 맨 나중에 온 사람들은 1시간 일하고 한 데나리온을 받은 것이다. 그러나 맨 먼저 온 사람들은 아침 6시에 왔을 것이므로 저물 때까지는 거의 12시간 일을 한 셈이다. 1시간 일한 사람이 한 데나리온을 받는 것을 보고 자기들은 상당히 많이 받겠구나 하고 기대가 컸었는데 자기 차례가 되어 삯을 받고 보니 자기들도 역시 한 데나리온이었기 때문에 주인에게 불평하였다. 그들의 불평은 종일 수고와 더위를 견딘 우리와 왜 똑같이 주느냐는 것이었다. 그러나 주인의 입장에서 보면 불평할 문제가 아니라 선한 주인의 행동에 오히려 박수를 보냈어야 할 것이다. 이 비유에서 이른 아침에 포도원으로 부름 받은 일꾼들은 유대인들을 가리킨다. 그리고 나중에 부름 받은 일꾼들은 이방인들을 뜻한다. 그리고 여기서 먼저 온 일꾼들이 포도원 주인에게 항의하는 모습은 곧 유대인들이 자기들만 하나님의 선민이며, 이방인들에게는 구원이 있을 수 없다고 고집하는 완악한 모습을 상징하는 것이다. 그러나 포도원 주인은 먼저 온 품꾼들의 항의를 일축해 버리고, 나중 온 일꾼들에게도 동일한 품삯을 주었다. 이것은 이방인들이 비록 유대인들보다 늦게 부름을 받았지만 그들도 창세전부터 하나님이 예정하신 택한 자들이며, 유대인들과 차별 없이 구원을 받는 것이 바로 하나님의 뜻임을 잘 보여주고 있는 것이다.

포도원 주인은 품꾼의 불평을 듣고 뭐라고 답변을 하셨는가? 마태복음

20장 13-14절에 보면 "주인이 그 중의 한 사람에게 대답하여 이르되 친구여, 내가 네게 잘못한 것이 없노라 네가 나와 한 데나리온의 약속을 하지 아니하였느냐 네 것이나 가지고 가라 나중 온 이 사람에게 너와 같이 주는 것이 내 뜻이니라." 주인은 맨 먼저 온 일꾼들에게 한 데나리온을 주기로 약속했기 때문에 약속대로 그들에게 한 데나리온을 지급한 것이므로 잘못이 하나도 없다는 것이다. 혹시 덜 주었다면 모르지만 처음의 약속을 지켰기 때문이다. 나중에 온 사람에게 맨 먼저 온 사람들과 똑같은 임금을 준 것은 주인의 뜻이라는 것이다. 자기 것을 가지고 자기 뜻대로 할 수 있는 것이 아니겠느냐?는 것이며, 늦게 온 사람들에게 선한 일을 한 것을 왜 악하게 보느냐?고 하셨으며 남이 받은 것에 투정하지 말고 자기가 받은 것이나 가지고 가라고 책망하신다. 이것이 하나님이 주시는 구원의 은총이다. 포도원에 들어온 품꾼들에게 일당으로 한 데나리온과 또 상당히 주겠다고 약속을 하였고, 해질녘에 주인이 와서 그 약속한 대로 일당을 계산해 주신 것이다. 늦게 포도원에 들어온 자들에게 한 데나리온을 주는 것은 주인의 자비와 사랑이라는 것이다. 이것으로 인하여 원망하거나 불평하는 것은 주인의 주권에 대한 침범이며, 옳지 않다는 것이다.

3) 하나님 나라는 나중 된 자가 먼저 되고 먼저 된 자가 나중되기도 한다

예수님께서 포도원 품꾼 비유를 통하여 주는 교훈이 무엇인가? 첫째, 구원은 하나님의 절대적인 주권에 달려 있다는 것이다. 이 비유에서 청지기는 그리스도를 상징한다. 집주인이 청지기를 통하여 품삯을 지불하듯, 성부 하나님께서는 성자 예수 그리스도를 통하여 구원을 베푸시는 것이다. 성경은 하나님의 주권적 역사를 분명하게 증거한다. 하나님은 이 세계에

대하여 "세계와 거기 충만한 것이 내 것임이로다." 우리가 가져야 할 가장 중요한 지식 가운데 하나가 바로 하나님 주권 사상인것이다. 둘째, 구원은 하나님의 무조건적 선택이라는 것이다. 우리가 여기서 관심을 두어야 할 점은 품삯에 관한 것이 아니라 이 사람들이 포도원에 들어갈 수 있게 된 동기이다. 그들은 스스로 원한다고 해서 포도원에 들어가서 일할 수는 없었다. 설령 그들이 남보다 능력이 있고 또 부지런할지라도 포도원에 들어가서 일하는 것은 전적으로 포도원 주인의 의지에 달려 있었던 것이다. 오늘 우리가 구원함을 받고 하나님의 자녀가 되는 것은 하나님의 은총에 달려 있다. 셋째, 믿는 자들에게 주시는 구원의 은혜는 누구에게나 동일하다는 것이다. 포도원에서 일한 모든 품꾼들이 받은 한 데나리온 곧 품삯은 구원을 상징한다. 그러므로 모든 일꾼들에게 품삯이 동일하게 주어진 것은 하나님 나라의 일꾼으로 부름 받은 성도에게는 부름의 시기에 관계없이 구원이 동일하게 주어짐을 나타내는 것이다. 예수 그리스도로 말미암는 구원의 축복에는, 그 어떤 시대적 차별도 민족적 차별도 존재하지 않는다. 누구든지 예수님을 믿기만 하면 먼저 믿은 자나 나중에 믿은 자나 구원을 얻는 데에는 전혀 차별이 없는 것이다.

이 비유의 마지막 결론이 무엇인가? 16절을 보면 "이와같이 나중 된 자로서 먼저 되고 먼저 된 자로서 나중 되리라." 이것은 상급에 대한 교훈이 아니라 구원에 대한 교훈이다. 하나님 나라는 인간의 노력이나 수고의 대가로 들어갈 수 있는 곳이 아니다. 천국은 전적으로 예수 그리스도의 은혜로 들어간다. 먼저 온 사람이나 늦게 온 사람이나 모두 똑같이 구원을 받는 것이다. 구원은 남녀노소, 이방인이나 유대인에게 모두 공평하다. 오직 믿음으로 받는 것이다. 역사적으로 보면 이방인들이 먼저 하나님 나라에 들어가고, 그 후에 유대인들이 시기가 나서 예수님을 영접하고 믿은 후에 나중된 자가 되어 천국에 들어가게 된다. 이 사실을 바울은 로마서에 이렇게 기록하고 있다 "그러므로 내가 말하노니 그들이 넘어지기까지 실족하였느냐 그럴수 없느니라 그들이 넘어짐으로 구원이 이방인에게 이르러 이스라엘로 시기나게 함이니라 그들의 넘어짐이 세상의 풍성함이 되며, 그들의 실패가 이방인의 풍성함이 되거든 하물며 그들의 충만함이리요"(롬 11:11-12).

우리가 하나님의 은혜로 구원받은 후에 상급이나 영광은 그 사람의 충성과 헌신의 수준에 따라 다를 것이다. 다시 말하면 구원은 하나님의 전적인 은혜로 동일하게 받지만 천국의 상급은 부르심 받은 순서대로 주는 것이 아니라 충성과 헌신에 따라 나중된 자가 먼저 받을 수도 있고, 더 큰 상을 받을 수도 있을 것이다. 이 사실을 잘 보여주는 것이 달란트 비유, 열므나 비유이다. 그러므로 먼저 된 자는 나태함과 게으름에 빠지지 말고 더욱 먼저 된 자로서 열심히 신앙생활을 추구해야 한다. 만약에 먼저 된 자가 영적으로 나태함에 빠져서 주의 일에나 기도하는 일에 뒤쳐져 있으면 나중될 수도 있다는 것을 경고하고 있다. 다시 말하면 먼저 된 자가 하나님 나라에 소망을 두지 아니하고 세상 재미에 빠져 살고 오히려 늦게 믿은 자가 오직 하나님 나라에 소망을 두고 산다면 먼저와 나중이 바뀌어지게 될 것이다. 모태로부터 믿었기 때문에 먼저 된 자가 됐든지, 직분이 있어서 먼저 된 자가 됐든지 간에 먼저 된 우리는 먼저 된 열매로 증거를 보여야 할 것이다.

E. 새 하늘과 새 땅이 보여주는 하나님 나라

성경은 하늘의 천사들이나 불신자들을 위하여 주신 말씀이 아니라 구원받은 성도들을 위하여 주신 하나님의 계시이다. 우리가 어떻게 구원함을 얻으며, 어떻게 죄사함을 받고 거룩한 존재가 되는가? 성도들이 누리게 될 신분과 영광이 무엇인지를 자세하게 알려주고 있다. 특히 요한 계시록은 환란과 핍박 가운데 있는 성도들의 간절한 기도에 대한 응답으로 주신 말씀이다. 즉 우리가 왜 이렇게 환란과 핍박을 받아야 하는가? 우리의 구원은 어떻게 이루어지게 되는가? 우리는 이렇게 비참한 인생으로 막을 내리는 것인가? 성도들의 눈물어린 기도에 대한 응답으로 요한계시록이 주어졌다면 요한계시록의 핵심은 새 하늘과 새 땅이 아니라 구원받은 성도들의 구원과 영광과 교회의 승리에 관한 것일 것이다. 그러므로 요한계시록 21-22장의 핵심 주제는 성도들의 눈에서 눈물을 씻겨 주시고, 죽음과 고통과 저주와 아픔이 없는 영광스러운 성도의 부활일 것이다. 즉 새 하늘과 새 땅의 주인공이 될 성도들의 거룩함과 영광스러운 모습을 한 폭의 그림으로, 12진주와 보석과 정금으로 표현하고 있는 것이다. 천국의 황금 보석과 진주는 성도들의 영광과 성품과 거룩함에 대한 아름다운 모습을 반영해주는 것이다. 하나님의 나라는 사랑과 영광으로 가득 찬 곳이다. 하나님이 우리를 얼마나 사랑하시는지를 아는가? 하나님은 하나밖에 없는 자기의 아들을 십자가에 내어 주기까지 사랑하신다. 자신의 모든 것을 다 주실 뿐만 아니라 최고의 거룩함과 영광과 아름다움으로 꾸며주실 것이다. 그 모습을 보고 하늘의 천사들이 부러워 할 정도로 아름답고 영광스러운 존재로 삼아주실 것이다.

하늘에서 내려오는 새 예루살렘이 무엇인가? 이 새 예루살렘이 무엇을 의미하는가에 대해서도 크게 두 가지 해석이 존재한다. 한편에서는 새 예루살렘을 구속받은 백성들이 영원히 거주하게 될 실제적인 도성 혹은 도시로 보는 입장이다. 반면에 새 예루살렘을 '교회 혹은 구속받은 교회 공동체'로 보는 입장이다. 새 하늘과 새 땅에 대해 말하는 요한계시록 21장 2절 이하를 보면 곧장 새 예루살렘이 등장하고 그리고 21장 9절 이하에서는 새 예루살렘에 대해 자세하게 설명해 주는 것을 보게 된다. 국내에서 큰 영향을 미쳐온 신약학자 윌리엄 헨드릭슨(William Hendriksen)은 새 예루살렘을 "현재의 이상적인 교회에 의해 예표된 미래의 이상적 교회"라고 해석하고 있다. 9절에 보면 "내가 신부 곧 어린 양의 아내를 네게 보이리라"고 한 후에 '하늘로부터 내려오는 새 예루살렘'의 전경을 보여주셨다. 비록 도성의 이미지를 가지고 있어도 실제적인 도성이라기보다는 어린 양의 아내인 교회 공동체를 가리킨다고 볼 수 있다 또한 22절에 보면 "성 안에서 내가 성전을 보지 못하였으니 이는 주 하나님 곧 전능하신 이와 및 어린 양이 그 성전이심이라." 사도 요한은 새 예루살렘성 안에 있는 성전 즉 어린 양의 신부인 교회에 대하여 말하고 있다 새 하늘과 새 땅 혹은 새 창조의 영광을 누리게 되는 주인공을 '그리스도의 신부'라고 소개하기 때문에(21:2, 9-10), 그리스도의 신부로 소개되는 새 예루살렘은 '교회'를 상징하는 것이다. 또한 요한계시록 21장에 묘사된 새 예루살렘은 에스겔 40-48장에 예언된 '종말론적 새 성전에 대한 약속의 성취'로 간주할 수 있다.

문맥의 흐름으로 볼 때 요한계시록 21장에서 타락하고 부패한 세상이 새 하늘과 새 땅으로 변화될 것이다. 그리고 거기에 하늘로부터 내려오는 새 예루살렘이 새 창조의 주인공으로 등장하게 될 것이다. 여기서 새 예루살렘은 어린 양의 신부로서 완성된 교회 공동체를 말한다. 요한계시록의 주제도, 결론도 모두 완성된 영광스러운 교회이다. 결국 하나님께서는 새 예루살렘을 이 땅에 내려오게 하심으로 교회의 완성을 성취하시며, 하나님과 교회가 영원토록 하나가 되게 하신다. 하나님은 죄악 된 세상을 하나님의 나라가 되도록 변화시킬 뿐만 아니라 새롭게 된 하나님의 나라에 완성된 교회를 세우실 것이다. 그리고 이제 때가 되면 어린 양의 혼인 잔치가 하늘 공중에서 펼쳐지게 될 것이다. 하늘에는 아름다운 웨딩 마치가 울려 퍼지게 될 것이다. 어린 양의 신부는 누구일까? 하늘에서 내려오는 새 예루살렘 성이다. 즉 오늘날 거룩한 교회, 구원받은 성도들이 어린 양의 신부가 될 것이다. 지금 하나님은 왜 어린 양의 신부가 될 새 예루살렘을 보여주는 것인가? 완성된 천국에서 주님의 교회가 얼마나 거룩하고 영광스럽게 변화되는 것인가?

1. 어린양의 신부가 된 새 예루살렘을 보여주신 하나님

하늘에서 내려오는 거룩한 신부의 모습이 어떠한가? 요한계시록 21장 2절에 보면 "또 내가 보매 거룩한 성 새 예루살렘이 하나님께로부터 하늘에서 내려오니 그 준비한 것이 신부가 남편을 위하여 단장한 것 같더라." 거룩한 성 예루살렘은 하나님께로부터 하늘에서 내려오는 것으로서 인간의 노력과는 전혀 무관한 전적인 하나님의 선물이다. 오직 하나님의 전능하심과 완전한 지혜 가운데 주께서 친히 만드신 가장 아름다운 선물이 거룩한 성 예루살렘이다. 히브리서 11장 10절은 이 성에 대해 "하나님이 계획하시고 지으실 터가 있는 성"이라고 증언하고 있다. 그 성은 새 하늘과 새 땅의 중심부에 있는 도시로서 하나님의 성전이며 하나님과 어린 양의 영광이 무한하게 흐르는 곳이다. 그곳은 어린 양의 보혈로 값주고 사신 바 된 우리 그리스도인들이 영원히 거하는 성전이 될 것이다. 그 성은 '거룩한' 교회로서 죄가 없는 곳이며, 하나님의 영광이 가장 강렬하고 무한하고 찬란하게 나타나는 곳이다. 거룩한 성 새 예루살렘의 모습은 요한계시록 21장과 22장에 기록된 거룩한 성 새 예루살렘에 관한 설명을 통해 알 수 있다. 거룩한 성의 다른 이름은 '어린 양의 신부'이다. 거룩한 성 새 예루살렘은 거룩한 교회를 상징적으로 보여 주고 있다.

하나님은 어린 양의 신부를 사도 요한에게 보여주신다. 10절에 보면 "성령으로 나를 데리고 크고 높은 산으로 올라가 하나님께로부터 하늘에서 내려오는 거룩한 성 예루살렘을 보이니" 하나님은 어린 양의 신부를 보이리라고 한 후에 하나님께로부터 하늘에서 내려오는 거룩한 성 예루살렘을 보여 주셨다. 그러나 하나님이 예비해 놓으신 거룩한 성 새 예루살렘이 곧 어린 양의 신부라는 것이다. 하나님께서 어린 양의 신부를 왜 거룩한 성 예루살렘으로 묘사하고 있는 것인가? 전통적으로 하나님의 백성의 상징이 바로 성전이다. 즉 성전이 바로 하나님의 백성들의 모임이며, 어린 양의 신부인 것이다. 여기서 예루살렘의 성곽 모습은 완성된 교회의 완전성과 안전성을 보여준다. 이는 완성된 교회가 얼마나 거룩하고 아름답고 영광스럽고 순결한 지를 새 예루살렘을 통하여 보여주는 것이다. 여기서 새 예루살렘의 핵심은 하나님의 영광과 그로 인한 교회의 영광을 잘 보여주고 있다. 그리고 이것은 지금도 교회를 구성하는 성도 한 사람 한 사람이 얼마나 존귀한 보석 같은 존재인지를 보여주는 것이다. 새 예루살렘은 하나님이 임재하는 곳으로 하나님의 영광이 가득하다. 이것은 교회의 찬란한 영광과 아름다움을 새 예루살렘을 통하여 잘 보여주는 것이다.

하나님은 왜 어린 양의 신부를 새 예루살렘으로 묘사하고 있는가? 10절 하반절에 보면 "하나님께로부터 하늘에서 내려오는 거룩한 성 예루살렘을 보이니." 교회의 거룩함과 영광스러움을 보여주기 위함이다. 특히 열두 진주와 보석으로 꾸며진 새 예루살렘은 궁극적으로 완성될 교회 공동체의 영광을 보여주는 것이다. 또한 새 예루살렘의 건축물로서 성곽과 성문의 기초와 그 규모가 나온다. 성곽과 성문은 정금과 보석과 벽옥과 진주로 만들어져 있다. 성의 대부분과 길은 맑은 유리 같은 정금이고, 성의 기초석은 12가지 보석, 성곽은 벽옥, 12개의 문은 진주로 이루어졌다. 여기서 정금은 지구의 금과는 비교할 수 없을 정도로 순도가 높기 때문에 맑은 유리처럼 빛난다. 열두 문 위에는 이스라엘 12지파의 이름이 기록되어 있고, 기초석에는 어린 양의 12사도의 이름이 기록되어 있는 것은 "예수 그리스도의 교회 공동체가 구약과 신약의 백성들로 구성되어져 있다는 것을 잘 보여주는 상징적 표현이다. 또한 동서남북에 각각 세 개의 문이 있다는 것은 "동서남북에서 모여든 하나님의 자녀들로 구성된 보편적 공동체"라는 것이다.

2. 하늘에서 내려오는 새 예루살렘(교회)의 실체와 그 영광의 모습

새 예루살렘이 꾸며진 모습이 어떠한가? 11절에 보면 "하나님의 영광이 있어 그 성의 빛이 지극히 귀한 보석 같고, 벽옥과 수정같이 맑더라." 새 예루살렘은 하나님의 영광이 가득하며, 진주 보석과 정금으로 아름답고 영화로운 모습을 지니고 있었다. 또한 그 성읍은 수정과 벽옥처럼 맑다. 여기서 벽옥은 보좌 위에 앉으신 하나님을 상징한다. "보라 하늘에 보좌를 베풀었고 그 보좌 위에 앉으신 이가 있는데 앉으신 이의 모양이 벽옥과 같고"(계 4:2-3). 여기서 벽옥은 아무도 무너뜨릴 수 없는 견고함 및 하나님의 영원한 임재와 그 영광의 광채를 시사해 주고 있다. 거룩한 성 새 예루살렘은 열두 성곽으로 되어 있고, 열두 성곽의 기초석은 각각 12 종류의 보석으로 되어 있다. 여기서 진주와 보석은 새 예루살렘으로 묘사된 교회의 '영광, 순수성, 아름다움, 그리고 가치'를 잘 표현해 주고 있다. 그리고 성의 길이 '맑은 유리 같은 정금'으로 되어 있다는 것은 하나님의 백성들이 천국에서 누리게 되는 신령한 교제, 순수함과 거룩함을 보여주는 것이다. 그 주춧돌에는 어린 양의 열두 사도의 이름이 각각 적혀 있다. 그 주춧돌 위에는 각각 문이 서 있고, 그 문들 위에는 이스라엘 자손의 열두 지파 이름들이 각각 적혀 있고, 각 문 위에는 천사들이 견고하게 지키고 있다. 새 예루살렘 문은 네 방향으로 각각 세 개씩 나 있다. 따라서 그 성에는 들어가고 나가는 문이 12개가 있다.

천국에서 어린 양의 신부들이 얼마나 거룩하고 영광스럽게 꾸미고 있는가? 18, 21절에 보면 "그 성곽은 벽옥으로 쌓였고, 그 성은 정금인데 맑은 유리 같더라… 그 열두 문은 열두 진주니 각 문마다 한 개의 진주로 되어 있고, 성의 길은 맑은 유리 같은 정금이더라". 새 예루살렘 성에는 성곽이 있는데 벽옥으로 만들어졌고, 동서남북에 각각 3개씩 총 12개의 문이 있다. 그리고 성곽에는 12개의 기초석이 있는데 12개의 보석으로 만들어졌다. 새 예루살렘은 완전하고 거대한 지성소로서 하나님의 거룩과 사랑과 영광이 완전하게 나타나는 성전이다. 즉, 하나님의 자기 백성을 향한 통치와 보호가 완전할 뿐만 아니라 하나님의 어린 양이신 예수 그리스도와 그의 신부인 교회가 무한한 사랑으로 연합되어 완전한 공동체를 구성하고 있다 그 모든 성은 수정처럼 투명한 순금으로 만들어져 있었다. 따라서 도성 전체가 맑은 유리 같고 유리 바다 같았다. 이는 거룩한 성 예루살렘은 완전하게 순결하고 아름다운 그리스도의 신부인 주의 백성들의 성품과 삶에 아무런 흠도 티도 없는 완벽함을 상징적으로 보여주는 것이다.

새 예루살렘의 크기는 어느 정도인가? 거룩한 성의 크기는 가로, 세로, 높이가 약 2400km인 정육면체 구조이다. 정사각형은 하나님의 완전성과 거룩성을 상징한다. 성전 측량은 하나님께서 영광과 거룩함 가운데 임하기 위한 준비 과정을 나타낸다. 이제 하나님께서는 천사를 시켜 어린 양의 신부가 거하는 거룩한 성 예루살렘을 측량하게 하셨다. 16절에 보니 먼저 도성 전체를 측량한다. 성을 측량해 보니, "그 성은 네모가 반듯하여 길이와 너비가 같은지라 그 갈대 자로 그 성을 측량하니 만이천 스다디온이요, 길이와 너비와 높이가 같더라"고 한다. 로마시대의 일만이천 스다디온을 문자적으로 보면 약 2,200km에 해당한다. 그리고 길이와 너비가 같으므로 이 성의 넓이는 484만 평방km이다. 한반도의 22배나 되며 미국 넓이의 약 절반에 해당한다. 여기서 12000스다디온은 10의 세제곱에 12을 곱하면 하나님의 백성의 완전한 총계가 된다. 하늘의 새 예루살렘 성을 12000스다디온으로 표현한 것은 그것이 구원함을 받은 사람의 총 숫자를 의미하기 때문이다. 즉 12000스다디온은 완성된 거룩한 교회의 모습을 상징적으로 보여준다. 여기서 새 예루살렘이 매우 아름다운 모습으로 단장되어 있는데 예루살렘 성은 건물이나 물체가 아닌 살아 있는 인격체처럼 말씀하시고 표현하고 있다.

3. 하나님과 어린양이신 예수님이 하늘의 성전이 되어 주심

새 예루살렘에서 누가 친히 성전이 되어 주는가? 22절에 보면 "예루살렘 성 안에서 내가 성전을 보지 못하였으니 이는 주 하나님 곧 전능하신 이와 및 어린 양이 그 성전이심이라." 새 예루살렘 성 안에는 다른 성전이 없다. 하나님과 어린 양이신 예수님이 영원토록 그 성전이 되어주실 것이다. 천국에서는 다른 성전이 존재하는 것이 아니라 하나님과 인간이 완전히 하나가 되는 거룩한 성전이 될 것이다. 일반적으로 성전은 인간이 타락한 이후 하나님과 만나기 위한 장소였지만 이제는 천국에서 죄와 저주가 사라졌고 하나님의 임재와 영광이 그리스도를 통해 온 세상에 충만함으로 더 이상 성전이 필요없는 것이다. 사실 성전은 우리 주 예수 그리스도이신데 그분이 이제 거룩한 성 새 예루살렘에서 영원한 몸을 입고 계신 하나님으로 계시니 그분과 성령 안에서 완전한 연합을 이루는 그리스도의 신부인 우리에게는 더 이상 성전이 필요가 없다. 그 날이 되면 우리 몸과 영혼을 포함한 모든 우주 전체가 하나님이 거하시는 거룩한 성전이 될 것이다.

그 예루살렘 성 안에는 무엇이 필요가 없는가? 23절에 보면 "그 성은 해나 달의 비침이 쓸데없으니 이는 하나님의 영광이 비치고 어린 양이 그 등불이 되심이라." 천국에는 해와 달이 필요가 없다. 그 성 안에는 하나님의 영광이 가득하고 어린 양이신 예수님이 친히 등불이 되어주신다. 그 때가 되면 거룩한 성 예루살렘에는 해와 달의 비침이 쓸데없는데 그 이유는 하나님의 영광이 비치고 어린 양이 그 등불이 되기 때문이라고 한다. 지금 이 말씀은 앞으로 해와 달이 없어진다는 뜻이 아니라 거룩한 성 예루살렘 안에는 해와 달보다 더 강렬한 빛이 있기 때문에 해와 달의 '비침'이 필요없다는 뜻이다. 특히 여기서 "하나님의 영광이 비치고 어린 양이 우리의 등불이 된다"는 것은 대단히 중요하다. 하나님의 영광과 어린 양이 우리의 영원한 생명의 근원이 되실 뿐만 아니라 우리의 빛이 되어 주실 것이다. 우리는 생명의 빛되신 주님과 함께 천국에서 영원히 살게 될 것이다. 우리는 거룩한 성 새 예루살렘에서 거룩하신 하나님과 그의 어린 양이신 예수님과 함께 교제하며, 풍성한 은혜를 누리게 될 것이다. 마치 예수님의 제자들이 예수 그리스도를 보며 만지며 함께 웃으며 함께 걸었던 것처럼, 우리 역시 예수님을 만지며 그분과 함께 걸으며 웃게 될 것이다. 즉, 우리는 그리스도 안에서 하나님과 함께 임마누엘이 이루어지며, 천국에서 영원토록 하나님을 찬양하며, 그와 함께 교제할 것이다. 더욱 놀라운 사실은 천국에서 우리가 하는 일과 예배가 구분되지 않을 것이다. 우리가 천국에서 무슨 일을 해도 지치지 않을 것이고, 무슨 일을 해도 감사와 보람과 기쁨이 충만할 것이다. 우리는 영원한 천국에서 주님과 함께 영원토록 왕노릇을 하며, 하나님이 만드신 모든 세계와 만물을 다스리며, 그 가운데 기쁨과 영광이 충만하게 될 것이다.

우리는 성경 전체에 대해 분명한 관점과 전반적인 흐름에 대한 지식을 가져야 한다. 성경은 하나님의 계시의 말씀으로서 구원에 대한 전체적인 그림을 가지고 있으며, 구원을 이루는 방법과 하나님이 원하시는 완성된 교회의 모습을 보여주고 있다. 새 예루살렘은 창세기로부터 시작되어 요한계시록으로 마감하는 거대한 성경의 결론이다. 또한 이 광대한 책 안에는 하나님의 경륜, 그분의 영원한 목적, 그분의 영원한 계획이 우주 안의 최고의 목적인 그분의 신성한 목적과 함께 완전히 계시되어 있다. 새 예루살렘은 이러한 하나님의 목적과 계획과 경륜에 대한 작품으로서 마지막 결론이 무엇인지를 보여주는 것이다. 또한 새 예루살렘은 성경 전체의 결론일 뿐만 아니라 하나님 나라의 모든 항목들의 최종 완성이기도 하다. 우리가 하나님 나라를 깊이 이해하게 되면 돈보다 사람을 소중하게 하며, 자신의 성공과 출세보다는 주님의 이름으로 다른 사람을 섬기고 도와주는 것이 행복이라는 사실을 발견하게 될 것이다. 하나님 나라는 사람에게 초점이 있다. 조금 더 구체적으로 표현하면 하나님 나라는 구원받은 성도들의 모임, 교회에 초점을 두고, 교회를 거룩하게 영광스럽고, 존귀하게 만들어 주는 것이다. 하나님이 왜 하늘과 땅과 바다를 만들었는가? 사람을 위하여 만들었다(창 1:26-28). 예수님이 왜 하늘의 영광과 보좌와 권세를 버리고 이 땅에 인간의 모습으로 오셨는가? 인간을 죄에서 해방시켜 주시고, 하나님의 자녀로 구원해 주시기 위함이다. 예수님이 왜 하늘의 천사들과 나팔소리를 좇아 이 땅에 재림하시는가? 사단과 죄와 거짓 선지자들의 핍박과 고통 가운데 믿음을 지키는 성도들을 위해, 교회를 지켜주시고, 거룩하고 영광스러운 교회를 만들어 주기 위함이다. 구원받은 성도들의 눈에서 눈물을 닦아 주시며, 사망과 애통과 고통에서 해방시켜 주셔서 영생 복락을 누리게 하기 위하여 예수님이 이 땅에 재림하신다.

4. 거룩하고 영광스러운 새 예루살렘

"하늘로부터 내려오는 거룩한 성 예루살렘"이 무엇인가? 9절 하반절에 보면 "내게 말하여 이르되 이리 오라 내가 신부 곧 어린 양의 아내를 네게 보이리라." 우리는 이 거룩한 성 예루살렘이 바로 어린 양의 신부이며 아내라고 말한 부분에 주목해야 한다. 요한이 여기에서 말하고자 하는 것은 하나님 나라에 있는 거룩한 성 예루살렘이 어떤 모양으로 되어 있는지를 소개하려는 것이 아니다. 어린 양의 신부라고 말한 거룩한 성 예루살렘이 얼마나 아름답고 화려하게 꾸며졌는지를 소개하려는 것이다. 이것은 용이나 짐승, 큰 음녀, 황충, 더러운 개구리들이 악을 상징한 것과 같다. 이런 상징물들을 통해 사단과 악령들에게 속한 세상의 죄에 빠진 자들이 얼마나 무섭고 추한 삶을 살고 있는지를 고발한 것과 마찬가지이다. 요한은 어린 양의 신부인 교회는 말로 형용할 수 없이 아름다운 하나님 나라의 거룩한 성 예루살렘을 소개하고, 그 도성이 바로 어린 양의 신부라고 말하여, 주께서 그의 신부인 주님의 백성들을 얼마나 사랑하며 기뻐하고 계신지를 증거한다. 하나님이 요한에게 보여주실 하나님의 교회의 모습이 어떠한가? 10절에 보면 "성령으로 나를 데리고 크고 높은 산으로 올라가 하나님께로부터 하늘에서 내려오는 거룩한 성 예루살렘을 보이니" 어린 양의 신부, 즉 다른 성구들에 비추어 볼 때, 새 예루살렘의 실체가 분명히 드러나고 있다. 하늘에서 내려오는 새 예루살렘은 "신부"라고 기록되어 있다. 더 나아가 요한은 이렇게 기록하고 있다. "일곱 천사 중의 하나가 나에게 말하기를 이리 오너라 내가 신부 곧 어린 양의 아내를 너에게 보여 주겠다." 그리고 그는 영의 힘으로 나를 크고 높은 산으로 데리고 가서 하나님으로부터 하늘에서 내려오는 거룩한 도시 예루살렘을 보여 주었는데, 그 도시는 하나님의 영광으로 가득하였다. 그 밝은 빛은 매우 값진 보석과 같고, 수정같이 맑게 빛나는 벽옥과 같았다.

새 예루살렘은 누구의 신부인가? 하나님의 어린 양으로서 인류를 위해 희생의 피를 쏟은 예수 그리스도의 신부이다(계 5:6, 12: 7:14; 12:11; 21:14). 이 신부의 실체는 영광스럽게 된 그리스도인의 모임 즉 교회를 의미한다. 지상의 교회는 그리스도에게 바쳐질 "순결한 처녀"에 비유하고 있다(엡 5:23-25, 32). 일반적으로 아내는 남편의 이름을 따른다. 그러므로 시온 산에 어린 양과 함께 서 있는 것으로 나타난 14만 4천명에 달하는 자들은 어린 양의 이름과 그 아버지의 이름을 이마에 지니고 있는 거룩한 신부일 것이다. 새 예루살렘은 땅에 있는 지상교회가 아니라 하늘에서 내려오는 거룩한 교회이다. 왜냐하면 새 예루살렘은 "하나님으로부터 하늘에서" 내려오는 것이기 때문이다. 그러므로 새 예루살렘은 AD 70년에 멸망된 고대 도시 예루살렘 자리에 세워 놓은 성전, 돌이나 건물로 구성된 도시가 아니다. 새 예루살렘이 상징적인 도시여야만 그의 규모와 영화에 부합할 수 있을 것이다. 이 도시의 기초는 정사각형으로 한쪽 길이가 약 555킬로미터이므로 전체 둘레가 약 2220킬로미터인 1만2천 스다디온이었다. 정육면체이므로 이 도시의 높이도 길이와 너비와 같다. 사람이 만든 도시로는 "우주 공간"으로 그토록 멀리 뻗어 나갈 도시가 없을 것이다. 성벽 자체는 벽옥으로 건축되었고, 이 성벽이 놓여 있는 12기초석은 매우 아름다운 보석들로 벽옥, 사파이어, 옥수, 에메랄드, 홍마노, 홍옥수, 귀감람석, 녹주석, 황옥, 녹옥수, 히아신스, 자수정이었다. 이 12기초석에는 어린 양의 이름과 12사도의 이름이 새겨져 있었다. 이토록 아름다운 성벽 안에 자리 잡은 도시 자체도 영광이 성벽에 뒤지지 않았다. 그 도시는 "맑은 유리와 같은 순금"으로 묘사되었고, 큰 길은 "순금이었는데, 투명한 유리와 같았다"고 증언하고 있다.

지상에 있는 현존하는 교회의 모습을 어떠한가? 지상에 있는 교회는 수많은 고통과 핍박을 당하며 힘도 없고, 능력도 없고, 도살장에 끌려가는 어린 양처럼 반항하지도 못하는 무기력한 교회의 모습이다. 하나님을 전적으로 신뢰하지 못하여 무엇을 먹을까 입을까 마실까 염려하며 걱정하는 교회이다. 하나님의 사랑으로 사랑하지 못하고, 서로 분쟁하고 시기하는 나약한 교회이다. 조그만 일에도 무서워하고 두려워서 벌벌 떠는 교회이다. 상처 투성인 교회, 병든 교회, 소망이 없는 교회처럼 보이지만 주님의 재림.시에는 180도 달라져 있는 거룩하고 영광스러운 교회의 모습을 보여주게 될 것이다. 그 모습이 얼마나 거룩하고 영광스러운 모습일까? 요한계시록 21장 10-11절을 보면 "하늘에서 내려오는 거룩한 성 예루살렘을 보이니 하나님의 영광이 있어 그 성의 빛이 지극히 귀한 보석 같고 벽옥과 수정같이 맑더라." 우리는 본문에서 드디어 찬란하게 빛나는 새 예루살렘을 보게 된다. 새 예루살렘은 지상에서 가장 아름답고 값진 열두 보석과 황금으로 그 영광을 잘 보여주고 있다. 우리가 누리게 될 본 모습, 영광스러운 교회의 모습을 보여주고 있는 것이다. 새 예루살렘은 영광의 모습으로 변화된 거룩한 천상의 교회를 의미하며, 그 날이 되면 새 예루살렘도 주님과 함께 영광된 부활의 실체를 입고 이 땅에 재림하여 올 것이다.

5. 새 예루살렘에 대한 다양한 모습들

사도 요한은 새 예루살렘을 어떻게 묘사하고 있는가? 11절에 보면 "하나님의 영광이 있어 그 성의 빛이 지극히 귀한 보석 같고 벽옥과 수정같이 맑더라." 요한은 그 도성이 하나님의 영광의 광채로 둘러싸여 있고, 그 빛이 지극히 귀한 보석과 같았고, 벽옥과 수정처럼 맑았다고 했다. 그 문은 커다란 진주로 되어 있고, 성벽에는 열두 개의 기초석이 있는데 그 역시 모두 아름다운 보석들이라고 증거한다. 지극히 값지고 귀한 보석들은 실제로 그러한 보석들이 박혀 있다기보다는 예루살렘 성의 영광스러운 가치를 가장 최고치의 인간의 언어로 표현한 것이다. 새 예루살렘 성의 열두 진주문은 이스라엘의 열두.지파를, 열두.기초석은 교회의 열두 사도를, 동서남북 각각의 세 문은 삼위일체 하나님을 상징한다. 구약과 신약을 통하여 수고한 열두.지파와 열두.사도와 그리고 삼위일체 하나님의 놀라운 구원의 경륜과 일하심을 영원히 기념하는 기념비적인 성전인 것이다. 여기서 새 예루살렘은 궁극적으로 완성될 교회 공동체의 영광에 대한 묘사가 담겨있다. 한마디로 말하면 거룩하고 영광스러운 찬란함 그 자체이다. 새 예루살렘은 하나님이 임재하는 곳으로 하나님의 영광이 가득하다. 교회는 그로 인해 영광스러운 모습으로 변화될 것이다. 여기서 성곽의 모습은 완성된 교회의 완전성과 안전성을 보여준다. 이는 완성된 교회가 얼마나 아름답고 영광스럽고 순결하고 존귀하고 완전하고 안전하고, 하나님과의 교제가 얼마나 풍성할지를 보여준다. 새 예루살렘의 핵심은 하나님의 영광과 그로 인한 교회의 영광을 보여주는데 지금도 교회를 구성하는 성도 한 사람 한 사람이 얼마나 존귀한 보석 같은 존재인가를 보여 준다.

새 예루살렘에는 해나 달의 비침이 쓸데없는 이유가 무엇인가? 23절에 보면 "그 성은 해나 달의 비침이 쓸데없으니 이는 하나님의 영광이 비치고 어린 양이 그 등불이 되심이라." 요한계시록 1장 12절에 보면 맨 처음 계시록을 시작할 때 일곱 금 등대가 나온다. 일곱 등대는 교회의 등불에 대한 기록이다. 그리고 21장에 가니 하나님과 어린 양이 빛이라고 되어 있다. 즉 교회의 등불은 바로 하나님 자신을 의미하고 있다. 이 성의 빛이 어떤 빛인가? 해와 달의 비췸이 없고, 하나님과 어린 양이 그 등불이 되어 주신다. 성 안에 성전이 없는 것과 마찬가지로 성 안에 햇빛이나 달빛이 있어야 성 안을 비출 것이다. 그것을 봤더니 없더라는 것이다. 그럼 그 안에 무슨 빛이 있는가? 하나님의 영광이 어린 양을 통해서 비추고 있었다. 이 성 안에 있는 빛은 영광의 빛이므로 물질적인 빛이 아니라 인격적인 빛이다. 이 성전에는 무슨 빛이 가득한가? 성전에는 해와 달의 빛이 아니라 금 등대에서 나오는 빛이 있다. 성전 내부는 자연계의 빛으로 비춰지는 것이 아니고 등잔에서 비춰지는 그 등불로 비춰졌다. 이것은 참 신기한 것으로 하나님의 영광이 성전 안에 가득한 것이다. 구약의 성전에도 해와 달이 없었다. 성전에는 창문이 없고, 사방을 휘장으로 가리워서 빛이 들어지 못하게 한다. 즉 성전 안에는 전혀 자연의 빛이 없었다는 말이다. 오직 성전 안에는 금 등대에서 나오는 신성한 빛이 그 안에 있다. 그 모습이 지금 요한계시록에 나오는 새 예루살렘 성전에도 해와 달에서 나오는 빛이 아니라 하나님으로부터 나오는 영광이 빛이 가득하다. 여기서 새 예루살렘의 빛은 자연계의 빛이 아니라 금 등대의 빛이다. 지금도 우리 마음의 성전에 하나님의 영광의 빛, 신성한 빛이 내 안에 가득해야 한다. 그것이 거룩함이며, 하나님의 영광이 내게 임하신 것이다. 우리는 이 빛이 영원한 빛임을 알아야 된다. 우리는 그 영광을 위해서 부름을 받은 사람들이다. 고린도후서 3장 18절에 보면 "주의 영광을 보매 저와 같은 형상으로 화하여 영광으로 영광에 이르니." 우리가 주의 영광을 보면 그 분의 영광으로 영광을 이루게 된다. 주의 영광을 보는 이것이 얼마나 중요한지 모른다. 우리 모두 하나님의 영광이 가득 찬 새 예루살렘을 볼 수 있기를 소망한다.

사도 요한은 새 예루살렘의 성전을 어떤 모습으로 그리고 있는가? 요한계시록 21장 18-21절을 보면 "그 성곽은 벽옥으로 쌓였고 그 성은 정금인데 맑은 유리 같더라"(18절). "그 성의 성곽의 기초석은 각색 보석으로 꾸몄는데 첫째 기초석은 벽옥이요, 둘째는 남보석이요, 셋째는 옥수요, 넷째는 녹보석이요(19절)." "다섯째는 홍마노요, 여섯째는 홍보석이요, 일곱째는 황옥이요, 여덟째는 녹옥이요, 아홉 번째는 담황옥이요, 열째는 비취옥이요, 열한째는 청옥이요, 열둘째는 자정이라. 그 열두 문은 열두 진주니 문마다 한 진주요 성의 길은 맑은 유리 같은 정금이더라." 여기서 "진주"는 구원자되시는 예수 그리스도를 상징하고 있다(마 13:45-46). 예수 그리스도 안에는 아버지의 모든 영광과 신성의 온갖 풍성하심이 충만해 있다. 그분은 아버지의 영광의 광채시요 그 본체의 형상이시다. 하나님의 영광의 광채가 그리스도의 품성에 나타나 있으며, 세상의 빛으로 드러나고 있다. 그 당시에 "진주"는 고대 사회에서 가장 값비싼 보석이었다. 그런데 문이 한 진주이면 그 진주가 얼마나 크면 문이 하나가 되겠는가? "문이 한 진주요 성의 길은 맑은 유리 같은 정금이더라." 여기 등장하는 보석들은 진주를 포함해서 당시 고대사회에서 가장 값비싸고 화려한 보석들이다. 요한은 그 모든 보석들을 총동원해서 구원받은 성도의 아름다움과 영광스러움을 표현하고 있다. 새 예루살렘에 대한 이런 광휘 찬란한 묘사들은 예루살렘의 장래 회복을 말한 이사야의 예언을 반영해 주고 있다(사 54:11-12). 보석들은 믿음과 순종과 선한 행실들을 상징하고 있다. 그러므로 이 땅에서 믿음과 순종과 선한 행실들을 소유한 사람들이 보석으로 단장한 새 예루살렘에 살기에 적합한 사람들이다. 여기서 그 보석은 하나님의 성전이 된 우리 자신의 내면을 보여주며, 그 날이 되면 하나님의 영광이 임함으로 찬란하고 영광스러운 보석처럼 빛나게 될 것이다. 우리 구원받은 성도들의 신분은 정말 가히 상상할 수도 없는 찬란하고 영광스러운 존재라는 것이다. 우리가 바로 그런 거룩하고 영광스러운 존재라는 것이다. 지금은 나약하고 보잘것없는 교회처럼 보이지만 주의 재림시에 부활하면 모두 이렇게 열두 진주보석처럼, 황금처럼 영광스럽게 빛나는 존재가 될 것이다.

사도 요한은 왜 하늘에서 내려오는 새 예루살렘을 거룩하고 영광스러운 한 성과 성곽의 모습으로 표현하고 있는가? 이 당시에 유대인들에게나 그리스도인들에게 예루살렘 성전은 이 땅에서 가장 아름답고 거룩하고 영광스러운 곳이었다. 그 곳은 하나님의 영광이 가득하며, 의와 평강과 희락이 넘치는 곳이기 때문이다. 예루살렘 성전의 모습은 요한 당대에 살았던 사람들이 보았던 그 어떤 성보다 화려하고 찬란한다. 그 도성의 아름다움은 인간의 말이나 글로 다 표현할 수 없을 정도이다. 그래서 사도 요한은 미래에 완성될 교회의 모습을 새 예루살렘 성전으로 묘사하며, 그 성전의 주체가 바로 구원받은 성도라는 것을 강조하기 위함이다. 그 성전의 내면이 열두 진주와 보석으로 묘사한 것은 하나님의 영광이 우리에게 임함으로 우리의 인격과 믿음과 삶이 순결하고 거룩하게 되었다는 것을 보여주고 있다.

구약의 교회를 상징하는 이스라엘의 지파가 열 두 지파이며, 신약의 교회의 기초를 상징하는 사도들이 열 두 사도가 되는 것이다. 그런데 주의 깊게 보면 교회를 상징하는 그 거룩한 성 새 예루살렘의 기초석 위에 십이 사도의 이름이 기록되어 있다. 그러니까 열두 사도가 교회의 기초석이라는 것이다. 그리고 그 기초석 위에 세워진 성곽에 나있는 그 열 두 문에 구약의 열 두 지파의 이름이 새겨져 있다. 그 말은 구약의 열두 지파로 구성되었던 그 이스라엘은 열두 사도라는 기초 위에 세워진 신약의 교회를 상징하는 것이다. 에스겔의 환상이 보여주는 그 성전이 누구인가? 에스겔서에서 이야기하는 그 처소, 그 성전, 여호와의 영광이 다시 돌아 온 그 성전은 바로 우리라는 것이다. 여호와가 영원히 거하시는 곳, 그것은 히브리 말로 "여호와삼마"라고 한다. 인간의 죄로 말미암아 그 거처를 떠나셨던 여호와께서 다시 새로운 창조를 통해서, 이제는 그 거처를 영원히 떠나지 않고 함께하신다는 것이다. 그 구속사 전체가 에스겔서에 묵시적으로 담겨있는 것이다. 오늘 본문에 거룩한 성 새 예루살렘은 여호와삼마, 하나님께서 영원히 그분의 생명력을 부어 주시며 함께 거하시는 여호와의 처소인 것이다. 우리가 구약을 잘 모르면 열두 진주와 보석을 보고 잘못된 해석을 할 수밖에 없는 것이다. 하나님 나라는 기둥이 황금이고, 홍보석이고, 녹보석이고, 길이 다이아몬드라고 말하는 것이다. 열두 사도의 기초석 위에 세워져 있는 그 거룩한 성 새 예루살렘은 하나님이 영원히 거하실 처소인 교회, 즉 성도를 상징하고 있는 것이다. 하나님의 성전이 된 우리가 얼마나 영광스러운 존재인지를 보여주는 것이다.

제 6 장

결론

성경 전체를 관통(貫通)하는 주제는 무엇인가? 그 핵심 흐름을 알려고 하면 책을 읽기 전에 먼저 목차를 보게 된다. 목차는 그 책이 말하는 핵심 주제를 목적과 방향을 가지고 어떻게 이끌어 나갈지를 있는지를 보여준다. 모든 명화나 명서는 일관성 있는 내용과 주제의 통일성 및 목적과 사상을 함축하여 주인공과 핵심 사건을 가지고 치밀하게 이끌어 나간다. 성경의 목록이 어떻게 구성되어 있는지를 살펴보면 성경 역시 역사적 순서에 따라 재배열하여 시대를 따라 읽을 수 있도록 틀을 만들었다는 것을 알 수 있다. 그러나 성경은 단순히 역사를 기록한 역사책이 아니다. 성경은 66권의 책으로 방대한 내용과 수많은 사람들이 나오지만 성경에는 분명히 기록된 목적과 이유가 있고 방향을 가지고 핵심 주제로 집약되어 도도하게 흐르고 있다. 역사적 흐름을 타고 내용이 진행될 뿐 아니라 목적성과 방향성을 흩트림 없이 이끌고 나아가는데 이것이 성경 전체를 뚫고 지나가는 '핵심주제'이다.

성경은 1500여 년 동안 40여명의 저자들에 의해 기록되었는데 성경의 저자는 하나님이시다. 이 성경의 주제는 창세기부터 마지막 책인 요한계시록까지 치밀하게 구성된 연관성을 가지고 흐르고 있으며 모순됨이 없는 완벽한 통일성을 이루고 있다. 또한 성경은 하나님께서 보여주신 계시를 기록한 말씀인데 이 계시는 어느날 한꺼번에 전체를 다 예언하듯 말씀하신 것이 아니라 역사를 타고 각 시대마다 점진적으로 펼쳐 보여주셨다. 고층 빌딩이 세워지기 위해서는 튼튼한 골조(骨組)가 지탱해주고 있는 것처럼 성경 전체를 관통하는 주제의 완벽한 통일성과 역사를 따라 점차적으로 목적을 향해 펼쳐지는 성경의 점진성이 골조를 이루고 있다. 예수 그리스도가 왕이신 하나님 나라가 성경의 핵심주제이다. '조각그림 맞추기'(puzzle)를 할 때 그 조각이 500조각 혹은 그 이상 1,000조각이 된다면 맞추기가 참으로 어려울 것이다. 그러나 만일 그 '조각그림 맞추기'를 다 맞췄을 때의 전체 그림이 '교회당'이라든지 혹은 '노아의 방주'라든지 어떤 그림인지 먼저 알고 나서 맞추면 '조각그림 맞추기'가 훨씬 쉬울 것이다. 마찬가지로 성경 전체의 여러 내용들이 마치 그림 조각들처럼 널리 펼쳐져 있지만 그 전체를 맞추었을 때의 그림이 무엇인가를 먼저 알면 그 내용을 훨씬 쉽게 이해할 수 있는 것이다. 성경의 여러 부분들을 맞추었을 때 나타나는 그 전체의 그림이 바로 하나님 나라이다. 성경의 핵심주제에 대해 다양한 견해가 있는데 구약은 앞으로 오실 예수님에 대해 말하고 신약은 약속대로 오신 예수님이 성취하심을 말하고 있어 '예수 그리스도'라고 하기도 한다.

아담과의 언약에서 비롯하여 그 언약이 노아에게로 그리고 모세와 다윗 예수그리스도로 이어지는 '하나님의 언약'이라고 말하는 학자들도 있다. 또 성경 전체가 예수 그리스도를 중심으로 한 구원의 역사로 되어 있기 때문에 성경 주제가 '구속사'(救贖史)라고 말하기도 하고 어떤 학자는 '하나님의 사랑' 또는 '하나님의 주권'이라고 말하기도 한다. 이러한 다섯 가지 견해를 모두 통합할 수 있는 하나의 주제가 바로 '하나님의 나라'(the Kingdom of God)이다. 이렇게 볼 때 성경의 여러 조각 그림들을 맞추었을 때 나타나는 전체의 그림은 '하나님 나라'이다. 그러므로 우리가 성경을 공부할 때 '하나님 나라'의 관점에서 성경 전체의 구원역사를 통해 그 하나님의 나라가 어떻게 준비되고 발전하여 완성에 이르는가 하는 것을 염두에 두어야 성경을 보다 올바른 관점에서 이해할 수 있게 된다.

예수님이 이 땅에 왜 오신 것인가? 우리의 죄로 인하여 잃어버린 천국을 되찾아 주기 위하여 오신 것이다. 즉 하나님은 잃어버린 천국을 되찾게 하기 위하여 우리들에게 예수님을 보내주신 것이다. 예수님은 우리가 잃어버린 천국에 가는 길이요, 진리요 생명이 되신다. 우리가 회개하고 예수님을 믿으면 누구든지 참 행복의 나라, 천국에 들어갈 수가 있다. 예수님은 하나님의 나라로 돌아가게 해주시는 유일한 구원의 문이시다. 그리고 예수님 자체가 우리의 천국이시다. 우리가 예수 그리스도 안에 있을 때 비록 아직 세상은 그대로이지만 예수 그리스도 안에 있으면 의와 평강과 희락을 누릴 수 있으며, 천국에서 누리는 행복과 기쁨을 맛보며 살 수 있을 것이다. 또한 우리는 날마다 예수님으로부터 풍성하고 무궁한 생명력을 공급받을 수 있을 것이다. 에덴동산이 온 세상을 풍요롭게 하는 생명의 물줄기가 흘러나오는 원천이라면 온 세상은 예수님으로 말미암아 생명으로 충만한 땅이 될 것이다. 오늘날 우리 교회는 예수 그리스도를 본받아 진리의 생수가 세상을 풍요롭게 하는 강물이 되며, 그 강변에 자라는 생명나무가 세상을 치유하는 잎사귀가 되어야 한다. 교회는 온 천하에 다니며 만민에게 복음을 전파함으로 세상을 살리고 예수의 생명으로 충만하게 만들어야 한다. 그런 점에서 교회는 이 시대에 움직이는 에덴동산이며, 각 지역으로 흩어져 온 세상을 살리는 영적 제사장들이다. 하나님이 부르신 각 사람은 자기의 자리에서 하나님과의 언약에 충실함으로 세상의 빛과 소금이 되는 하나님의 계획에 동참해야 한다.

성경에서 보면 새 땅에 관한 주요 성경 구절들은 크게 4군데 나온다. 이사야 65장 37-25절과 66장 22-23, 베드로후서 3장 33, 요한계시록 21장 3-4절을 보면 새 하늘과 새 땅이 등장한다. 베드로 사도는 주장하기를 비록 현재의 땅이 다 "타버린다" 할지라도 하나님께서는 결코 파괴되지 않고 영원토록 지속될 새 하늘을 창조하실 터이니 우리는 천국을 소망해야 한다고 말씀하고 있다. 왜냐하면 새 하늘은 악과 불의는 모두 제거되고 의로움만이 존재하는 새로운 천국이기 때문이다. 성경 전체 중에서 새 땅에 관해서 가장 극적으로 묘사하고 있는 구절은 요한계시록 21장 1-4절일 것이다. 사도요한은 새 하늘과 새 땅을 설명할 때 크로노스라는 단어를 사용하지 아니하고 카이로스라는 단어를 사용하고 있다. 여기서 kainos(새로운)라는 단어는 새 하늘과 새 땅의 "새로움"을 묘사하기 때문에 요한이 본 세계는 지금의 것과는 전혀 다른 우주가 아니라 오히려 현재의 우주가 영화롭고 새롭게 된 상태임을 강조하고 있는 것이다. 또한 3절에는 하나님의 거하실 처소는 땅으로부터 멀리 떨어져 있는 곳이 아니라 바로 땅 위에 있을 것을 말씀하고 있다. 하나님이 거하시는 천국, 그곳이 바로 하늘이기에 장차 올 영원한 삶의 영역에는 현재처럼 하늘과 땅이 나누어진 상태가 아니며 둘이 하나가 될 것이다. 그러므로 신자들이 마치 새 땅에서 사는 것처럼 새 하늘에서도 계속해서 살 것이다. 새 땅은 새 하늘에 대한 포괄적 대명사인 것이다. 우리는 새 땅과 새 하늘에서 "하나님과 함께 거할 것이며 우리는 그 하나님 나라의 백성이 될 것이다.

성경에서 말하는 하나님 나라는 죽어서 가는 천국이 아니라 지금 여기에 임한 천국을 집중적으로 다루고 있다. 즉 하나님 나라는 지금 여기에 임한 천국을 80% 죽어서 가는 천국을 20% 정도를 이야기하고 있다. 그러므로 우리는 미래의 천국보다는 지금 여기에 임한 천국에 깊은 관심을 가지고 집중적으로 연구해야 한다. 예수님께서 공적(公的) 사역을 시작하시면서 첫마디 말씀이 "하나님의 나라가 가까이 왔다!"(막 1:15, 마 4:17)고 하신 것도 이 때문이다. '하나님 나라'는 구약의 긴 역사를 통해 준비되고 그 나라의 모형이 만들어져 왔으며 '하나님 나라'의 원형(原形)이 예수님의 오심으로 이 땅에 도래하였고 지금도 그 나라는 확장되고 있으며 주의 재림으로 완성될 것이다. 하나님 나라의 원형을 보여주는 것이 사도행전 2장에 나타난 초대교회이다.

사도행전 2장에서 보여주는 교회는 하나님 나라의 실체를 보여줄 뿐만 아니라 거룩하고 아름다운 영광스러운 교회이다. 그 교회는 하나님의 말씀과 기도와 성도의 교제가 살아 있을 뿐만 아니라 하나님이 역사하시는 표적과 기사가 많이 일어나고 있다. 또한 그 교회는 성령의 역사하심으로 각자의 재물과 소유를 팔아 자원하는 마음으로 가난한 자들에게 나누어 주는 희년이 이루어졌을 뿐만 아니라 온 백성들에게 칭송을 받는 거룩한 교회이다. 하나님이 디자인한 최초의 교회로서 성령의 역사와 예수의 생명력이 넘칠 뿐만 아니라 주께서 날마다 구원받은 백성들이 더해지는 성장과 부흥이 일어나는 멋지고 아름다운 교회이다. 하나님 나라는 죽어서 가는 나라에 집중하는 것이 아니라 여기에 임한 하나님 나라에 집중해야 한다. 그리고 하나님 나라를 품고 있는 교회를 내 몸처럼 사랑하며, 교회에 비전을 품고 충성된 그리스도인이 되게 만들 것이다. 하나님 나라는 교회의 본질과 방향성을 분명하게 제시하고 있다. 그러므로 소홀히 여긴 하나님 나라, 여기에 임한 하나님 나라를 발견하고 그 나라와 의를 추구해야 한다. 영적 침체에서 벗어나며, 춤추는 교회, 행복한 교회를 만들려고 하면 하나님 나라에 집중해야 한다. 하나님 나라는 사람들로 하여금 꿈꾸게 만든다. 사람들에게 놀라운 감동과 비전을 준다. 오늘날 교회가 다시 살아나며, 꿈꾸게 만드는 교회가 되게 하려면 하나님 나라를 깨닫게 해 주어야 한다. 하나님 나라를 보고 체험한 자는 꿈을 꾸며, 이상을 보게 될 것이다. 그리고 예수 안에서 항상 기뻐하며, 범사에 감사하는 행복한 신앙생활을 할 수 있게 만들 것이다.

부 록

제1장 성경은 하나님 나라를 말한다

A. 하나님 나라에 대한 정의

1. 하나님 나라에 대한 개념
2. 유대인의 전통에서 본 하나님 나라
3. 예수님이 선포한 하나님 나라
4. 하나님 나라이 통치 이념

B. 성경의 핵심 주제가 되는 하나님 나라

1. 구약에서 말하는 하나님 나라
2. 예수님이 가르쳐 주신 하나님 나라
3. 신구약 성경 전체에서 보여주는 하나님 나라
4. 교회를 통하여 보여주는 하나님 나라

C. 구약성경에서 하나님 나라에 대한 예언들

1. 에덴동산이 보여주는 천국
2. 인간을 위하여 위하여 만들어 주신 동산
3. 에덴동산을 통치하시고 다스리시는 하나님

제2장 성경은 하나님 나라와 언약의 관계를 설명한다

A. 하나님 나라와 언약의 관계

1. 언약과 가나안 땅
2. 가나안 땅은 믿음으로 들어가는 나라
3. 가나안 땅은 하나님의 은혜로 사는 곳

4. 하나님과 다윗의 언약 체결
5. 하나님이 그 언약에 따라 다윗의 왕조를 세우심
6. 하나님과 다윗이 맺은 언약의 내용

B. 예수님이 성취하신 하나님 나라

1. 이 땅에 하나님 나라를 가지고 오신 예수님
2. 눈에 볼 수 있게 임하지 않는 하나님 나라
3. 너희 가운데 계신 하나님 나라
4. 주의 재림으로 완성되는 하나님 나라
5. 각종 병자를 고치는 사건을 통하여 하나님 나라를 보여주신 예수님
6. 악한 귀신을 쫓아내는 사건을 통하여 하나님 나라를 보여주신 예수님

C. 이 세상과 다른 하나님 나라

1. 하나님 나라는 하나님 사랑이 가득한 곳이다
2. 하나님 나라는 이웃을 자신과 같이 사랑하는 곳이다
3. 하나님 나라는 종교의식보다 사람에게 가치를 둔다
4. 하나님 나라는 죄와 사단이 없는 나라이다
5. 하나님 나라는 고통과 슬픔이 없는 나라이다
6. 하나님 나라는 질병과 죽음이 없는 나라이다

제3장 성경은 이미와 아직 사이에 있는 하나님 나라를 가르친다

A. 이미와 아직 사이에 있는 하나님 나라

1. 이미 여기에 임한 하나님 나라
2. 아직 임하지 아니한 하나님 나라
3. 이미 임한 하나님 나라와 지상명령

B. 70인 제자들에게 위임된 하나님 나라

1. 70인 제자들을 택하시고 세우신 예수님
2. 70인 제자들에게 각종 병자를 고치며, 악한 귀신을 쫓아내는 권세를 주심
3. 70인 제자들이 기뻐해야 할 것들

C. 하나님 나라를 확장하는 사람들

1. 시간이 지날수록 더 풍성하게 확장되어 가는 하나님 나라
2. 죄와 허물로 죽은 바다와 생물이 살아나고 회복되는 놀라운 환상
3. 유대인에게만 머물러 있는 것이 아니라 이방인으로, 열방으로 흘러 들어 가는 하나님 나라
4. 하나님 나라 사역을 믿는 자들에게 맡겨주신 예수님
5. 하나님 나라의 사역을 감당할 수 있도록 성령의 권세와 능력을 부어주심

D. 하나님 나라와 왕 같은 제사장의 사명

1. 왕 같은 제사장에 대한 정의
2. 하나님 나라의 왕이신 예수님
3. 왕 같은 제사장의 신분과 위치
4. 왕 같은 제사장이 감당해야 할 사명
5. 지금은 만인 제사장의 시대
6. 우리를 왕 같은 제사장으로 삼으신 목적

제4장 성경은 십자가와 부활로 하나님 나라를 세우게 될 것을 말한다

A. 십자가와 부활로 만들어가는 하나님 나라

1. 하나님 나라와 십자가
   1) 예수님을 믿고 그 분이 나의 주가 되어야 한다
   2) 예수님이 걸어가신 십자가의 길, 그 발자취를 따라가야 한다
   3) 한 알의 썩은 밀알처럼 자신이 십자가 앞에 죽어야 한다
2. 하나님 나라와 부활

1) 변화산 사건은 영광스러운 부활의 모습을 보여 준다
2) 변화산 사건은 하나님의 나라가 권능으로 임하는 것을 보여 준다
3) 변화산의 주인공은 오직 예수님이시다

B. 하나님 나라를 주도하는 교회

1. 하나님 나라를 만들어 가려면 성령의 권능을 받아야 한다
2. 하나님 나라를 만들어가려고 하면 말씀과 기도하는 일에 전력해 야 한다
3. 하나님이 주신 말씀에 전적으로 순종하는 자가 되어야 한다
4. 예수님으로부터 하나님 나라의 사역을 위임받는 자가 되어야 한다
5. 예수님의 명령대로 하나님 나라를 전파하고, 표적과 기사로 하나님 나라를 보여 주어야 한다
6. 성전에 있든지, 집에 있든지 예수 그리스도를 전파하며, 하나님 나라를 가르쳤다

C. 예수님의 재림으로 완성될 하나님 나라

1. 어린양의 신부가 된 새 예루살렘
2. 하나님의 영광이 머물러 있는 새 예루살렘
3. 열두 문이 있고, 그 문들 위에 각자의 이름을 기록해 놓은 새 예루살렘

제5장 성경은 하나님 나라와 그의 의를 보여주고 있다

A. 신명기에 나타난 하나님의 나라와 그의 의

1. 아브라함을 부르신 목적은 천하만민이 복을 받게 하기 위함
2. 아브라함을 부르신 목적은 하나님의 의와 공의를 행하기 위함
3. 아브라함을 부르신 목적은 아브라함으로 말미암아 그 자식과 권속에게 하나님의 도를 전수하기 위함
4. 신명기에 명시된 사회적 약자에 대한 규정들
   1) 채무자와 노동자에 대한 규정
   2) 약자에 대한 보호 규정
   3) 공평한 재판에 대한 정의와 약자 보호 규정

4) 곡식을 거두는 추수에 대한 약자 보호 규정
5) 이웃의 지계표를 옮기지 말라는 규정
6) 종과 노예에 대한 배려하는 규정
5. 신명기에 나타난 공정성
1) 십일조 제도의 공정성
2) 도피성 제도의 공정성
3) 재판에 대한 공정성
6. 신명기에 나타난 분배의 원칙
1) 가나안 땅에 대한 분배
2) 십일조의 정신을 통한 분배
3) 각종 절기를 통한 분배
4) 안식일, 안식년, 희년을 통한 분배

B. 하나님 나라를 보여주는 산상수훈

1. 산상수훈의 역사적 배경과 흐름
2. 산상수훈을 주신 목적
3. 예수님이 가르쳐 주신 팔복
4. 세상의 빛과 소금
5. 나의 이웃 뿐만 아니라 원수까지 사랑하라

C. 하나님 나라를 보여주는 실례들

1. 하나님 나라와 어린아이
1) 예수께서 만져주심을 바라고 어린아이들을 데리고 온 사람들
2) 어린아이들이 예수께 가까이 오는 것을 싫어했을 뿐만 아니라 쫓아 버리는 제자들
3) 어린아이를 하나님 나라에 들어가는 모델로 제시하신 예수님
2. 하나님 나라와 희년
1) 회당에서 하나님 나라의 희년을 선포하시는 예수님
2) 하나님 나라를 소유한 자들의 마음과 자세

3) 결핍과 가난한 자가 없는 하나님 나라 공동체

D. 하나님 나라를 설명해 주는 비유들

1. 혼인 잔치의 비유
   1) 하나님 나라는 혼인잔치와 같다
   2) 자신의 일과 세상의 쾌락에 바빠서 거절하는 사람들
   3) 혼인잔치에 새롭게 초청받은 약한 자, 병든 자, 소외된 자들
2. 용서할 줄 모르는 종의 비유
   1) 하나님으로부터 일만 달란트 빚을 탕감받은 사람
   2) 남에게 일백 데나리온의 빚을 탕감해 주지 못하는 사람
   3) 형제의 잘못을 용서해 준 만큼 하나님의 사랑과 용서를 누리게 된다
3. 포도원의 악한 농부 비유
   1) 하나님의 통치를 거부하고 탐욕에 사로잡힌 악한 농부
   2) 포도원을 자신의 것으로 만들려는 악한 생각과 행위들
   3) 주인의 아들까지 죽인 악한 농부의 모습들
4. 포도원의 품꾼 비유
   1) 하나님 나라는 품꾼을 포도원에 들여보내는 집주인과 같다
   2) 포도원 주인은 품꾼들에게 약속한대로 보상해 주었다
   3) 하나님 나라는 나중 된 자가 먼저 되고 먼저 된 자가 나중되기도 한다

E. 새 하늘과 새 땅이 보여주는 하나님 나라

1. 어린양의 신부가 된 새 예루살렘을 보여주신 하나님
2. 하늘에서 내려오는 새 예루살렘(교회)의 실체와 그 영광의 모습
3. 하나님과 어린양이신 예수님이 하늘의 성전이 되어 주심
4. 거룩하고 영광스러운 새 예루살렘
5. 새 예루살렘에 대한 다양한 모습들

제6장 결론

참고 문헌

1. 김세윤.「바울 복음의 기원」, 도서출판 엠마오
2. 이신건.「하나님의 나라와 이데올로기」, 성광문화사
3. 정훈택.「하나님의 나라와 교회」, 생명의 말씀사
4. 김균진,「예수와 하나님 나라」, 새물결플러스
5. 박철수,「하나님 나라 : 기독교란 무엇인가」, 대장간
6. 김세윤,「복음이란 무엇인가」, 두란노
7. 김세윤,「하나님나라 복음」, 새물결플러스
8. 양용의,「하나님나라를 어떻게 이해할 것인가」, 성서유니온
9. 대천덕,「대천덕 신부의 하나님 나라」, CUP
10. 정훈택,「하나님의 나라와 교회」, 생명의 말씀사
11. 송영찬,「하나님 나라와 원리」, 여수룬
12. 죠지 비슬리,「성경과 하나님의 나라」, 오광만 역, 여수룬
13. 샤이먼 키스트메이커,「예수님의 비유」, 김근수, 최갑종 역, 기독교문서선교회
14, 존 브라이트,「하나님의 나라」, 김철손 역, 컨콜디아
15. 윌리암 바클레이,「인간의 나라 하나님의 나라」, 서기산 역, 기독교문사
16. 싱클레어 퍼거슨,「하나님 나라의 윤리」, 박영옥 역, 목회자료나
17. 글레엄 골즈워디.「복음과 하나님의 나라」, 김영철 역, 성서 유니온
18. Goldsworthy, G.「복음과 하나님의 나라」. 김영철 역. 성서유니온
19. Kuzmic, P.「교회와 하나님의 왕국」. 명종남 역. 새순출판사
20. Perin, N.「예수의 가르침 속에 나타난 하나님의 나라」. 이훈영·조호연 역. 무림출판사
21. G. E. Ladd,「예수와 하나님의 나라」. 이태훈 역. 서울: 도서출판 엠마오,
22. Ridderbos, H. N.「공관복음에 나타난 하나님의 나라」, 오광만 역, 도서출판 풍만
23. G. E. Ladd,「하나님 나라」. 크리스찬 다이제스트
24. 존 브라이트,「하나님 나라」, 크리스찬 다이제스트
25. 톰 라이트, 「마침내 드러난 하나님 나라」, IVP

26. 존 스타트, 「현대사회의 문제와 그리스도인의 답변」, IVP
27. 존 스타트, 「현대를 사는 그리스도인」, IVP
28. 피터 J, 젠트리, 스티븐 J. 웰럼, 「언약과 하나님 나라」, 새물결플러스
29. 스캇 맥 나이트, 「하나님 나라의 비밀」, 새물결플러스
30. 헤르만 리델보스, 「하나님 나라」, 솔로몬
31. 제임스 에머리 화이트, 「하나님 나라 최전선에 서라」, IVP
32. 브라이언 왈쉬, 「제국과 천국」, IVP
33. E.P 샌더스, 「예수 운동과 하나님 나라」, 한국신학연구소
34. Ladd, G. E. The Gospel of the Kingdom: Scriptual Studies in the Kingdom of God. Grand Rapids: Wm. B. Publishing Company, 1959.
35. Vos, G. The Kingdom of God and the Church. Cavite, Dasmarinas: Presbyterian Theological Seminary, 1989.